Wirtschaft – schnell erfasst

Herbert Edling

Volkswirtschafts-lehre

Schnell erfasst

Mit 145 Abbildungen

Springer

Reihenherausgeber
Dr. Detlef Kröger
Prof. Dr. Peter Schuster

Autor
Prof. Dr. Herbert Edling
Fachhochschule Osnabrück
Caprivistraße 30a
49076 Osnabrück
edling@wi.fh-osnabrueck.de

Redaktion
Claas Hanken

Graphiken
Dirk Hoffmann

ISSN 1861-7719
ISBN-10 3-540-28421-4 Springer Berlin Heidelberg New York
ISBN-13 978-3-540-28421-5 Springer Berlin Heidelberg New York

Bibliografische Information Der Deutschen Bibliothek
Die Deutsche Bibliothek verzeichnet diese Publikation in der Deutschen Nationalbibliografie; detaillierte bibliografische Daten sind im Internet über <http://dnb.ddb.de> abrufbar.

Springer ist ein Unternehmen von Springer Science+Business Media

springer.de

Printed in Germany

Umschlaggestaltung: Design & Production, Heidelberg

SPIN 11543947 64/3153-5 4 3 2 1 0 – Gedruckt auf säurefreiem Papier

Vorwort

In den Medien nehmen ökonomische Themen oder Problemstellungen mit wirtschaftlichem Hintergrund einen immer größeren Raum ein. Gegebenheiten wie die Regulierung des Strom- und Arbeitsmarktes, die Entwicklung des Ölpreises, die Diskussion um die Notwendigkeit des Stabilitäts- und Wachstumspaktes innerhalb der Europäischen Union, die Ausgestaltung des Steuersystems sowie die diversen Maßnahmen zur Bekämpfung der Arbeitslosigkeit haben zahlreiche Berührungspunkte zum täglichen Leben. Grundkenntnisse über die Funktionsweise einer Marktwirtschaft und die Rolle des Staates innerhalb der Wirtschaft werden daher immer wichtiger.

Dieses Lehrbuch bietet eine Einführung in die Volkswirtschaftslehre. Es basiert auf langjähriger Lehrerfahrung des Verfassers an Fachhochschulen, Berufsakademien und Weiterbildungseinrichtungen. Es soll dem Leser helfen, sich auf dem Gebiet der Volkswirtschaftlehre zurechtzufinden und ihm die Möglichkeit bieten, volkswirtschaftliche Zusammenhänge zu verstehen und zu hinterfragen.

Der Inhalt des Buches orientiert sich an den Anforderungen, die an Studierende der Wirtschaftswissenschaften im Bachelorstudienprogramm an Universitäten, Fachhochschulen und Berufsakademien zu stellen sind. Die in dem Buch behandelten Themen können mit einer zwei- bis dreisemestrigen, vierstündigen Lehrveranstaltung pro Woche und einem Selbststudium in gleichem zeitlichen Umfang vermittelt und erfasst werden.

Das Buch wendet sich auch an Studierende mit Volkswirtschaftslehre als Teilfach, an Studierende in Weiterbildungsstudiengängen mit wirtschaftswissenschaftlichem Bezug sowie an Abiturienten mit besonderem Interesse an Volkswirtschaftslehre.

Die Gliederung des Stoffes folgt bewährten Grundsätzen und besteht aus drei Teilen. In den Grundlagen werden zentrale Begriffe der Volkswirtschaftslehre erläutert und ausführlich die Rolle des Staates innerhalb der Wirtschaft thematisiert. Im zweiten und dritten Teil werden die Mikroökonomie und Makroökonomie behandelt. Hierbei wird neben der Vermittlung wirtschaftstheoretischer Grundlagen besonderer Wert auf wirtschaftspolitische Aspekte gelegt. Aus Platzgründen können verteilungs-, umwelt- und sozialpolitische Themen sowie internationale Fragestellungen leider nur am Rande erwähnt werden.

Bei der Vermittlung der Inhalte wurde weitestgehend auf formal-mathematische Darstellungen verzichtet. Dafür stehen verbale und grafische Erläuterungen im Vordergrund. Die Marginalien am Rande des Fließtextes sollen die Arbeit mit dem Buch zum Zwecke der Stoffwiederholung und des Selbststudiums erleichtern. Um ein vertieftes Studium zu ermöglichen, finden sich am Ende des Buches Hinweise auf weiterführende Literatur.

Für zahlreiche Anregungen und Hinweise danke ich vielen Studierenden sowie meinem Kollegen Herrn Dauschek. Mein besonderer Dank gilt Frau Wilms, die mit großer Geduld und Sorgfalt die Abbildungen angefertigt hat. Meine Achtung gebührt vor allem meiner Frau Sandra, die in dieser Zeit etwas Besonderes geleistet hat.

Münster/Osnabrück, im Februar 2006 Herbert Edling

Inhalt

Einführung in die Volkswirtschaftslehre

Lernziele dieses Kapitels

Die Studierenden sollen nach der Lektüre dieses Kapitels

- das Fach Volkswirtschaftslehre innerhalb der Geisteswissenschaften einordnen und inhaltlich bestimmen können.
- volkswirtschaftliche Modellbildung anhand der Kreislaufanalyse und der Produktionsmöglichkeitskurve nachvollziehen können.
- volkswirtschaftliche Grundbegriffe und -probleme kennen sowie richtig anwenden und einschätzen können.
- die wesentlichen Merkmale einer Zentralverwaltungswirtschaft und einer Marktwirtschaft sowie die Besonderheiten einer sozialen Marktwirtschaft kennen.
- die Funktionen des Preismechanismus verstehen.

1. Wissenschaftliche Einordnung

Betriebswirtschaftslehre versus Volkswirtschaftslehre

Die Volkswirtschaftslehre bildet zusammen mit der Betriebswirtschaftslehre die Wirtschaftswissenschaften, die Teil der Geisteswissenschaften sind. In der Betriebswirtschaftslehre liegt der Schwerpunkt der Betrachtung beim einzelnen Betrieb und hier z.B. auf Fragen der Beschaffung, der Produktion, der Finanzierung sowie Marketing und Management. Die Volkswirtschaftslehre untersucht dagegen vorwiegend gesamtwirtschaftliche Zusammenhänge. Praktisch kommen beide nicht ohne einander aus.

Mikroökonomie versus Makroökonomie

Die größten Gemeinsamkeiten bestehen in der sog. Mikroökonomie. Als ein Teil der Volkswirtschaftslehre beschäftigt sie sich mit den Angebots- und Nachfrageentscheidungen einzelner Haushalte und Unternehmen sowie dem Zusammenwirken dieser Wirtschaftseinheiten auf den einzelnen Märkten, wie z.B. dem Ölmarkt oder dem Büchermarkt. Im Gegensatz dazu steht die Makroökonomie, die das Zusammenspiel der Einzelwirtschaften mit den Konsequenzen auf gesamtwirtschaftliche Größen wie Wachstum, Beschäftigung und das Preisniveau in den Vordergrund stellt. Mikro- und Makroökonomie sind natürlich eng miteinander verbunden.

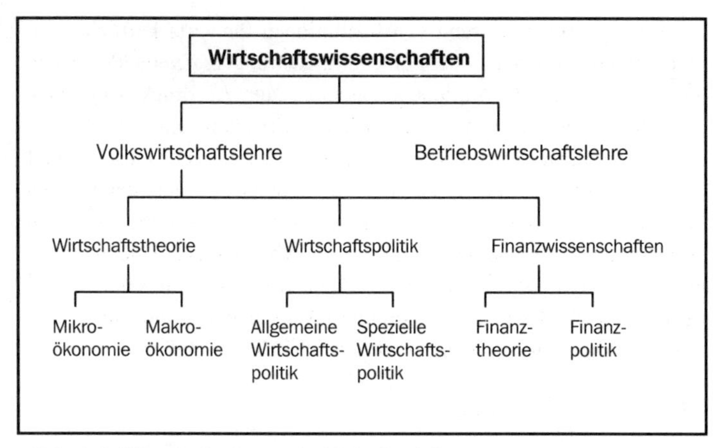

Abb. A.1. Wirtschaftswissenschaftliche Disziplinen

Wirtschaftstheorie versus Wirtschaftspolitik

Neben der Volkswirtschaftstheorie beinhaltet das Studium der Volkswirtschaftslehre noch die Wirtschaftspolitik und Finanzwissenschaft. Während die Aufgabe der Wirtschaftstheorie darin besteht, wirtschaftliche Zusammenhänge zu erklären, »Gesetzmäßigkeiten« zu erforschen und Kausalzusammenhänge (Ursache-Wirkungs-Beziehungen) herzustellen, geht es in der Wirtschaftspolitik um den zielgerichteten Einsatz bestimmter Mittel, um Zielvorstellungen mit der tatsächlichen Lage in Übereinstimmung zu bringen. Da hierbei die von der Theorie entwickelten Kausalgesetzlichkeiten genutzt werden, entspricht Wirtschaftspolitik angewandter Wirtschaftstheorie. Die Ursache-Wirkungs-Beziehungen der Theorie werden in der Politikumsetzung zu Mittel-Ziel-Beziehungen.

Innerhalb der Wirtschaftstheorie und -politik wird je nach Fragestellung noch zwischen speziellen Bereichen wie z.B. Geldtheorie und -politik, Wachstumstheorie und -politik usw. unterschieden.

Finanzwissenschaft

Während die Volkswirtschaftslehre im Allgemeinen eine vergleichsweise junge Wissenschaftsdisziplin ist – ihre »Geburtsstunde« liegt ungefähr in der zweiten Hälfte des 18. Jahrhunderts – ist die Finanzwissenschaft eine der ältesten Wissenschaftsdisziplinen. Gegenstand der Finanzwissenschaft ist die Analyse der ökonomischen Aktivitäten des Staates soweit diese im Haushalt zum Ausdruck kommen (Finanztheorie) und die Bestimmung des zielgerichteten Einsatzes staatlicher Einnahmen und Ausgaben zur Beeinflussung des Marktprozesses und makroökonomischer Größen wie z.B. das Wachstum und die Beschäftigung (Finanzpolitik).

Die Volkswirtschaftslehre steht in enger Beziehung zu anderen Wissenschaften wie der Philosophie und der Geschichte. Die wechselseitigen Beziehungen zwischen dem ökonomischen und politischen Be-

Neue Politische Ökonomie und Institutionenökonomie

reich sowie die Bedeutung von Institutionen für wirtschaftliche Entwicklung kommen in den Forschungsrichtungen »Neue Politische Ökonomie« und »Institutionenökonomie« zum Ausdruck. Eine enge Beziehung besteht auch zwischen Volkswirtschaftslehre und Recht. Psychologie und Soziologie beschäftigen sich mit dem Menschen und seinem Verhalten. Auch in der Volkswirtschaftslehre steht der Mensch und sein Verhalten im Mittelpunkt des Interesses. Mathematik und Statistik sowie Ökonometrie sind für die Volkswirtschaftslehre Hilfswissenschaften. Die Ökonometrie vereint Ansätze aus der mathematischen Statistik, der Mathematik und der Wirtschaftstheorie, um empirische Forschung innerhalb der Volkswirtschaft zu ermöglichen.

2. Wissenschaftstheoretische Grundlagen

Die Art und Weise, wie die volkswirtschaftliche Forschung ihre Erkenntnisse gewinnt, kann stark vereinfacht anhand der Abb. A.2 erläutert werden. Ausgehend von Beobachtungen der Realität werden Theorien zur Erklärung und Prognose ökonomischer Sachverhalte in Form von Modellen formuliert. Das Denken in Modellen ist ein wesentliches Merkmal der Volkswirtschaftslehre. Ihre Verwendung ist angesichts der Komplexität der Realität unabdingbar. Nur so lassen sich konkrete Ergebnisse ableiten und Gedankenexperimente, etwa über die Wirkung wirtschaftspolitischer Maßnahmen, durchführen.

Modelle als Vereinfachungen der Wirklichkeit

Modelle stellen Vereinfachungen der Wirklichkeit dar und nicht die Realität. Ein Modell ist daher von Natur aus »unrealistisch« und seine »Richtigkeit« kann auch nicht allein von seiner »Realitätsnähe« abhängen. Vielmehr kommt es darauf an, ob man mit Hilfe der Theorie die Zusammenhänge in der Welt erklären und richtig vorhersagen kann. Beispiele für Modelle sind das Kreislaufdiagramm und die Produktionsmöglichkeitskurve (siehe unten, Abschnitt 3 und 4).

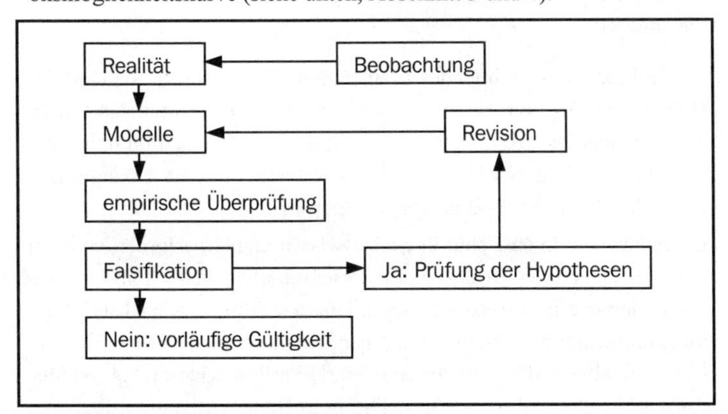

Abb. A.2. Volkswirtschaftliche Forschung

Modelle bestehen aus einem System von Hypothesen, Annahmen und Folgerungen.

Modelle bestehen aus einem System von Aussagen, die in hierarchischer Folge logisch voneinander abgeleitet sind. Die am Ausgangspunkt stehenden, nicht erklärten Aussagen werden als Axiome (Hypothesen, Annahmen), die abgeleiteten Folgesätze als Theoreme (Folgerungen) bezeichnet. Um überhaupt gehaltvolle Theoreme ableiten zu können, bedarf es Axiome, die so einfach wie möglich sind, ohne dass sie das zu betrachtende Problem eliminieren.

Eines der zentralen Axiome der Wirtschaftstheorie besagt, dass ein rational handelndes Wirtschaftssubjekt (der »homo oeconomicus«)

Das ökonomische Prinzip

... als Minimalprinzip und Maximalprinzip

immer das ökonomische Prinzip befolgt. Diesem Prinzip zufolge gebietet rationales Handeln entweder ein vorgegebenes Ziel mit einem möglichst geringen Mitteleinsatz zu erreichen (Minimalprinzip) oder mit den verfügbaren Mitteln das bestmögliche Ergebnis zu erzielen (Maximalprinzip). Andernfalls wird auf ein an sich besseres Ergebnis verzichtet, oder es werden Mittel verschwendet. Logisch nicht möglich ist es, mit minimalem Mitteleinsatz das maximale Ergebnis anzustreben.

Rationales Handeln

Im Allgemeinen wird rationales Handeln als bewusste, zielorientierte Wahl zwischen Alternativen definiert. Dadurch, dass Menschen Fehler machen, wird die Annahme des rationalen Verhaltens nicht in Frage gestellt. Es wird angenommen, dass die Individuen das tun, von dem sie annehmen, dass es ihre Lebenslage verbessert. Es wird jedoch nicht unterstellt, dass ihnen dies stets gelingt.

Mit dem Axiom werden die Ziele inhaltlich nicht bestimmt. Es beschreibt lediglich, wie in der Wirtschaft eine rationale Handlung durchgeführt wird, nicht dagegen, was mit dieser Handlungsweise angestrebt werden soll. In der Anwendung des Prinzips auf die Unternehmen wird es jedoch meist mit Gewinnmaximierung und bei den Haushalten mit Nutzenmaximierung bei gegebenem Einkommen gleichgesetzt.

Definitionen

Ein weiteres modellbildendes Element sind Definitionen. Sie sind das Handwerkszeug der Geisteswissenschaftler. Das gemeinsame Verständnis über Begriffsinhalte erleichtert die Kommunikation unter den Forschern. Allerdings lassen sich allein dadurch keine Erkenntnisse über wirtschaftliche Zusammenhänge gewinnen.

Gedankenexperimente

Gedankenexperimente sind in Geisteswissenschaften erforderlich, weil hier, im Gegensatz zu den Naturwissenschaften, keine Laborexperimente durchgeführt werden können. Um den Einfluss eines Kausalfaktors von mehreren isolieren zu können, postuliert man in Modellen die Konstanz aller anderen Faktoren (Ceteris-Paribus-Klausel, c.p.: »unter sonst gleichen Bedingungen«). Die getroffenen Aussagen über den variierten Faktor gelten dann nur unter der Bedingung, dass alle anderen Einflussfaktoren auf das Ergebnis konstant sind.

Empirische Überprüfung

Wird eine bestimmte Theorie durch die empirische Überprüfung nicht abgelehnt (falsifiziert), so kann sie als vorläufig gültig eingestuft werden und als Grundlage von Prognosen wirtschaftspolitischer Entscheidungen fungieren. Da die abgeleiteten Theoreme entscheidend von den jeweiligen Axiomen abhängig sind, wird sich eine Theorie nur dann empirisch bewähren können, wenn die Axiome den für den jeweiligen Untersuchungsgegenstand wesentlichen Teil der Wirklichkeit hinreichend gut wiedergeben. Gravierende logische Mängel bei der Deduktion der Theoreme sind in der wissenschaftlichen Praxis eher selten.

Wird eine Theorie falsifiziert, ist eine Überprüfung der Hypothesen (Axiome) erforderlich. Dies führt dann zu einer Revision oder im Extremfall zur vollständigen Verwerfung der Theorie.

Positive versus normative Analyse

Eine empirische Überprüfung ist grundsätzlich nur bei positiven Aussagen möglich, nicht jedoch bei normativen. Im Rahmen einer positiven Analyse wird versucht zu erklären, wie etwas ist und warum etwas so ist, wie es ist. Positive Aussagen sind beschreibend (z.B. 5,0 % der Erwerbspersonen sind arbeitslos) und weitestgehend werturteilsfrei. In der normativen Analyse finden sich Aussagen darüber, was sein soll. Ihre Aufgabe ist die Herleitung bestimmter Handlungsanweisungen, um bestimmte Ziele zu erreichen. Dabei kommen Fakten und Werturteile zusammen (z.B. 5,0 % Arbeitslosigkeit sind zu hoch), weshalb man sie allein mit statistischen Daten nicht überprüfen kann. Mit normativen Aussagen wird somit immer die Grenze zwischen Wissenschaft und Politik überschritten.

Modelle können sowohl verbal als auch grafisch oder mathematisch formuliert werden. Der Vorteil der verbalen Formulierungen liegt darin, dass hierzu keinerlei Kenntnisse der Mathematik erforderlich sind. Allerdings müssen bei der Deduktion von Theoremen die Gesetze der Logik eingehalten werden, was schwieriger sein kann, als bei der Verwendung der Mathematik. Ähnliches gilt für die grafische Darstellung, die in der Regel von vornherein auf zwei Dimensionen beschränkt bleibt.

Mathematische Funktionen

Mit mathematischen Funktionen lassen sich funktionale Beziehungen abbilden. Zum Beispiel hängt die nachgefragte Menge (N) nach Solaranlagen für den privaten Gebrauch vom Preis dieses Gutes (P), vom Preis alternativer Energieanlagen (Pa), vom Einkommen (Y), vom Wetter (W), von der Anzahl der Einfamilienhäuser (E) und anderen Faktoren ab. Die Funktion:

$$N = f(P, Pa, Y, W, E)$$

macht diesen Sachverhalt deutlich. Interessiert nur der funktionale Zusammenhang zwischen dem Preis der Solaranlage und der nachgefragten Menge, lautet die Funktion:

$$N = f(P) \quad \text{c.p.}$$

Nur Preisänderungen auf dem Markt für Solaranlagen erklären damit Änderungen der Nachfragemenge. Alle anderen Größen, die Einfluss auf diese haben, werden als unverändert angenommen (c.p.).

Die funktionale Beziehung wird als eine Ursache-Wirkungs-Beziehung interpretiert. Dabei ist der Preis die erklärende (unabhängige) Variable, die Nachfragemenge die zu erklärende (abhängige) Variable.

3. Der Wirtschaftsprozess als Kreislauf

Das Kreislaufdiagramm als Modell

Das Kreislaufdiagramm ist eine modellhafte Darstellung des Zusammenspiels verschiedener Sektoren in einer Volkswirtschaft und ist Grundlage für die Volkswirtschaftliche Gesamtrechnung (siehe Kap. »Makroökonomie – Volkswirtschaftliches Rechnungswesen«). Die Idee, den Wirtschaftsprozess als Kreislauf zu interpretieren, geht auf den französischen Arzt Francois Quesnay (1694-1774) zurück.

Die Wirtschaftssektoren:

Haushalt

Unternehmen

Aus Vereinfachungsgründen unterscheidet man üblicherweise vier große Sektoren, denen die einzelnen Wirtschaftssubjekte zugeordnet sind. Haushalte sind dadurch gekennzeichnet, dass sie Güter nachfragen und Produktionsfaktoren anbieten. Unternehmen fragen demgegenüber Faktoren nach und bieten Güter an. Der Staat (Bund, Länder, Gemeinden und Sozialversicherungsträger) unterscheidet sich von den anderen Gruppen durch seine Machtbefugnisse und Hoheitsrechte, die ihm eine besondere Stellung auf den jeweiligen Märkten erlaubten. Der Sektor Ausland umfasst alle Wirtschaftssubjekte außerhalb der nationalen Volkswirtschaft.

In Abb. A.3 ist der einfache Kreislauf einer geschlossenen Volkswirtschaft ohne Vermögensbildung und ohne Staat dargestellt. In dieser Volkswirtschaft gibt es nur die zwei Sektoren private Haushalte und Unternehmen. Die Haushalte bieten den Unternehmen Produktionsfaktoren (Arbeit, Kapital oder natürliche Ressourcen) an und bekommen im Gegenzug Einkommen (Lohn, Zins, Miete, Pacht), welches sie vollständig konsumieren. Damit ist sowohl der monetäre als auch der in entgegengesetzter Richtung verlaufende reale Kreislauf geschlossen.

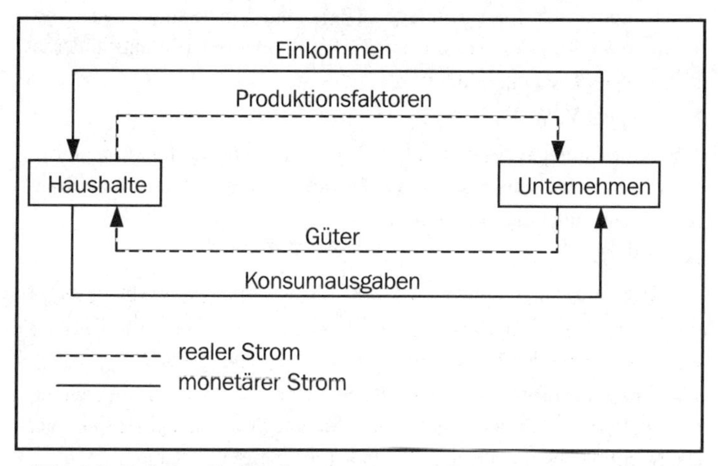

Abb. A.3. Einfacher Kreislauf

Eine erste Erweiterung (siehe Abb. A.4) erfährt dieses einfache Kreislaufmodell – nunmehr nur unter Berücksichtigung der monetären Ströme – wenn man Vermögensbildung zulässt, also unterstellt, dass die Haushalte ihr Einkommen (Y) in Konsum (C) und Sparen (S) aufteilen und die Unternehmen einen Teil ihrer Gewinne (G) einbehalten. Der nicht nachgefragte Teil der Güterproduktion, der im Verfügungsbereich der Unternehmen verbleibt, wird als Investition (I) bezeichnet. Dabei kann es sich sowohl um Kapitalgüter, die der Erweiterung der Produktionskapazitäten dienen, als auch um Lagerbestandsveränderungen handeln.

Um den Prozess des Sparens und Investierens zu veranschaulichen, wird das Kreislaufmodell um einen »fiktiven« Sektor »Vermögensbildung« erweitert. Berücksichtigt man noch die Abschreibungen (D) im Unternehmenssektor, fließen die Ersparnisse der privaten Haushalte, die einbehaltenen Unternehmergewinne und die Abschreibungen der Unternehmen als vermögensbildender Strom ein und die Bruttoinvestitionen der Unternehmen als vermögensverwendender Strom raus. Abschreibungen erfassen die Wertminderung der Produktionsanlagen durch Abnutzung.

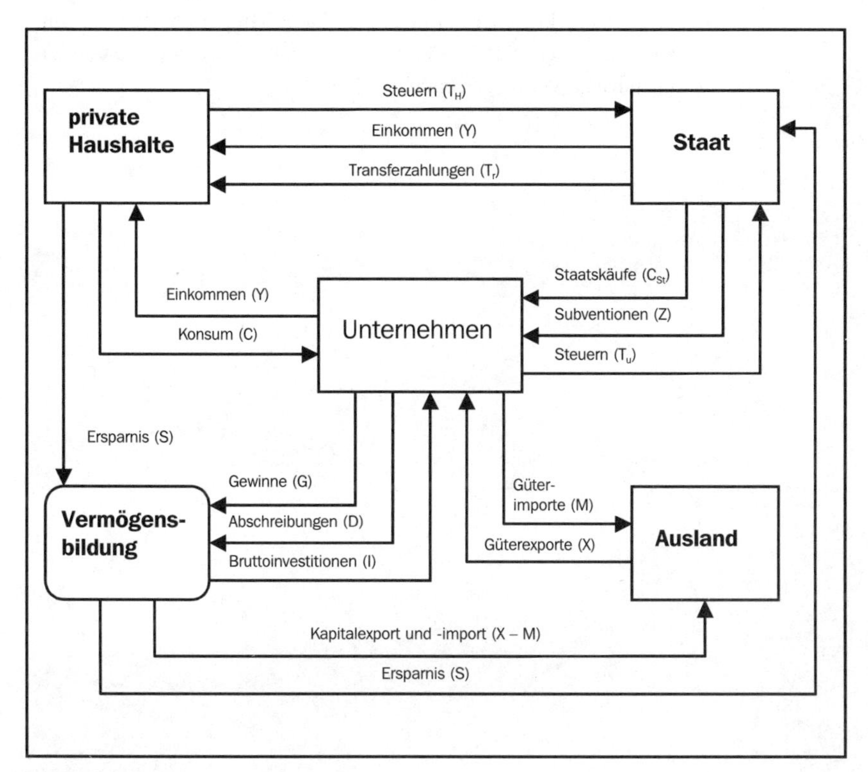

Abb. A.4. Erweitertes Kreislaufmodell

Staat

Das Modell wird noch »realistischer«, wenn die Sektoren »Staat« und »Ausland« mit einbezogen werden. Der Staat fragt Konsum- und Investitionsgüter aus dem Unternehmenssektor nach (Staatskäufe C_{St}), subventioniert Unternehmen (Subventionen Z) und leistet Transfers (Tr) an die Haushalte und er investiert (I_{St}). Er finanziert sich über Steuern, die bei den Unternehmen (T_U) und Haushalten (T_H) erhoben werden. Die Differenz aus Staatsausgaben und Staatseinnahmen ergibt den Budgetüberschuss bzw. das Budgetdefizit, der bzw. das auch als Ersparnis des Staates interpretiert werden kann. Im vorliegenden Schaubild liegt eine negative staatliche Ersparnis (ein Haushaltsdefizit) vor. Das bedeutet, dass der Staat über die Steuern hinaus einen Teil der privaten Ersparnisse zur Begleichung seiner Aufgaben in Anspruch nimmt.

Ausland

Im Zusammenhang mit dem Sektor »Ausland« werden als Geldströme Exporterlöse (X) und Zahlungsabflüsse für erhaltene Importe (M) erfasst. Übersteigen die Erlöse aus den Exporten die abfließenden Geldströme für die Importe, fließt ein Strom vom Vermögensbildungskonto ins Ausland (X – M), da ein Teil der inländischen Ersparnis (inländischer Konsumverzicht) für die Güterversorgung des Auslands verwendet wird. Umgekehrt ist ein negativer Saldo (Importüberschuss) mit einem Zufluss zum Sektor »Vermögensbildung« verbunden, da dieser die inländische Vermögensbildung erhöht.

4. Volkswirtschaftliche Grundbegriffe und -probleme

4.1 Das Knappheitsproblem

Bedürfnis – Bedarf – Nachfrage

Die Notwendigkeit zu wirtschaften resultiert daraus, dass einerseits die Bedürfnisse der Menschheit tendenziell unbegrenzt, die Möglichkeiten der Bedürfnisbefriedigung aber immer begrenzt, d.h. die Mittel dazu knapp sind. Ein Bedürfnis ist das Empfinden eines Mangels. Wirtschaftlich relevant ist jedoch der Bedarf. Ein Bedarf entsteht, wenn einem Bedürfnis seitens des Betroffenen Kaufkraft – etwa Geld – gewidmet wird. Erst dann führen die abstrakten Bedürfnisse zu einer Nachfrage am Markt.

Güter als Mittel zur Bedürfnisbefriedigung

Die Mittel, die dem Menschen zur Bedürfnisbefriedigung dienen – die ihm einen Nutzen stiften – heißen Güter. Güter sind Waren (z.B. MP3-Player), Dienstleistungen (z.B. Unterrichtstätigkeit) und Rechte (z.B. Patente). Sie werden unterteilt in freie und knappe Güter. Freie Güter (z.B. Sonnenlicht) sind im Verhältnis zu den Bedürfnissen in so großer Menge vorhanden, dass jeder seine Bedürfnisse nach diesen Gütern befriedigen kann. Sie haben keinen Preis und müssen nicht bewirtschaftet werden. Knappe Güter sind im Verhältnis zu den Bedürfnissen nur beschränkt verfügbar. Sie werden entweder von Unternehmen als private Güter produziert und vermarktet oder bei Marktversagen vom Staat als öffentliche Güter bereitgestellt (siehe Kap. »Der Staat in der Wirtschaft«).

Freie versus knappe Güter

Private versus öffentliche Güter

Die Güterknappheit resultiert letztlich aus der relativen Knappheit der Ressourcen (Produktionsfaktoren), die zu deren Bereitstellung erforderlich sind. Volkswirtschaftlich unterscheidet man drei Produktionsfaktoren: Arbeit (A), Kapital (K) und natürliche Ressourcen (NR).

4.2 Die Produktionsfaktoren

Arbeit

Als Produktionsfaktor Arbeit bezeichnet man jede menschliche Tätigkeit, mit der unmittelbar eine Einkommenserzielung angestrebt wird, wobei sowohl körperliche als auch geistige gemeint ist (also nicht Hausfrauenarbeit, Studium und Hobbytätigkeit).

Natürliche Ressourcen

Der Produktionsfaktor natürliche Ressourcen umfasst den Boden mit allen Bodenschätzen (z.B. Kohle, Eisenerz und Mineralvorkommen) sowie allen Energiequellen (Wasser, Sonne). Dazu gehören auch das Klima, das die Nutzung der ländlichen Flächen ermöglicht sowie Pflanzen- und Tierbestände.

Sachkapital

Als Produktionsfaktor Kapital (Sach- oder Realkapital) bezeichnet man alle produzierten und noch nicht in den Bereich der Haushalte übergegangenen Güter. Im Gegensatz zu den ursprünglichen Produktionsfaktoren natürliche Ressourcen und Arbeit muss Kapital erst geschaffen werden. Dies geschieht durch Kombination der ursprünglichen Produktionsfaktoren, weshalb man Kapital auch als abgeleiteten Produktionsfaktor bezeichnet.

Geldkapital zählt nicht zum Produktionsfaktor Kapital. Geld dient als allgemeines Tauschmittel in erster Linie der Erleichterung der Geschäftsbeziehungen. Es ermöglicht zwar die Finanzierung von Investitionen (der Kapitalbildung), ist aber selbst Inputfaktor beim Produktionsprozess zur Herstellung weiterer Güter.

Technischer Fortschritt

Verbesserungen in der Qualität der Produktionsfaktoren und in der Organisation, die Ressourcen im Produktionsprozess zu kombinieren, zählen zum technischen Fortschritt.

Für die Produktionsleistung (den Output) einer Volkswirtschaft spielen sowohl die Quantität und Qualität der Produktionsfaktoren als auch der technisch-organisatorische Fortschritt eine Rolle. Als Funktionalbeziehung ausgedrückt lautet die gesamtwirtschaftliche Produktionsfunktion:

Gesamtwirtschaftliche Produktionsfunktion

$$X = TF\, f(A, K, NR)$$

Der Output X entspricht dabei der Summe aller Güter einer Volkswirtschaft, die unter Einsatz der Produktionsfaktoren Arbeit (A), Kapital (K) und den natürlichen Ressourcen (NR) sowie eines gegebenen Stands an Technologie (TF) produziert werden können. Ein Wachstum des Outputs setzt demzufolge voraus, dass die Menge sowie die Qualität der Produktionsfaktoren zunimmt und/oder technisch-organisatorischer Fortschritt erzielt wird (siehe Kap. »Makroökonomie – Ausgewählte Politikbereiche«).

4.3 Allokation der Ressourcen

Die Begrenztheit an Produktionsfaktoren und die unbegrenzten Bedürfnisse zwingen jede Volkswirtschaft zur Abwägung möglicher alternativer Güterkombinationen, die zusammen den gesamtwirtschaftlichen Output bilden. Die Zuteilung knapper Ressourcen auf konkurrierende Verwendungsmöglichkeiten bezeichnet man als Allokation.

Zuteilung knapper Ressourcen

Die Allokation der Ressourcen betrifft sowohl die Zuteilung der Ressourcen auf den privaten und öffentlichen Sektor als auch jene innerhalb der jeweiligen Sektoren. Die Zuteilung auf die Sektoren wird im Wesentlichen vom vorherrschenden Wirtschaftssystem eines Landes

... auf den privaten und öffentlichen Sektor

bestimmt. In Marktwirtschaften übernimmt der Markt die Allokation der Ressourcen innerhalb des privaten Sektors (siehe Kap. »Mikroökonomie – Theoretische Grundlagen«). Innerhalb des öffentlichen Sektors entscheiden in repräsentativen Demokratien die Parlamente mit der Verabschiedung des Haushaltsgesetzes darüber, wie viele Ressourcen z.B. für Bildung und/oder Verteidigung aufgewendet werden.

... innerhalb der jeweiligen Sektoren

Effiziente Ressourcenallokation

Eine effiziente (= optimale, wohlfahrtsmaximale) Ressourcenallokation liegt vor, wenn die knappen Produktionsfaktoren dort eingesetzt werden, wo sie den, im Vergleich zu einer alternativen Verwendung, höchsten Ertrag erbringen und das Produktionsergebnis gleichzeitig auch den tatsächlichen Bedürfnissen und Wünschen der Nachfrager entspricht.

Pareto-Effizienz

Ein Zustand wird als pareto-effizient angesehen, bei dem sich die Lage eines oder mehrerer Wirtschaftssubjekte nicht verbessern lässt, ohne die eines anderen verschlechtern zu müssen. Oder umgekehrt: Eine Situation ist noch nicht pareto-effizient, wenn es möglich ist, die Situation eines Wirtschaftssubjekts zu verbessern, ohne dass es dadurch anderen schlechter geht.

Effizienz und Gerechtigkeit

Wichtig ist dabei, dass es für diese spezielle Form der Effizienz ohne jede Bedeutung ist, wie die vorhandenen Güter auf zwei oder mehr Menschen verteilt sind. Angenommen Jonathan und Julius beurteilen ihren Wohlstand allein anhand der ihnen jeweils zur Verfügung stehenden Gütermenge, wobei mit zunehmender Menge auch ihr Nutzen steigt. In diesem Fall ist in Abb. A.5 in Punkt B eine bessere Allokation erreicht als in Punkt A, da in Punkt B beide mehr Güter zur Verfügung haben. Ist eine Produktion zur Realisierung von Punkt B möglich, wäre es ineffizient nur in Punkt A zu produzieren. Auch ist der Punkt A im Vergleich zu Punkt G pareto-ineffizient. Sowohl in Punkt B als auch in Punkt G wäre Julius besser gestellt, ohne dass Jonathan schlechter gestellt wäre.

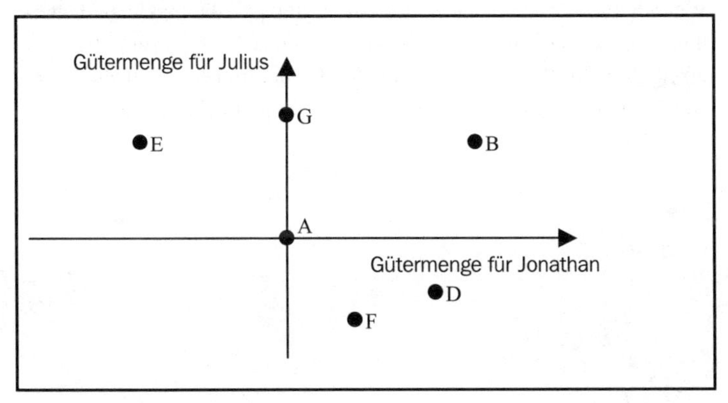

Abb. A.5. Effizienz und Gerechtigkeit

Durch den Rückgriff auf das Pareto-Kriterium (V. Pareto 1848-1923) wird also der meist bei staatlichen Maßnahmen auftretende Zielkonflikt zwischen Effizienz und Gerechtigkeit umgangen. Zum Beispiel ist nicht auszuschließen, dass eine aus Gerechtigkeitsgründen über das Steuersystem vorgenommene Einkommensumverteilung die Leistungsbereitschaft der Wirtschaftssubjekte schwächt. Der Kuchen, der zu verteilen ist, wird dann nicht oder kleiner gebacken.

4.4 Produktionsmöglichkeitskurve und Opportunitätskosten

Investitionsgüter versus Konsumgüter

Von besonderer Bedeutung für eine Volkswirtschaft ist die Zuteilung der Ressourcen auf Investitions- und Konsumgüter. Mit der Bestimmung des Anteils dieser beiden Gütergruppen wird gleichzeitig eine Entscheidung darüber getroffen, wie viele Güter in der Zukunft zur Verfügung stehen. Investitionsgüter sind Güter, die in zukünftigen Perioden als Input in den Produktionsprozess eingehen. Die Erstellung von Investitionsgütern führt also zu einer Ausweitung des Kapitalstocks, was c.p. in der Zukunft ein höheres Produktionsergebnis möglich macht. Konsumgüter sind Güter, die letztlich in die Verfügungsmacht der Haushalte übergehen und in der Regel unmittelbar verbraucht werden.

Produktionsmöglichkeitskurve

In Abb. A.6 ist auf der horizontalen Achse (Abszisse) die Investitionsgütermenge und auf der vertikalen Achse (Ordinate) die Konsumgütermenge abgetragen. Die Verbindungslinie zwischen den beiden Achsen ist die Produktionsmöglichkeitskurve. Sie gibt allgemein an, welche verschiedenen Mengenkombinationen von unterschiedlichen Gütern mit den vorhandenen Ressourcen und der vorhandenen Technologie in einer Volkswirtschaft maximal produziert werden können.

Werden nur Konsumgüter hergestellt, ergibt sich die maximale Gütermenge B. Werden nur Investitionsgüter produziert, so ist die Menge A erreichbar. In allen Punkten auf der Produktionsmöglichkeitskurve werden Investitions- und Konsumgüter in einem jeweils bestimmten Verhältnis hergestellt.

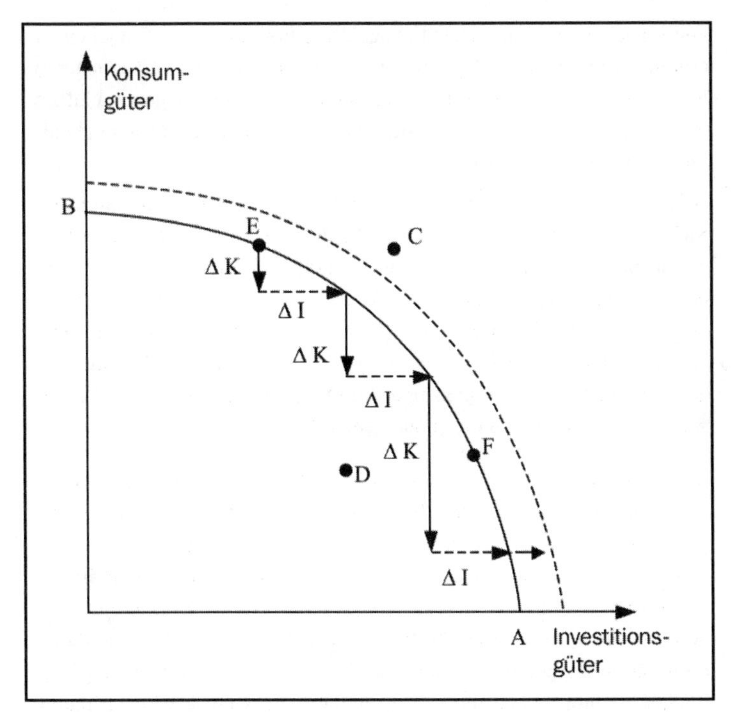

Abb. A.6. Produktionsmöglichkeitskurve

Güterkombinationen außerhalb der Produktionsmöglichkeitskurve (z.B. Punkt C) können bei gegebenem Bestand an Produktionsfaktoren und technischem Wissen nicht erreicht werden. Güterkombinationen innerhalb der Kapazitätslinie (z.B. Punkt D) deuten auf eine Unterauslastung hin. Der Faktoreinsatz ist in diesem Fall ineffizient, da von jeder Gütergruppe mehr erzeugt werden könnte.

Investitionsquote

Die Punkte E und F geben effiziente Güterkombinationen wieder, unterscheiden sich jedoch in der Höhe der volkswirtschaftlichen Investitionsquote (Anteil der Investition am gesamten Output). In F ist die Investitionsquote höher als in E. Zwar steigen in beiden Fällen die Produktionsmöglichkeiten in der Zukunft, in E aber weniger als in F. Graphisch bedeutet dies eine Verschiebung der Produktionsmöglichkeitskurve nach rechts (gestrichelte Linie). Die gleiche Entwicklung tritt ein, wenn sich der verfügbare Bestand der anderen Produktionsfaktoren erhöht oder sich technologischer Fortschritt einstellt.

Die Bewegung von Punkt E nach F auf der Produktionsmöglichkeitskurve macht deutlich, dass die Erweiterung der Produktion einer Gütergruppe nur auf Kosten der anderen Gütergruppe möglich ist. Die Erhöhung des Kapitalstocks (= Investitionen) setzt demnach gegenwärtigen Konsumverzicht voraus.

Opportunitätskosten

Die Entscheidung, die Investitionsgüterproduktion um Δ I Einheiten zu erhöhen, führt daher zu Opportunitätskosten in Höhe von Δ K. Generell bestimmen sich die Opportunitätskosten aus den entgangenen Nutzen der nächstbesten Alternative. Sie treten immer auf, da für jede Handlung immer eine Alternative besteht.

Alle Entscheidungen für eine Alternative werden aus ökonomischer Sicht immer zugleich auch als Entscheidungen gegen andere, ebenfalls erwünschte Alternativen betrachtet. Ursächlich hierfür ist wiederum die relative Knappheit, die es den Wirtschaftssubjekten aufgrund ihrer nur begrenzt verfügbaren Mittel nicht möglich macht, all ihre angestrebten Ziele zu verwirklichen. Zum Beispiel »kostet« das Studium das entgangene Einkommen und die Opportunitätskosten des gegenwärtigen Konsums sind die entgangenen Zinserträge.

»Gesetz der zunehmenden Opportunitätskosten«

Der konkave Verlauf weist auf das »Gesetz der zunehmenden Opportunitätskosten« hin, das mit fortwährender Substitution einer Gütergruppe durch die andere zu beobachten ist. Ausgehend von Punkt E wird die Konsumgütermenge, auf die für jede weitere Einheit an Investitionsgütern verzichtet werden muss, immer größer. D.h., die Opportunitätskosten nehmen zu. Ursächlich hierfür ist die unterschiedliche Eignung der Produktionsfaktoren in ihrer jeweiligen Verwendung (ein Bäcker ist meist kein guter Informatiker). Es kann aber auch damit begründet werden, dass der Verzicht auf die Gütermengen der substituierten Alternative (hier die Konsumgüter) mit zunehmendem Substitutionsprozess immer höher bewertet wird.

4.5 Grenzkosten und Grenznutzen

»Mehr-oder-weniger-Entscheidungen«

Die Alternativen, vor denen Wirtschaftssubjekte stehen, sind vom Typ her meist »Mehr-oder-weniger-Entscheidungen« und nur selten »Alles-oder-nichts-Entscheidungen« (wie z.B. bei der Heirat). Für die Analyse solcher Entscheidungen wurde in der Volkswirtschaftslehre die Marginalanalyse entwickelt. Sie erlaubt ein Abwägen der zusätzlichen Nutzen und zusätzlichen Kosten jeder weiteren Handlungseinheit (wie z.B. der Genuss eines weiteren Glases Rotweins). Es sind die »marginalen« (zusätzlichen) Einheiten, bei denen sich die Frage nach dem Wieviel entscheidet.

Grenzkosten

Die zusätzlichen Kosten – oder die Veränderung der Gesamtkosten – die durch die Produktion oder den Konsum einer weiteren Einheit entstehen, nennt man Grenzkosten. Die zusätzlichen Nutzen – oder die Veränderung des Gesamtnutzens – die durch die Produktion oder den

Konsum einer weiteren Einheit entstehen, nennt man Grenznutzen bzw. Grenzerträge.

Grenznutzen

Ein rational handelndes Wirtschaftssubjekt wird sich immer nur dann für »Mehr« entscheiden, wenn der Grenznutzen aus weiteren Handlungseinheiten größer ist als die Grenzkosten (auch im Sinne von Opportunitätskosten). Gewinn- oder Nutzenmaximierung unterstellt, wird es seine Aktivitäten beenden, wenn die Grenznutzen den Grenzkosten entsprechen (siehe Kap. »Mikroökonomie – Theoretische Grundlagen«, Abschn. 2).

4.6 Arbeitsteilung und komparative Kostenvorteile

Vorteile der Arbeitsteilung

Eine Ursache wachsenden wirtschaftlichen Wohlstands wird in der zunehmenden Arbeitsteilung gesehen. Durch Arbeitsteilung wird die Unterschiedlichkeit der menschlichen Begabungen (des Humankapitals) erst richtig genutzt. Sie bietet Menschen, Unternehmen oder Ländern erst die Möglichkeit, sich auf solche Tätigkeiten zu spezialisieren, für die sie relativ am besten qualifiziert sind. Damit führt Arbeitsteilung im Ergebnis zur Minderung der Knappheit.

Notwendige Konsequenz der Arbeitsteilung ist der Tausch. Das Hilfsmittel, durch das die Tauschvorgänge erheblich erleichtert werden, ist Geld. Geld kann jedes allgemein akzeptierte Tauschmittel sein.

Theorem der komparativen Kostenvorteile

Zur Erklärung der Vorteilhaftigkeit einer weitest gehenden Spezialisierung dient das Theorem der komparativen Kostenvorteile (David Ricardo: 1772-1823). Es besagt, dass Arbeitsteilung zwischen zwei Akteuren (Wirtschaftssubjekte oder Länder) selbst dann für beide vorteilhaft sein kann, wenn ein Akteur bei der Herstellung sämtlicher Güter gegenüber dem anderen einen absoluten Kostenvorteil hat. Es kommt nur darauf an, dass sich der unterlegene Akteur auf die Herstellung jenes Gutes spezialisiert, bei dem er einen relativen (»komparativen«) Vorteil hat.

Absolute Kostenvorteile

Absolute Kostenvorteile betreffen den Fall, in dem ein Wirtschaftssubjekt oder ein Land einen Output zu geringeren Input-Kosten herstellen kann, als ein anderes Wirtschaftssubjekt oder Land. Komparative Kostenvorteile hingegen werden gemessen als Verhältnis der Produktionskosten von zwei Outputs.

	Gut A	Gut B	Internes Austauschverhältnis
Julius	8 ZE	2 ZE	1 : 4
Joni	10 ZE	8 ZE	1 : 1,25

	vor Arbeitsteilung	nach Arbeitsteilung
Produktion Gut A		
• Gesamtaufwand	18 ZE	20 ZE
• Sektorproduktivität	0,11	0,1
Produktion Gut B		
• Gesamtaufwand	10 ZE	4 ZE
• Sektorproduktivität	0,2	0,5
Produktion Gesamt		
• Gesamtaufwand	28 ZE	24 ZE
• Gesamtproduktivität	0,1428	0,166

$$\text{Produktivität} = \frac{\text{Produktionsergebnis (Output)}}{\text{Mitteleinsatz (Input)}}$$

Abb. A.7. Das Theorem der komparativen Kostenvorteile

Das vorstehende Beispiel (Abb. A.7) zeigt, dass Julius sowohl eine Einheit des Gutes A als auch eine des Gutes B mit geringerem Arbeitsaufwand, gemessen in Zeiteinheiten, herstellen kann, als Joni. Offenbar hat Joni bei beiden Gütern absolute Kostennachteile. Jedoch hat Joni komparative Kostenvorteile im Hinblick auf die Produktion von Gut A. Diese komparativen Kostenvorteile werden gemessen als Opportunitätskosten-Verhältnis der Güter hinsichtlich ihrer Produktion: Wie viel muss Julius oder Joni von einem Gut aufgeben, um mehr vom andern zu produzieren?

So kann Joni für jede nicht-produzierte Einheit des Gutes B 0,8 Einheiten (8 : 10) des Gutes A herstellen, und das ist eine bessere Relation als bei Julius. Er kann nämlich demgegenüber für jede Einheit von Gut B, auf deren Herstellung er verzichtet, nur 0,25 Einheiten (2 : 8) des Gutes A herstellen. Umgekehrt hat Julius natürlich komparative Kostenvorteile bei der Herstellung des Gutes B. Man kann auch sagen, dass Julius bei der Herstellung von Gut B viermal besser ist, als Joni (8 : 2), bei Gut A hingegen nur 1,25 mal besser (10 : 8).

Die Folgen dieses Sachverhalts zeigen sich, wenn sich beide auf die Herstellung desjenigen Gutes spezialisieren, für das sie komparative Kostenvorteile besitzen: Joni auf die Herstellung des Gutes A und Julius auf die des Gutes B. Dadurch können sie die gleiche Anzahl der Güter mit weniger Zeitaufwand (Mitteleinsatz) herstellen (statt 28 ZE benötigten sie zusammen nur noch 24 ZE) oder sie könnten bei gegebenen Zeitaufwand insgesamt mehr Güter herstellen, da die Gesamtproduktivität gestiegen ist.

Unter Produktivitätsgesichtspunkten ist für die beiden zusammen eine Spezialisierung also von Vorteil. Ob dies für jeden einzelnen gilt, hängt letztlich vom Tauschverhältnis ab. Wie das Austauschverhältnis sein wird, kann man nicht mit Bestimmtheit sagen, da es unter anderem von der Geschicklichkeit und der Machtkonstellation der beiden Tauschpartner abhängig ist. Man denke z.B. an den Handel zwischen Industrie- und Entwicklungsländern. Unter Berücksichtigung der internen Austauschverhältnisse kann man jedoch die Bandbreite ableiten, innerhalb dessen sich das Tauschverhältnis letztlich einstellen wird.

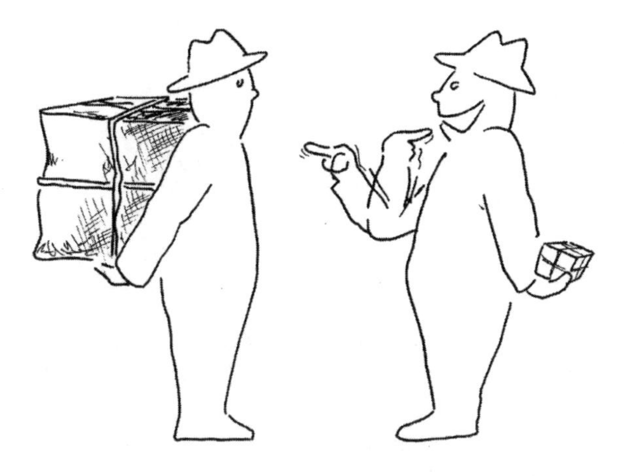

TAUSCHVERHÄLTNIS

Joni wird nämlich nicht mit einem Austauschverhältnis von 1 : 1 zufrieden sein, da er nun mehr arbeiten muss als vor Arbeitsteilung (20 ZE statt 18 ZE). Zudem dürfte für ihn eine Einheit von Gut A soviel Wert gewesen sein, wie 1,25 Einheiten von Gut B. Für Joni wird eine Spezialisierung mit Tausch letztlich also nur vorteilhaft sein, wenn er mehr als 1,25 Einheiten von Gut B für eine seiner beiden hergestellten Einheiten von Gut A erwarten kann. Umgekehrt wird Julius nur dann bereit sein, das Gut A von Joni gegen Gut B einzutauschen, wenn er dafür weniger als 4 Einheiten des Gutes B abgeben muss. Das Austauschverhältnis wird deshalb logischerweise innerhalb der individuellen Austauschverhältnisse vor dem Tausch liegen.

Weitere Vorteile aus der Arbeitsteilung

Weitere Vorteile aus der Arbeitsteilung (= Kooperationsgewinne) ergeben sich im Laufe der Zeit, weil anzunehmen ist, dass man sich mit zunehmender Spezialisierung in der Produktion bestimmter Güter immer mehr Fachwissen aneignet. Solche Lerneffekte haben zur Folge, dass die Produktivität bei der Herstellung weiter steigt. Um denselben Output zu erzielen bedarf es weniger Input oder eine Verdoppelung aller Inputs führt zu einer Erhöhung des Output um mehr als hundert Prozent. Die Vorteile der Spezialisierung liegen also in einer höheren mengenmäßigen Gesamtleistung pro Produktionsfaktor (Produktivität). Die Ausnutzung dieser Produktivitätsvorteile wird mit dem Begriff der »steigenden Skalenerträge« gleichgesetzt. Im Zuge der Spezialisierung verbessert sich zudem auch meist die Produktqualität. Nachteile der Spezialisierung sind vor allem in der größeren Abhängigkeit der betroffenen Wirtschaftssubjekte vom jeweiligen Tausch- bzw. Handelspartner zu sehen.

Steigende Skalenerträge

5. Zentralverwaltungswirtschaft versus Marktwirtschaft

Um bei vielfacher Arbeitsteilung das Allokationsproblem bestmöglich bewältigen zu können, bedarf es der Koordination der betroffenen Wirtschaftssubjekte. Koordination setzt wiederum ein Informations- und Motivationssystem voraus. Die Wirtschaftssubjekte müssen ohne nennenswerte zeitliche Verzögerungen und zuverlässig über die relative Knappheit der Güter und Produktionsfaktoren bzw. über die Produktionsmöglichkeiten und Konsumwünsche und vor allem über deren Veränderungen im Zeitablauf informiert werden. Zugleich muss aber auch sichergestellt werden, dass sie einen Anreiz haben, rasch auf diese Veränderungen (z.B. demographische Entwicklungen, technisch-organisatorischen Fortschritt, Präferenzänderungen oder exogene Schocks und wirtschaftspolitische Maßnahmen) zu reagieren.

Je nachdem wie nunmehr der Koordinationsmechanismus ausgestaltet ist, unterscheidet man zwei Wirtschaftsordnungen: die Zentralverwaltungswirtschaft und die Marktwirtschaft (siehe Abb. A.8).

Zentralverwaltungswirtschaft

In Zentralverwaltungswirtschaften erfolgt die Koordination über einen zentralen für alle verbindlichen Wirtschaftsplan, der von einer staatlichen zentralen, Planungsbehörde aufgestellt und durchgeführt wird. Zur Sicherstellung der Planerfüllung werden den Haushalten und Unternehmen entsprechende Planauflagen gemacht, die mehr oder weniger mit Zwang durchgesetzt werden. Das Eigentum an den Produktionsmitteln befindet sich grundsätzlich in den Händen des Staates. Beim Verbrauch besteht nur die Wahl zwischen solchen Konsumgütern, die im Rahmen der Zentralplanung zur Verfügung gestellt werden. Die Konsumentenentscheidungen werden durch staatliche Preisfestsetzungen beeinflusst.

In der Realität führte die staatliche Preisfixierung häufig zu erheblichen Diskrepanzen zwischen der nachgefragten und der angebotenen Gütermenge. Lange Lieferzeiten oder Warteschlangen vor den Geschäften waren die Folge. Ursächlich für die regelmäßig mangelhafte Übereinstimmung waren die Überforderung der Planungsbehörden mit der Vielzahl der Planungen, Informationsdefizite, systemimmanente falsche Bedarfs- und Produktionsangaben sowie demotivierende Anreizstrukturen.

Marktwirtschaft		Zentralverwaltungs-wirtschaft
Koordination: dezentrale Planung über den Markt	Planungs- und Koordinationssystem	Zentrale Planung koordiniert durch Planungsbehörde
freie Preisbildung durch Angebot und Nachfrage auf dem Markt	Preisbildung	Preisfestsetzung durch den Staat
Gewinnerzielung; ungeregelte Investitionen	Produktionsziel	Planerfüllung; Investitionslenkung
vorwiegend privates Eigentum an Produktionsmitteln	Eigentumsform	staatliches Eigentum an Produktionsmitteln
vorwiegend materiell (u.a. leistungsabhängige Entlohnung)	Anreizsystem	vorwiegend immateriell (Belohnung, Auszeichnung)

Abb. A.8. Zentralverwaltungswirtschaft und Marktwirtschaft

Marktwirtschaft

Marktwirtschaften liegt ein individualistisch geprägtes Gesellschaftsmodell zugrunde. Es gibt keinen Zentralplan. Alle Haushalte und Unternehmen stellen ihre eigenen Konsum- und Produktionspläne auf und versuchen diese durchzusetzen. Deshalb handelt es sich hierbei um eine dezentral geplante Wirtschaft. Die Koordination der Vielzahl individueller Wirtschaftspläne erfolgt über den Markt. Der Ausgleich von Angebot und Nachfrage am Markt erfolgt mit Hilfe der freien Preisbildung (siehe hierzu ausführlich Kap. »Mikroökonomie – Theoretische Grundlagen«).

Von »unsichtbarer Hand« geleitet führt ...

Damit kommt dem Preismechanismus die entscheidende Bedeutung in einer Marktwirtschaft zu. Wie von »unsichtbarer Hand« geleitet (Adam Smith 1723-1790) steuert der Wettbewerb über den Preis alle ökonomischen Aktivitäten in optimaler Weise. Idealerweise spiegelt sich in den Preisen sowohl der gesellschaftliche Nutzen eines Gutes als auch die Kosten der Produktion. Da Unternehmen und Haushalte bei ihren Angebots- und Nachfrageentscheidungen auf die Preise sehen, berücksichtigen sie bei ihren Entscheidungen unbewusst diese Nutzen und Kosten.

eigennutzenorientiertes Handeln zur Maximierung der gesellschaftlichen Wohlfahrt, ...

Gleichsam sorgt der Preiswettbewerb automatisch, über das eigennutzorientierte Handeln der Wirtschaftssubjekte, für einen höchstmöglichen Wohlstand aller (siehe insbesondere Kap. »Mikroökonomie – Theoretische Grundlagen«, Abschn. 1.6), obwohl keiner der Handelnden dies bezweckt. Die Maximierung des Eigennutzes maximiert also auch das gesellschaftliche Wohl. Es kommt zu einer effizienten Ressourcenallokation. Die vorhandenen Mittel werden in ihrer produktivsten Verwendung eingesetzt, sodass das Gesamtprodukt maximiert wird.

Allerdings gibt es auch Situationen, in denen das individuell rationale Handeln zur gesamtgesellschaftlichen Irrationalität führt. In der Literatur wird dieses Phänomen als Dilemmasituation diskutiert.

... außer in Dilemmasituationen

Dilemmasituation bei eigennutzorientiertem Handeln

Für einen Einzelnen entsteht dann ein Dilemma, wenn das von Eigeninteresse geleitete Handeln für ihn im Ergebnis in das Gegenteil dessen umschlägt was er erhoffte, weil sich alle Wirtschaftssubjekte in derselben Weise verhalten. Weiter gefasst versteht man unter einer Dilemmasituation einen Zustand, in dem das von individuell eigennutzorientierte Handeln aller Akteure, für die Gesamtheit betrachtet, zu irrationalen Ergebnissen führt. Was aus einzelwirtschaftlicher Rationalität vorteilhaft ist, erweist sich also aus gesamtwirtschaftlicher Rationalität als nachteilig.

Auch der »Trugschluss der Verallgemeinerung«, auf den häufig in Lehrbüchern zur Volkswirtschaftslehre aufmerksam gemacht wird, um den Unterschied zwischen Mikro- und Makroökonomie herauszustellen, geht letztlich auf diese Dilemmasituation zurück. Die typische Fehlerquelle, die zu diesem Trugschluss führt, liegt nämlich immer darin, dass einzelwirtschaftliche Sachverhalte kritiklos auf die Gesamtwirtschaft übertragen werden. Tatsächlich ist die Volkswirtschaft als Ganzes etwas anderes als nur die Summe aller Einzelwirtschaften.

Beispielsweise könnte es aus Sicht einzelner Unternehmer vorteilhaft sein, die Löhne zu senken, weil sich dadurch möglicherweise ihre Wettbewerbssituation verbessern würde. Für die gesamte Volkswirtschaft kann eine generelle Lohnsenkung jedoch mit einem Ausfall an gesamtwirtschaftlicher Nachfrage einhergehen, was sich wiederum nachteilig auf alle Wirtschaftssubjekte auswirken kann. Für jeden einzelnen Haushalt kann es in wirtschaftlich unsicheren Zeiten durchaus sinnvoll sein, mehr zu sparen. Falls jedoch alle Haushalte mehr sparen, indem sie ihre Konsumausgaben reduzieren, können die Unternehmen ihre Produkte nicht mehr absetzen. Dies könnte die Unternehmen veranlassen, ihre Produktion einzuschränken und Arbeitskräfte zu entlassen. Die Konsequenz wäre, dass alle Haushalte letztlich weniger Einkommen zur Ersparnisbildung hätten als vorher.

Auch die Existenz öffentlicher Güter provoziert regelmäßig eine Dilemmasituation. Öffentliche Güter sind durch Nicht-Ausschließbarkeit und Nicht-Rivalität gekennzeichnet. Nicht-Ausschließbarkeit bedeutet, dass niemand von der Nutzung eines Gutes ausgeschlossen werden kann, wenn dieses erst einmal bereitgestellt ist. Für den Einzelnen ist es daher rational, einen Beitrag zur Finanzierung der Bereitstellung dieses Gutes zu verweigern und anschließend als Trittbrettfahrer dieses Gut zu nutzen. Handeln aber alle Wirtschaftssubjekte in gleicher Weise, findet sich letztlich kein Anbieter für dieses Gut, obgleich dafür eine Nachfrage besteht.

Um aus einer Dilemmasituation herauszukommen hilft kooperatives Verhalten oder Zwang. Während kooperative Lösungen nicht notwendigerweise den Staat als Akteur einschließen müssen, ist dies bei Zwang der Fall, da nur der Staat in der Regel über ein entsprechendes Machtmonopol verfügt.

Der Preismechanismus erfüllt eine:

In einer Marktwirtschaft sorgt allein der Preismechanismus dafür, dass die Anbieter diejenigen Güter herstellen, welche die Konsumenten wünschen.

Informations- bzw. Signalfunktion

- Preisänderungen zeigen an, dass sich der Knappheitsgrad eines Gutes verändert hat. Wenn sich der Preis erhöht, wird damit signalisiert, dass das Angebot im Vergleich zur Nachfrage zu gering ist; umgekehrt zeigen Preissenkungen einen Angebotsüberschuss an (Informations- oder Signalfunktion).

Allokations- und Lenkungsfunktion

- Die Märkte, auf denen aufgrund der Knappheit von Gütern hohe Preise zu erzielen sind, signalisieren den Unternehmen, ihre Produktion in diesen Bereich zu verlagern bzw. auszudehnen, sodass in diesem Sektor in zunehmendem Maße Produktionsfaktoren zum Einsatz kommen. Der Preis der Güter lenkt die Produktionsfaktoren also aus weniger profitablen Verwendungen in Märkte, in denen Güter knapp sind (Allokations- und Lenkungsfunktion).

Selektionsfunktion

- Unternehmen, die dauerhaft nicht in der Lage sind, zu den herrschenden Marktpreisen ihre Produktionskosten zu decken oder deren Angebot nicht den Präferenzen der Nachfrager entspricht, werden von effizienteren Anbietern verdrängt (Selektionsfunktion).

Zuteilungs- und Rationierungsfunktion

- Haushalte mit den dringlichsten Bedürfnissen werden zuerst befriedigt, da die individuelle Zahlungsbereitschaft den Nutzen widerspiegelt, den sich eine Wirtschaftseinheit vom Erwerb eines Gutes oder einer Faktorleistung verspricht (Zuteilungs- und Rationierungsfunktion).

Wirtschaftsordnung

Die Marktwirtschaft – wie alle anderen Wirtschaftsordnungen auch – zeichnet sich jedoch nicht nur durch das gewählte Koordinationsverfahren aus. Unter Wirtschaftsordnung versteht man die Gesamtheit aller Regelungen, die das wirtschaftliche Geschehen in einer Volkswirtschaft gestalten und beeinflussen. Hierunter fallen neben rechtlichen Vorschriften auch informelle, also rechtlich nicht kodifizierten Mechanismen, Zielsetzungen, Verhaltensweisen und Institutionen. Wie wichtig z.B. Motivations-, Kontroll- und Sanktionsmechanismen sind, wird an dem allgegenwärtigen Principal-Agent-Problem deutlich.

Eigeninteressen und Principal-Agent-Problem

In der Realität sind die Entscheidungsträger (»principals«) selten identisch mit denjenigen, die diese Entscheidungen umzusetzen haben (»agents«). Bei eigennutzorientiertem Verhalten aller Beteiligten und individuell abweichenden Zielen resultiert daraus ein Interessengegensatz zwischen Prinzipalen und Agenten. Die Folge ist, dass der Prinzipal dann nicht mehr sicher sein kann, dass seine zielgerichteten Vorgaben auch umgesetzt werden. Beispielhaft für solche Principal-Agent-Relationen sind die Beziehungen zwischen Aktionären und Unternehmensleitung, Wählern und Politikern sowie Politikern und Bürokraten. Auch das Verhältnis zwischen einer staatlichen Aufsichtsbehörde und einem regulierten Unternehmen (z.B. Telekom) kann derart charakterisiert sein.

Die Lösung dieses Problems besteht nun darin, dass der Prinzipal mit Hilfe geeigneter Motivations-, Kontroll- und Sanktionsmechanismen versuchen muss, seinen Agenten zu veranlassen, seinen Anweisungen, in der von ihm gewünschten Form zu folgen. Dem Prinzipal stehen hierfür eine Reihe unterschiedlicher Mittel zur Verfügung. Eine wichtige Rolle spielen dabei materielle Anreize in Form einer ganz oder teilweise leistungsabhängigen Entlohnung (z.B. Aktienoptionen für die Unternehmensleitung oder Akkordlöhne für die in der Produktion eingesetzten Arbeitnehmer). Als immaterielle Anreize dienen z.B. Belobigungen oder Auszeichnungen. Wie die Erfahrungen in ehemaligen Zentralverwaltungswirtschaften zeigen, scheinen letztere aber den materiellen Anreizen deutlich unterlegen zu sein. Hinzu kam in diesem Fall, dass im Verhältnis zwischen Unternehmensleitung und ihren Mitarbeitern die Sanktion der Entlassung in der Regel unmöglich war.

Die Aufgabe des Staates sehen die Vertreter der reinen Marktwirtschaft im Wesentlichen darin, den Ordnungsrahmen zu setzen, innerhalb dessen sich die einzelwirtschaftlichen Aktivitäten entfalten können. Der eigentliche Ablauf des Wirtschaftsprozesses soll von staatlichen Eingriffen möglichst frei bleiben. Zu den ordnungspolitischen Aufgaben des Staates gehört dabei in erster Linie die Sicherung des Wettbewerbs und die des Privateigentums an den Produktionsmitteln.

Mögliche Gründe für Marktunvollkommenheiten bzw. gänzlichem Marktversagen, die weitere staatliche Funktionen innerhalb der Marktwirtschaft legitimieren, werden im folgenden Kapitel behandelt. Einige dieser Gründe haben zur Ausgestaltung der Sozialen Marktwirtschaft geführt.

6. Die Soziale Marktwirtschaft

In den einzelnen Ländern ist die Marktwirtschaft sehr unterschiedlich ausgestaltet. Ursächlich hierfür sind historische, soziokulturelle und machtpolitische Konstellationen eines Landes.

Obgleich in Deutschland verfassungsmäßig keine bestimmte Wirtschaftsordnung festgeschrieben wurde, besteht weitgehend Einigkeit darüber, dass beide polaren Ordnungen, die Zentralverwaltungswirtschaft und die reine Marktwirtschaft, mit dem Grundgesetz nicht zu vereinbaren sind.

In einer grundlegenden Entscheidung von 1954 hat das Bundesverfassungsgericht dazu bestimmt:

»Das Grundgesetz garantiert weder die wirtschaftspolitische Neutralität der Regierungs- und Gesetzgebungsgewalt noch eine nur mit marktkonformen Mitteln zu steuernde „soziale Marktwirtschaft".Die wirtschaftspolitische Neutralität besteht lediglich darin, dass sich der Verfassungsgeber nicht ausdrücklich für ein bestimmtes Wirtschaftssystem entschieden hat. Dies ermöglicht dem Gesetzgeber, die ihm jeweils sachgemäß erscheinende Wirtschaftspolitik zu verfolgen, sofern er dabei das Grundgesetz beachtet. Die gegenwärtige Wirtschafts- und Sozialordnung ist zwar eine nach dem Grundgesetz mögliche Ordnung, keineswegs aber die alleinmögliche.«

Zu den normativen Bedingungen im GG, die als Rahmenbedingungen zu betrachten sind, zählen im Allgemeinen die vorgegebenen Gestaltungs- und Strukturprinzipien wie das Rechtsstaats-, Sozialstaats- und Demokratieprinzip. Im Besonderen sind es u.a. das Recht auf Privateigentum und die Vertragsfreiheit (Art. 14 und Art. 2 GG) aber auch die Sozialpflichtigkeit des Eigentums, die Tarifautonomie, das Wettbewerbsrecht, die Sozialversicherungssysteme, die Mitbestimmung und die Finanzverfassung, die die »Soziale Marktwirtschaft« charakterisieren.

Soziale Marktwirtschaft als ...

Die Wirtschaftsordnung »Soziale Marktwirtschaft«, die in den ersten Jahrzehnten nach dem 2. Weltkrieg in Deutschland etabliert wurde, basiert wesentlich auf den wissenschaftlichen Arbeiten der sogenannten Freiburger Schule, deren wichtigster Vertreter der Nationalökonom Walter Eucken (1891-1950) war. Zur Weiterentwicklung und Verbreitung dieser Ideen haben Ludwig Erhard (1897-1977) und Alfred Müller-Armack (1901-1978) beigetragen.

Die Vertreter einer sozialen Marktwirtschaft vertrauen grundsätzlich der marktwirtschaftlichen Konzeption. Sie sichert die individuelle Freiheit der Wirtschaftssubjekte und führt bei funktionsfähigem Wettbewerb zu einer bestmöglichen Güterversorgung. Allerdings muss ihrer Meinung nach das Individualprinzip auf dem Markt mit dem Sozialprinzip verbunden werden, da nicht alle Wirtschaftssubjekte den Leistungskriterien des Marktes entsprechen können. Damit jedoch der Solidargedanke letztlich die individuelle Verantwortung nicht zu sehr zurückdrängt und negative Anreizwirkungen auslöst, betonen vor allem liberale Ökonomen das Subsidiaritätsprinzip als weiteres Grundelement der sozialen Marktwirtschaft.

... Verbindung vom Individual- zum Sozialprinzip

Subsidiaritätsprinzip

Das Subsidiaritätsprinzip stammt aus der katholischen Soziallehre. Es besagt, dass dem Einzelnen nicht das, was er selbst zu leisten vermag, von der Gesellschaft abgenommen werden darf. Jedes Individuum ist für sein Wohlergehen deshalb zunächst selbst verantwortlich. Nur dann, wenn der Einzelne oder seine Familie die Aufgabe nicht bewältigen kann, tritt subsidiäre Hilfe durch größere soziale Einheiten ein. Nicht nur für die Wirtschaft, sondern auch zur Lösung der sozialen Fragen wird mithin ein Höchstmaß an Freiheit, privater Initiative oder Selbsthilfe gefordert.

Neben der Sicherstellung eines funktionsfähigen Wettbewerbs und der Vertragsfreiheit übernimmt der Staat in der sozialen Marktwirtschaft also auch Funktionen der sozialen Sicherung (z.B. Krankenkassen, Arbeitslosenversicherung) und Umverteilungsfunktionen (z.B. Kindergeld, Subventionen).

Träger der Wirtschaftspolitik

Mehr noch als in der reinen Marktwirtschaft üben eine ganze Reihe von Interessengruppen, Organisationen und Institutionen einen Einfluss auf die Wirtschaftsordnung aber auch auf den Wirtschaftsablauf und die Wirtschaftsstruktur aus. Die nachfolgende Abb. A.9 gibt einen Überblick über die Träger der Wirtschaftspolitik in Deutschland.

Staatliche Träger der Wirtschaftspolitik	
Legislative:	Bundestag, Landtage und Gemeinden
Exekutive:	Bundesregierung, Landesregierungen und Gemeinden
Judikative:	u. a. Bundesverfassungsgericht, Arbeits- und Sozialgerichte
Halbstaatliche und private Träger der Wirtschaftspolitik	
Bundeskartellamt	
Bundesagentur für Arbeit	
Bundesamt für Umwelt	
Bundesnetzagentur	
Deutscher Industrie- und Handelstag	
Industrie- und Handelskammer	
Unternehmensverbände	
Gewerkschaften	
Träger mit Beratungs- und Informationsfunktionen	
Sachverständigenrat	
Monopolkommission	
Wissenschaftliche Beiräte	
Wissenschaftliche Forschungsinstitute	
Supranationale Träger der Wirtschaftspolitik	
Europäische Union (EU)	
Europäische Zentralbank (EZB)	
Internationaler Wähungsfonds (IWF)	
Welthandelsorganisation (WTO)	

Abb. A.9. Träger der Wirtschaftspolitik

7. Wiederholungsfragen

❍ 1. Welche einzelnen Elemente bestimmen die Modellbildung innerhalb der Volkswirtschaftslehre und in welcher Beziehung stehen diese zueinander? Lösung S. 5 ff.

❍ 2. Was versteht man unter dem »ökonomischen Prinzip«? Lösung S. 6

❍ 3. Worin unterscheiden sich die positive und die normative Analyse? Lösung S. 7

❍ 4. Warum zählt Geld nicht zu den volkswirtschaftlichen Produktionsfaktoren? Lösung S. 12

❍ 5. Was versteht man unter einer effizienten Ressourcenallokation? Lösung S. 13

❍ 6. Wie lässt sich der konkave Verlauf der Produktionsmöglichkeitskurve begründen? Lösung S. 16

❍ 7. Wie sind die Grenzkosten und Grenznutzen definiert? Lösung S. 16 f.

❍ 8. Was besagt das Theorem der komparativen Kostenvorteile? Lösung S. 17

❍ 9. Welche Vorteile ergeben sich aus der Arbeitsteilung? Lösung S. 19 f.

❍ 10. Worin liegen die zentralen Unterschiede zwischen den beiden Wirtschaftsordnungen Zentralverwaltungswirtschaft und Marktwirtschaft? Lösung S. 22

❍ 11. Was versteht man unter einer Dilemmasituation? Welche Probleme treten dadurch auf und welche Lösungsansätze bieten sich zur Problembewältigung an? Lösung S. 23 f.

❍ 12. Welche Funktionen übernimmt der Preismechanismus innerhalb einer Marktwirtschaft? Lösung S. 24

❍ 13. Woraus resultiert das sog. Principal-Agent-Problem? Lösung S. 25

❍ 14. Was ist das spezifische an einer Sozialen Marktwirtschaft? Lösung S. 27

Der Staat in der Wirtschaft

Lernziele dieses Kapitels

Die Studierenden sollen nach der Lektüre dieses Kapitels

- die normative Begründung staatlichen Handelns in einer Marktwirtschaft nachvollziehen und argumentativ vertreten können.
- verstanden haben, dass Marktversagen allein kein staatliches Eingreifen in den Marktprozess begründet und rechtfertigt.
- nachvollziehen können, dass staatliche Eingriffnahme mit unterschiedlicher Intensität möglich ist.
- die Funktionen und die Struktur des Haushalts als Allokationsinstrument innerhalb des öffentlichen Sektors kennen.
- die Entwicklung von Staatsquoten im internationalen Vergleich kennen sowie deren Aussagegehalt einschätzen können.

Im vergangenen Jahrzehnt hat sich weltweit ein bemerkenswerter Wandel in der Einschätzung der Rolle des Staates in der Wirtschaft vollzogen. Nachdem über lange Zeit die staatlichen Interventionen in die Marktwirtschaft beträchtlich ausgeweitet wurden, dominiert in vielen Ländern nunmehr eine Politik, die eine reduzierte Rolle des öffentlichen Sektors beinhaltet und stärkeres Vertrauen in den privaten Sektor setzt.

Die Kritik am Staat zielt dabei in erster Linie auf eine zweckmäßige Grenzziehung zwischen Staat und Markt. Es geht jedoch auch um die Effizienz und Effektivität innerhalb des öffentlichen Sektors selbst. Notwendig ist ein modernisierter, effizienter und aktivierender öffentlicher Sektor, der für die Märkte eine unterstützende Rolle übernimmt und die Aktivitäten der Individuen sowohl fördert als auch ergänzt. Vor allem im Verlauf der Globalisierung erfahren die traditionellen Aufgaben des Staates eine neue Gewichtung, neue kommen hinzu und alte verlieren an Bedeutung.

1. Die Hauptfunktionen des Staates

Noch vor einem Jahrhundert wiesen die Ökonomen dem Staat nur begrenzte wirtschaftspolitische Aufgaben zu. Sie vertrauten auf die »unsichtbare Hand« des Wettbewerbs und die »Selbstheilungskräfte des Marktes«, die ihres Erachtens staatliche Interventionen überflüssig machen. Die Aufgabe des Staates wurde lediglich darin gesehen, die erforderlichen rechtlichen Rahmenbedingungen für einen funktionierenden Wettbewerb zu schaffen. Ansonsten sollte sich die öffentliche Hand in wirtschaftspolitischer Hinsicht weitgehend neutral verhalten (»Nachtwächterstaat«).

Seit den 60er Jahren werden dem Staat drei zentrale Funktionen zugewiesen.

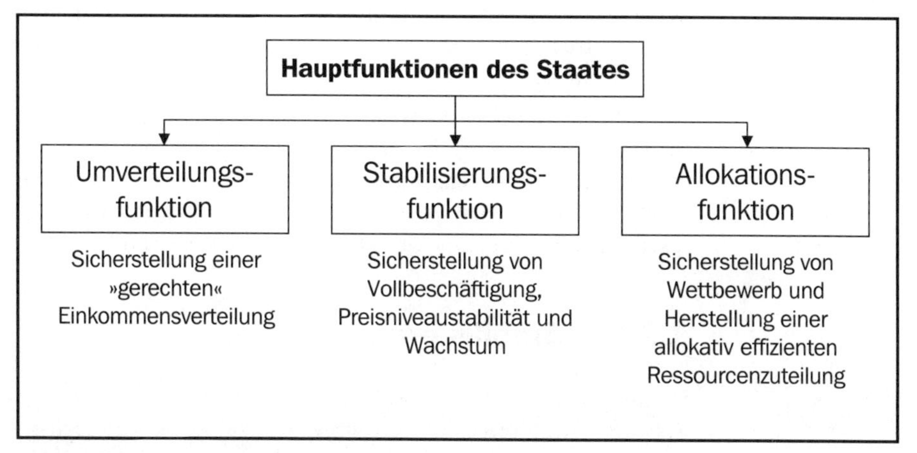

Abb. B.1. Die Hauptfunktionen des Staates

1.1 Die Verteilungsfunktion

Im Rahmen der Verteilungsfunktion greift der Staat in die marktmäßige Verteilung der Einkommen und Vermögen ein. Ziel ist es, die Einkommen so umzuverteilen, dass eine Versorgung der Bürger mit Gütern möglich wird, die den ethischen und sozialpolitischen Zielsetzungen einer Gesellschaft entspricht.

Die durch den Markt erzielte Einkommensverteilung auf die Individuen hängt im Wesentlichen von ihrem Faktorangebot und den Preisen ab, die sie am Markt für dieses Angebot erzielen. Das Faktorangebot wird wiederum bestimmt durch die Faktorausstattung in Menge und Qualität sowie die Fähigkeit, Einnahmen zu erzielen. Die erzielbaren Faktorerträge (Preise) hängen in erster Linie von der Wettbewerbsintensität ab. Ohne eine staatlich organisierte Umverteilung wären viele Menschen nicht in der Lage, ein »bedarfsgerechtes« eigenes Einkommen zu erzielen oder gar ihr Existenzminimum zu sichern (z.B. Kranke, Behinderte, Alte oder Arbeitslose). Zudem muss die marktmäßige Einkommensverteilung nicht mit dem übereinstimmen, was die Gesellschaft als »gerechte« Verteilung ansieht.

Die Bestimmung einer »gerechten« Verteilung impliziert sozialphilosophische Überlegungen und schließt Werturteile ein. Auf keinen Fall lässt sich Gerechtigkeit ökonomisch bestimmen oder operationalisieren. Es ist nicht möglich, objektiv das Ausmaß des Nutzens zu vergleichen, das verschiedene Individuen aus ihrem Einkommen erzielen.

Instrumente der Umverteilungspolitik

Die Umverteilung wird vor allem mittels direkter Transfers (z.B. Wohngeld) und über die Sozialversicherungssysteme sowie das Steuersystem vorgenommen. Zum Instrument der Umverteilung zählt auch die Festsetzung von Höchst- und Mindestpreisen (siehe »Angewandte Mikroökonomie«, 2.1).

Obgleich die Verteilungsfunktion nicht generell in Frage gestellt wird, ist diese staatliche Aufgabe im letzten Jahrzehnt heftiger Kritik und starken Reformbestrebungen unterworfen worden. Der existierenden staatlichen Umverteilungspolitik wird u.a. aufgrund ihrer Zielungenauigkeit mangelnde Wirksamkeit und Kostspieligkeit vorgeworfen.

1.2 Die Stabilisierungsfunktion

Die Stabilität des Preisniveaus, ein hoher Beschäftigungsstand und angemessenes Wirtschaftswachstum gelten weltweit als zu realisierende Gemeinwohlziele. Die Erreichung dieser Ziele ist jedoch regelmäßig durch das ständige Auf und Ab in der wirtschaftlichen Entwicklung (konjunkturelle Schwankungen) gefährdet. Spätestens seit den negativen Erfahrungen mit der Weltwirtschaftskrise Ende der 20er Jahre trat deshalb neben die Verteilungs- und Allokationsfunktion die Stabilisierungsfunktion. Sie beinhaltet die staatliche Verantwortung, gegen diese Schwankungen mit Hilfe einer antizyklischen Geld- und Fiskalpolitik vorzugehen (siehe Kap. »Ausgewählte Politikbereiche«).

Stabilisierungspolitik versus Wachstumspolitik

In der Praxis hat diese Politik im Zeitablauf jedoch weniger gut funktioniert, als sich deren Befürworter dies erhofften. Vor allem seit den 80er Jahren verlor die stabilitätspolitische Funktion des öffentlichen Sektors – im Sinne einer kurzfristig ausgerichteten Konjunkturpolitik – deshalb an Bedeutung. In gleichem Maße, wie der Rückhalt für eine aktive staatliche Stabilisierungspolitik abnahm, stieg aber das Interesse an wachstumspolitischen Fragestellungen (siehe Kap. »Ausgewählte Politikbereiche«, Abschn. 3).

1.3 Die Allokationsfunktion

Im Rahmen der Allokationsfunktion kommt dem Staat – neben der Wettbewerbspolitik – die Aufgabe zu, ineffiziente Marktergebnisse zu korrigieren. Aufgrund von Marktunvollkommenheiten bzw. Marktversagen ist der Markt nämlich nicht immer in der Lage, die Zuteilung der Produktionsfaktoren derart zu lenken, dass mit dem gegebenen Bestand an Ressourcen ein Maximum an Gütern hergestellt wird und die Produktion bestmöglich an den Präferenzen der Wirtschaftssubjekte ausgerichtet ist (effiziente Allokation).

Die Eingriffsintensität und das Eingriffsinstrumentarium reichen dabei von vollständigem (staatliche Produktion) und direktem öffentlichem Einfluss (Regulierung) bis zu einer nur schwachen und indirekten allokativen Einflussnahme über das Setzen von Anreizen (Erhöhung der Steuerbelastung) bzw. Verändern von Anreizstrukturen (Belohnung und Strafe).

In Abb. B.2 sind die zentralen Ursachen des Marktversagens zusammengefasst.

Ursachen des Marktversagens
➢ Öffentliche Güter
➢ Externe Effekte
➢ Meritorische Güter
➢ Natürliche Monopole
➢ Informationsasymmetrie

Abb. B.2. Ursachen des Marktversagens

1.3.1 Das Konzept der öffentlichen Güter

Ohne staatliches Eingreifen würden öffentliche Güter überhaupt nicht oder nur in zu geringem Umfang angeboten. Ein Gut hat den Charakter eines rein öffentlichen Gutes, wenn es durch die Eigenschaften der Nicht-Ausschließbarkeit und der Nicht-Rivalität gekennzeichnet ist.

Nicht-Ausschließbarkeit

Nicht-Ausschließbarkeit liegt vor, wenn potenzielle Nutzer nicht von der Nutzung eines Gutes ausgeschlossen werden können – auch dann nicht, wenn sie keinen Beitrag zur Finanzierung der Produktion dieses

Gutes leisten. Die mangelnde Ausschließbarkeit kann institutionell (aufgrund unklarer Eigentumsrechte), technisch oder ökonomisch (zu hohe Ausschließungskosten) bedingt sein.

Nicht-Rivalität

Nicht-Rivalität liegt vor, wenn ein Gut von vielen Personen gleichzeitig konsumiert werden kann, ohne dass der Nutzen einer Person den Konsum anderer Personen beschränkt.

Rein öffentliche Güter sind z.B. ein Feuerwerk, die Straßenbeleuchtung, ein nationales militärisches Abwehrsystem, aber auch ökonomische Zustände wie eine »gerechte« Einkommensverteilung und Preisniveaustabilität.

		Ausschließbarkeit	
		Ja	Nein
Rivalität	Ja	Private Güter	(Allmendegüter)
	Nein	Mautgüter	Öffentliche Güter

Abb. B.3. Gütereinteilung nach Ausschließbarkeit und Rivalität

Mautgüter

Allmendegüter

Güter, die zwar Ausschließbarkeit aber keine Rivalität aufweisen, bezeichnet man als Mautgüter. Ein Beispiel dafür ist eine Brücke, die zwar wenig befahren wird, für deren Nutzung aber eine Gebühr entrichtet werden muss. Die Kombination fehlender Ausschließbarkeit bei Rivalität kennzeichnet sog. Allmendegüter (z.B. die Fischgründe in den Weltmeeren oder der tropische Regenwald). Bei privaten Gütern liegt Ausschließbarkeit und Rivalität vor.

Global public goods

Je nachdem wie viele Nutzer die öffentlichen Güter gemeinsam in Anspruch nehmen können, werden diese noch in lokale (Parkanlagen), regionale (Landstraßen), nationale (nationales Rechtssystem) und internationale öffentliche Güter (Korruption, internationaler Terrorismus, Ozonloch) unterteilt. Insbesondere letzteren – den sog. global public goods – kommen im Zuge der Globalisierung zunehmende Bedeutung zu.

Free-rider-Verhalten

Nicht-Ausschließbarkeit in Verbindung mit rationalem Verhalten aller Beteiligten führt in der Regel dazu, dass sich kein privater Anbieter findet, obwohl Einzelne oder die Gemeinschaft insgesamt dieses Gut wünschen. Der Markt versagt. Gefragt nach seiner Zahlungsbereitschaft in Verbindung mit dem Nutzen, den ein Einzelner aus dem einmal bereitgestellten Gut zieht, wird jeder rational Handelnde ein sog. Trittbrettfahrer-Verhalten (free-rider-Verhalten) einnehmen. Das bedeutet, er wird jeden Nutzenempfang und jede damit verbundene Zahlungsaufforderung leugnen, um nicht an den Kosten der Bereitstellung des Gutes beteiligt zu werden, in der Gewissheit, dass das einmal bereitgestellte Gut auch für ihn kostenlos zur Verfügung stehen wird. Andererseits fehlen privaten Anbietern jegliche Anreize das Gut bereitzustellen, weil sie aufgrund der fehlenden Zahlungsbereitschaft keinen Gewinn am Markt erzielen können.

Nicht-Rivalität bedeutet, dass ein zusätzlicher Nutzer keine weiteren Kosten verursacht; die Grenzkosten der Nutzung eines bestehenden Gutes sind folglich gleich Null. Das Problem, das hierbei entsteht, liegt auf der Hand. Während bei Nicht-Ausschließbarkeit eine Vermarktung des betreffenden Gutes in der Regel nicht möglich ist, führt Nicht-Rivalität dazu, dass eine Vermarktung nicht sinnvoll ist. Wieso sollte ein weiterer Nutzer daran gehindert werden, vorhandene Einheiten des Gutes mitzunutzen, wenn dies keine Kosten verursacht? Der zusätzliche Nutzer würde besser gestellt, ohne irgendjemanden schlechter zu stellen. Ein Ausschluss kann bei vollständiger Nicht-Rivalität also nicht allokativ effizient sein. Aus allokativer Sicht sollte daher z.B. keine Maut erhoben werden, wenn das Verkehrsaufkommen sehr gering ist. Allerdings ist zu berücksichtigen, dass die Produktion eines solchen Gutes Kosten verursacht, die gedeckt werden müssen.

Staatliche Bereitstellung

Die staatliche Bereitstellung rein öffentlicher Güter lässt sich folglich auf zweifache Weise begründen. Zum einen kommt wegen der Nicht-Ausschließbarkeit sehr wahrscheinlich ein Markt erst gar nicht zustande. Zum anderen führt der Markt aufgrund der Nicht-Rivalität zu allokativ unbefriedigenden Ergebnissen. Finanziert werden die öffentlichen Güter über Zwangsabgaben (z.B. Steuern). Allerdings entspricht dann im Allgemeinen der individuelle Finanzierungsbeitrag nicht der individuellen Nutzung. Im Falle internationaler öffentlicher Güter bleibt in der Regel nur die Finanzierung über freiwillige Beiträge, da es keine Weltregierung gibt, die kraft ihres Machtmonopols Zwangsabgaben durchsetzen könnte.

Finanzierung

Präferenzenthüllung

Ein weiteres Problem im Zusammenhang mit der Bereitstellung öffentlicher Güter durch den Staat betrifft die Präferenzenthüllung. Kenntnisse über die Präferenzen der Bürger für öffentliche Güter sind wichtig, um eine allokativ effiziente Zuteilung der budgetären Mittel auf einzelne staatliche Aufgaben – die Allokation der Ressourcen innerhalb des öffentlichen Sektors – vornehmen zu können. Weiterhin sind sie von Bedeutung, um Politiker und Bürokraten dazu zu bringen, den Bürgerpräferenzen in ihren Entscheidungen über staatliche Maßnahmen stärker Rechnung zu tragen. Eine bessere Präferenzerfassung kann den politischen Wettbewerb zwischen den Parteien intensivieren und infolgedessen davon eine stärkere politische Kontrolle der Bürokratie induzieren. Eine Möglichkeit, die Enthüllung der Präferenzen zu gewährleisten, bieten die Entscheidungsverfahren (z.B. Wahlen) im politischen Prozess.

Bereitstellung versus Produktion

Zu bedenken ist, dass die Bereitstellung öffentlicher Güter nicht mit deren Produktion gleichzusetzen ist. Mit Bereitstellung ist der politische Entscheidungsprozess gemeint, in dem über die Notwendigkeit der Versorgung der Bevölkerung mit bestimmten Gütern und deren Finanzierung entschieden wird. Produktion betrifft die Herstellung des gewünschten Gutes. Sie kann privat oder öffentlich erfolgen. Beispielsweise wird das Gut »Landesverteidigung« öffentlich bereitgestellt, während die meisten Ausrüstungsgegenstände, die hierfür erforderlich sind (u.a. Flugzeuge, Panzer), von privaten Unternehmen produziert werden.

1.3.2 Externe Effekte

Eng verwandt mit dem Konzept der öffentlichen Güter sind die externen Effekte oder Externalitäten. Externe Effekte sind Auswirkungen auf Dritte, die in der Entscheidung und Handlung des Verursachers keine Berücksichtigung finden. Sie können sowohl bei der Produktion als auch beim Konsum auftreten.

Externe Effekte versus öffentliche Güter

Der Unterschied zum rein öffentlichen Gut besteht darin, dass externe Effekte immer als Nebenprodukt bei der Produktion oder beim Konsum privater Güter auftreten. Im Gegensatz zu rein öffentlichen Gütern besteht Nicht-Ausschließbarkeit und Nicht-Rivalität nur für einen Teil der Leistungen (bzw. Nutzungen). Der Unterschied zwischen dem Vorliegen eines externen Effekts und einem öffentlichen Gut liegt folglich im Grad der Externalität. Ist z.B. die Nutzung eines privaten Gutes mit externen Effekten verbunden, so bedeutet dies, dass man das Ausschlussprinzip nicht auf alle Nutzungsarten eines Gutes anwenden kann.

Im Falle eines positiven externen Effekts erfolgt eine Nutznießung Dritter ohne eine entsprechende Gegenleistung. Ein negativer externer Effekt liegt vor, wenn ein Dritter Nachteile in Kauf nehmen muss, ohne dass er über den Markt eine Entschädigung dafür erhält.

Abb. B.4 ordnet mögliche externe Effekte nach dem jeweiligen Bereich der Entstehung, der Einflussrichtung sowie dem betroffenen Bereich. Dabei kann ein externer Effekt auch bereichsübergreifend wirken und sowohl Konsum als auch Produktion gleichzeitig betreffen.

Bereich der Entstehung		**Betroffener Bereich** Produktion	Konsum
Produktion	negativ	Reduktion des Fischfangs durch produktionsbedingte Wasserverschmutzung	Gesundheitsschäden durch Atomkraft-werke
	positiv	Grundlagenforschung ohne Patentierung	Landschaftspflege durch Landwirte
Konsum	negativ	Einstellung der Fischzucht durch Ab-wassereinleitung priva-ter Haushalte	Passivrauchen
	positiv	Ertragssteigerung beim Imker durch zusätzliche Apfelbäume	Verschönerung der Landschaft durch Kleingartenanlagen

Abb. B.4. Positive und negative externe Effekte

Diskrepanz zwischen privaten und sozialen Kosten bzw. Nutzen ...

Durch die Existenz externer Effekte entsteht eine Diskrepanz zwischen privaten und sozialen Kosten bzw. Nutzen. Der Verursacher negativer externer Effekte trägt nicht die gesamten Kosten, die der Gesellschaft durch seine wirtschaftliche Aktivität entstehen, während der Verursacher positiver externer Effekte nicht den vollen Gegenwert seiner Leistung erhält. Das Ergebnis ist ohne staatliche Eingriffe eine ineffiziente Ressourcenallokation.

... führt zu ineffizienter Ressourcenallokation

Negative externe Effekte in der Produktion oder im Konsum bewirken über die Marktmechanismen eine größere Gütermenge als die gesellschaftlich wünschenswerte. Positive externe Effekte dagegen bringen die Märkte dazu, eine geringere als die gesellschaftlich wünschenswerte Menge zu produzieren (siehe Kap. »Angewandte Mikroökonomie«, Abschn. 2).

Internalisierung externer Effekte

Zur Einbeziehung der externen Effekte in das individuelle Entscheidungskalkül, die sogenannte Internalisierung, kommen verschiedene Maßnahmen in Frage. Von Internalisierung externer Effekte spricht man, weil die Verursacher und/oder Betroffenen durch staatliche Veränderungen der Anreizstrukturen veranlasst werden sollen, die volkswirtschaftlich optimale Menge anzubieten bzw. nachzufragen. In Abgrenzung staatlicher Eingriffsintensität lassen sich folgende Maßnahmen unterscheiden: Auflagen wie Ge- und Verbote, marktwirtschaftliche Lösungen wie Steuern und Subventionen sowie die Förderung privater Verhandlungslösungen durch die Zuteilung entsprechender Eigentums- bzw. Verfügungsrechte. Auch die Einführung der Umweltzertifikate im Rahmen des Kyoto-Protokolls ist Teil dieser Politik. Auf die sog. Pigou-Steuer als Instrument zur Internalisierung externer negativer Effekte wird in Kap. »Angewandte Mikroökonomie«, Abschn. 2.3 ausführlich eingegangen.

1.3.3 Meritorische und demeritorische Güter

Bei (de)meritorischen Gütern handelt es sich um Güter, die über den Markt angeboten werden. Bei einem privaten Angebot entsprechend den individuellen Präferenzen kommt es jedoch im Urteil des Staates bzw. der politischen Entscheidungsträger zu einem unerwünschten Ausmaß im Konsum. Dieser kann sowohl zu niedrig (meritorisches Gut) als auch zu hoch sein (demeritorisches Gut). (De)meritorische Güter an sich gibt es demzufolge nicht. Es gibt lediglich Vorstellungen bei »wohlinformierten Politikern« darüber, bei welchen Gütern verzerrte Präferenzen vorliegen.

Ursächlich für die »falschen« Präferenzen seitens der Bürger können unvollkommene Informationen (z.B. durch irreführende Werbung) oder deren falsche Verarbeitung sein. Nicht selten spielen im Rahmen dieses Konzepts auch verteilungspolitische Zielsetzungen oder »übergeordnete Belange« für staatliche Interventionen eine Rolle.

Zur Korrektur fehlgeleiteter Präferenzen bieten sich wieder Gebote oder Verbote (z.B. Schulzwang oder Konsumverbot von harten Drogen), Subventionen (z.B. bei der Schulmilch) oder Steuern (z.B. Tabaksteuer oder eine Strafsteuer auf Alkopops) an. Als Alternative zu diesen Maßnahmen würde sich eine bessere Informationspolitik anbieten.

Staatliches Handeln auf dieser Grundlage zu legitimieren ist problematisch. Zunächst stellt sich die Frage, warum jemand besser wissen soll, was für ein einzelnes Individuum richtig ist. Und warum ausgerechnet der Staat? Darüber hinaus verstößt diese Argumentation für Staatseingriffe gegen die der liberalen Ökonomie zugrundeliegende Annahme, nach der die Individuen selbst am Besten wissen, was ihre wahren Präferenzen sind. Problematisch ist auch, dass mit den Argumenten der »Fehleinschätzung« und »übergeordneter Belange« jede Intervention gerechtfertigt werden kann.

1.3.4 Natürliche Monopole

Ein weiterer Grund für Marktversagen besteht in der Existenz natürlicher Monopole. Ein natürliches Monopol liegt vor, wenn eine gegebene Marktnachfrage am kostengünstigsten von einem Alleinanbieter befriedigt werden kann. Typische natürliche Monopole sind alle leitungsgebundenen Versorgungseinrichtungen wie Eisenbahn, Kanalisation, Strom-, Gas- und Wasserversorgung. Hinreichende, wenn auch nicht notwendige Bedingung dafür sind permanent fallende Durchschnittskosten in der Produktion (siehe Kap. »Angewandte Mikroökonomie«, 2.5). Dies ist in der Regel dann der Fall, wenn das Angebot durch sehr hohe fixe Kosten und extrem niedrige Grenzkosten charakterisiert ist. Zum Beispiel verursacht es kaum zusätzliche Kosten, an ein bestehendes Kabelnetz noch einen zusätzlichen Haushalt anzuschließen.

Unter Kostengesichtspunkten bietet es sich also an, die Bereitstellung und Produktion dieser Güter und Dienstleistungen allein einem Unternehmen zu überlassen. Aus wettbewerbspolitischer Sicht besteht jedoch die Gefahr, dass das Unternehmen dann aber seine Monopolmacht missbraucht.

Wieder stehen dem Staat zur Lösung dieses Problems mehrere Optionen zur Verfügung, die sich durch mehr oder weniger intensive Staatseingriffe unterscheiden. Weit verbreitet war bis in die 90er Jahre hinein die Verstaatlichung dieser natürlichen Monopole, um Machtmissbrauch zu verhindern. Inzwischen setzen die Staaten auf die Außenregulierung privater Anbieter durch staatliche Regulierungsbehörden und/oder die Erzeugung potenzieller Konkurrenz (z.B. Telekom).

1.3.5 Informationsproblem

Asymmetrische Informationsverteilung

Asymmetrische Informationen unter den Marktteilnehmern können ebenfalls zu Marktversagen führen. Eine asymmetrische Informationsverteilung liegt vor, wenn eine der Marktseiten die Qualität eines Gutes bzw. einer Leistung vor Vertragsabschluss besser als die jeweils andere einschätzen kann oder über die Möglichkeit verfügt, wesentliche vertragsrelevante Sachverhalte nach Vertragsabschluss unbemerkt von und zu Lasten der anderen Marktseite zu verändern. Ein Arbeitnehmer besitzt z.B. hinsichtlich seiner Qualifikation und seines Arbeitswillens mehr Informationen als der potenzielle Arbeitgeber. Auch der Autohändler besitzt in der Regel mehr Informationen über die Qualität eines Gebrauchtwagens als der Käufer.

In den Fällen, in denen vor Vertragsabschluss eine asymmetrische Informationsverteilung besteht, kann das Problem der »Negativauslese« (adverse selection) auftreten. Bei einer asymmetrischen Informationsverteilung hinsichtlich des Verhaltens nach Vertragsabschluss besteht die Gefahr des »moralischen Risikos« (moral hazard).

Die möglichen Folgen asymmetrischer Informationen sind, dass auf dem Markt entweder nur relativ schlechte Qualitäten gehandelt werden und/oder nur noch Verträge zu relativ hohen Preisen abgeschlossen werden können. Führt die bereits bestehende Vielzahl von marktlichen Lösungen für Probleme der Informationsasymmetrie wie z.B. Selbstbeteiligungen, Bonusprämien usw. nicht weiter, werden vor allem staatliche Regelungen wie z.B. die Einführung einer Pflichtversicherung, Mindeststandards und Zulassungsbeschränkungen in Betracht gezogen.

1.4 Marktversagen versus Staatsversagen

Mischgüter

Tatsächlich gibt es nur relativ wenig Güter, für die das Ausschlussprinzip grundsätzlich nicht angewandt werden kann. Andererseits sind externe Effekte in der Realität allgegenwärtig. Die vollständige Internalisierung solcher Effekte durch den Staat ist weder vorstellbar noch wünschenswert. In der Realität dominieren demzufolge sog. Mischgüter. Darunter sind alle Güter zu verstehen, die in Teilen ihrer Nutzung sowohl Privatgutcharakter als auch öffentlichen Gutcharakter haben.

Mit welchen Anteilen Mischgüter tatsächlich vom Staat und von privaten Unternehmen bereitgestellt und produziert werden, bleibt letztlich eine politische Frage. Im politischen Prozess wird entschieden, in welchem Umfang welche externen Effekte als so wichtig angesehen werden, dass staatliches Handeln notwendig ist, bzw. wie vollständig das Ausschlussprinzip angewandt werden soll. Dies ist von Land zu Land verschieden und hängt u.a. von ordnungs- und verteilungspolitischen Vorstellungen, den mit der Anwendung des Ausschlussprinzips verbundenen Kosten (dem technischen Fortschritt) sowie der Bevölkerungsentwicklung (Rivalität) ab. Es überrascht daher nicht, dass trotz offenkundigen Marktversagens mitunter ein entsprechender staatlicher Eingriff nicht zu beobachten ist oder der Staat dort in die Allokation eingreift, wo kein Marktversagen vorliegt.

Staatsversagen

Selbst wenn Marktversagen vorliegt, ist dies noch keine hinreichende Bedingung für staatliche Eingriffe. Immerhin kann auch der Staat und die staatliche Politik versagen (Staatsversagen). Erst wenn zu erwarten ist, dass der Staat die Situation wirklich verbessern kann, liegt ein relevantes, d.h. zu beseitigendes Marktversagen vor.

So ist nicht grundsätzlich davon auszugehen, dass Politiker und Bürokraten im Sinne »wohlwollender Diktatoren« handeln und die gesamtwirtschaftliche Wohlfahrt zu maximieren versuchen. Vielmehr sind auch ihre Entscheidungen von Eigeninteressen geleitet, die allzu oft durch Machterhalt, Privilegien aller Art (z.B. Dienstwagen) und auch direkte Bestechungsgelder bestimmt sind. Dieses individuell rationale Verhalten vermögen die bestehenden politischen Entscheidungsstrukturen auch nur unzureichend in gesellschaftlich rationales Handeln zu kanalisieren. Eher noch sind die legitimierten politischen Entscheidungsträger Interessengruppen ausgesetzt, denen es gelingt, für sie nützliche Leistungen öffentlich bereitstellen zu lassen, obgleich diese privat angeboten werden könnten.

Interessengruppen

2. Der Haushalt

Eine zentrale Rolle im politischen Willensbildungs- und Entscheidungsprozess spielt der jährliche Haushalt (Budget). Er ist eines der wichtigsten Instrumente des Staates zur Planung der Höhe und der Struktur der staatlichen Einnahmen und Ausgaben. Mit seiner Festlegung wird die Faktorallokation zwischen privatem und öffentlichem Sektor sowie innerhalb des öffentlichen Sektors bestimmt.

ICH BRINGE DEN HAUSHALT IN ORDNUNG!

Funktionen des Haushalts

In Abb. B.5 sind die Funktionen des Haushalts zusammengefasst. Im Budget kommt das fundamentale Recht des Parlaments zum Ausdruck, über die Ausgaben- und Einnahmenpolitik der Regierung entscheiden zu dürfen und das Regierungshandeln zu kontrollieren. Aus der Sicht des Parlaments kommt ihm somit eine bedeutende parlamentarische Kontrollfunktion zu. Die Kontrolle funktioniert ex-ante durch die Einflussnahme während der verschiedenen Lesungen des Haushaltsplanes bis zur Verabschiedung und ex-post durch den Soll-Ist-Vergleich am Ende des Haushaltsjahres.

Parlamentarische Kontrollfunktion

Aus der Sicht der Regierung ist das Budget vor allem ein Planungsinstrument (politische Programmfunktion). Da sich staatliches Handeln meist in Einnahmen und Ausgaben niederschlägt, kann der öffentliche Haushalt als das in Zahlen und Gesetzesform gegossene Handlungsprogramm einer Regierung bezeichnet werden.

Politische Programmfunktion

Funktionen des Haushalts

- Parlamentarische Kontrollfunktion
- Politische Programmfunktion
- Administrative Lenkungsfunktion
- Finanzwirtschaftliche Ordnungsfunktion

Abb. B.5. Funktionen des Haushalts

Administrative Lenkungsfunktion

Die administrative Lenkungsfunktion beinhaltet die Kontrolle der Verwaltung durch die Regierung und das Parlament. Die finanzwirtschaftliche Ordnungsfunktion soll einen Überblick über Einnahmen und Ausgaben der zukünftigen Periode geben und feststellen, ob es zu einer formalen Ausgeglichenheit kommt. Eine materielle Ausgeglichenheit, die konkrete Anforderungen an die Art und Struktur der zur Deckung der Ausgaben benötigten Einnahmen festschreibt, besteht nicht. Die volkswirtschaftliche Lenkungsfunktion zielt auf den Einsatz des Gesamtbudgets zur Erreichung makroökonomischer Ziele wie z.B. Vollbeschäftigung, Preisniveaustabilität und Wirtschaftswachstum ab (siehe Kap. »Makroökonomie – Ziele der Wirtschaftspolitik«).

Finanzwirtschaftliche Ordnungsfunktion

Volkswirtschaftliche Lenkungsfunktion

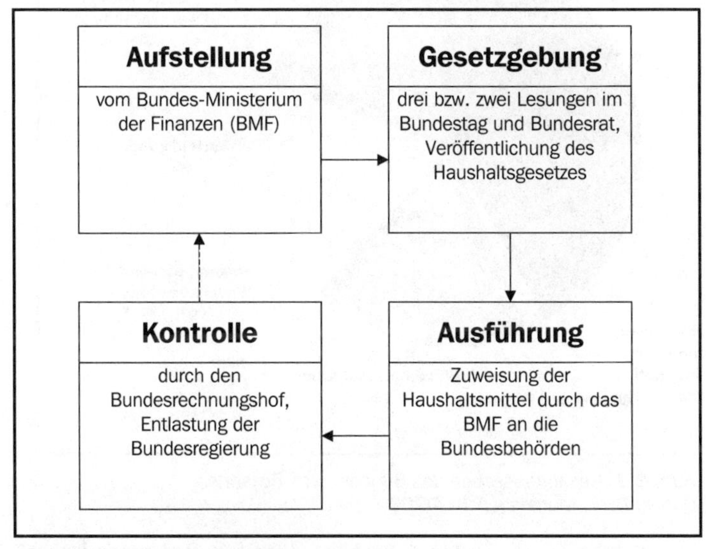

Abb. B.6. Der Haushaltkreislauf

Haushaltskreislauf

Art. 110 Abs. 2 GG bestimmt, dass der Haushaltsplan durch das Haushaltsgesetz festgelegt wird. Der Haushaltskreislauf ist der gesetzlich vorgeschriebene Gang des Haushalts in einem parlamentarischen System. Er setzt sich aus vier verschiedenen Phasen zusammen, in denen die Entscheidungsträger wechseln: der Aufstellung des Entwurfs durch die Exekutive, der parlamentarischen Beratung und Feststellung, der Ausführung durch die Verwaltung sowie der Haushaltskontrolle durch den Bundesrechnungshof. Der gesamte Budgetkreislauf dauert in der Regel ca. drei Jahre.

Aufgrund der institutionellen Gliederung lässt der Haushalt zwar erkennen, wie viele Haushaltsmittel den einzelnen Verwaltungsstellen zur Verwendung übertragen werden, nicht aber, welche Aufgaben und Ziele mit Hilfe der finanziellen Ressourcen verfolgt werden sollen.

2.1 Die Staatsausgaben

In Abb. B.7 sind die geplanten Gesamtausgaben des Bundes im Jahr 2005 nach Ressorts gegliedert dargestellt.

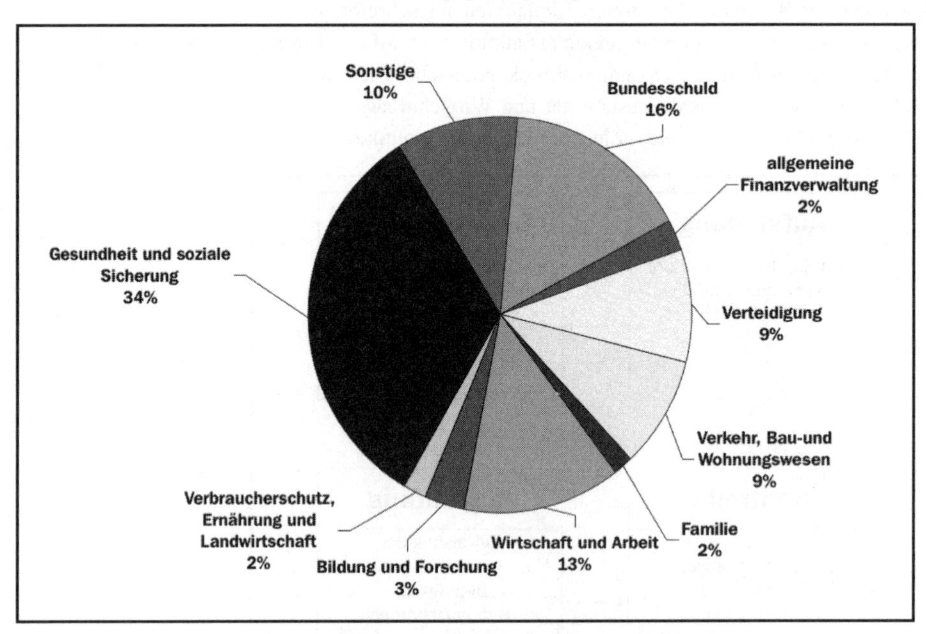

Abb. B.7. Gesamtausgaben des Bundes nach Ressorts.
Quelle: BMF, Monatsbericht 4/2005

Transferausgaben

Unter volkswirtschaftlichen Gesichtspunkten von Bedeutung ist die Unterscheidung der staatlichen Ausgaben in Transfer, Subventions- und Realausgaben. Bei den Transferausgaben handelt es sich um einseitige finanzielle Leistungen vom Staat an die Haushalte wie z.B. Kindergeld und BAföG. Unter Subventionen werden Finanzhilfen und Steuervergünstigungen an Unternehmen ohne unmittelbare Gegenleistung verstanden (z.B. im Bereich der Landwirtschaft oder Forschung). Sowohl die Transfers als auch die Subventionen führen nicht unmittelbar zu einer Inanspruchnahme von Gütern durch den Staat, wie das bei den Realausgaben der Fall ist.

Subventionen

Bei den Realausgaben wird zwischen den Konsumausgaben (Staatsverbrauch) und Investitionen unterschieden. Von den Konsumausgaben des Staates entfallen etwa je die Hälfte auf Personal- und auf Sachausgaben. Die staatlichen Investitionen sind überwiegende Bauinvestitionen. Abb. B.8 gibt einen Überblick über die Entwicklung der Konsum- und Investitionsausgaben.

Konsumausgaben

Investitionsausgaben

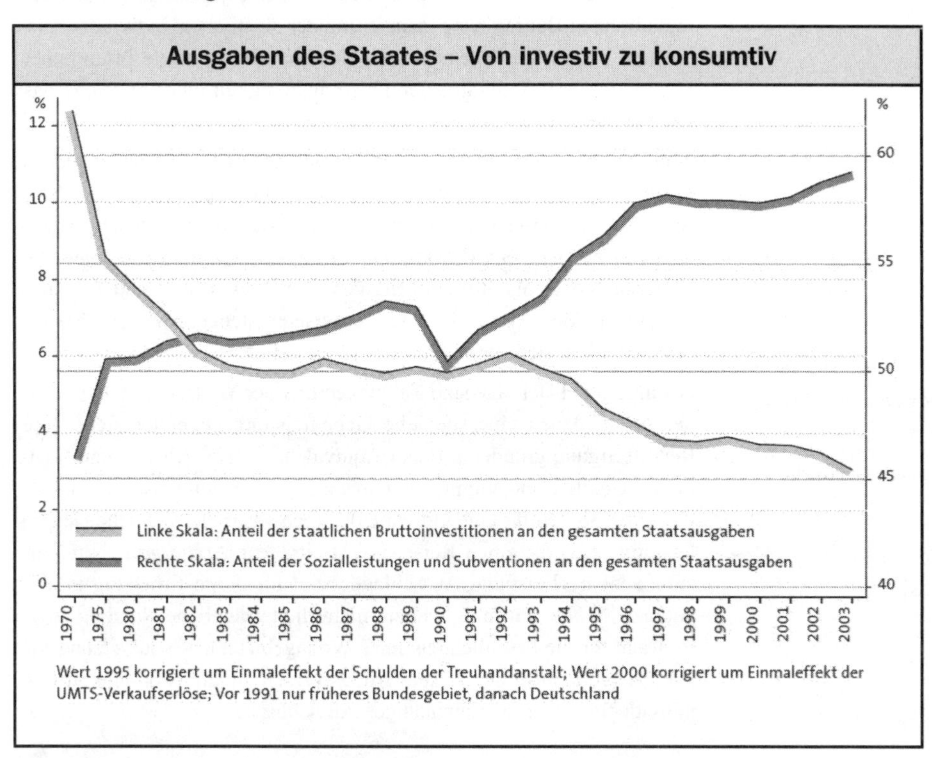

Abb. B.8. Entwicklung der staatlichen Investitions- und Konsumausgaben. Quelle: Sachverständigenrat, Jahresgutachten 04/05 / HWWI

2.2 Die Staatseinnahmen

Die staatlichen Einnahmen ergeben sich zum überwiegenden Teil aus Steuern sowie Gebühren und Beiträgen. Kredite zählen im Haushalt zwar ebenfalls zu den Einnahmen, stellen aber letztlich nichts anderes als zukünftige Steuern dar (siehe Kap. »Makroökonomie – Ausgewählte Politikbereiche«, Abschn. 2).

Steuern sind Zwangsabgaben.

Steuern sind Zwangsabgaben an den Staat ohne besondere Gegenleistung. Neben der Einnahmenbeschaffungsfunktion (fiskalische Funktion) dienen sie auch der Verwirklichung bestimmter wirtschaftspolitischer Ziele (nicht-fiskalische Funktion), wie z.B. des Umweltschutzes.

Leistungsfähigkeitsprinzip

Die Besteuerung erfolgt weitestgehend nach dem Leistungsfähigkeitsprinzip. Dem zufolge soll jeder Steuerbürger entsprechend seiner Fähigkeit einen Beitrag zur Finanzierung der staatlichen Aktivitäten leisten und zwar ohne Rücksicht auf die Inanspruchnahme öffentlicher Leistungen. Als Indikator der Leistungsfähigkeit dient meistens das Einkommen.

Abb. B.9 zeigt die Struktur der Steuereinnahmen in Deutschland im Jahre 2004. Hierbei ist ersichtlich, dass die Lohn- und die Mehrwertsteuer zusammen bereits rund 66% des gesamten Steueraufkommens ausmachen. Bei den speziellen Verbrauchsteuern dominiert die Mineralölsteuer als aufkommensstärkste Steuer. Lohn- und Einkommensteuer, Mehrwertsteuer und Körperschaftsteuer sowie die Gewerbesteuer teilen sich Bund, Länder und Gemeinden.

Gebühren und Beiträge

Äquivalenzprinzip

Gebühren und Beiträge sind Zahlungen privater Wirtschaftssubjekte an den Staat, denen eine spezielle Gegenleistung gegenübersteht. Ihre Rechtfertigung gründet auf dem Äquivalenzprinzip. Abgabe und staatliche Gegenleistung stimmen miteinander überein, sind also äquivalent. Gebühren stehen für eine individuell zurechenbare, tatsächliche Gegenleistung (z.B. für einen Reisepass), Beiträge für eine gruppenmäßig zurechenbare Leistung. Ausschlaggebend für deren Erhebung ist die potenzielle Nutzungsmöglichkeit, nicht die tatsächliche Nutzung (z.B. Beiträge für die Erschließung eines Wohngebietes). Voraussetzung für die Anwendung dieser Finanzierungsformen ist die Möglichkeit des individuellen oder gruppenmäßigen Ausschlusses.

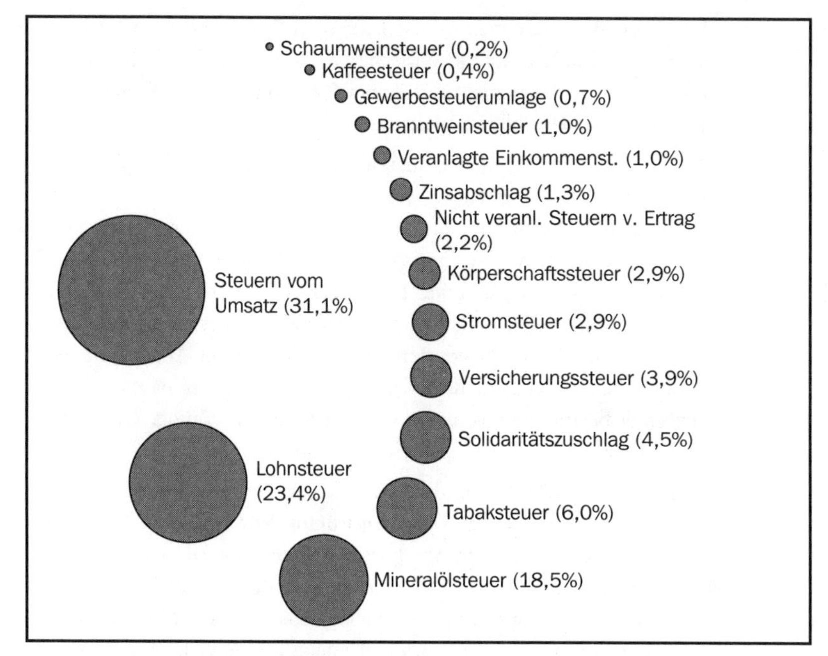

Abb. B.9. Die Einnahmestruktur in Deutschland (2004). Quelle: BMF, Monatsbericht 4/2005

3. Staatsquoten: Indikatoren staatlicher Aktivität?

Staatsquoten eignen sich nur bedingt als Indikatoren staatlicher Aktivität.

Um Entwicklungstendenzen und strukturelle Veränderungen der Staatstätigkeit erfassen zu können, wird auf die Bildung sog. Staatsquoten zurückgegriffen. Allgemein ist eine Staatsquote ein Anteil, den der Staat an einer bestimmten Gesamtgröße hat. Üblicherweise werden diese Gesamtgrößen (z.B. das Bruttoinlandsprodukt) in der Volkswirtschaftlichen Gesamtrechnung (siehe Kap. »Makroökonomie – Volkswirtschaftliches Rechnungswesen«) ermittelt und mit spezifischen Teilgrößen, beispielsweise den gesamten Steuereinnahmen in Beziehung gesetzt.

Bei der Analyse der Staatsquoten ist zu bedenken, dass sie in der Regel nur ein unvollständiges Bild über den Einfluss des Staates auf die Volkswirtschaft wiedergeben. Zum einen werden in der Volkswirtschaftlichen Gesamtrechnung nur die auf öffentlichen Einnahmen und Ausgaben beruhenden Staatstätigkeiten erfasst. Zum anderen können auch weniger ausgabenintensive staatliche Aktivitäten wie z.B. alle

Arten von Regulierungen (Vorschriften, Auflagen, Ge- und Verbote) erheblichen Einfluss auf die Wirtschaft ausüben. Eine Rückführung der Staatsquote ist daher nicht mit einem Rückgang des staatlichen Einflusses auf die Wirtschaft gleichzusetzen.

Staatsquoten eignen sich nicht als Zielgrößen.

Bedeutsam ist die Struktur der Ausgaben und Einnahmen.

Die Staatsquoten eignen sich auch nicht als Zielgrößen, obwohl in der politischen Diskussion häufig auf sie zurückgegriffen wird. So ist es kein sinnvolles politisches Ziel, eine Erhöhung oder Verringerung der Staatsquote per se anzustreben. Vielmehr kommt es entscheidend auf die Struktur der Ausgaben an. Eine Kürzung der Bildungs- und Forschungsausgaben führt z.B. zu einer niedrigeren Staatsquote, ohne dass dies generell positiv zu beurteilen wäre. Auch eine Absenkung der Steuerquote ist nicht grundsätzlich positiv zu bewerten, da die Akzeptanz einer bestimmten steuerlichen Belastung u.a. von der Lastverteilung und den staatlichen Gegenleistungen abhängt.

Mehr Aufmerksamkeit als der Entwicklung der Staatsquote gebührt daher der Entwicklung der Ausgabenstruktur. Wie bereits in Abb. B. 8 deutlich wurde, kam es in den letzten Jahrzehnten zu einem starken Rückgang staatlicher Investitionen zugunsten der konsumtiven Ausgaben. Unter wachstumspolitischen Gesichtspunkten ist diese Entwicklung eindeutig negativ zu beurteilen (siehe Kap. »Makroökonomie – Ausgewählte Politikbereiche«, Abschn. 4).

3.1 Die Staatsausgabenquote

Die Staatsausgabenquote (Anteil der Staatsausgaben am Bruttoinlandsprodukt) gibt an, in welchem Ausmaß Geldströme über den öffentlichen Sektor laufen und von ihm kontrolliert oder verwaltet werden. Sie sagt allerdings nichts über die Beanspruchung des Bruttoinlandsprodukts (siehe Kap. »Makroökonomie – Volkswirtschaftliches Rechnungswesen«) durch den Staat aus. In den Staatsausgaben sind nämlich auch Transferausgaben und Subventionen enthalten, über deren Verwendung letztlich die Empfänger entscheiden.

Unterschiedliches Niveau der Staatsausgabenquote

Abb. B.10 macht deutlich, dass in allen Ländern der öffentliche Sektor seit den 60er Jahren erheblich expandierte, wenngleich das Niveau der Staatsausgabenquote für die einzelnen Länder sehr unterschiedlich ist.

Land	Staatsausgaben in % des BIP							
	1970	1980	1990	1995	2000	2001	2002	2003
Deutschland	37.2	46.5	44.5	49.4	45.8	48.2	48.7	48.8
Frankreich	38,2	45,6	50,7	55,2	52,5	52,5	53,4	54,5
Schweden	42,2	57,4	61,7	67,6	57,3	56,9	58,3	58,6
USA	29,6	31,3	37,1	37,0	34,2	35,3	36,3	36,5
GB	-	43,0	42,2	45,0	37,5	41,0	41,8	43,4
Polen	-	-	-	51,3	44,9	47,6	48,9	48,2

Abb. B.10. Die Entwicklung der Staatsausgabenquote. Quelle: OECD, Economic Outlook Nr. 77 (Juni 2005)

Gemessen am Durchschnitt der hier vorgestellten Länder weisen die USA, Spanien und Japan eine über den gesamten Zeitraum unterdurchschnittliche Staatsausgabenquote auf. Die Werte der USA haben im Zeitablauf nur gering zugenommen. Vergleichsweise hohe Staatsausgabenquoten verzeichnen Schweden und Frankreich. Deutschland liegt etwa im Mittelfeld. Im Periodenvergleich fallen insbesondere die 70er Jahre als eine Zeit des beschleunigten Ausgabenanstiegs auf. In nahezu allen Ländern ist seit Mitte der 90er Jahre ein leichtes Absinken der Staatsquote festzustellen.

Die Bemühungen einer Ausgabensenkung resultierten in den europäischen Ländern zum großen Teil aus dem Konsolidierungsdruck, der den potenziellen Mitgliedstaaten der Europäischen Währungsunion auferlegt war, um vor allem die fiskalischen Maastricht-Kriterien zu erfüllen (siehe Kap. »Makroökonomie – Ausgewählte Politikbereiche« Abschn. 2).

Ob und in welchem Ausmaß sich das Ausgabenwachstum oder die Rückführung der staatlichen Ausgaben fortsetzen wird, lässt sich nicht eindeutig beantworten. Entscheidend dürfte hierbei jedoch die Frage der Finanzierbarkeit zukünftiger staatlicher Aufgaben sein. Offensichtlich hängt die Entwicklung daher von den Grenzen der Verschuldung und der Belastbarkeit der Steuerbürger mit Steuern und Sozialabgaben ab. Von Bedeutung dürfte weiterhin sein, inwieweit Veränderungen realwirtschaftlicher Entwicklungen (Globalisierung) sowie gesellschaftspolitische Einflussfaktoren den Handlungsdruck auf die Entscheidungsträger verstärken. Insbesondere der mit der Globalisierung einhergehende internationale Steuerwettbewerb nach unten (»race to the bottom«), scheint erste Auswirkungen (z.B. die Reduzierung von Sozialleistungen oder Schließung von Schwimmbädern) zu zeigen.

Internationaler Steuerwettbewerb

3.2 Die Abgaben- und Steuerquote

Die im Trend der letzten Jahrzehnte stark gestiegenen Staatsausgaben erforderten höhere Einnahmen des Staates. So ist parallel zum Anstieg der Staatsausgabenquote in allen Ländern ein bis in die Mitte der 90er Jahre hinein kontinuierliches Ansteigen der Steuer- und Abgabenquote sowie der Verschuldungsquote (siehe Kap. »Makroökonomie – Ausgewählte Politikbereiche«, Abschn. 2) zu beobachten. Vergleicht man die Abgaben- und Steuerquote in Deutschland mit jener der anderen Länder, ist diese eher durchschnittlich.

Land	Steuern und Sozialabgaben in % des BIP							
	1970	1980	1990	1995	2000	2001	2002	2003
Deutschland	32.3	37.5	35.7	38.2	37.8	36.8	36.0	36.2
Frankreich	34,1	40,6	43,0	43,9	45,2	44,9	44,0	44,2
Schweden	38,5	47,3	53,2	48,5	53,8	51,9	50,2	50,8
USA	27,0	26,4	27,3	27,9	29,9	28,9	26,4	25,4
GB	37,0	35,2	36,5	35,0	37,4	37,2	35,8	35,3
Polen	-	-	-	37,0	32,5	31,9	32,6	-

Abb. B.11. Entwicklung der Abgaben- und Steuerquote. Quelle: BMF, Monatsbericht 4/2005, S. 112

Sozialversicherungs-beiträge

Abgaben- und Steuerquote geben an, welchen Anteil des Bruttoinlandsprodukts sich der Staat zwangsweise aneignet und den Privaten somit nicht mehr unmittelbar zur Verfügung steht. Im Gegensatz zur Abgabenquote misst die Steuerquote zudem, welcher Einkommensanteil der privaten Verwendung endgültig entzogen ist. Bei der Abgabenquote ist dies nicht der Fall. Hier ist zu bedenken, dass die neben den Steuern darin enthaltenen Sozialbeiträge einen potenziellen Anspruch auf staatliche Leistungen bei Vorliegen bestimmter Voraussetzungen verbürgen. Sozialversicherungsbeiträge entsprechen quasi einer Zwangsersparnis, die nur einen Durchlaufposten für den Staat darstellt, der verwaltet werden muss. Ihr Anstieg in den siebziger Jahren in der Bundesrepublik Deutschland ist vor allem für den Anstieg der Abgabenquote verantwortlich.

Internationaler Stand-ortwettbewerb

Der gebremste Anstieg der Abgaben- und Steuerquote am Ende des letzten Jahrhunderts deutet möglicherweise schon auf erste Auswirkungen des internationalen Standortwettbewerbs im Zuge der Globalisierung hin. Diese Entwicklung könnte auch ursächlich für weitere weitreichende Veränderungen in den Steuerstrukturen der Länder sein. Demnach hat sich in den letzten beiden Jahrzehnten der Anteil der indirekten Steuern gegenüber den direkten Steuern am Gesamtsteueraufkommen deutlich erhöht. Und innerhalb der direkten Steuern ging der Anteil der Unternehmenssteuern (u.a. Körperschaftsteuer) zurück, während der Anteil der Lohnsteuern zunahm.

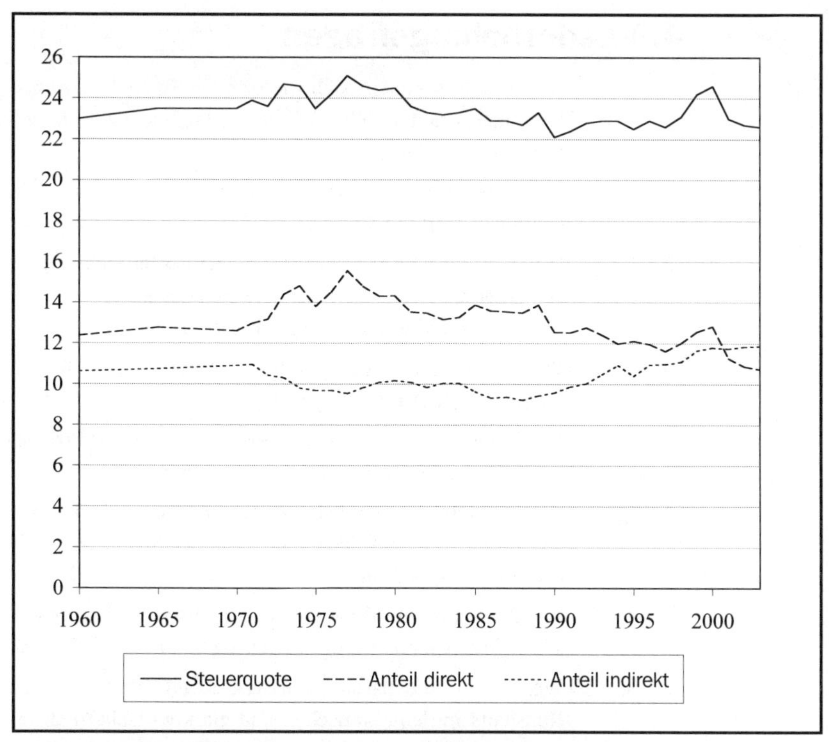

Abb. B.12. Anteil der direkten und indirekten Steuern am Gesamtsteueraufkommen in %. Quelle: BMF, Monatsbericht 4/2005, S. 106

Indirekte versus direkte Steuern

Bei den indirekten Steuern (z.B. Mehrwertsteuer und spezielle Verbrauchsteuern) geht man davon aus, dass sie im Gegensatz zu den direkten Steuern (z.B. Einkommen- und Körperschaftsteuer) auf die Preise überwälzbar sind (siehe Kap. »Angewandte Mikroökonomie«, Abschn. 2).

Neben dem zunehmenden internationalen Steuerwettbewerb (Kapital ist mobiler als Arbeit) kann das Vordringen der angebotsorientierten Wirtschaftspolitik (siehe Kap. »Makroökonomie – Theoretische Grundlagen«) für die oben angesprochenen Entwicklungen verantwortlich gemacht werden. Sie tritt aus wachstums- und beschäftigungspolitischer Sicht für das Zurückdrängen der leistungshemmenden direkten Steuern ein. Eine andere Erklärung bietet der polit-ökonomische Ansatz, demzufolge eigennutzorientierte politische Entscheidungsträger indirekte Steuern den direkten Steuern vorziehen, da diese unmerklicher sind.

4. Wiederholungsfragen

- ❍ 1. Worin unterscheiden sich die drei zentralen Funktionen des Staates und welche Bedeutung kommt ihnen derzeit zu? Lösung S. 33 ff.
- ❍ 2. Was verhindert eine effiziente Allokation der Ressourcen durch den Markt? Lösung S. 35
- ❍ 3. Durch welche Eigenschaften sind rein öffentliche Güter charakterisiert und wie lassen sie sich gegenüber Allmendegütern und Mautgütern abgrenzen? Lösung S. 35 f.
- ❍ 4. Worin manifestiert sich das Marktversagen bei reinen öffentlichen Gütern? Lösung S. 36
- ❍ 5. Worin liegt der Unterschied zwischen staatlicher Produktion und staatlicher Bereitstellung? Lösung S. 38
- ❍ 6. Was versteht man unter Internalisierung externer Effekte und durch welche Maßnahmen kann der Staat dies erreichen? Lösung S. 39 ff.
- ❍ 7. Lassen sich meritorische Güter auch aus verteilungspolitischen Gründen rechtfertigen? Lösung S. 40
- ❍ 8. Weshalb ist die parlamentarische Kontrollfunktion des Haushalts in demokratischen und marktwirtschaftlich organisierten Staaten von so grundsätzlicher Bedeutung? Lösung S. 44
- ❍ 9. Welche wichtige Information wird nicht durch die institutionelle Gliederung des Haushalts erfasst? Lösung S. 45
- ❍ 10. Warum bedeutet die Rückführung der Staatsausgabenquote nicht notwendigerweise gleichzeitig einen Rückgang staatlicher Einflussnahme auf die Wirtschaftssubjekte? Lösung S. 49
- ❍ 11. Worin zeigen sich möglicherweise die ersten Auswirkungen des verschärften internationalen Steuerwettbewerbs? Lösung S. 53

Mikroökonomie – Theoretische Grundlagen

Lernziele dieses Kapitels

Die Studierenden sollen nach der Lektüre dieses Kapitels

- die Marktpreisbildung bei alternativen Marktformen nachvollziehen können.
- nachvollziehen können, warum unter den Bedingungen der vollkommenen Konkurrenz eine effiziente Allokation der Ressourcen gewährleistet ist.
- wissen, auf welchen grundlegenden Gegebenheiten die Nachfrage- und Angebotsentscheidungen der Haushalte und Unternehmen beruhen.
- ableiten können, welche Konsequenzen sich aus einer Monopolisierung ehemals wettbewerblicher Märkte ergeben.
- die Marktpreisbildung auf dem Faktormarkt Arbeit verstehen.

1. Angebot und Nachfrage: Der Markt

Gewinnmaximierung und Nutzenmaximierung

Wie bereits im Kapitel »Der Staat in der Wirtschaft« dargelegt, stellen in einer Marktwirtschaft alle Wirtschaftssubjekte ihrem Eigeninteresse folgend und autonom ihre Wirtschaftspläne auf. Dabei versuchen die Anbieter (Unternehmen) ihre Pläne am Ziel der Gewinnmaximierung auszurichten und damit einen möglichst hohen Preis durchzusetzen. Wohingegen sich die Nachfrager (Haushalte) bei ihren Planungen am Ziel der Nutzenmaximierung orientieren. Hierbei sind sie gemäß dem ökonomischen Prinzip versucht, mit den ihnen zur Verfügung stehenden Mitteln (Haushaltseinkommen) ein möglichst hohes Nutzenniveau zu realisieren, also zu möglichst niedrigen Preisen zu kaufen.

Der Markt

Der Ausgleich zwischen diesen gegensätzlichen Interessen von Anbietern und Nachfragern erfolgt über den Markt bzw. den Marktpreis. Der Markt ist der Ort, an dem Angebot und Nachfrage aufeinander treffen. Wie noch zu zeigen sein wird, bedeutet dieser Ausgleich nicht, dass bei dem sich herauszubildenden »Gleichgewichtspreis« alle Marktteilnehmer zufrieden sind.

In einer Volkswirtschaft gibt es allerdings nicht nur einen Markt, sondern eine Vielzahl von Märkten, die sich in ihrer Ausgestaltung unterscheiden. Je nach Marktform ergeben sich daraus in erster Linie Konsequenzen für die Verteilung von Marktmacht zwischen Anbietern und Nachfragern und damit für die Preisbildung.

1.1 Marktformen

Quantitative Besetzung

Bei der Typisierung möglicher Marktformen ist die quantitative Besetzung der einzelnen Marktseiten sowie die qualitative Beschaffenheit des einzelnen Marktes zu berücksichtigen. Üblicherweise strukturiert man die Zahl der Anbieter und Nachfrager auf einem Markt in quantitativer Hinsicht in die Kategorien »einer«, »wenige« und »viele«. Nur mit Blick auf die Anbieter spricht man bei vielen Anbietern von einem Polypol, bei wenigen von einem Oligopol und bei einem Anbieter von einem Monopol.

Polypol

Beim Polypol beliefern viele Anbieter mit jeweils relativ kleinem Marktanteil den Markt, so dass die Auswirkungen der Entscheidungen einzelner Anbieter für die anderen nicht erheblich sind, und diese nicht darauf reagieren. Zudem beeinflusst die Höhe des Angebots an Gütern und die Höhe der Nachfrage nach Produktionsfaktoren eines Unternehmens in keiner Weise den Marktpreis dieser Güter bzw. Produktionsfaktoren.

Oligopol

Beim Oligopol beeinflussen sich wegen der relativ geringen Anzahl an Konkurrenten die Handlungen der jeweiligen Anbieter wechselseitig. Ein Anbieter hat daher bei seinen Aktionen immer die Gegenreaktionen seiner Mitbewerber zu berücksichtigen. Im Ergebnis muss diese wechselseitige Abhängigkeit nicht notwendigerweise auf verstärkten Wettbewerb unter den Betroffenen hinaus laufen. Vielmehr kann es auch zu einem abgestimmten Verhalten kommen.

Monopol

Beim Monopol ist der alleinige Anbieter in der Lage, den Preis zu fixieren, bei dem er seinen Gewinn maximiert. Dabei muss er – im Gegensatz zu einem Oligopolisten – nur auf das Verhalten der Nachfrager achten.

Vollkommener Markt:

Bei der qualitativen Beschaffenheit eines Marktes wird zwischen vollkommenen und unvollkommenen Märkten unterschieden. Für das Vorliegen eines vollkommenen Marktes müssen nachfolgende Voraussetzungen erfüllt sein:

Freier Marktzutritt

- Freier Marktzutritt und -austritt für die (potenziellen) Marktteilnehmer.

Homogenität der Güter

- Homogenität der gehandelten Güter; es bestehen keinerlei sachliche, zeitliche oder persönliche Präferenzen der Nachfrager; die Güter dieses Marktes sind völlig gleichwertig. Die Wirtschaftssubjekte orientieren sich bei ihren Entscheidungen ausschließlich am Preis eines Gutes.

Vollständige Markttranzparenz

- Die Marktteilnehmer verfügen über vollständige Informationen über alle für sie entscheidungsrelevanten Aspekte; sie können sich die für ihre Entscheidungen erforderlichen Informationen ohne Kosten beschaffen.

Unendliche Anpassungsgeschwindigkeit

- Alle Marktteilnehmer reagieren ohne Verzögerung auf Veränderungen (z.B. Preiserhöhungen) des Marktes (unendliche Anpassungsgeschwindigkeit).

Vollkommene Konkurrenz

Ist eine der Voraussetzungen für den vollkommenen Markt nicht gegeben, handelt es sich um einen unvollkommenen Markt. Liegt die Kombination viele Anbieter (Polypol) und vollkommener Markt vor, spricht man vom Modell der vollkommenen Konkurrenz. Lediglich der Aktienmarkt dürfte diesem Ideal jedoch nahe kommen. Dennoch wird in den folgenden Kapiteln dieses Modell ausführlich dargestellt, da sich nur so die Folgen von Marktunvollkommenheiten und Marktversagen sowie wirtschaftspolitischer Eingriffe in die freie Marktpreisbildung aufzeigen lassen.

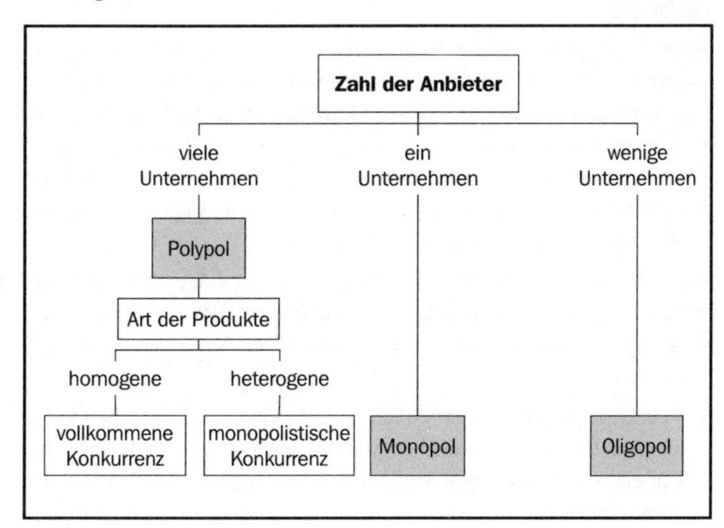

Abb. C.1. Mögliche Marktformen

Monopolistische Konkurrenz

Die vorstehende Abb. C.1 gibt einen schematischen Überblick mit Beispielen zu den einzelnen Marktformen. Besondere praktische Relevanz haben das Oligopol und die monopolistische Konkurrenz. Letztere ist gekennzeichnet durch eine Vielzahl von Anbietern ähnlicher aber nicht gleichwertiger Produkte.

1.2 Die Güternachfrage

Üblicherweise ist die am Markt nachgefragte Menge umso kleiner, je höher der Preis für dieses Gut ist. Umgekehrt steigt sie, wenn der Preis für dieses Gut sinkt. Dieses Verhalten der Nachfrager lässt sich auf unterschiedliche Weise begründen. Zum einen kann davon ausgegangen werden, dass bei einem Preisanstieg eines bestimmten Gutes und bei Konstanz der anderen Güterpreise die Konsumenten das relativ teurer gewordene Gut, durch das oder die relativ billiger gewordenen zu ersetzen versuchen (Substitutionseffekt).

Substitutionseffekt

Einkommenseffekt

Zum anderen führt die Preissteigerung eines Gutes bei gegebenem Nominaleinkommen zu einer Senkung des Realeinkommens (der Kaufkraft). In der Regel wird dieser Einkommenseffekt in die gleiche Richtung wirken: Mit sinkendem Realeinkommen wir die nachgefragte Menge abnehmen. Letztlich verbirgt sich hinter dem Nachfrageverhalten, das sich mit Hilfe einer Nachfragekurve in einem Preis-Mengen-Diagramm verdeutlichen lässt, das »Gesetz des abnehmenden Grenznutzens« (siehe Abschnitt 2.1).

»Gesetz des abnehmenden Grenznutzens«

Bei der grafischen Veranschaulichung ist zu beachten, dass es sich bei dem Preis des Gutes um die Ursache (unabhängige Variable) und bei der Menge um die Wirkung (abhängige Variable) handelt. Der Preis (p) wird auf der Ordinate und die Menge (x) auf der Abszisse abgetragen.

Die preisabhängige Nachfrage

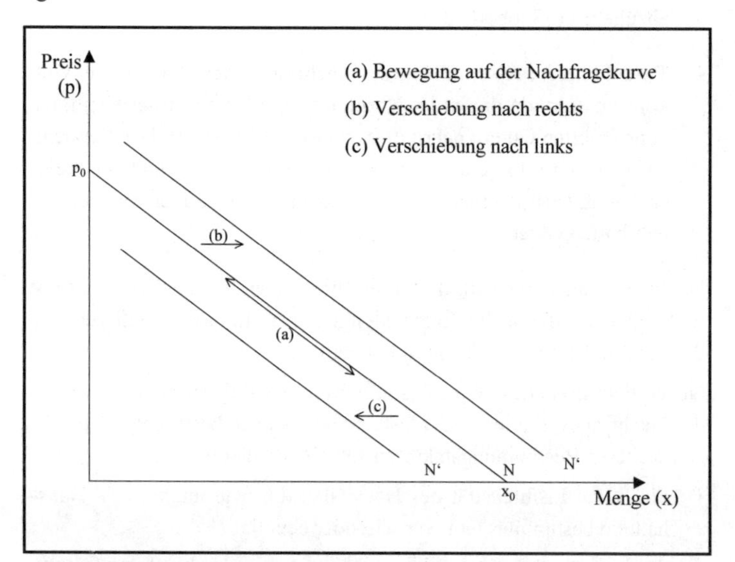

Abb. C.2. Marktnachfragekurve im Preis-Mengen-Diagramm

Prohibitivpreis

Sättigungsmenge

Den Ursprung der Nachfragekurve an der Ordinate bezeichnet man als Prohibitivpreis (p_0). Hier ist der Preis des Gutes so hoch, dass die nachgefragte Menge gleich null ist. Der »Schnittpunkt« der Nachfragekurve mit der Abszisse gibt die Sättigungsmenge an (x_0). Selbst bei einem Preis von null wird nicht mehr nachgefragt als die Menge x_0.

Formal wird diese Ursache-Wirkung-Beziehung zwischen dem Marktpreis und der nachgefragten Menge eines Gutes wie folgt beschrieben:

$$N_A = f(p_A) \text{ c.p.}$$

N_A bezeichnet hierbei die Nachfrage nach Gut A. f (..) deutet auf die funktionale Abhängigkeit hin und p_A kennzeichnet den Preis für das Gut A. Um den Einfluss weiterer Faktoren auf die Nachfrage nach dem Gut A auszuschließen, wird die c.p. Bedingung gesetzt.

Ein Nachfrageverlauf, bei dem es bei steigenden Preisen zu steigender Nachfrage kommt, bezeichnet man als anormale Nachfrage. Dies lässt sich auf mehrere Ursachen zurückführen:

- Die Nachfrager schließen von dem Preis direkt auf die Qualität eines Produktes, sodass bei einem höheren Preis wegen der vermuteten höheren Qualität mehr von dem betreffenden Gut nachgefragt wird.

Snobeffekt

- Die Nachfrager kaufen ein teures Produkt, um sich von der Masse abzuheben (»Snobeffekt«).

Giffen-Gut

- Trotz höherer Preise müssen die Nachfrager mehr von diesem Gut konsumieren, da dieses im Vergleich zu anderen bisher ebenfalls konsumierten Gütern nahrhafter ist (sog. Giffen-Gut). Der Verzicht auf Konsum infolge der gesunkenen Kaufkraft aufgrund der Preiserhöhung trifft demnach eher die höherwertigen, aber weniger die nahrhaften Güter.

Denkbar ist auch der Fall, dass Preisänderungen überhaupt keine Auswirkungen auf die nachgefragte Menge haben. In diesem Fall verläuft die Nachfragekurve senkrecht, d.h. parallel zur Ordinate.

Weitere Bestimmungsfaktoren der Nachfrage

Neben dem Preis des Gutes bestimmen in der Regel weitere Faktoren das Nachfrageverhalten der Haushalte nach einem bestimmten Gut. Zu den weiteren Bestimmungsfaktoren zählen vor allem:

Bedürfnisintensität

- die Bedürfnisintensität des Haushalts: d.h. wie intensiv ein Haushalt ein bestimmtes Gut wünscht oder benötigt.

Einkommen

- das Einkommen: d.h. welcher Geldbetrag für den Kauf von Gütern zur Verfügung steht.

- die Erwartungen über die Preis- und Einkommensentwicklung: da Erwartungen bereits gegenwärtige Kaufentscheidungen beeinflussen.
- die Preise anderer Güter: da die Haushalte in der Regel nur ein begrenztes Budget haben, das auf mehrere Güter verteilt werden kann.

Erwartungen

Preise anderer Güter

Bewegung auf der Nachfragekurve und Verschiebung der Nachfragekurve ...

Ändert sich eine dieser Größen kommt es in dem Preis-Mengen-Diagramm zu einer Verschiebung der Nachfragekurve und nicht zu einer Bewegung auf der Nachfragekurve (in Abb. C.2 mit a gekennzeichnet), wie im Falle einer Preisänderung.

... nach rechts

Verursachen diese Einflussfaktoren eine Ausweitung der Nachfrage, z.B. durch die Erhöhung der Bedürfnisintensität und des Einkommens, die Preiserhöhung eines Substitutionsgutes, durch positive Einkommenserwartungen sowie erwartete Preiserhöhungen, so verschiebt sich die Nachfragekurve nach rechts (in Abb. C.2 mit b gekennzeichnet).

... nach links

Verringert sich die Nachfrage, z.B. durch einen Rückgang der Bedürfnisintensität und des Einkommens, die Preissenkung eines Komplementärgutes, durch negative Einkommenserwartungen sowie erwartete Preissenkungen, verschiebt sie sich nach links (in Abb. C.2 mit c gekennzeichnet).

Formal stellt sich die Nachfragefunktion nach Gut A in Abhängigkeit aller genannten Bestimmungsfaktoren wie folgt dar:

$$N_A = f(p_A, p_B, Y, B)$$

Wobei p_A wiederum für den Preis des Gutes A steht, p_B alternativ für den Preis anderer Güter, Y für das Einkommen und B für die Bedürfnisintensität.

Die einkommensabhängige Nachfrage

Auch für die anderen Bestimmungsfaktoren lassen sich spezielle Nachfragefunktionen abbilden. Abb. C.3 verdeutlicht mögliche funktionale Beziehungen zwischen dem Einkommen (Y) und der Nachfrage nach einem bestimmten Gut ($N_A = f(Y)$ c.p.).

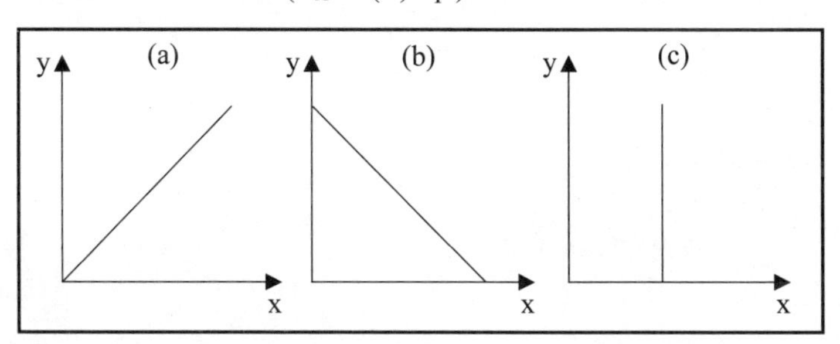

Abb. C.3. Nachfragekurven im Einkommen-Mengen-Diagramm

Teilabbildung (a) stellt den Fall eines normalen Gutes dar. Demnach steigt mit steigendem Einkommen die Nachfrage nach diesem Gut. Im Fall (b) handelt es sich um ein so genanntes inferiores Gut (z.B. Haferschleim), da mit steigendem Einkommen weniger von dem Gut nachgefragt wird. Im Fall (c) dürfte es sich um ein lebensnotwendiges Gut handeln (z.B. Insulin). Unabhängig von der Höhe des Einkommens bleibt die nachgefragte Menge immer gleich.

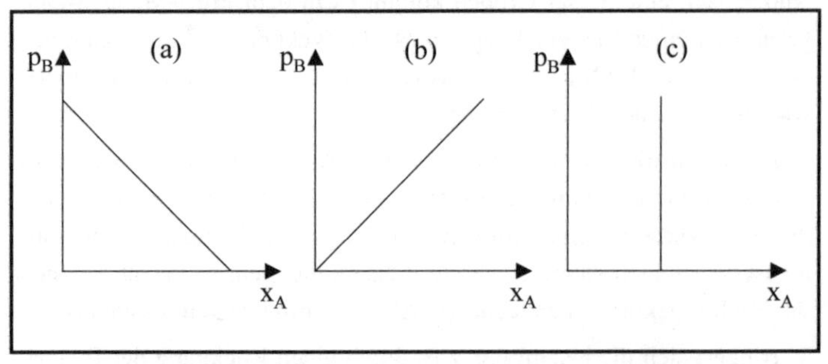

Abb. C.4. Nachfragekurven bei Substitutions- und Komplementärgütern

Komplementär- und Substitutionsgüter

Abb. C.4 gibt mögliche funktionale Beziehungen zwischen dem Preis anderer Güter (p_B) und der Nachfrage nach einem Gut an. Die in Teilabbildung (a) dargestellte funktionale Beziehung ($N_A = f(p_B)$ c.p.) besagt, dass mit steigenden Preisen anderer Güter die nachgefragte Menge von Gut A zurückgeht. Dies dürfte in der Regel dann der Fall sein, wenn es sich bei dem anderen Gut um ein zu Gut A komplementäres Gut handelt. Die betrachteten Güter also Komplementärgüter sind wie z.B. Mineralöl und Auto. Teilabbildung (b) bezieht sich auf den Fall von Substitutionsgütern (z.B. Tee und Kaffee) und bei (c) handelt es sich um miteinander unverbundene Güter (z.B. Radiergummi und Theaterbesuch).

1.3 Das Güterangebot

Wie die Nachfrage, lässt sich das Güterangebot ebenfalls mithilfe des Preis-Mengen-Diagramms veranschaulichen. Die unabhängige Variable ist wieder der Preis; die abhängige Variable ist die Angebotsmenge. Im Gegensatz zur Marktnachfrage verläuft die Marktangebotskurve von links unten nach rechts oben. Je höher der Preis eines Gutes ist, umso größer wird normalerweise die angebotene Menge des Gutes sein. Sinkt der Preis, so sinkt auch die angebotene Menge und umgekehrt. Dass die Angebotsfunktion positiv vom Preis des Gutes abhängig ist, hängt letztlich mit dem »Gesetz der abnehmenden Grenzerträge« bzw. dem »Gesetz der steigenden Grenzkosten« zusammen (siehe Abschnitt 2.2).

»Gesetz der steigenden Grenzkosten«

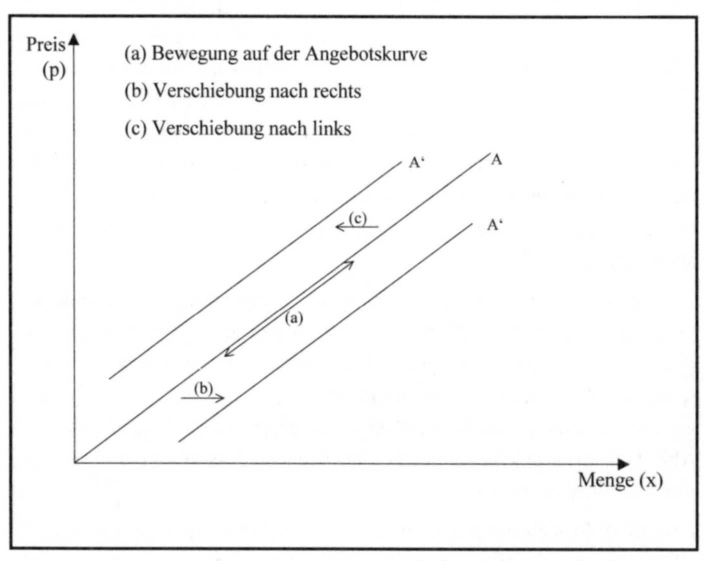

Abb. C.5. Marktangebotskurve im Preis-Mengen-Diagramm

Formal wird diese Ursache-Wirkung-Beziehung zwischen dem Marktpreis und der angebotenen Menge eines Gutes wie folgt beschrieben:

$A_A = f(p_A)$ c.p.

A_A bezeichnet hierbei das Angebot von Gut A. f (..) deutet auf die funktionale Abhängigkeit hin. P_A kennzeichnet den Preis für das Gut A. Um den Einfluss möglicher weiterer Faktoren auf das Angebot auszuschließen, wird die c.p. Bedingung gesetzt.

Weitere Bestimmungsfaktoren des Angebots

Neben dem Preis des Gutes bestimmen auch beim Angebot in der Regel weitere Faktoren das Angebotsverhalten der Unternehmen. Zu den weiteren wesentlichen Bestimmungsfaktoren zählen:

- der Stand der Technologie für die Produktion dieses Gutes.
- die Preise anderer vom Unternehmen produzierter Güter.
- die Preise der Produktionsfaktoren.
- die administrativ festgelegten Preise.
- die Kapazitätsgrenze.

Bewegung auf der Angebotskurve und Verschiebung der Angebotskurve ...

Ändert sich eine dieser Größen kommt es im Preis-Mengen-Diagramm zu einer Verschiebung der Angebotskurve und nicht zu einer Bewegung auf der Angebotskurve, wie im Falle einer Preisänderung (in Abb. C.5 mit a gekennzeichnet).

... nach rechts

Verursachen diese Einflussfaktoren eine Ausweitung des Angebots, z.B. durch technologischen Fortschritt, durch Preissenkungen bei den vom Unternehmen alternativ zu Gut A produzierten Gütern, durch Preissenkungen bei den Inputfaktoren sowie durch Steuer- und Importzollsenkungen oder durch eine Ausweitung der Produktionskapazitäten, so verschiebt sich die Angebotskurve nach rechts (in Abb. C.5 mit b gekennzeichnet). Die Anbieter sind bereit zum selben Preis mehr anzubieten.

... nach links

Verringert sich das Angebot (z.B. durch Vernichtung von Produktivvermögen, durch Preiserhöhungen alternativer zu Gut A produzierter Güter, durch Preiserhöhungen bei den Inputfaktoren u.a. bei Löhnen sowie durch Steuer- und Importzollerhöhungen und durch eine Verringerung der Produktionskapazitäten), verschiebt sie sich nach links (in Abb. C.5 mit c gekennzeichnet). Die Anbieter bieten nun zum selben Preis weniger an als zuvor.

Formal stellt sich die Angebotsfunktion nach Gut A in Abhängigkeit aller genannten Bestimmungsfaktoren wie folgt dar:

$$A_A = f(p_A, TF, p_n, q, m, K)$$

Wobei p_A für den Preis des Gutes A steht, TF für technologischen Fortschritt, p_n für die Preise anderer vom Unternehmen produzierter Güter, q für die Preise der Produktionsfaktoren, m für die administrativ festgelegten Preise und K für die Kapazitätsgrenze.

Einfluss auf das Angebotsverhalten der Unternehmen dürften des Weiteren die Preise der Konkurrenten haben, die Gewinnerwartungen sowie die Nachfragesituation. Steigen die Preise für Substitutionsgüter, kann dieses zu Angebotsausweitungen führen, falls das Unternehmen mit Ausweichreaktionen der Nachfrager rechnet. Bestehen auf einem Markt positive Zukunftsaussichten, so werden die Unternehmen sehr wahrscheinlich in ihrem Bestreben nach Gewinnmaximierung ihre vorhandene Kapazität ausweiten, um über eine höhere Angebotsmenge an steigenden Gewinnen zu partizipieren. Bei geringer Nachfrage werden die Unternehmen um u.a. Lagerkosten zu vermeiden, ihr Angebot reduzieren. Gestaltet sich die Nachfragesituation hingegen positiv, werden sie durch Ausweitung der Angebotsmenge bestrebt sein, ihren Absatz zu erhöhen.

In Abschnitt 2.2 wird insbesondere auf die Kosten der Produktion eingegangen, da ihnen eine besondere Bedeutung zukommt.

1.4 Elastizitäten und ihre Anwendung

Außer der Richtung interessiert bei der Analyse von Ursache-Wirkung-Beziehungen auch das quantitative Ausmaß der Reaktionen. Das Messkonzept, das hierfür verwendet wird, ist die Elastizität. Sie gibt generell an, um wie viel Prozent sich die als Wirkung betrachtete Größe ändert, wenn die Ursachenvariable um ein Prozent geändert wird:

Elastizität

$$\text{Elastizität (E)} = \frac{\text{Wirkung (in \%)}}{\text{Ursache (in \%)}}$$

Je nachdem ob es sich um Veränderungen der nachgefragten oder angebotenen Menge handelt, spricht man von der Nachfrage- oder Angebotselastizität. Abhängig von der Ursache für die Mengenänderung lassen sich bei der Nachfrageelastizität – und nur diese soll hier betrachtet werden – drei Elastizitätsbegriffe unterscheiden: die Preiselastizität der Nachfrage, die Einkommenselastizität und die Kreuzpreiselastizität.

1.4.1 Preiselastizität der Nachfrage

Liegt die Ursache einer Mengenänderung bei einer Preisänderung handelt es sich um die Preiselastizität der Nachfrage. Sie gibt an, um wie viel Prozent sich die Nachfragemenge eines Gutes ändert, wenn die dafür ursächliche Preisänderung dieses Gutes ein Prozent beträgt.

Preiselastizität der Nachfrage (E_N):

$$\frac{\text{Relative Mengenänderung}}{\text{relative Preisänderung}} = \frac{\Delta x \cdot 100}{x} : \frac{\Delta p \cdot 100}{p} = \frac{\Delta x}{\Delta p} \cdot \frac{p}{x}$$

wobei Δx bzw. Δp die Mengen- bzw. Preisänderung und x bzw. p die ursprüngliche Menge und den ursprünglichen Preis angeben.

Eine Preiselastizität mit dem Absolutbetrag von 2 bedeutet, dass die relative Mengenänderung zweimal so groß ausfällt wie die relative Preisänderung. Eine Preisänderung um z.B. 1 % bewirkt demnach eine Mengenänderung der Nachfrage um 2 %.

Bei den Preiselastizitäten lassen sich folgende Fälle unterscheiden:

- Normale Elastizität ($E_N = 1$): Die Änderung der nachgefragten Menge verhält sich proportional zur Preisänderung
- Unelastische Nachfrage ($E_N < 1$): Die Änderung der Nachfragemenge fällt geringer aus als die Preisänderung
- Elastische Nachfrage ($E_N > 1$): Die Änderung der nachgefragten Menge fällt größer aus als die Preisänderung
- Vollkommen unelastische Nachfrage ($E_N = 0$): Die Preisänderung bewirkt keine Änderung der nachgefragten Menge
- Vollkommen elastische Nachfrage ($E_N = \infty$): Bei gleich bleibenden Preisen kommt es zu enormen Mengenänderungen.

Eine lineare Nachfragekurve durchläuft alle Elastizitätswerte von null bis unendlich. Da somit die Elastizität bei jedem Preis eine andere Größe aufweist, sollte man immer nur von einer bestimmten Elastizität bei einem ganz bestimmten Preis sprechen (Punktelastizität).

In Abb. C.6 erfolgt die grafische Bestimmung der Preiselastizität. Nach dem Streckensatz bestimmt sich die Preiselastizität in Punkt A durch den Quotienten der Strecken AS und AH. Wie leicht erkennbar, ist in der Streckenmitte (A') der Wert der Elastizität gleich eins. Oberhalb der Streckenmitte ist die Elastizität größer als eins und am Punkt H ist sie gleich unendlich. Unterhalb der Streckenmitte ist die Elastizität immer kleiner als eins und im Punkt S gleich null.

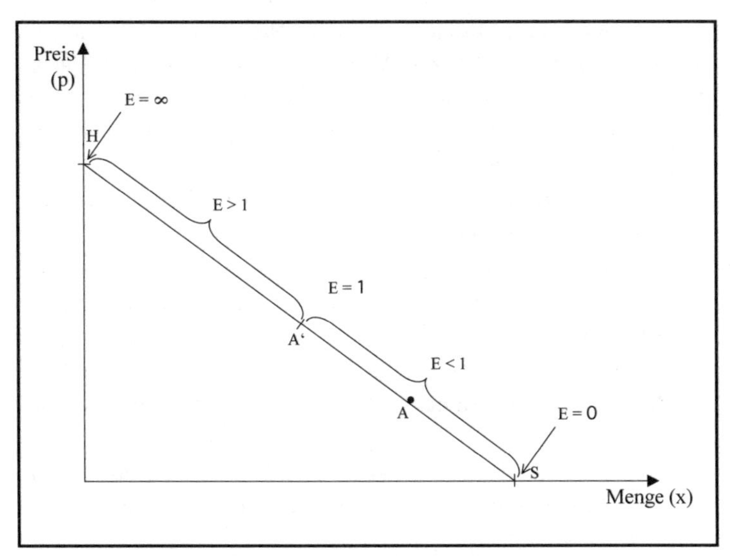

Abb. C.6. Grafische Bestimmung der Preiselastizität

Trotz dieser mathematisch korrekten Feststellung klassifizieren Ökonomen Nachfragekurven je nach ihrem Steigungsgrad, nach ihrer Elastizität. Dabei gilt die Daumenregel:

Steigungsgrad und Elastizität

Je flacher die Nachfragekurve, die durch einen bestimmten Punkt läuft, umso größer ist die Preiselastizität der Nachfrage und umgekehrt. Handelt es sich in der Praxis um ein eher preiselastisches Gut, wird in der grafischen Analyse die Nachfragekurve dieses Gutes in einem Preis-Mengen-Diagramm daher tendenziell flach eingezeichnet.

Im Extremfall eines vollkommen preisunelastischen Gutes verläuft die Nachfragekurve senkrecht. Im Falle eines vollkommen preiselastischen Gutes verläut die Nachfragekurve waagerecht.

Die Bedeutung der Kenntnis der Preiselastizität für ...

... Unternehmen

Die Kenntnis der Preiselastizität der Nachfrage ist sowohl für ein Unternehmen als auch für den Staat bedeutsam. Falls ein Unternehmer mit Hilfe von Preisänderungen seinen Umsatzerlös erhöhen will, muss er bedenken, dass sich in einem Preisbereich, in dem die Preiselastizität kleiner als eins ist (unelastischer Bereich), der Umsatz durch eine Preissteigerung erhöht und durch eine Preissenkung vermindert. Wenn die Preiselastizität größer als eins ist (elastischer Bereich), wird der Umsatz durch eine Preissteigerung vermindert und durch eine Preissenkung erhöht.

... und den Staat

Für den Staat ist die Kenntnis der Preiselastizität der Nachfrage von Bedeutung, falls er über Steuern oder Subventionen auf die Marktpreise Einfluss nehmen will. Das Ziel kann dabei sein, ein bestimmtes Verhalten der Wirtschaftssubjekte zu erreichen und/oder die Steuereinnahmen zu erhöhen. Möchte der Staat die Nachfrage nach einem gesundheitsschädlichen Gut (z.B. Alcopops) durch eine Steuererhöhung reduzieren, hofft er auf eine preiselastische Nachfrage. Ist er aber lediglich daran interessiert, seine Einnahmen zu erhöhen, wäre eine preisunelastische Reaktion für ihn vorteilhafter.

Wesentliche Bestimmungsgründe der Preiselastizität

Generell lässt sich sagen, dass die Preiselastizität im Wesentlichen von folgenden Faktoren abhängt:

Konsumenten-präferenzen

- den Konsumentenpräferenzen: Je wichtiger den Konsumenten ein Produkt scheint, desto unelastischer ist dessen Nachfrage (Brot versus Skateboard).

Substitutionsgrad

- dem Substitutionsgrad: Je größer der Substitutionsgrad eines Produktes, desto preiselastischer ist dessen Nachfrage (Bier versus Wein).

Wettbewerbssituation

- der Wettbewerbssituation: Je mehr Wettbewerber ein Unternehmen hat, desto preiselastischer sind seine Produkte (Kleidung versus Eisenbahnwagons).

Zeithorizont

- dem Zeithorizont: Je langfristiger der betrachtete Zeitraum, desto elastischer dürfte die Nachfrage reagieren, da die Suche nach möglichen Substituten Zeit in Anspruch nimmt (Energie aus Öl versus Solarenergie). Allerdings sind auch spontane Reaktionen, die langfristig wieder zurückgenommen werden, nicht auszuschließen (Zigarettenkonsum).

Marktabgrenzung

- der Marktabgrenzung: Je spezifischer die Märkte und Güter definiert sind, umso elastischer ist die Nachfrage (Himbeereis versus Eis).

1.4.2 Einkommenselastizität der Nachfrage

Interessiert das Ausmaß der Nachfrageänderung ausgehend von Änderungen der Konsumsumme, hilft die Berechnung der Einkommenselastizität der Nachfrage.

$$\text{Einkommenselastizität der Nachfrage} = \frac{\Delta x}{\Delta Y} \cdot \frac{Y}{x}$$

Sie gibt an, um wie viel Prozent sich die Nachfragemenge eines Gutes ändert, wenn das Einkommen eine Änderung um ein Prozent erfährt. Im Normalfall ist das Vorzeichen dieser Elastizität positiv, da Konsumsumme und Nachfragemenge sich in gleicher Richtung ändern, so dass Zähler und Nenner des Elastizitätsquotienten entweder beide positiv oder beide negativ sind. Bei inferioren Gütern ist die Einkommenselastizität negativ, da Einkommens- und Nachfrageänderungen in umgekehrter Richtung verlaufen und bei einkommensunabhängigen Gütern ist sie gleich null.

Die Kenntnis über die Einkommenselastizität liefert z.B. eine zentrale Grundlage für Vorhersagen über das Konsumverhalten wenn die Volkswirtschaft wächst und die Menschen reicher werden.

Angenommen, das Volkseinkommen wächst in den nächsten fünf Jahren um jährlich 3 % und die Einkommenselastizität für Tabak beträgt -0,5 und jene für Wein 2,6. Daraus folgt, dass sich in den nächsten fünf Jahren im Zuge einer 15 %igen Einkommenserhöhung zum einen die Tabaknachfrage um 7,5 % reduzieren und die Nachfrage nach Wein um 39 % erhöhen wird. Die Wachstumsperspektiven für diese beiden Branchen sind also völlig unterschiedlich, was sowohl die Unternehmensentscheidungen über weitere Investitionen als auch die staatlichen Schätzungen über die jeweiligen Steuereinnahmen beeinflussen wird. Für die Deutsche Bahn AG mag es zudem lohnenswert sein, den Anteil von Raucher- und Nichtraucherabteilen zu überdenken.

1.4.3 Kreuzpreiselastizität

Auch das Ausmaß der Nachfragereaktion bei miteinander verbundenen Gütern lässt sich mit der Elastizität messen. Die Elastizität der Nachfragemenge eines Gutes in Bezug auf den Preis eines anderen wird als Kreuzpreiselastizität bezeichnet. Sie gibt also die Mengenänderung der Nachfrage nach Gut A an, wenn sich der Preis bei Gut B um ein Prozent ändert:

$$\text{Kreuzpreiselastizität} = \frac{\Delta x_A}{\Delta p_B} \cdot \frac{p_B}{x_A}$$

Die Kreuzpreiselastizität ist bei Komplementärgütern negativ, da die jeweiligen Preis- und Mengenänderungen in entgegengesetzten Richtungen erfolgen. Bei Substitutionsgütern ist sie positiv, da sich Preise und Mengen in die gleiche Richtung bewegen.

Aus der Höhe des Elastizitätswertes lässt sich auf den Komplementär- bzw. Substitutionsgrad zwischen zwei Gütern schließen. Je größer die Kreuzpreiselastizität, desto eher werden die Nachfrager bei einseitigen Preiserhöhungen ein Gut durch das andere ersetzen.

1.5 Marktpreisbildung bei vollkommener Konkurrenz

Wie bereits erläutert, erfolgt über den Markt ein Ausgleich zwischen den entgegengesetzten Interessen von Anbietern und Nachfragern, wobei sich als Ergebnis des Marktgeschehens ein Preis bildet.

Da sowohl die angebotene als auch die nachgefragte Menge vom Preis des Gutes abhängen, lässt sich der Ablauf eines solchen Preisbildungsprozesses zum Ausgleich der unterschiedlichen Interessen ebenfalls im Preis-Mengen-Diagramm, das nun Angebot und Nachfrage integriert, veranschaulichen (siehe Abb. C.7).

Angebotsüberschuss

Wie die Abbildung verdeutlicht, möchten die Unternehmen bei einem angenommenen Preis von p' weit mehr Güter anbieten (x'), als die Haushalte nachzufragen bereit sind (x_0). Bei dem Preis von p' besteht ein Angebotsüberschuss bzw. ein Nachfragedefizit.

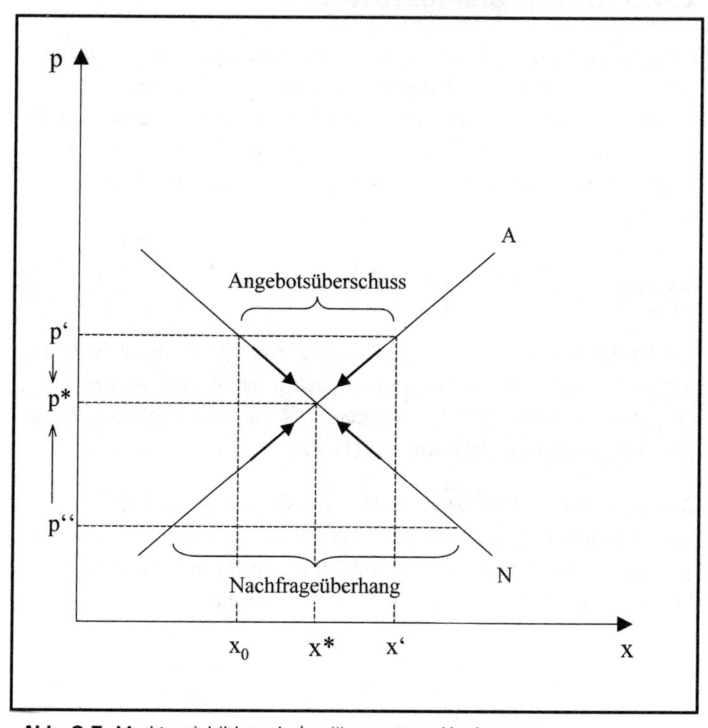

Abb. C.7. Marktpreisbildung bei vollkommener Konkurrenz

Da die Anbieter jedoch möglichst ihre gesamte Produktion verkaufen wollen, werden sie sich im Wettbewerb um die knappe Nachfrage im Preis gegenseitig zu unterbieten versuchen. Die dadurch ausgelöste tendenzielle Preissenkung führt zum einen zu einem Anstieg der Nachfrage (Bewegung auf der Nachfragekurve), weil sich nun mehr Konsumenten dieses Gut leisten können oder wollen. Zum anderen verringert die Preissenkung das Angebot (Bewegung auf der Angebotskurve), da einzelne Unternehmen nun nicht mehr in der Lage sind, kostendeckend anzubieten. Einige Unternehmen treten evtl. aus dem Markt aus, weil sie sich auf anderen Märkten höhere Gewinne versprechen.

Der Druck auf die Unternehmen, den Preis ihres Produktes zu senken, hält so lange an, bis sich ein Preis einstellt, bei dem die angebotene Menge genau der nachgefragten Menge zu diesem Preis entspricht. Der Markt befindet sich dann im Gleichgewicht. Die zum Gleichgewichtspreis p* gehörige Menge x* ist die Gleichgewichtsmenge.

Jeder Anbieter, der bereit ist, zum Gleichgewichtspreis oder einem niedrigeren Preis seine Güter zu verkaufen, kommt zum Zuge. Gleichzeitig erhält jeder Nachfrager, der bereit war, dieses Gut zum Gleichgewichtspreis oder einen höheren Preis zu kaufen, die von ihm gewünschte Gütermenge.

UNGLEICHGEWICHT(E)

Nachfrageüberhang

Analoge Überlegungen, nur mit umgekehrten Vorzeichen, ergeben sich aus einer Situation, die durch einen Nachfrageüberhang bzw. ein Angebotsdefizit gekennzeichnet ist. Ausgehend vom Preis p'' werden nunmehr die Nachfrager in Konkurrenz um das knappe Angebot sich gegenseitig im Preis überbieten. Die dadurch ausgelöste Tendenz zur Preiserhöhung führt zum einen dazu, dass einzelne Nachfrager nunmehr aus dem Markt ausscheiden, weil sie sich das Gut zu höheren Preisen nicht mehr leisten wollen oder können. Zum anderen wird parallel dazu das Angebot steigen, weil einzelne Unternehmer mit der Ausweitung des Angebots sich einen höheren Gewinn versprechen. Möglicherweise kommen sogar neue Anbieter dazu, die zu dem niedrigeren Preis nicht in der Lage waren, kostendeckend anzubieten. Die Tendenz zur Preiserhöhung wird so lange bestehen, bis der Nachfrageüberschuss abgebaut ist.

In der Realität wird das Marktgleichgewicht nur selten erreicht bzw. bleibt es kaum über einen längeren Zeitraum erhalten. Ursächlich hierfür sind ständige Veränderungen bei den anderen Bestimmungsfaktoren, die auf das Angebot und die Nachfrage einwirken und zu Verschiebungen der jeweiligen Kurven führen.

Tendenz zum Marktgleichgewicht

Wie in Abb. C.8 verdeutlicht, drängen auch in diesem Fall die Anpassungsreaktionen der Marktteilnehmer fortwährend hin zu einem neuen Gleichgewicht. Bevor dieses jedoch erreicht ist, gelten möglicherweise bereits wieder andere Bedingungen, die der Preisbildung eine neue Richtung geben. Dank der generellen Tendenz zum Marktgleichgewicht lassen sich aber vor allem unter der c.p.-Annahme Vorhersagen über künftige Preis- und Mengenentwicklungen treffen.

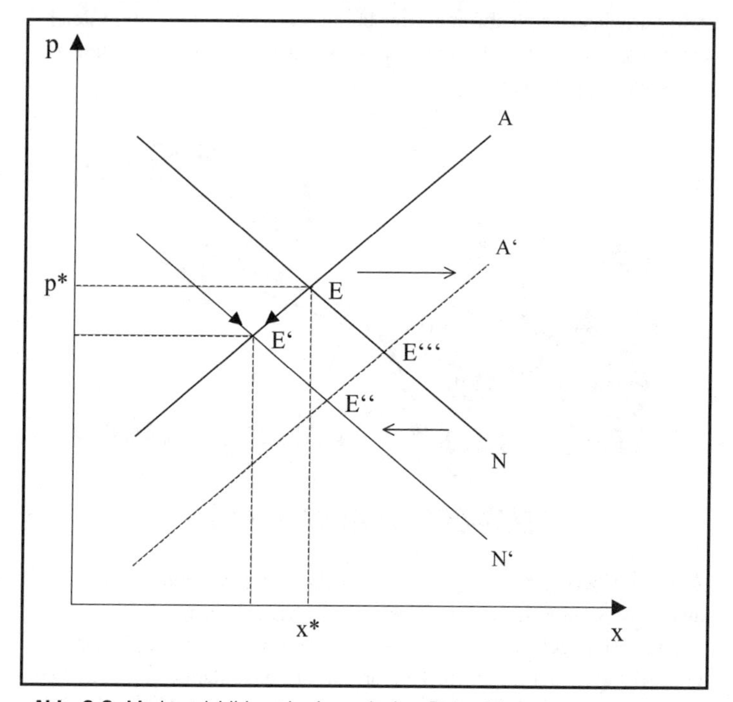

Abb. C.8. Marktpreisbildung in dynamischer Betrachtung

Angenommen, der Automobilmarkt befindet sich gerade im Gleichgewicht (Punkt E), als die OPEC-Staaten eine drastische Verteuerung des Rohöls beschließen. Da Mineralöl ein Komplementärgut zum Auto ist, geht daraufhin die Nachfrage nach Autos zurück. Die Nachfragekurve verschiebt sich nach links und die Autohersteller sehen sich bei gleichbleibendem Preis p* unmittelbar einem Angebotsüberschuss gegenüber. Ihre Lagerbestände nehmen zu und über kurz oder lang versuchen sie sich gegenseitig im Preis zu unterbieten, um diese abzubauen. Die Preise auf dem Automobilmarkt fallen, neue Nachfrager treten wieder auf und einzelne Anbieter scheiden aus dem Markt aus. Der Markt tendiert zu einem neuen Gleichgewicht in Punkt E', das aber nicht erreicht wird, weil entweder gleichzeitig mit der Preissenkung die Unternehmen Kosteneinsparungsprogramme umsetzen (die Angebotskurve verschiebt sich nach rechts unten: A') oder die Gewerkschaften höhere Löhne durchsetzen (die Nachfragekurve verschiebt sich wieder nach rechts oben).

Die vorhergehenden Ausführungen machen somit deutlich, dass die Aussage, wonach ein Nachfragerückgang zu Preissenkungen führt, in dieser generellen Form nur unter der c.p.-Bedingung Gültigkeit hat. Wird diese Bedingung aufgegeben, lassen sich keine allgemeingültigen Aussagen über die Wirkung von Angebots- und Nachfrageänderungen auf den Preis treffen.

Mit Hilfe des Preis-Mengen-Diagramms lässt sich nun auch noch einmal verdeutlichen, wie Veränderungen auf einer Marktseite je nach der vorliegenden Preiselastizität der anderen Marktseite zu unterschiedlichen Ergebnissen führen. Obwohl bei beiden Teilabbildungen von einer gleich großen Angebotserhöhung ausgegangen wird, ist bei einer relativ unelastischen Nachfrage die Preisänderung deutlich stärker als die Mengenänderung (a) und umgekehrt (b).

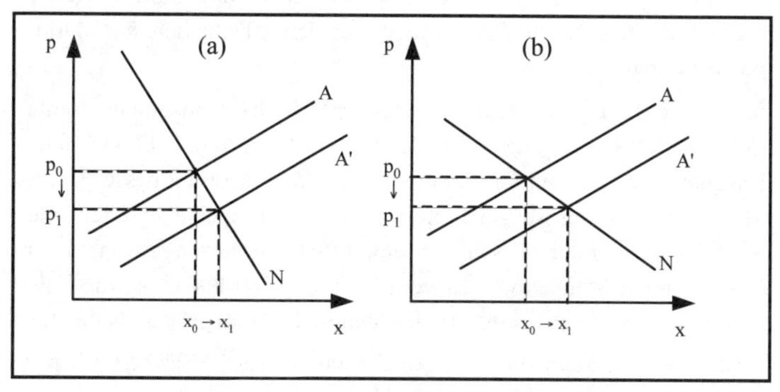

Abb. C.9. Auswirkungen bei unterschiedlicher Preiselastizität

1.6 Marktgleichgewicht und Wohlfahrt

Paretooptimum, effiziente Allokation oder maximale Wohlfahrt

Die Marktform der vollkommenen Konkurrenz gewährleistet das Paretooptimum, bzw. eine effiziente Allokation oder maximale Wohlfahrt. Wie bereits erwähnt wird ein Zustand dann als paretooptimal bezeichnet, wenn es keine Möglichkeit mehr gibt, ein Wirtschaftssubjekt besser zu stellen, ohne mindestens ein anderes schlechter stellen zu müssen. Eine vereinfachte Methode zur Illustration dessen, dass bei vollkommener Konkurrenz im Marktgleichgewicht die Wohlfahrt maximal ist, baut auf dem Konzept der Konsumenten- und Produzentenrente auf. Als Wohlfahrt bezeichnet man den Gesamtnutzen, den Käufer und Verkäufer aus der Produktion und dem Konsum eines Gutes ziehen.

Konsumentenrente

- Die Konsumentenrente ist definiert als die Differenz zwischen dem Preis, den die Nachfrager bei alternativen Mengen – aufgrund ihrer Nutzenabwägungen – zu zahlen bereit gewesen wären und dem Marktpreis, den sie letztlich für alle Einheiten zu zahlen haben. Die Zahlungsbereitschaft der Nachfrager lässt sich dabei an der Nachfragekurve ablesen, weshalb diese Kurve auch als Zahlungsbereitschaftskurve bezeichnet wird.

Produzentenrente

- Die Produzentenrente ist definiert als die Differenz zwischen dem Preis, zu dem die Unternehmen – aufgrund ihrer Kostenabwägungen – anzubieten bereit gewesen wären und dem Marktpreis, den sie letztlich für alle Einheiten erzielen.

Konsumenten- und Produzentenrente verdeutlichen also die Vorteile, die sich für Anbieter und Nachfrager aus deren Teilnahme am Marktprozess ergeben.

In Abb. C.10 entspricht das Dreieck p*EB der Konsumentenrente (KR). Sie ist stets positiv oder gleich null, da ein rational handelnder Haushalt nur dann ein Gut kauft, wenn er sich dadurch besser stellt. Mit Ausnahme des so genannten »Grenznachfragers« erzielen alle Käufer aufgrund der »Ersparnis« eine »Rente« (Nutzengewinn). Über den gesamten Mengenbereich vom Ursprung (O) bis x* ist die Zahlungsbereitschaft der Käufer (in der Summe Ox*EB) größer als die den Nachfragern letztlich entstehenden Kosten ($x_* \cdot p_*$ = Fläche Ox*Ep*) für den Erwerb dieses Gutes im Umfang x*. Die Konsumentenrente gibt somit an, in welchem Maß die Wertschätzung der Konsumenten für die abgesetzte Menge x* die für deren Erwerb aufgewendeten Mittel übersteigt.

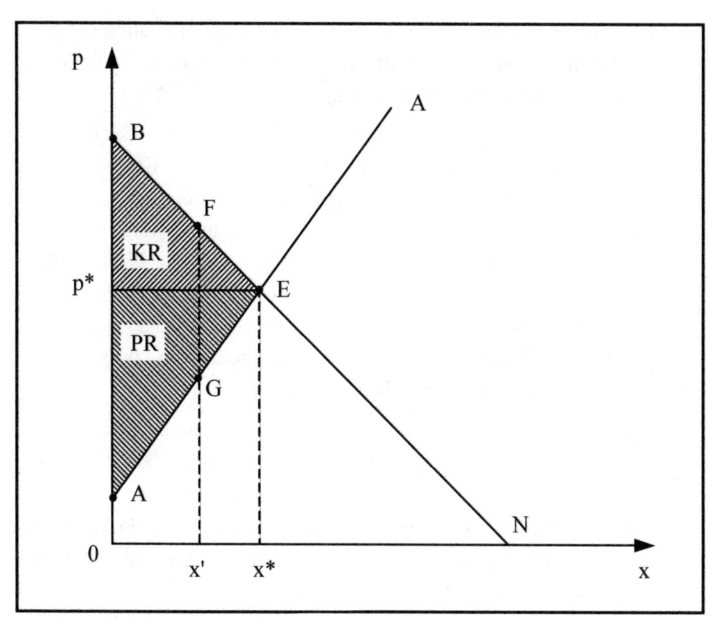

Abb. C.10. Pareto-Effizienz im Marktgleichgewicht

Das Dreieck p*EA stellt die Produzentenrente (PR) dar. Die Produzentenrente kann nicht negativ sein, da ein Unternehmen aus dem Markt ausscheidet, wenn die Stückkosten höher sind als der Marktpreis, den es bei Verkauf des Gutes erhält. Mit Ausnahme des »Grenzanbieters« erzielen alle Anbieter, die im Mengenbereich von O bis x* zum Zuge kommen also eine »Rente« (Nutzengewinn), weil sie für alle Einheiten einen Preis bekommen (p*), der höher ist als jene Preise, zu denen sie bereit gewesen wären anzubieten. Da letztere im Wesentlichen von den Kosten der Herstellung bestimmt werden (siehe Abschnitt 2.2), gibt die Produzentenrente an, in welchem Maß die Einnahmen, aus dem Verkauf der Menge x* (Fläche Ox*Ep*), die Kosten (AEx*) übersteigen.

Die Gesamtrente bzw. die Wohlfahrt, welche die Gesellschaft insgesamt aus dem Konsum dieses Gutes in Höhe von x* bezieht, entspricht somit dem subjektiven Güterwert für die Konsumenten, gemessen als Zahlungsbereitschaft, minus den Kosten der Produzenten für die Bereitstellung des Gutes, und ist gleich der Summe aus Konsumenten- und Produzentenrente (AEB).

Die Wohlfahrt ist gleich der Summe aus Konsumenten und Produzentenrente ...

Im Gleichgewicht ist diese Summe maximal, d.h. das durch das Gleichgewicht dargestellte Ergebnis ist pareto-effizient. Auch wird das Angebot im Gleichgewicht jenen Konsumenten zugeteilt, die es – gemessen an der Zahlungsbereitschaft – am höchsten schätzen und bewerten. Ebenso wird die Nachfrage auf jene Produzenten verteilt, die zur Produktion mit den niedrigsten Kosten in der Lage sind. Wie be-

... und ist im Marktgleichgewicht maximal

reits angedeutet, wird die optimale Preis-Mengen-Kombination (x^*,p^*) bei funktionierenden Märkten durch den Wettbewerb »von selbst«, durch »die unsichtbare Hand«, erreicht.

Diesseits der optimalen Menge x^* ist die Produktion pareto-ineffizient. Für alle Einheiten z.B. zwischen der Menge x' und x^* liegt die Zahlungsbereitschaft der Konsumenten noch über dem von den Anbietern geforderten kostendeckenden Preis, so dass es sinnvoll wäre, mehr zu produzieren. Davon könnten die Konsumenten und die Produzenten profitieren, weil eben der von den Produzenten geforderte Preis kleiner ist als die Zahlungsbereitschaft (die Wertschätzung für eine zusätzliche Einheit) der Nachfrager. Eine Ausweitung der Produktion von x' auf x^* würde die Wohlfahrt um die Fläche GEF erhöhen.

Jenseits von x^* zu produzieren wäre ebenfalls abzulehnen, weil in diesem Fall die Gesellschaft insgesamt schlechter gestellt wäre. Die Ressourcenkosten bei Erstellung einer zusätzlichen Einheit über x^* hinaus wären in diesem Fall größer als die Wertschätzung der Konsumenten für eine zusätzliche Einheit, und die zusätzliche Ausbringung würde zu einem Nettoverlust für die Gesellschaft führen.

Freie Märkte teilen das Güterangebot jenen Käufern zu, die es – gemessen an der Zahlungsbereitschaft – am höchsten schätzen und bewerten. Die Güternachfrage wird jenen Verkäufern zugeteilt, die zur Produktion mit den niedrigsten Kosten in der Lage sind. Schließlich führen freie Märkte zur Produktion jener Gütermenge, die zum Maximum der Gesamtrente der Konsumenten und Produzenten führt.

2. Ein Blick hinter die Nachfrage- und Angebotskurve

2.1 Die Nachfrageentscheidungen der Haushalte

Bei der Analyse der Nachfrageentscheidungen der Haushalte geht man normalerweise davon aus, dass das angestrebte Ziel die Maximierung des Gesamtnutzens ist, den der Haushalt sich mit Hilfe der ihm zur Verfügung stehenden Konsumsumme verschaffen kann. Da der Verbrauch von Gütern die Quelle der Nutzenstiftung ist, geht es deshalb zum einen um die Bestimmung der Nachfrage nach einem ausgewählten Gut. Zum anderen interessiert aber auch, wie unter Einbezug mehrerer Güter, bei gegebenen Marktpreisen, die vorgegebene Konsumsumme auf den Kauf der einzelnen Güter so aufzuteilen ist, dass sich ein Nutzenmaximum einstellt.

Ziel: Maximierung des Gesamtnutzens

2.1.1 Das Nutzenkonzept

In der Regel nimmt der Gesamtnutzen zu, wenn die Verbrauchsmengen zunehmen. Die Lebenserfahrung zeigt aber auch, dass mit zunehmendem Konsum eines Gutes dessen Grenznutzen abnimmt (1. Gossen'sche Gesetz oder »Gesetz vom abnehmenden Grenznutzen«). Das bedeutet, dass mit jeder weiteren Einheit, die von einem bestimmten Gut konsumiert wird, der daraus resultierende zusätzliche Nutzen (bzw. der Nutzenzuwachs des Gesamtnutzens) immer kleiner wird. Abb. C.11 verdeutlicht diese »Gesetzmäßigkeiten«.

1. Gossen'sche Gesetz

»Gesetz vom abnehmenden Grenznutzen«

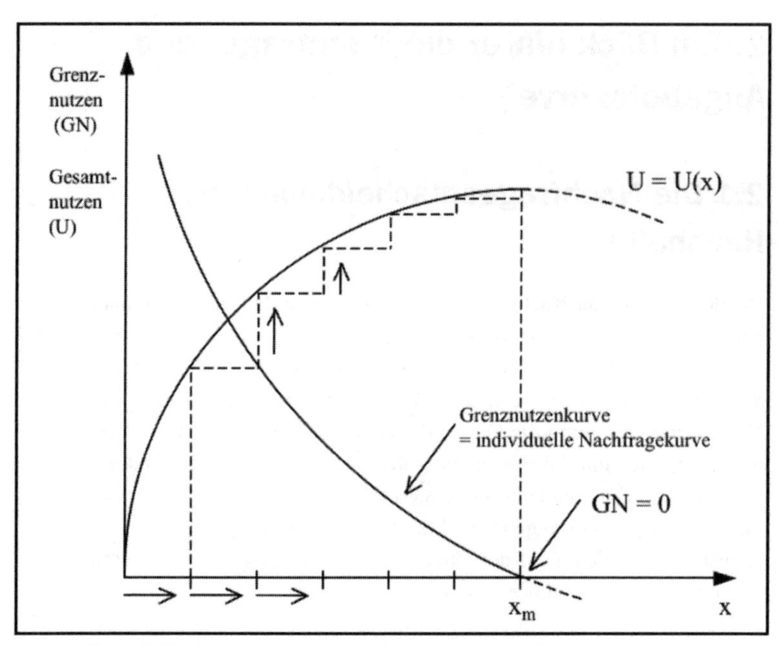

Abb. C.11. Gesamtnutzen- und Grenznutzenverlauf

Zwar steigt der Gesamtnutzen mit zunehmender Verbrauchsmenge bis x_m an, jedoch nehmen die Nutzenzuwächse mit jeder zusätzlich verbrauchten Einheit kontinuierlich ab. Je mehr der Nachfrager von einem Gut bereits hat, desto weniger schätzt er eine zusätzliche Einheit. Den Nutzen, den die zuletzt konsumierte Einheit stiftet, nennt man Grenznutzen. Bei der Menge x_m ist der Grenznutzen gleich Null und das Nutzenmaximum erreicht. Danach nimmt der Gesamtnutzen wieder ab.

Nutzenfunktion

Formal lässt sich diese Nutzenfunktion wie folgt darstellen:

$U = U(x)$ mit: $dU/dx < 0$

wobei dU/dx gleich dem Grenznutzen als erste Ableitung der Gesamtnutzenfunktion entspricht.

Ein rational agierender Haushalt wird nur so lange weitere Einheiten eines Gutes nachfragen, so lange der Grenznutzen aus einer zusätzlichen Einheit größer ist als der Preis (= Grenzkosten), den er dafür entrichten muss. Ist der Grenznutzen gleich dem Preis, wird ein Haushalt demzufolge nur dann eine größere Gütermenge nachfragen, wenn der Preis sinkt. Die nachgefragte Menge steigt also mit sinkendem Preis; die Nachfragekurve verläuft von links oben nach rechts unten.

Damit wird auch deutlich, warum reichlich vorhandene Güter relativ billig sind. Sie sind es deswegen, weil die Haushalte so wenig dafür zu zahlen bereit sind. Und die Zahlungsbereitschaft ist deswegen so gering, weil zusätzliche Verbrauchsmengen des Gutes so wenig zusätzlichen Nutzen stiften.

Nun beschränkt sich die Nachfrage eines Haushalts nicht nur auf ein Gut. Vielmehr konsumiert er in der Regel mehrere Güter. Den Nutzen, den ein Haushalt aus verschiedenen Kombinationen von Gütern zieht, kann man anhand von Indifferenzkurven darstellen.

2.1.2 Die optimale Gütermenge

Indifferenzkurve

Eine Indifferenzkurve gibt alle Güterkombinationen (hier x_1 und x_2) an, bei denen ein gleiches Nutzenniveau vorliegt. Kurven die näher am Nullpunkt liegen (I), haben ein niedrigeres, weiter entfernte Kurven (I' oder I'') ein höheres Nutzenniveau (siehe Abb. C.12). Indifferenzkurven verlaufen immer von links oben nach rechts unten, da bei einer Nutzenerhöhung durch eine Zunahme von x_2 nur dann das Nutzenniveau gleich bleibt, wenn gleichzeitig von x_1 etwas aufgegeben wird.

Eigenschaften von Indifferenzkurven

Eine weitere Eigenschaft von Indifferenzkurven ist, dass sich zwei davon nie schneiden können. Wenn sich die Indifferenzkurven schneiden, würde der Haushalt indifferent sein zwischen der Güterkombination x und y auf der Indifferenzkurve I und zwischen y und z auf I' und infolgedessen zwischen x und z. Da z aber mehr von beiden Gütern darstellt als x, ist die grundsätzliche Annahme verletzt, wonach die Wirtschaftssubjekte mehr gegenüber weniger vorziehen.

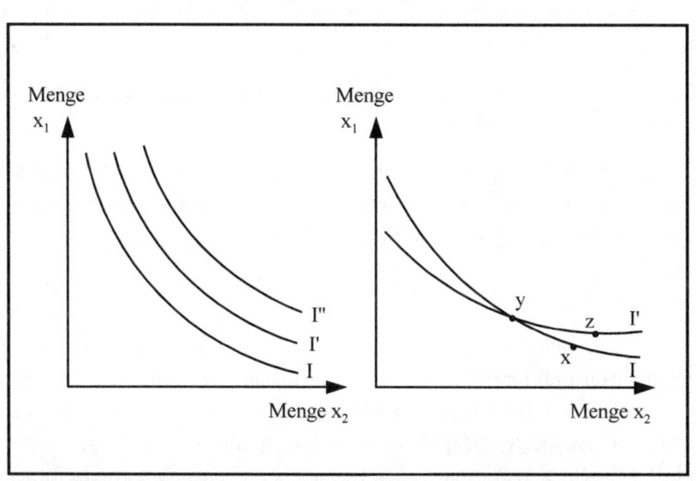

Abb. C.12. Indifferenzkurven I

Der zum Ursprung hin konvexe Verlauf der Indifferenzkurven bestimmt sich aus dem »Gesetz von der abnehmenden Grenzrate der

«Gesetz von der abnehmenden Grenzrate der Substitution«

Substitution«. Die Grenzrate der Substitution (GRS) gibt die Menge eines Gutes an, die man hergeben muss bzw. bereit ist herzugeben, um eine zusätzliche Mengeneinheit eines anderen Gutes zu erhalten, wobei das Nutzenniveau gleich bleiben soll. Da ein Haushalt umso weniger bereit sein wird, für eine zusätzliche Einheit des Gutes x_2, auf das Gut x_1 zu verzichten, je weniger er von Gut x_1 hat, ergibt sich die abnehmende Grenzrate. In Abb. C.13 ist dies an den vertikalen Pfeilen verdeutlicht.

Man kann auch sagen, dass der Haushalt bei Rückgang eines Gutes umso mehr von einem anderen Gut zum Ausgleich haben möchte, je weniger von dem erstgenannten Gut noch vorhanden ist. Je knapper ein Gut wird, umso höhere Mengen müssen von anderen Gütern zum Ausgleich zur Verfügung stehen, wenn der Nutzen konstant bleiben soll.

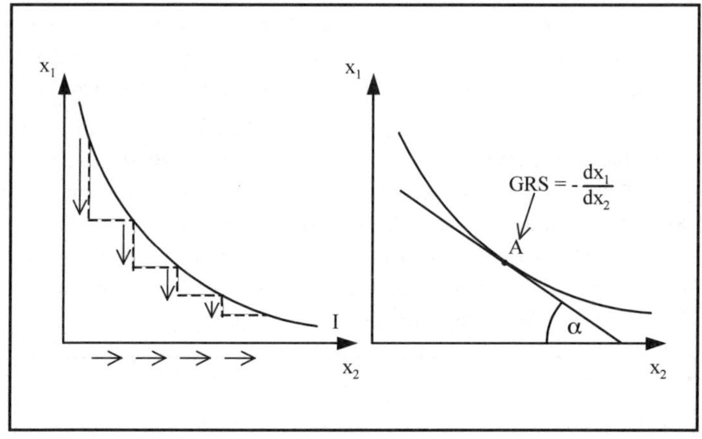

Abb. C.13. Indifferenzkurven II

Die GRS ist formal identisch mit der (negativen) ersten Ableitung der Indifferenzkurve in einem bestimmten Punkt (hier: A). Die GRS kann auch als tan α geschrieben werden.

allgemein gilt: $GRS = -dx_1/dx_2 = \tan\alpha$

Budgetgerade

Um festzustellen, welche der möglichen Güterkombinationen aus einer Schar von Indifferenzkurven für den Haushalt erreichbar und optimal ist, muss noch die Budgetrestriktion der Haushalte berücksichtigt werden. Die Budgetgerade gibt alle Güterkombinationen an, die der Haushalt bei gegebenem Einkommen (Y) und gegebenen Güterpreisen (p_1) und (p_2) kaufen kann, wobei angenommen wird, dass das gesamte Einkommen konsumiert und auf diese beiden Güter verteilt wird.

In Punkt A (in Abb. C.14) wird das gesamte Einkommen für das Gut x_1 ausgegeben und in Punkt B für das Gut x_2. Die Steigung der Budgetgeraden entspricht dabei genau dem negativen und umgekehrten Preisverhältnis der Güter ($-p_2/p_1 = \tan \alpha$).

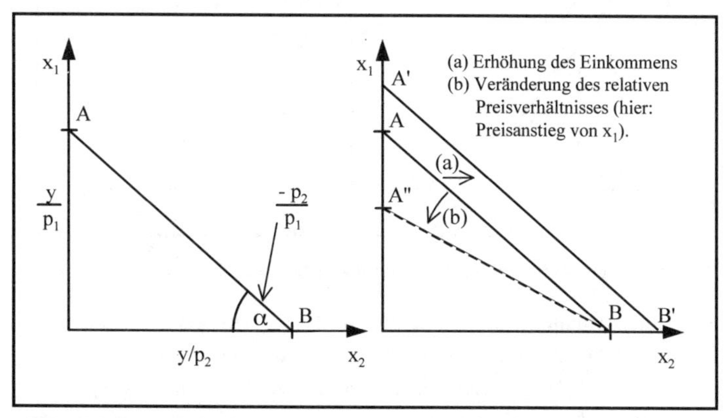

Abb. C.14. Die Budgetgerade

Ein Anstieg des Einkommens führt zu einer parallelen Verschiebung der Budgetgeraden nach außen mit den Endpunkten A' und B'. Die Steigung der Budgetgeraden ändert sich nicht, weil das relative Preisverhältnis unverändert bleibt. Steigt dagegen z.B. der Preis von Gut x_1, dreht sich die Budgetgerade um B nach unten und wird flacher (gestrichelte Linie).

In Abb. C.15a liegen die Güterkombinationen C, D und E auf derselben Budgetgeraden. C und D repräsentieren jedoch ein geringeres Nutzenniveau als E. E ist offensichtlich diejenige Güterkombination, die bei gegebenem Einkommen das höchstmögliche Nutzenniveau gewährleistet und die, ausgehend von C durch eine Umschichtung (Substitution) von x_1 nach x_2 erreicht werden kann. Im Konsumoptimum stimmen die Steigung von Budgetgerade und Indifferenzkurve überein. Der Haushalt kann durch eine Änderung der Güterzusammensetzung seinen Nutzen nicht weiter erhöhen.

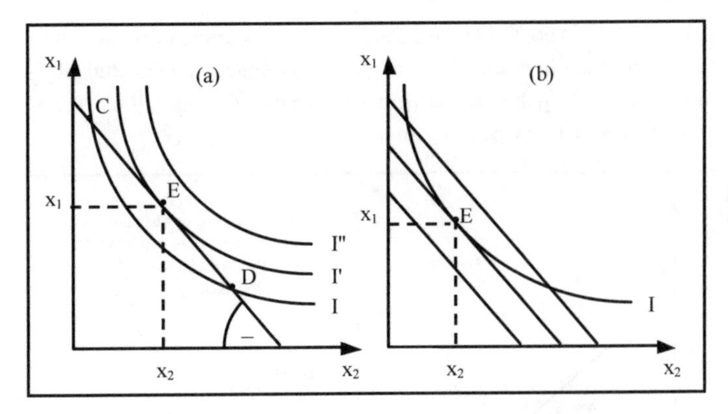

Abb. C.15. Die optimale Gütermenge (das Haushaltsoptimum)

Unter der Annahme der Nutzenmaximierung wird ein Haushalt nunmehr jene Güterkombination wählen, bei der die Budgetgerade die höchstmögliche Indifferenzkurve tangiert. Der Haushalt versucht also mit dem verfügbaren Einkommen das gerade noch finanzierbare Güterbündel zu erreichen, das den Nutzen maximiert. Alternativ könnte er auch versuchen, ein bestimmtes Nutzenniveau bei geringst möglichen Ausgaben zu realisieren (siehe Abb. C.15b).

Da sowohl von der Budgetgeraden wie von der Indifferenzkurve der Tangentialpunkt E mit dem tan α beschrieben werden kann, ist die optimale Gütermenge (das Haushaltsoptimum) dann erreicht, wenn die GRS dem umgekehrten Preisverhältnis entspricht:

$$- dx_1/dx_2 = p_2/p_1 \qquad (1)$$

Berücksichtigt man nun noch, dass die GRS gleich dem umgekehrten Verhältnis der Grenznutzen ist, weil bei Substitution von Gut x_1 gegen x_2 der Grenznutzen von Gut x_2 sinkt und der von Gut x_1 steigt, mithin also gilt:

$$- dx_1/dx_2 = (dU/dx_2 \,/\, dU/dx_1) \qquad (2)$$

erhält man durch das Einsetzen der Gleichung (2) in die vorhergehende Gleichung (1):

$$p_2/p_1 = (dU/dx_2)/dU/dx_1) \qquad (3)$$

Gemäß dieser Formulierung ist das Haushaltsoptimum dadurch gekennzeichnet, dass das Preisverhältnis gleich dem Verhältnis der Grenznutzen ist.

Formuliert man die Gleichung (3) um in:

$(dU/dx_2) / p_2 = (dU/dx_1) / p_1$

ist gemäß dieser Formulierung das Haushaltsoptimum dadurch gekennzeichnet, dass das Grenznutzen-Preis-Verhältnis in allen Verwendungen gleich ist. Diese Bedingung für das Haushaltsoptimum wird als 2. Gossen'sche Gesetz (Gossen: 1810-1858) bezeichnet.

2. Gossen'sche Gesetz

Dies bedeutet, dass ein rationaler Haushalt bei der Verwendung seines Einkommens ein Güterbündel anstrebt, bei dem der für die verschiedenen Güter jeweils zuletzt ausgegebene Euro in allen Verwendungen den gleichen Nutzenzuwachs erzielt. Solange dies noch nicht der Fall ist, ist es durch Umschichtung der Ausgaben möglich, das Nutzenniveau zu steigern, ohne mehr Geld ausgeben zu müssen.

Ein Beispiel: Angenommen der Haushalt möchte sein Einkommen auf Gut 1 (Brot) und Gut 2 (Wein) aufteilen und er hat die Güter so kombiniert, dass Brot einen Grenznutzen (GN) von 10 und Wein einen von 5 Einheiten stiftet. Die Preise von Brot und Wein seien $p_1 = 3$ und $p_2 = 1$. Dies bedeutet, dass der GN von Brot doppelt so hoch ist wie der GN von Wein, obwohl Brot dreimal so viel kostet. Im Verhältnis zu ihrem Preis hat Brot also einen geringeren GN als Wein.

Offensichtlich kann der Haushalt seinen Nutzen erhöhen, indem er mehr Wein und weniger Brot kauft, denn der Wein stiftet im Verhältnis zum Preis einen höheren GN als Brot (5/1 = 5 im Vergleich zu 10/3 = 3.33). Mit der Substitution von Brot durch Wein steigt aber der GN von Brot an und jener von Wein sinkt (1. Gossen'sche Gesetz). Das Optimum ist erst dann erreicht, wenn beide Güter im Vergleich zu ihrem Preis den gleichen GN stiften.

Wie bereits erwähnt, beeinflussen Einkommensänderungen und Änderungen der relativen Preise die Budgetgerade und damit natürlich auch das Haushaltsoptimum. In der nachfolgenden Abb. C.16 ist ausgehend von Haushaltsoptimum E und unter der Annahme, dass der Preis von Gut x_2 schrittweise sinkt, nunmehr die Nachfrage nach Gut x_2 in Abhängigkeit vom Preis dieses Gutes abgeleitet.

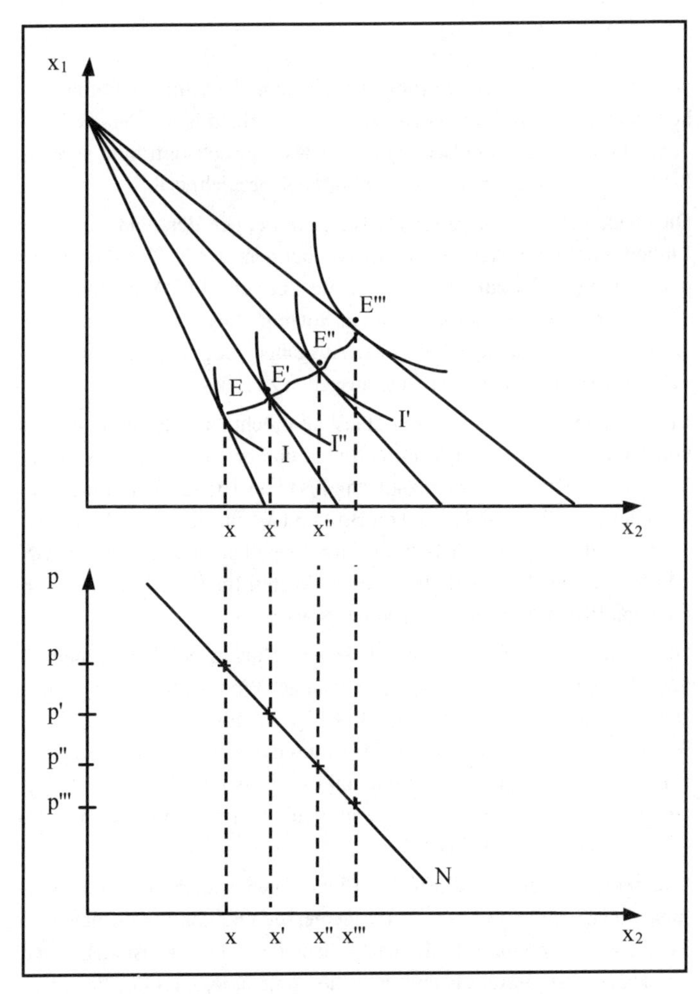

Abb. C.16. Die Preis-Konsum-Kurve

Wie aus der Abbildung ersichtlich, dreht sich die Budgetgerade durch die Preissenkung von Gut x_2 um den Ordinatenschnittpunkt nach rechts, da der Haushalt bei einem niedrigeren Preis und gleichem Einkommen nunmehr mehr von Gut x_2 kaufen kann. Damit kann der Haushalt aber auch ein höheres Nutzenniveau (E') erreichen. Unterstellt man weitere fortwährende Preissenkungen für Gut x_2 und verbindet die dadurch neu entstehenden Optimalpunkte, entsteht die so genannte Preis-Konsum-Kurve (oder Engel'sche Konsumkurve). Sie gibt sämtliche nutzenoptimale Güterkombinationen bei gegebenem Einkommen und sich veränderndem Preis von Gut x_2 und konstantem Preis von Gut x_1 an.

Preis-Konsum-Kurve

Die Abhängigkeit der nachgefragten Menge von Gut x_2 vom Preis dieses Gutes erhält man, indem man die Mengeneinheiten auf die Abszisse des darunter liegenden Preis-Mengen-Diagramms lotet und dabei auf der Ordinate die alternativen Preise dazu setzt (bei x' ist der Preis niedriger als bei x usw.). Die Verbindung der sich so ergebenden Preis-Mengen-Kombinationen stellt die normale Nachfragekurve der Haushalte dar. Jeder Punkt auf der Nachfragekurve ist nutzenmaximal.

2.1.3 Die Marktnachfrage

Bisher beschränkten sich die Ausführungen auf einen einzigen Haushalt. Tatsächlich fragen ein bestimmtes Gut jeweils viele Haushalte nach. Dabei ist die gesamte Marktnachfrage offenbar die Summe aller von den einzelnen Haushalten nachgefragten Mengen.

Grafisch ergibt sich die Marktnachfrage durch horizontale Aggregation der individuellen Nachfragekurven. In Abb. C.17 ist als Beispiel die Ableitung der Marktnachfragekurve aus dem Nachfrageverhalten von drei Haushalten skizziert. Liegt der Preis unterhalb von p*, fragen alle drei Haushalte das Gut nach. Bei einem Preis zwischen p' und p'' ist die Marktnachfrage identisch mit jener des Haushaltes A. Ist der Preis höher als p'' ist die Marktnachfrage gleich Null.

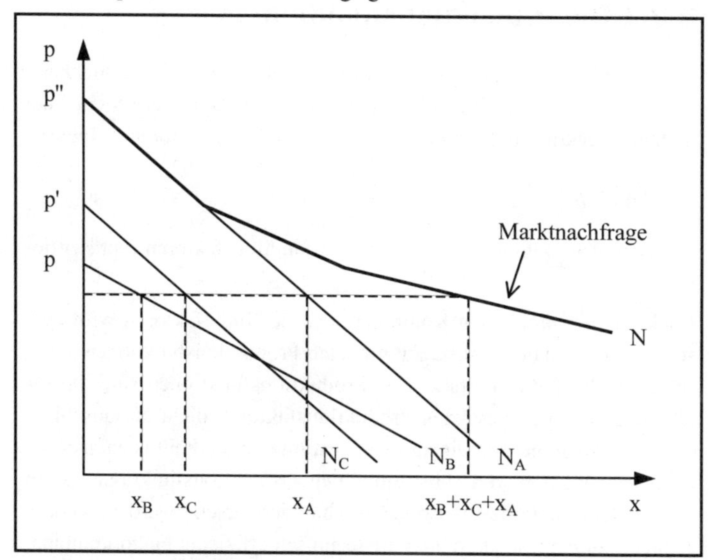

Abb. C.17. Die Marktnachfragekurve

Stellt man sich eine unbegrenzte Anzahl von Haushalten vor, lässt sich eine lineare, nicht mehr geknickte Nachfragekurve darstellen.

2.2 Die Angebotsentscheidungen der Unternehmen

Mengenanpasser

Ziel: Gewinnmaximierung

Agiert ein Unternehmer unter vollkommener Konkurrenz ist der Marktpreis für ihn fest vorgegeben und kann von ihm nicht beeinflusst werden. Einziger unternehmerischer Aktionsparameter ist die Verkaufsmenge. Der Unternehmer ist Mengenanpasser und hat somit nur die Verkaufsmenge zu bestimmen, bei der er sein Ziel der Gewinnmaximierung erreicht. Dabei ist der Gewinn definiert als Differenz von Erlös und Kosten.

Die Gewinnentwicklung hängt davon ab, wie sich bei einer Produktionsänderung der Erlös und die Kosten entwickeln. Der Erlös E (x) ist das Produkt aus Stückpreis p und Produktion x, es gilt daher: $E = p \cdot x$. Die Kosten sind das Produkt aus den in der Produktion eingesetzten Produktionsfaktoren multipliziert mit deren Preisen. Da der Kostenverlauf eines Unternehmens jedoch ganz entscheidend von den zugrundeliegenden Produktionsverfahren abhängt, ist zunächst auf die Produktionsfunktion einzugehen, um die gewinnmaximale Menge zu bestimmen.

2.2.1 Die Produktionsfunktion

Die Produktionsfunktion beschreibt den funktionalen Zusammenhang zwischen der hergestellten Gütermenge (= Output) und der Menge der in den Produktionsprozess eingehenden Produktionsfaktoren (= Input).

$$X = f(v_1, v_2),$$

wobei X den Output und v_1, v_2 zwei Produktionsfaktoren repräsentieren.

Substitutionale Produktionsfunktion

Nach Art der möglichen Kombinationen der Inputfaktoren wird zwischen limitationalen und substitutionalen Produktionsfunktionen unterschieden. Im Falle limitationaler Produktionsfunktionen sind die für die Herstellung eingesetzten Produktionsfaktoren nicht austauschbar; sie müssen vielmehr in einem ganz bestimmten Verhältnis zueinander eingesetzt werden. Bei substitutionalen Produktionsfunktionen kann jeder Faktor zumindest teilweise durch andere ersetzt werden, so dass es nicht nur eine, sondern mehrere technisch effiziente Faktorkombinationen gibt.

Ertragsgesetzliche Produktionsfunktion

Von großer praktischer Relevanz ist die ertragsgesetzliche Produktionsfunktion als eine Form der substitutionalen Produktionsfunktion. Sie ist dadurch gekennzeichnet, dass bei partieller Faktorvariation (Va-

Partielle Faktorvariation

riation eines Faktors bei Konstanz der anderen Faktoren) der Ertrag zunächst überproportional (progressiv) und dann unterproportional (degressiv) steigt. Den typischen Ertragsverlauf dieser Produktionsfunktion verdeutlicht die nachfolgende Abbildung. Bis zum Punkt (A) steigt der Ertrag progressiv. Danach nimmt der Ertrag zwar weiter zu, jedoch degressiv, d.h. mit abnehmenden Zuwächsen. Ab dem Punkt C nimmt der Ertrag sogar ab.

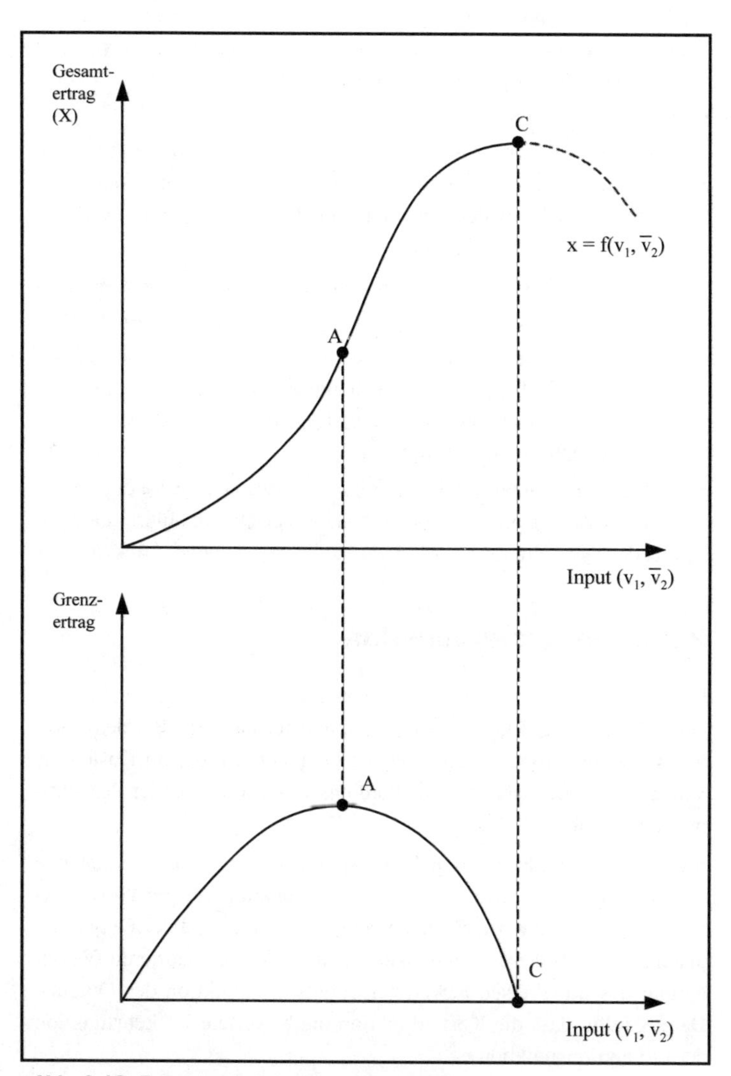

Abb. C.18. Ertragsgesetzliche Produktionsfunktion

Grenzertrag oder Grenzprodukt

Die untere Abbildung gibt die dazugehörige Grenzertragsfunktion an. Der Grenzertrag oder auch das Grenzprodukt ist der zusätzliche Output, der durch eine zusätzlich eingesetzte Inputeinheit erzeugt werden kann, während alle anderen Faktoren konstant bleiben. Wie leicht erkennbar ist, führt der zunehmende Einsatz eines Faktors – unter Beibehaltung eines konstanten Produktionsfaktors – ab dem Punkt A zu fallenden zusätzlichen Erträgen. Ab dem Punkt C wird der Grenzertrag sogar negativ. Mit Blick auf die zuerst zunehmenden und im weiteren Verlauf sinkenden Grenzerträge spricht man auch vom »Gesetz der abnehmenden Grenzerträge«. Mathematisch erhält man die Grenzproduktivität eines Faktors aus der ersten Ableitung der Produktionsfunktion (Grenzertrag des Faktors $v_1 = dx/dv_1$).

»Gesetz der abnehmenden Grenzerträge«

Totale Faktorvariation

Mit dem Begriff der Skalenerträge ist die totale Faktorvariation verbunden, die bei langfristiger Betrachtung unterstellt werden kann. Folgende mögliche Veränderungen sind aus der Variation aller Produktionsfaktoren gleichzeitig denkbar:

Konstante Skalenerträge

- Konstante Skalenerträge: sie liegen vor, wenn eine Verdoppelung der Input-Faktoren genau zu einer Verdoppelung des Outputs führt.

Fallende Skalenerträge

- Fallende Skalenerträge: sie liegen vor, wenn eine Verdoppelung aller Input-Faktoren zu einer Erhöhung des Outputs führt, die geringer als das Doppelte ist. Begründet wird dies mit überproportionalem Organisationsaufwand.

Steigende Skalenerträge

- Steigende Skalenerträge: sie liegen vor, wenn eine Verdoppelung aller Input-Faktoren zu einer Erhöhung des Outputs führt, die mehr als das Doppelte ist. Begründet wird dies mit Synergieeffekten.

2.2.2 Die Kostenfunktion

Die Unternehmen orientieren sich bei ihren Produktionsentscheidungen nicht in erster Linie an der Produktionstechnologie. Bei dem Ziel, ihre Gewinne zu maximieren, stehen vielmehr Erlöse und Kosten im Vordergrund. Letztere hängen allerdings wesentlich von der Produktionsfunktion ab.

Im Gegensatz zur Produktionsfunktion, in der der Output als abhängige Variable betrachtet wird, ist in der Kostenfunktion der mit Preisen bewertete Input (die Kosten) die abhängige Variable und der Output die unabhängige. In diesem Sinne untersucht die Kostentheorie die Veränderung des mit Preisen bewerteten Inputs als Funktion des Outputs. Daraus folgt, dass die Kostenfunktion die bewertete Umkehrfunktion der Produktionsfunktion ist.

Die Kostenfunktion gibt also an, wie hoch die Gesamtkosten eines Unternehmens bei alternativ hohen Produktionsmengen sind:

$$K = K(X) \quad \text{wobei:} \quad K = q_1 v_1 + q_2 v_2 + \ldots + q_n v_n$$

und mit v_1, v_2 wieder die Produktionsfaktoren und mit q_1, q_2 die entsprechenden Preise dieser Faktoren gekennzeichnet sind.

Gesamtkosten

Die Gesamtkosten (K) eines Unternehmens setzen sich aus der Summe von fixen Kosten (K_f) und variablen Kosten (K_v) zusammen. Allgemein gilt daher:

$$K(X) = K_f + K_v(x)$$

Fixe Kosten

Variable Kosten

Die fixen Kosten hängen in ihrer Höhe grundsätzlich nicht von der produzierten Menge ab (Maschinen, Versicherungen). Sie entstehen auch, wenn das Unternehmen gar nicht produziert. Im Gegensatz dazu ändert sich die Höhe der variablen Kosten mit der produzierten Menge, wobei sich die gesamten variablen Kosten aus der Multiplikation der variablen Kosten pro Stück und der hergestellten Produktionsmenge ergeben.

Stückkosten

Die Stückkosten erhält man durch die Division der Gesamtkosten durch die Menge der erstellten Güter (Stückkosten $k = K/X$). Sie geben an, wie hoch die Kosten pro Stück sind.

Grenzkosten

Die Grenzkosten (GK) geben im Einzelnen jeweils die Veränderung der Gesamtkosten an, wenn sich die Ausbringungsmenge um eine Einheit verändert. Oder anders ausgedrückt, die Grenzkosten sind die Kosten, die sich bei der Bereitstellung einer zusätzlichen Einheit ergeben. Mathematisch ergeben sich die Grenzkosten aus der 1. Ableitung der Kostenfunktion.

Die nachfolgende Abbildung zeigt die entsprechenden Kostenverläufe auf Grundlage der ertragsgesetzlichen Produktionsfunktion. Dabei ist grundsätzlich vorausgesetzt, dass die jeweils produzierte Menge mit den geringsten Kosten hergestellt wird. Da die Kostenfunktion die Umkehrfunktion der Produktionsfunktion ist, gewinnt man die Kostenfunktion durch Spiegelung der Produktionsfunktion an der 45-Grad-Linie.

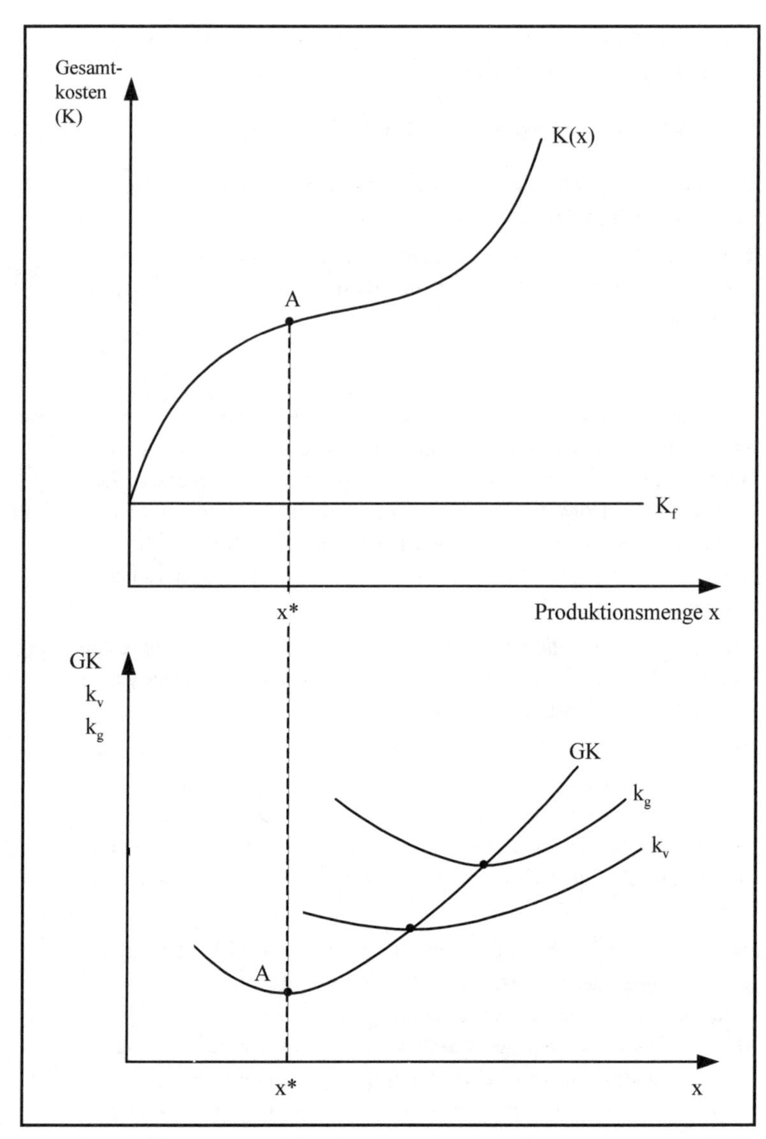

Abb. C.19. Kostenverläufe bei ertragsgesetzlicher Produktionsfunktion

Gesamtkostenkurve

- Die Gesamtkostenkurve (K): Mit steigender Produktion von X nehmen die Gesamtkosten stetig zu. Bis zum Wendepunkt A ist der Kostenanstieg unterproportional (degressiv) und danach progressiv.

  Der Grund für den degressiven Anstieg ist die zunächst gegebene, zunehmende Grenzproduktivität des variablen Produktionsfaktors. Diesseits des Punktes A wirkt dann jedoch das »Gesetz der abnehmenden Grenzerträge«. Die marginale Faktorproduktivität sinkt und die Gesamtkosten steigen progressiv an. Ursächlich hierfür sind mit Annäherung an die Kapazitätsgrenze auftretende:

Der progressive Anstieg ist bedingt durch:

- intensitätsmäßige Anpassungen: der Ablauf der Produktionsprozesse wird beschleunigt, wodurch es zu höherem Maschinenverschleiß sowie zu vermehrter Ausschussproduktion kommt und somit die Gesamtkosten überproportional ansteigen.

Intensitätsmäßige Anpassungen

- zeitliche Anpassungen: die tägliche Arbeitszeit wird verlängert, was mit Überstundenzuschlägen, und ebenfalls höherem Ausschuss sowie Maschinenverschleiß durch fehlende Wartungszeiten verbunden ist. Das Ergebnis sind erneut überproportional ansteigende Kosten.

Zeitliche Anpassungen

- quantitative und qualitative Anpassungen: die Menge und Qualität der eingesetzten Produktionsfaktoren erfolgt zunehmend in disproportionaler Weise, wodurch die Produktivität progressiv abnimmt.

Quantitative und qualitative Anpassungen

Die Kostenprogression ist also das Spiegelbild zum Gesetz vom abnehmenden Grenzertrag. Die Abnahme des Grenzertrags bei steigendem Einsatz eines Produktionsfaktors bedeutet nichts anderes als steigende Grenzkosten bei steigender Produktionsmenge.

Grenzkostenkurve

- Die Grenzkostenkurve (GK = dK/dX) hat einen u-förmigen Verlauf. Die GK fallen zunächst bis zum Wendepunkt A der Gesamtkostenkurve, um danach stetig anzusteigen.

Gesamtstückkostenkurve

- Die Gesamtstückkostenkurve (k_g = K/X) verläuft ebenfalls u-förmig. Die Gesamtstückkosten nehmen zunächst wegen der sinkenden durchschnittlichen Fixkosten mit wachsender Produktionsmenge kontinuierlich ab (die Fixkosten verteilen sich auf immer mehr Produktionseinheiten), um ab dem Schnittpunkt mit der GK-Kurve kontinuierlich anzusteigen. Ihr Minimum erreicht sie immer dort, wo sie von der GK-Kurve geschnitten wird. Gleiches gilt für die durchschnittlichen variablen Kosten bzw. die variable Stückkostenkurve (k_v). Bei einer Produktionsausweitung über das Stückkostenminimum hinaus müssen diese wieder ansteigen, weil die zusätzlichen Kosten pro Einheit (die Grenzkosten) dann größer sind als die bisherigen Durchschnittskosten.

Langfristige Kostenkurven

Für die meisten Unternehmen hängt die Unterscheidung zwischen fixen und variablen Kosten vom Zeithorizont der Betrachtung ab. So sind zahlreiche Produktionsmittel langfristig variabel einsetzbar, womit sich auch die kurzfristigen Kostenkurven von den langfristigen unterscheiden dürften.

Die nachfolgende Abb. C.20 zeigt drei kurzfristig gültige Durchschnittskostenkurven (k_k) für ein kleines, mittleres und größeres Unternehmen. Die in der Abbildung enthaltene langfristige Durchschnittskostenkurve (k_l), gibt den Verlauf wieder, der sich aus dem Wachstum des Unternehmens ergeben haben könnte. Die Bewegung der Unternehmung auf der langfristigen Kurve entspricht somit der Anpassung der Produktionsanlagen und der Produktionskapazitäten.

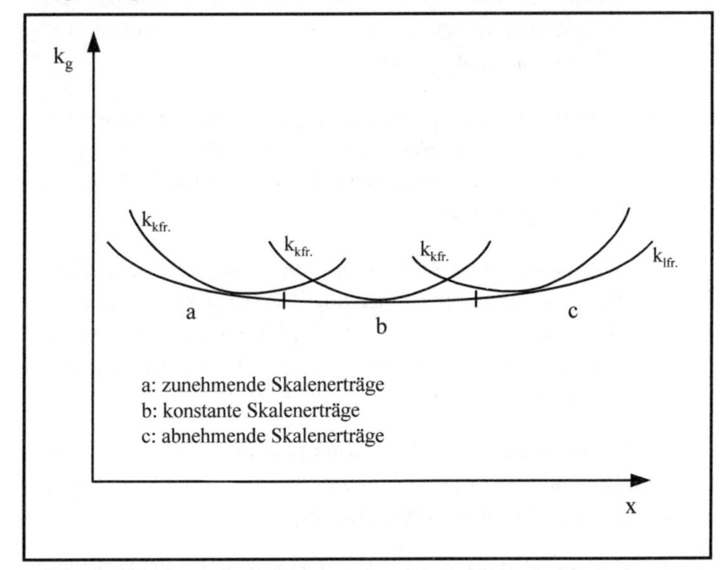

Abb. C.20. Kurz- und langfristige Kostenkurven

Die kurzfristigen Kurven und die langfristige Kurve sind systematisch miteinander verknüpft. Die langfristige Durchschnittskostenkurve bildet einen sehr viel flacheren u-förmigen Verlauf als die kurzfristige und sie verläuft unterhalb aller kurzfristigen Kurven. In der Regel bleibt jedoch die U-Form erhalten, da sich auch langfristig beispielsweise mit Erweiterung der Betriebsgröße wieder abnehmende Skalenerträge (= progressiv ansteigende Gesamt-, Durchschnitts- und Grenzkosten) durchsetzen.

Abnehmende Skalenerträge

2.2.3 Die individuelle Angebotskurve

Die nachfolgende Abb. C.21 dient der Bestimmung der gewinnmaximalen Menge bei alternativen Preisen bzw. der Angebotsfunktion eines gewinnmaximierenden Unternehmens. Erkennbar sind in der Abbildung die bereits im vorherigen Abschnitt abgeleiteten Kostenfunktionen, wie sie sich auf der Grundlage einer ertragsgesetzlichen Produktionsfunktion ergeben.

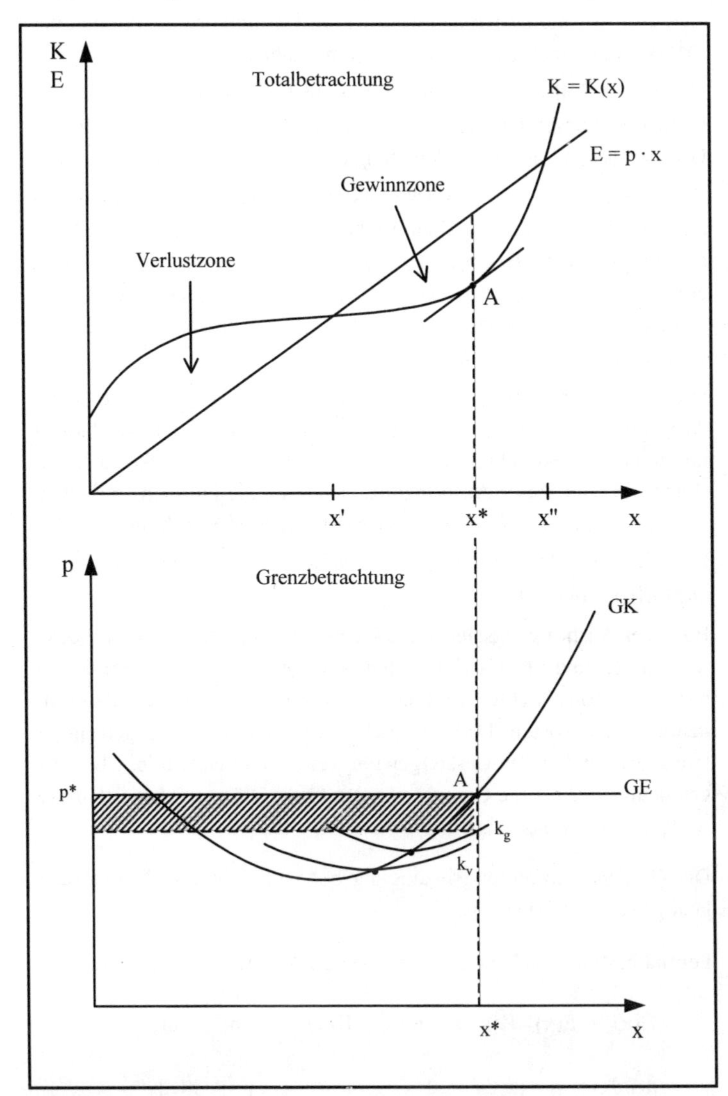

Abb. C.21. Bestimmung der gewinnmaximalen Ausbringungsmenge bei alternativen Preisen

Gesamterlösfunktion

Im oberen Teil der Abbildung, ist zudem die Gesamterlösfunktion ($E = p \cdot x$) eingetragen. Sie gibt an, wie groß bei alternativen Verbrauchsmengen der dabei erzielte Umsatz oder Erlös (E) ist. Der lineare Verlauf ergibt sich aus der Tatsache, dass bei vollkommener Konkurrenz der Preis für das Unternehmen gegeben ist, und durch das Angebot des Unternehmens nicht beeinflusst wird. Wenn die verkaufte Menge null ist, ist auch der Erlös null. Mit steigender Verkaufsmenge nimmt der Erlös dann direkt proportional zu. Die gewinnmaximale Menge ergibt sich dort, wo die Differenz zwischen der Gesamtkostenkurve und der Erlöskurve (dem Tangentialpunkt A) am größten ist.

Grenzerlöskurve

Im unteren Teil ist die zu der Gesamterlösfunktion korrespondierende Grenzerlöskurve (GE) eingezeichnet. Mathematisch ergibt sich die Grenzerlöskurve aus der 1. Ableitung der Gesamterlösfunktion.

Bei einem vorgegebenen Marktpreis (Mengenanpasser) kann das Unternehmen für jedes zusätzlich produzierte Stück jeweils diesen Preis erzielen, d.h. der Marktpreis (p^*) ist gleich dem Grenzerlös. Grafisch ergibt sich als Grenzerlöskurve, die jeder Ausbringungsmenge die jeweilige Höhe des Grenzerlöses zuordnet, eine Horizontale in Höhe des vorgegebenen Marktpreises.

Gewinnmaximale Ausbringungsmenge

Die für das Unternehmen bei diesem Marktpreis gewinnmaximale Ausbringungsmenge liegt dort, wo der Grenzerlös gleich den Grenzkosten ist, also im Schnittpunkt der Grenzerlös- und Grenzkostenkurve (Punkt A). Bei dieser Ausbringungsmenge ist die Differenz zwischen den Gesamtkosten (K) und den Gesamterlösen (E) auch am größten. Der Gewinn selbst errechnet sich einfach aus $(p^* \cdot x^*) - (k_g \cdot x^*)$ (schraffierte Fläche).

Bei jeder Ausbringungsmenge die kleiner als x^* ist, wäre eine Produktionsausweitung für das Unternehmen lohnend, weil der dabei erzielbare Grenzerlös in Höhe des Preises größer ist, als die dafür aufzuwendenden Grenzkosten. Das Unternehmen erzielte einen so genannten Grenzgewinn, der den Gesamtgewinn weiter erhöhen würde. Übersteigen demgegenüber die Grenzkosten den Grenzerlös, so lohnt sich diese weitere Produktionssteigerung nicht mehr.

Gewinnmaximierungsbedingung

Die Gewinnmaximierungsbedingung bei vollkommener Konkurrenz lautet also: GK = GE = p

Formal bestimmt sich die gewinnmaximale Menge wie folgt:

$$G(x) = E(x) - K(x) = p \cdot x - K(x) \qquad \text{und somit:}$$

$$dG/dx = p - dK/dx = 0 \quad \rightarrow \quad p = dK/dx$$

Um zur Angebotskurve zu kommen, braucht man nur noch zu klären, welche Ausbringungsmengen die Unternehmen bei alternativen Marktpreisen anbieten (siehe Abb. C.22).

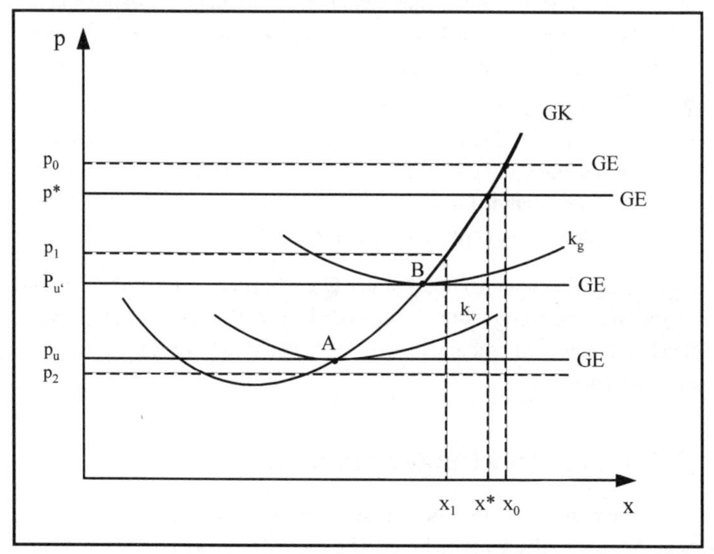

Abb. C.22. Bestimmung der individuellen Angebotskurve

Falls der Preis höher ist als p^* (z.B. p_0) ergibt sich weiterhin über dem Schnittpunkt der Grenzerlös- und Grenzkostenkurve die gewinnmaximale Ausbringungsmenge (x_0). Gleiches gilt, wenn der für das Unternehmen vorgegebene Marktpreis dieses Produktes niedriger ist als p^* beispielsweise p_1. In diesem Fall ergäbe sich eine gewinnmaximale Angebotsmenge in Höhe von x_1.

Allerdings kann der Preis nicht beliebig fallen. Ist der Preis genau so hoch wie die für die Produktion anfallenden gesamten Stückkosten (p_u'), dann arbeitet das Unternehmen kostendeckend. Zu diesem Preis kann sich das Unternehmen noch langfristig im Markt halten. Der Tangentialpunkt der Grenzerlöskurve mit der Gesamtstückkostenkurve (Punkt B) beschreibt daher die langfristige Preisuntergrenze bzw. das Betriebsoptimum.

Betriebsoptimum

Im Preisbereich p_u p_u' lohnt es sich für das Unternehmen seine Produktion kurzfristig aufrechtzuerhalten, da hier zumindest die variablen Stückkosten und die auch bei Produktionsstillstand anfallenden Fixkosten teilweise vergütet werden. Wie lange das Unternehmen in der Lage ist, eine derartige Marktsituation durchzustehen, hängt im Wesentlichen von seiner Finanzkraft ab, da es die nicht über den Markt erstatteten Fixkosten selbst finanzieren muss.

Wenn der Preis unter die durchschnittlichen variablen Kosten (k_v) fällt (z.B. auf p_2), ist es für das Unternehmen besser, die Produktion insgesamt einzustellen. In diesem Fall würden die Erlöse aus dem Verkauf der produzierten Einheiten nicht einmal die variablen Kosten decken. Mit jeder produzierten und verkauften Mengeneinheit vergrößerte sich der Verlust des Unternehmens.

Betriebsminimum

Wird das Unternehmen aufgelöst, verliert es nur seine Fixkosten, bei Fortsetzung der Produktion würde es jedoch noch mehr verlieren. Die Ausbringungsmenge beim Preis pu bezeichnet man als Betriebsminimum und den Schnittpunkt der Grenzerlöskurve mit der variablen Durchschnittskostenkurve als kurzfristige Preisuntergrenze.

Damit stellt der aufsteigende Ast der Grenzkostenkurve ausgehend von den minimalen Gesamtstückkosten die langfristige individuelle Angebotskurve eines Unternehmens dar. Jeder Punkt auf der Angebotskurve ist gewinnmaximal.

2.2.4 Die Marktangebotskurve

Das Gesamtangebot eines bestimmten Gutes am Markt ergibt sich aus dem Angebot aller Unternehmen, die dieses Produkt produzieren. Es ergibt sich somit als Summe der bei unterschiedlichen Preisen individuell von den Unternehmen angebotenen Mengen. Grafisch erhält man die Marktangebotskurve durch horizontale Aggregation der individuellen Angebotskurven.

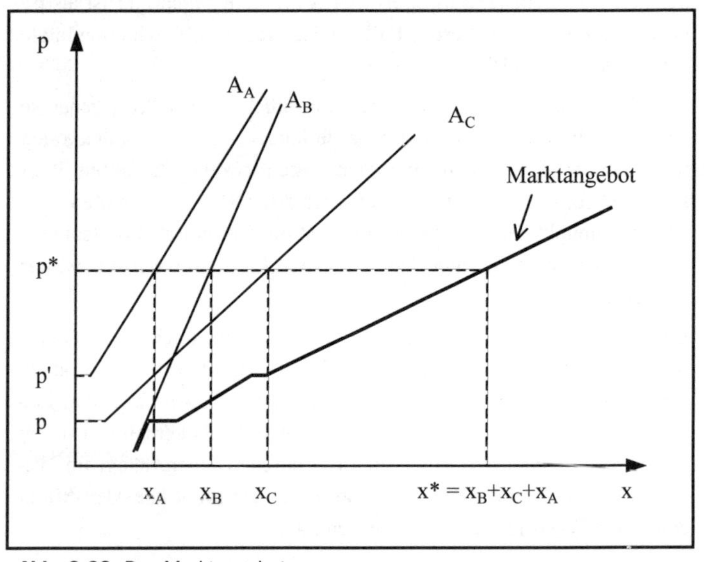

Abb. C.23. Das Marktangebot

Abb. C.23 zeigt drei individuelle Angebotskurven. Wie daraus deutlich wird, kommt es bei einem Marktpreis unterhalb von p nur zu einem Angebot des Unternehmens B, da die beiden anderen Unternehmen in diesem Fall nur mit Verlust produzieren würden. Wird hingegen am Markt ein Preis in Höhe von p' erreicht, so bieten alle drei Unternehmen an. Steigt der Marktpreis bis zu p* so bietet z.B. das Unternehmen A die Menge x_A an, das Unternehmen B die Menge x_B und das Unternehmen C die Menge x_C, sodass die insgesamt am Markt angebotene Menge x* beträgt. Bei beliebig vielen Anbietern lässt sich die kurzfristige Gesamtangebotskurve letztlich als eine kontinuierlich ansteigende Linie darstellen.

Langfristige Marktangebotskurve

Eine langfristige Marktangebotskurve verläuft jedoch waagerecht, weil bei vollständiger Konkurrenz ein Preis oberhalb der minimalen gesamten Durchschnittskosten nicht stabil ist. Die dadurch entstehenden Gewinne werden nämlich so lange neue Unternehmen zum Markteintritt bewegen, bis durch das zusätzliche Angebot der Preis soweit gefallen ist, bis alle Gewinne verschwunden sind und kein Anreiz mehr zum Markteintritt besteht.

Bei freiem Markteintritt und -austritt kommt es zur Angleichung des Preises an die minimalen Gesamtstückkosten und der Preis entspricht auch den Grenzkosten.

Gewinnloses langfristiges Gleichgewicht

Zum Verständnis dieser Situation, die auch als gewinnloses langfristiges Gleichgewicht charakterisiert wird (die Unternehmen machen keine Extraprofite), muss man sich nochmals bewusst machen, dass in die Gesamtkosten alle Opportunitätskosten des Unternehmens eingehen. Das bedeutet, die Gesamtkosten schließen in Form des kalkulatorischen Unternehmerlohns und der kalkulatorischen Zinsen sowohl die Opportunitätskosten der Arbeitszeit ein, die der Eigentümer des Unternehmens aufbringt, als auch die Opportunitätskosten des eingebrachten Kapitals der Unternehmer. Es entsteht also lediglich kein Extra-Profit.

In der nachfolgenden Abb. C.24 ist dargestellt, welche unterschiedlichen Wirkungen Nachfrageänderungen in kurzfristiger und langfristiger Sicht erzeugen und wie sich langfristig ein gewinnloses Gleichgewicht einstellt.

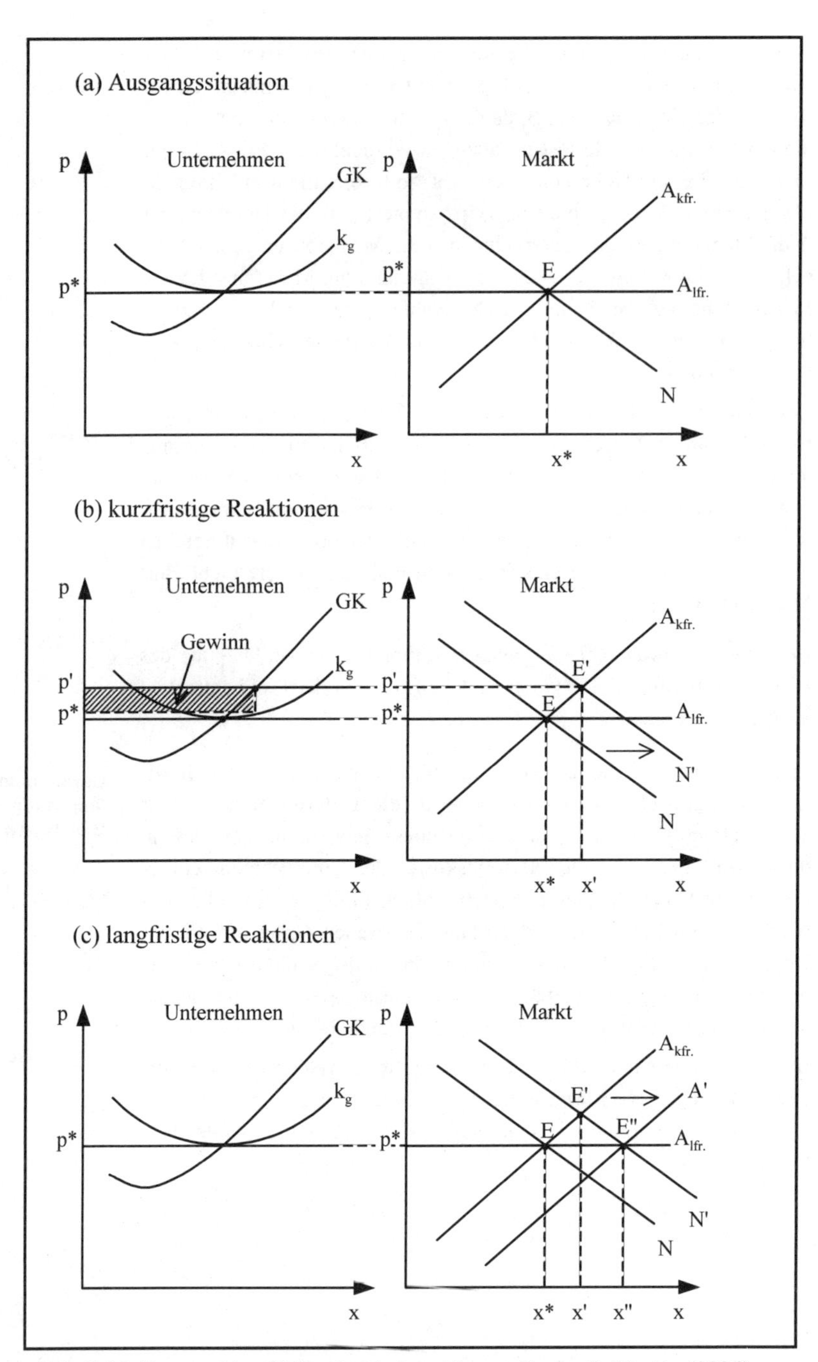

Abb. C.24. Kurz- und langfristige Angebotsreaktionen. Quelle: G. Mankiw (2004), Volkswirtschaftslehre, S. 330 f.

Teilabbildung (a) gibt die Ausgangssituation für ein einzelnes Unternehmen und für den Markt insgesamt wieder. Da der Markt anfangs in einem langfristigen Gleichgewicht ist (Punkt E), macht kein Unternehmen Gewinn, und der Preis beläuft sich auf das Minimum der durchschnittlichen Gesamtkosten.

In Teilabbildung (b) sind die kurzfristigen Auswirkungen eines Nachfrageanstiegs (von N auf N') dargestellt. Vorausgesetzt das Angebot verändert sich nicht, ergibt sich auf dem Markt das neue Gleichgewicht E' mit der nunmehr nachgefragten Menge x' zu einem Preis von p'. Der Preis, den die einzelnen Unternehmen am Markt erzielen, liegt über den durchschnittlichen Gesamtkosten. Sie machen Gewinne, was neue Anbieter auf den Markt lockt.

Die Markteintritte verschieben – wie in der Teilabbildung (c) dargestellt – die Marktangebotskurve von A nach A', womit im neuen langfristigen Gleichgewicht E'' der Preis wieder auf p* zurückkehrt. Die Gewinne sind wieder null, der Preis ist wieder im Minimum der durchschnittlichen Gesamtkosten und lediglich die nachgefragte und angebotene Menge hat sich auf x'' erhöht.

3. Monopolpreisbildung

Im Angebotsmonopol steht ein Anbieter allein der gesamten Nachfrage gegenüber. Dies ermöglicht dem Monopolisten, im Gegensatz zum Polypolisten, nicht nur seine Menge festzulegen, die er am Markt anbieten will, sondern auch den Preis. Liegt vollkommene Markttransparenz vor, informiert die Marktnachfragekurve den Monopolisten darüber, zu welchem Preis er wie viel absetzen kann. Sie wird daher auch als Preis-Absatz-Funktion (PAF) bezeichnet. Je größer die Menge ist, die abgesetzt werden soll, desto kleiner muss der Preis gewählt werden, und je niedriger der vom Monopolisten am Markt geforderte Preis, desto höher ist die Nachfrage. Erzielbarer Preis und absetzbare Menge determinieren sich wechselseitig.

Preis-Absatz-Funktion

Formal führt die Tatsache, dass der Monopolist über zwei Aktionsparameter verfügt dazu, dass bei der Gewinnermittlung die wechselseitige Abhängigkeit von Menge und Preis berücksichtigt werden muss:

$$G(x) = p(x) \cdot x - K(x)$$

Zur Bestimmung der gewinnmaximalen Menge muss die Gewinnfunktion maximiert werden; die erste Ableitung der Gewinnfunktion nach der Menge wird gleich null gesetzt:

$$dG/dx = dp/dx \cdot x + p(x) - dK/dx = 0 \quad \text{daraus folgt:}$$

$$dp/dx \cdot x + p(x) = dK/dx$$

Da dK/dx gleich den Grenzkosten entspricht und $dp/dx \cdot x + p(x)$ gleich dem Grenzerlös gilt:

Gewinnmaximierungsbedingung

Gewinnmaximierungsbedingung im Monopol: GK = GE

Im Gegensatz zur vollständigen Konkurrenz gilt hier nicht GE = p. Während im Fall der vollkommenen Konkurrenz der Preis nicht auf eine Mengenänderung eines Unternehmens reagiert und somit Preis und Grenzerlös identisch sind, ist dies beim Monopol der Fall. Hier führt eine Mengenänderung zu einer Preisänderung, die *alle* verkauften Einheiten betrifft, was bei einer Mengenerhöhung immer bedeutet, dass der GE < p ist. Der niedrigere Preis gilt ja nicht nur für den zusätzlichen Nachfrager, sondern wegen der vollkommenen Markttransparenz auch für alle anderen, die das Gut zu einem höheren Preis nachfragen würden.

Die gesamte Erlösänderung, die durch das Angebot einer zusätzlich produzierten Einheit verursacht wird (der Grenzerlös), setzt sich demnach aus der Erlössteigerung zusammen, weil eine zusätzliche Einheit verkauft wird (was in dem Term p(x) zum Ausdruck kommt), abzüglich der Erlösminderung (der Verluste), verursacht durch die mit der Mengenänderung verbundenen Preissenkung für alle verkauften Einheiten (was mit dem Term $dp/dx \cdot x$ erfasst wird).

Abb. C.25 bietet eine grafische Bestimmung der gewinnmaximalen Preis-Mengen-Kombination eines Monopolisten nach der Grenzbetrachtung. Die PAF hat darin ihren Ursprung auf der Ordinate in Höhe des so genannten Prohibitivpreises, dem Preis, zu dem die nachgefragte Menge gleich null ist. Der Schnittpunkt mit der Abszisse markiert die so genannte Sättigungsmenge.

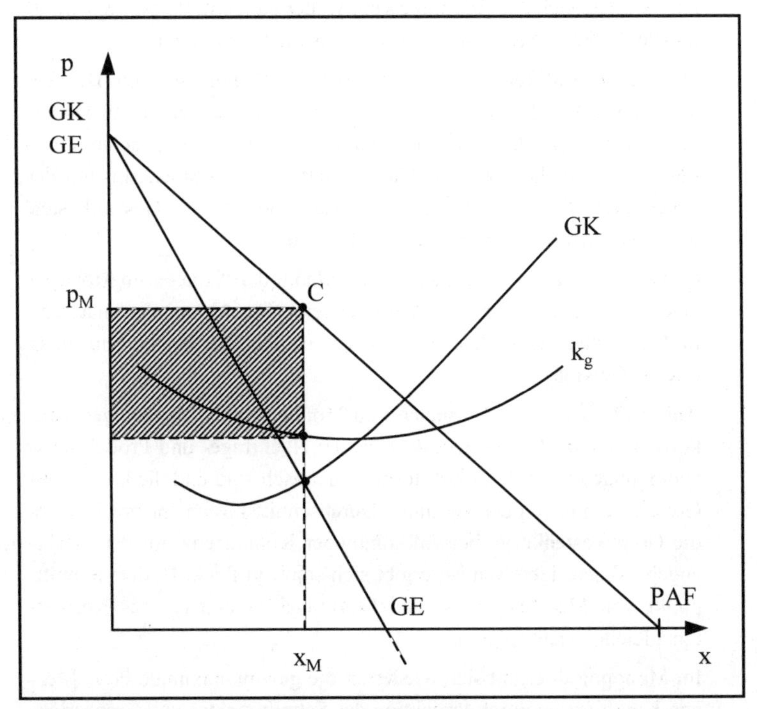

Abb. C.25. Gewinnmaximierung im Angebotsmonopol

Der Verlauf der Grenzkostenkurve (GK) basiert auf der ertragsgesetzlichen Produktionsfunktion. Die Grenzerlöskurve (GE) liegt unterhalb der PAF, weil der GE immer kleiner als der Preis ist. Bei einer linearen PAF entspricht die Steigung der GE-Kurve dem doppelten Steigungsmaß der PAF.

Für die lineare Preis-Absatz-Funktion $p = a - bx$ ergibt sich als Erlös:

$$E = p(x) \cdot x = (a - bx) \cdot x = ax - bx^2$$

und als Grenzerlös: $dE/dx = a - 2bx$

Lotet man vom Schnittpunkt der Grenzerlös- und Grenzkostenkurven nach unten, erhält man die gewinnmaximale Menge. Die vertikale Verbindung des Schnittpunktes mit der PAF führt zum so genannten Cournot'schen Punkt C (Cournot: 1801-1877) und dem gewinnmaximalen Preis.

Cournot'scher Punkt

Jede andere Angebotsmenge als x_M führt zu einem kleineren Gesamtgewinn. Würde z.B. über die Menge x_M hinaus angeboten, so wären bei jeder weiteren Verkaufseinheit die Grenzerlöse kleiner als die Grenzkosten, was unmittelbar mit einer Schmälerung des Gesamtgewinns einhergeht. Wird hingegen eine kleinere Menge als x_M angeboten, so ließe sich der Gesamtgewinn weiter steigern, da bis zum Cournot-Punkt die Grenzerlöse größer sind als die Grenzkosten.

Monopolgewinn

Das schraffierte Rechteck kennzeichnet den Monopolgewinn. Der Abstand zwischen dem Cournot'schen Punkt und den gesamten Durchschnittskosten ist der Stückerlös, den der Monopolist über seine Stückkosten hinausgehend erzielt. Multipliziert man den Stückerlös mit der abgesetzten Menge ergibt sich der Gesamterlös, der die Gesamtkosten übersteigt und den Monopolgewinn darstellt.

Im Gegensatz zum Mengenanpasser verlangt der Anbieter im Monopol einen Preis, der die Grenzkosten übersteigt. Der Monopolist macht so im Unterschied zum Gleichgewicht bei vollständiger Konkurrenz einen (Extra-)Gewinn.

Vergleich von Monopol und vollständiger Konkurrenz

Abb. C.26 dient dem Vergleich von Monopol und vollständiger Konkurrenz. Hierbei ist unterstellt, dass die Nachfrage- und Produktionsbedingungen in beiden Marktformen identisch sind und die konstanten Grenzkosten gleich den gesamten Durchschnittskosten entsprechen. Da die Grenzkostenkurve bei vollkommener Konkurrenz mit der Marktangebotskurve identisch ist, ergibt sich somit in Punkt B, dem Schnittpunkt von Marktangebots- und Marktnachfragekurve, das Konkurrenzgleichgewicht (p_K,x_K).

Im Monopolfall ergibt sich wiederum die gewinnmaximale Preis-Mengen-Kombination durch Projektion des Schnittpunktes von Grenzerlös- und Grenzkostenkurve auf die Nachfragekurve (Punkt C). Der Monopolist würde dann also zum Preis p_M die Menge x_M absetzen.

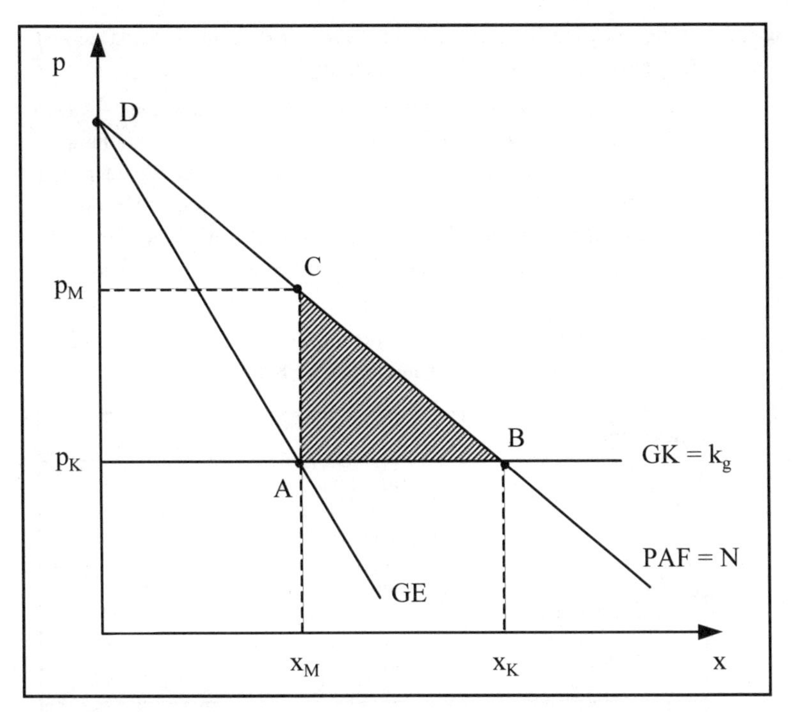

Abb. C.26. Monopol und Wohlfahrt

Damit wird deutlich, dass die Versorgungslage für die Nachfrager im Falle des Monopols ungünstiger ist als bei vollkommener Konkurrenz. Die Polypolisten würden bei gleichen Kosten- und Nachfragekurven eine größere Menge ($x_K - x_M$) zu einem niedrigeren Preis ($p_M - p_K$) auf den Markt bringen als der Monopolist.

Zudem geht der Übergang von der vollkommenen Konkurrenz zum Monopol mit einer Umverteilung der Renten einher. Während im ersten Fall die Konsumentenrente der Fläche p_KBD entspricht, reduziert sich diese im Falle der Monopollösung auf die Fläche p_MCD. Ein Teil der Konsumentenrente geht dabei als Monopolgewinn (p_KACp_M) an den Monopolisten über. Der restliche Teil (ABC) geht durch die Monopolisierung verloren. Damit führt das Monopol eindeutig zu einem Wohlfahrtsverlust. Alle Outputmengen zwischen x_M und x_K verursachen Grenzkosten, die unterhalb der Zahlungsbereitschaft der Haushalte liegen, weshalb es offenbar wohlfahrtssteigernd wäre, wenn diese Einheiten produziert werden würde.

Umverteilung der Renten

Wohlfahrtsverlust

Natürlich könnte es für einen monopolistischen Anbieter auch reizvoll sein, weitere Teile der Konsumentenrente abzuschöpfen und damit seinen Gewinn zu steigern. Voraussetzung hierfür ist allerdings, dass

Preisdifferenzierung

es ihm möglich ist, verschiedene Preise für dasselbe Produkt zu nehmen, also Preisdifferenzierung zu betreiben.

Eine derartige Angebotsstrategie hängt davon ab, inwieweit es dem Monopolisten gelingt, den Gesamtmarkt entsprechend der Zahlungsbereitschaft der Nachfrager in einzelne Teilmärkte zu untergliedern und möglicherweise dadurch ausgelöste Arbitragegeschäfte zu verhindern. Bei Arbitragegeschäften wird das Gut zu einem niedrigen Preis auf einem Markt eingekauft und auf einem anderen Markt zu einem höheren Preis wieder verkauft.

Eine Aufspaltung des Gesamtmarktes und eine damit einhergehende Preisdifferenzierung kann anhand folgender Kriterien erfolgen:

Kriterien	
räumliche Preisdifferenzierung	Das Gut wird an verschiedenen Orten zu unterschiedlichen Preisen angeboten (z. B. Inland – Ausland)
zeitliche Preisdifferenzierung	Die Güter werden in Abhängigkeit vom Zeitpunkt der Nachfrage zu unterschiedlichen Preisen angeboten (z. B. tagsüber – nachts)
persönliche Preisdifferenzierung	Der Preis des Gutes ist abhängig von der Person des Nachfragers (z. B. Schüler – Erwachsener)
sachliche Preisdifferenzierung	Die Güter werden in unterschiedlichen Ausführungen zu verschiedenen Preisen angeboten (z. B. Standardausführung – Luxusausführung)

Abb. C.27. Kriterien der Preisdifferenzierung. Quelle: in Anlehnung an Boller (2002), Volkswirtschaftslehre, S. 205

Im Extremfall könnte ein Monopolist für jede zusätzlich angebotene Einheit eines Gutes einen individuellen Preis verlangen (vollständige Preisdifferenzierung). Auf diese Weise würde er von jedem Nachfrager genau den Preis erhalten, der dessen individueller Wertschätzung und Zahlungsbereitschaft entspricht. Wie die nachfolgende Abb. C.28 deutlich macht, würde der Monopolist dabei nicht nur die gesamte Konsumentenrente abschöpfen, sondern durch sein Vorgehen auch noch die gesamtwirtschaftliche Wohlfahrt steigern.

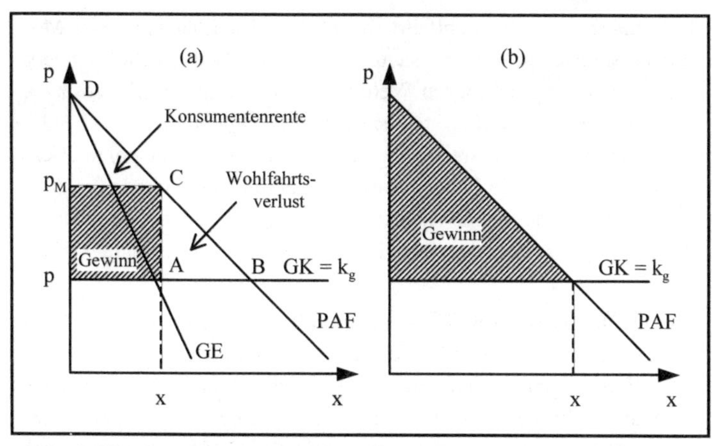

Abb. C.28. Monopolistische Preisdifferenzierung und Wohlfahrt.
Quelle: G. Mankiw (2004), Volkswirtschaftslehre, S. 363

Ohne Preisdifferenzierung (Teilabbildung a) setzt der Monopolist einen Einheitspreis (p_M) oberhalb der Grenzkosten fest. Weil einige potenzielle Kunden, die das Gut höher als mit den Grenzkosten bewerten, das Gut am Ende nicht kaufen können, verursacht der einheitliche Monopolpreis einen Nettowohlfahrtsverlust (ABC). Die Gesamtrente entspricht der Summe aus Produzentenrente (Monopolgewinn) und Konsumentenrente (p_MCD), also (pACD). Bei vollständiger Preisdifferenzierung (Teilabbildung b) ist die Konsumentenrente null, und die Gesamtrente entspricht dem Unternehmensgewinn.

Preisdifferenzierung steigert die gesamtwirtschaftliche Wohlfahrt. Dies zeigt sich allerdings eher in einer Erhöhung der Produzentenrente. Damit ist Preisdifferenzierung eine rationale Strategie für einen gewinnmaximierenden Monopolisten. Allerdings setzt die eine vorgegebene oder eine machbare Marktspaltung der Käufer nach ihrer Zahlungsbereitschaft voraus.

In welchem Umfang ein Monopolist letztlich seine Marktmacht, die aus seiner Position als einziger Anbieter eines Gutes resultiert, ausnutzen kann, hängt im Wesentlichen von den Marktein- und Marktaustrittsbarrieren ab. Sind diese niedrig, ist der Preissetzungsspielraum eines Monopolisten begrenzt, da es potenziellen Konkurrenten möglich ist, ohne großen Kostenaufwand als weiter Anbieter mit niedrigeren Preisen auf dem Markt aufzutreten.

Potenzielle Konkurrenz

Entscheidend für die wohlfahrtstheoretische Einschätzung eines Monopols ist daher nicht die Existenz eines Monopols als solches, sondern die Einschätzung möglichen Wettbewerbs durch potenzielle zusätzliche Anbieter, d.h. der Markteintrittsbarrieren. Allein die mögliche Gefahr potenzieller Mitbewerber dürfte das bestehende Monopol in effektiver Weise in seiner Preisgestaltung disziplinieren. Gerade die Aufrechterhaltung der Offenheit der Märkte ist deswegen eine zentrale Zielsetzung der Wettbewerbspolitik (siehe Kap. »Angewandte Mikroökonomie«).

Zur Wettbewerbs- bzw. Wirtschaftspolitik gehört aber auch die Tolerierung bzw. Schaffung von zeitlich begrenzten Monopolsituationen (z.B. durch Patente) und damit verbundenen Monopolgewinnen für innovative Unternehmen. Erst die Aussicht auf diese Gewinne reizt Unternehmen dazu an, in Forschung und Entwicklung zu investieren und Innovationen durchzusetzen. Irgendwann soll es dann aber möglich sein, dass zusätzliche Wettbewerber als Nachahmer in den Markt eintreten, es zu einem Aufholprozess kommt und dadurch die Monopolgewinne wieder abgeschmolzen werden.

4. Monopolistische Konkurrenz und Oligopol

Die Marktform der monopolistischen Konkurrenz ist wie folgt charakterisiert:

Monopolistische Konkurrenz

- Es gibt viele Anbieter, die mit ihrem Angebot um viele Nachfrager konkurrieren.

Viele Anbieter

- Die Unternehmen bieten ein ähnliches (unterscheidbares) aber kein gleiches Produkt an. Durch Abgrenzung des eigenen Produkts gegenüber demjenigen der Konkurrenz, z.B. durch Markenbildung, durch den Aufbau eines speziellen Images oder durch Farb- und Formgestaltung, betreiben sie bewusst Produktdifferenzierung.

Produktdifferenzierung

- Der freie Marktzugang ermöglicht es den Unternehmen ohne Beschränkungen in den Markt ein- und auszutreten. Die Anbieterzahl im Markt passt sich so lange an, bis die Gewinne auf null getrieben werden.

Freier Marktzutritt

Im Vergleich zur vollkommenen Konkurrenz wird demnach die Annahme homogener Güter bzw. die Annahme fehlender Präferenzen auf der Seite der Nachfrager aufgegeben. Durch die Produktdifferenzierung unterscheiden die Nachfrager ein ansonsten gleichartiges Gut (z.B. Tennisball, Waschmittel oder Auto) nach Vorlieben. Beibehalten wird allerdings die Annahme vieler kleinerer Anbieter. Aufgrund der individuellen Präferenzen kann sich so jeder Anbieter in einer begrenzten Preisspanne wie ein Monopolist verhalten und einen höheren Preis als den Marktpreis durchsetzen, an dem er sich bei vollkommener Konkurrenz orientieren müsste.

Begrenzt wird der Preissetzungsspielraum der Anbieter dabei durch die weiterhin bestehende grundsätzliche Substituierbarkeit des Gutes anderer Anbieter sowie durch die Möglichkeit des Markteintritts neuer Unternehmen, wenn hohe Extragewinne, die über die kalkulatorische Verzinsung und den kalkulatorischen Unternehmerlohn hinausgehen, locken.

Im Gegensatz zur vollkommenen Konkurrenz verläuft die Nachfragekurve der einzelnen Anbieter bei monopolistischer Konkurrenzsituation demnach nicht horizontal, also unendlich elastisch. Vielmehr stehen diese Anbieter, wie ein Monopol, zumindest teilweise einer fallenden Nachfragekurve gegenüber.

Unbegrenzter monopolistischer Preissetzungsspielraum

In Abb. C.29 ist unterstellt, dass der monopolistische Preissetzungsspielraum so groß ist, dass sich der Anbieter einer Preis-Absatz-Funktion bzw. Nachfragekurve gegenüber sieht, wie es für einen Monopolisten typisch ist, der Preissetzungsspielraum also den gesamten Bereich der Preis-Absatz-Funktion des Anbieters umfasst.

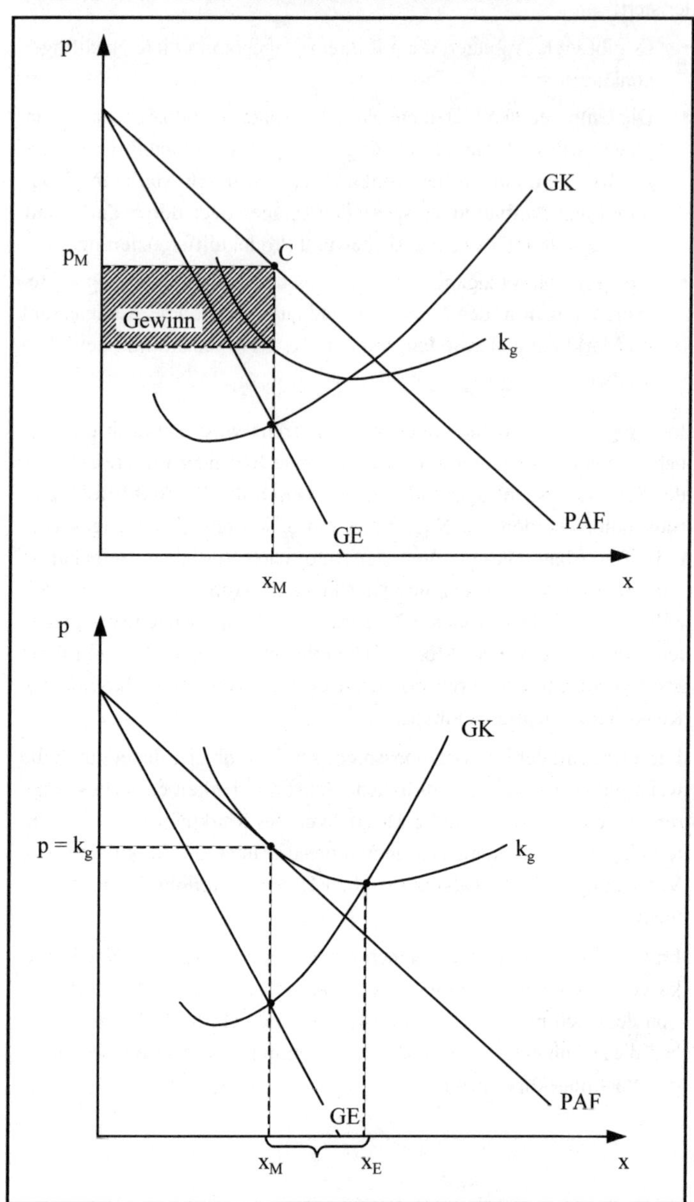

Abb. C. 29. Monopolistische Konkurrenz

Das individuelle Marktgleichgewicht bestimmt sich dann für diesen Anbieter kurzfristig wie im Falle des Monopols. Die gewinnmaximale Preis-Mengen-Kombination ist dort erreicht, wo die Grenzerlöse gleich den Grenzkosten entsprechen. Langfristig wird diese Marktsituation aber nicht stabil sein. Aufgrund der Extragewinne – der Preis des Anbieters liegt oberhalb der Stückkosten – werden neue Anbieter auf den Markt drängen. Dies führt wiederum dazu, dass die gesamte Nachfrage auf mehr Anbieter verteilt wird und für den einzelnen Anbieter sich die Nachfragekurve nach links verschiebt.

Der Markteintritt neuer Anbieter hält so lange an, bis die Nachfragekurve aller Anbieter soweit nach links verschoben ist, bis der Preis gleich den Durchschnittskosten entspricht, die Extragewinne also auf Null abgebaut sind.

Grafisch betrachtet ist das Gleichgewicht also dann erreicht, wenn die Nachfragekurve jedes Unternehmens seine Durchschnittskostenkurve bei dem Outputniveau tangiert, bei dem die Grenzkosten gleich den Grenzerlösen entsprechen. Ebenso wie bei vollkommener Konkurrenz ist auch das langfristige Gleichgewicht der monopolistischen Konkurrenz ein gewinnloser Zustand. Aufgrund der besonderen Produkteigenschaft ist aber auch hier, wie im Monopol, der Preis größer als die Grenzkosten.

Beachtenswert ist zudem, dass die einzelnen Unternehmen hier, im Gegensatz zum langfristigen Gleichgewicht bei vollkommener Konkurrenz, nicht im Minimum ihrer langfristigen Durchschnittskosten operieren. Sie haben so genannte Überschusskapazitäten (x_E-x_M) und könnte durch eine Ausweitung seiner Produktion die Durchschnittskosten weiter senken. Jedoch wäre dies für das Unternehmen nicht lohnenswert, da die Grenzerlöse niedriger wären als die Grenzkosten.

Überschusskapazitäten

In Abb. C.30 ist unterstellt, dass der monopolistische Preisspielraum sich nicht über die gesamte Preis-Absatz-Funktion erstreckt, sondern nur einen eingeschränkten Bereich umfasst. Grafisch betrachtet ergibt sich daraus eine doppelt geknickte Preis-Absatz-Funktion mit unterschiedlicher Preiselastizität. Während innerhalb des Preisbereiches p_1–p_2 aufgrund der Produktdifferenzierungsstrategie des Unternehmens Preisänderungen nur zu geringen Absatzänderungen führen, gelten außerhalb dieser Preisspanne nahezu die »Spielregeln« der vollkommenen Konkurrenz. Beispielsweise würde ein Unternehmen, bei dem Versuch, den Preis über p_1 hinaus zu erhöhen, fast alle Nachfrager verlieren. Dagegen kann es zu einem Preis unterhalb von p_2 die gesamte von ihm angebotene Menge absetzen. Der tatsächliche Preis, den es fordert, und die Menge, die es anbietet, hängt natürlich auch vom Verlauf der Kosten ab.

Begrenzter monopolistischer Preissetzungsspielraum

Doppel geknickte Preis-Absatz-Funktion

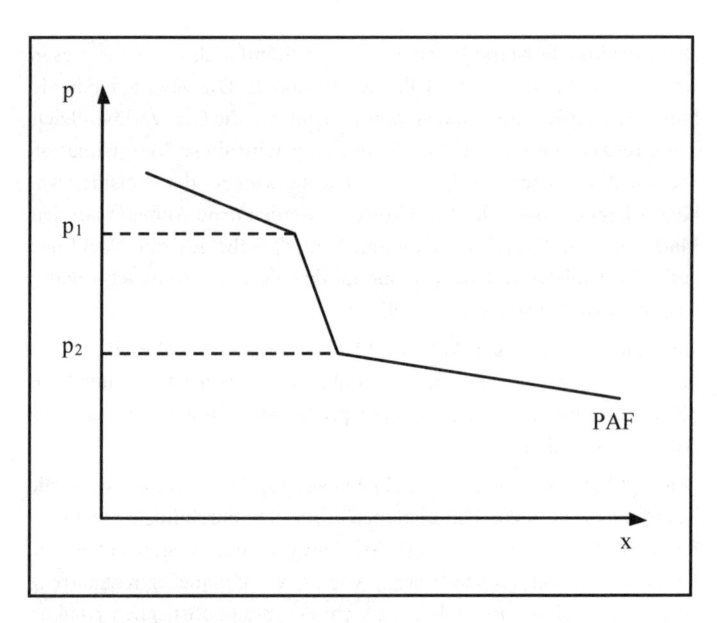

Abb. C.30. Doppelt-geknickte Preis-Absatz-Funktion

Oligopol

Gibt es auf einem Markt nur wenige, relativ große Anbieter und viele Nachfrager, so spricht man von einem Oligopol. Dabei handelt es sich um eine Marktform, die in der Realität vielfach zu beobachten ist (z.B. Autoreifen). Aufgrund seines großen Marktanteils besitzt der Oligopolist – im Gegensatz zum Polypolisten – die Möglichkeit, den Preis seines Gutes zu bestimmen.

Gegenseitige Abhängigkeit

Im Gegensatz zu einem Monopolisten oder einem Unternehmen, das unter den Bedingungen der vollkommenen Konkurrenz agiert, muss der Oligopolist allerdings – neben dem Verhalten der Nachfrager – auch mögliche Reaktionen der anderen Oligopolisten berücksichtigen. Ebenso wirken natürlich die Aktionen der Mitkonkurrenten auf die wirtschaftliche Situation eines Oligopolisten ein. Die Unternehmen befinden sich deshalb in einer Situation gegenseitiger Abhängigkeit.

Dies kann die Betroffenen dazu verleiten, die Konkurrenten durch gezielte vorübergehende Preissenkungen aus dem Markt zu drängen. Sofern dies gelingt, geht das Oligopol in ein Monopol über. Um das Risiko eines Preiskrieges zu vermeiden, sind die Oligopolisten aber auch häufig dazu geneigt, z.B. durch Bildung von Kartellen ihr Verhalten untereinander abzusprechen oder die Preisführerschaft eines dominierenden Unternehmens anzuerkennen.

Es dürfte einleuchtend sein, dass je nachdem, welche Reaktionshypothese man für die Mitkonkurrenten annimmt, sich unterschiedliche gewinnmaximale Lösungen ergeben. Um die gewinnmaximalen Strategien bei wechselseitiger Abhängigkeit in geeigneter Weise darzustellen, bedient man sich in der theoretischen Analyse der in der zweiten Hälfte des letzten Jahrhunderts entwickelten Spieltheorie, auf deren Ausführung hier jedoch verzichtet werden soll.

5. Marktpreisbildung auf dem Arbeitsmarkt

Die Marktpreise für Produktionsfaktoren wie Arbeit, Kapital und natürliche Ressourcen bilden sich im freien Spiel der Marktkräfte wie die Güterpreise. Im Folgenden wird beispielhaft der Arbeitsmarkt analysiert, dem in der alltäglichen Diskussion eine besondere Bedeutung zukommt. Auf dem Arbeitsmarkt bestimmt sich der Lohn als Preis für den Produktionsfaktor Arbeit. Dabei wird unterstellt, dass die Unternehmen sowohl auf dem Arbeitsmarkt als auch auf dem Gütermarkt in vollständiger Konkurrenz stehen, also keinen Einfluss auf den Faktorpreis und die Güterpreise haben. Des Weiteren wird angenommen, dass die Unternehmen das Ziel der Gewinnmaximierung verfolgen.

5.1 Das Arbeitsangebot

Arbeitsangebot der Haushalte

Auf dem Arbeitsmarkt sind die privaten Haushalte die Anbieter und die Unternehmer die Nachfrager. Grundsätzlich steht hinter der Arbeitsangebotskurve der Haushalte das Kalkül, wie viel Zeit sie von ihrem Zeitbudget der Arbeit oder der Freizeit widmen wollen. Da Arbeit in der Regel entlohnt wird, ist die Entscheidung für (mehr) Freizeit immer mit Opportunitätskosten, dem Verlust an Einkommen verbunden, welches wiederum von der Höhe des Lohnsatzes abhängt. Die Arbeitsangebotskurve zeigt mithin, wie die Haushalte auf eine Veränderung des Lohnsatzes bezüglich der Aufteilung ihres Zeitbudgets auf Arbeit und Freizeit reagieren.

Intuitiv ist klar, dass ein Haushalt bzw. ein Individuum umso mehr zu arbeiten bereit ist, je mehr Lohn es für eine Arbeitsstunde bekommt. Dies liegt zum einen daran, dass mit steigendem Lohnsatz die Opportunitätskosten für Freizeit steigen. Zum anderen gilt aber auch für den Arbeitseinsatz das Gesetz der zunehmenden Grenzkosten im Sinne von zunehmendem »Arbeitsleid«, das entsprechend höher entlohnt werden will.

In Abb. C.31 ist auf der Ordinate das Einkommen (Y) abgetragen und auf der Abszisse die Zeit, die dem Haushalt nach Abzug der Schlafenszeit noch zur freien Verfügung bleibt. Die Arbeitszeit wird dabei von Z aus nach links abgetragen. Dies bedeutet, dass sein Arbeitsangebot umso höher ist, je weiter wir uns von Z entfernen und je mehr wir uns dem Punkt 0 nähern. Die Zeitbudgetgerade (ZB) gibt alle Kombinationen von Einkommen und Freizeit wieder, zwischen denen der Haushalt bei einem vom Markt vorgegebenen Lohnsatz wählen kann. In Punkt Z ist das Arbeitseinkommen des Haushalts gleich Null, weil er seine gesamte Zeit für Freizeitaktivitäten verwendet. In Punkt B ist bei gegebenem Lohnsatz das Arbeitseinkommen maximal und die Freizeit gleich Null.

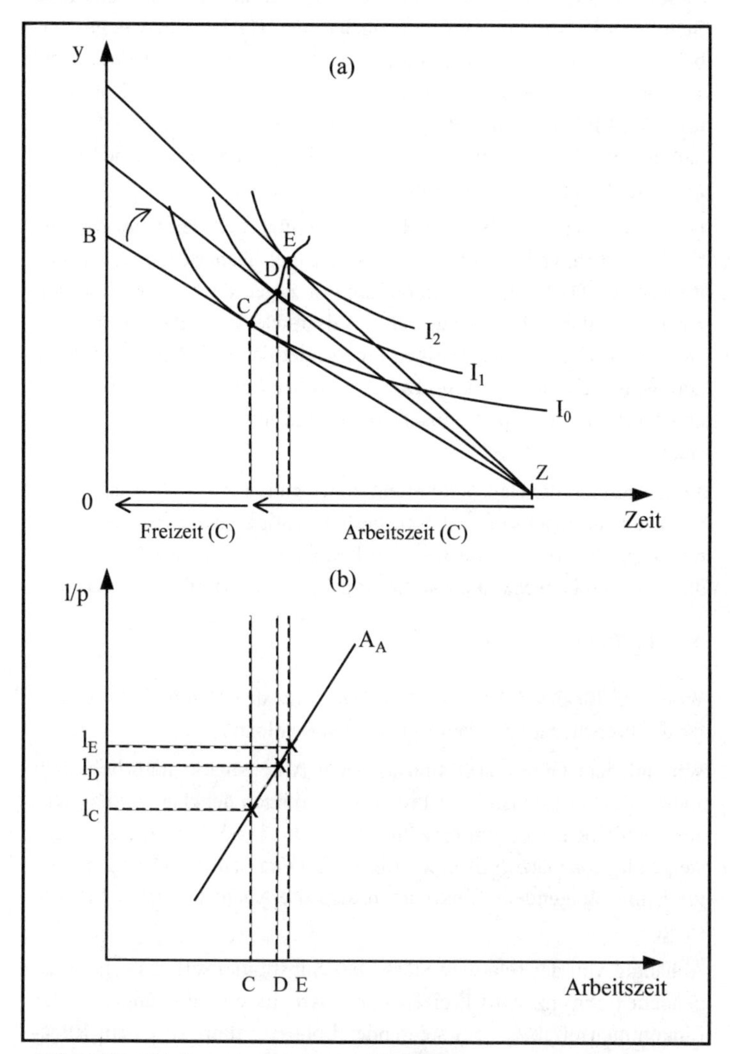

Abb. C.31. Ableitung der Arbeitsangebotskurve

Um herauszufinden, welcher der möglichen Einkommens-Freizeit-Kombinationen für den Haushalt bei gegebenem Lohnsatz nutzenmaximal ist, bedarf es wie bei der Wahl zwischen zwei Gütern der Definition einer Nutzenfunktion und der Abbildung von Indifferenzkurven mit unterschiedlichem Nutzenniveau (siehe Abschn. 2). Grafisch betrachtet ist bei gegebenem Zeitbudget und Lohnsatz die nutzenmaxi-

Nutzenmaximale Einkommens-Freizeit-Kombination

male Einkommens-Freizeit-Kombination dort erreicht, wo die höchstmögliche Indifferenzkurve die Zeitbudgetlinie tangiert. Dies entspricht in der Teilabbildung a dem Punkt C.

Steigt nun der Lohnsatz, dreht sich die Zeitbudgetgerade aus dem Schnittpunkt mit der Ordinate nach oben, da bei gegebenem Arbeitseinsatz nun mehr Einkommen erzielt werden kann. Damit ändert sich aber auch die nutzenmaximale Freizeit-Einkommens-Kombination. Die Linie zwischen Punkt C und E gibt sämtliche dieser Kombinationen wieder, die bei gegebenem Zeitbudget und unterschiedlichen Lohnsätzen nutzenmaximal sind.

Der Zusammenhang zwischen Lohnsatz und Arbeitszeit bzw. Arbeitsangebot ist in Teilabbildung b eingezeichnet. Dabei entsprechen den Punkten C, D und E in Teilabbildung a zugeordneten Arbeitszeiten jenen in Teilabbildung b auf der Abszisse wiedergegebenen. Auf der Ordinate sind die dazugehörigen unterschiedlichen Lohnsätze abgetragen, wobei gilt: $l_C < l_D < l_E$. Damit wird deutlich, dass das Arbeitsangebot mit steigendem Lohnsatz steigt und mit sinkendem Lohnsatz sinkt.

Vorausgesetzt, die Haushalte orientieren sich bei ihrem Arbeitsangebot nicht nur am Lohnsatz, sondern berücksichtigen auch die Inflationsrate, hängt das Arbeitsangebot vom Reallohn (= Nominallohn dividiert durch das Preisniveau) ab. Für die Angebotsfunktion gilt dann formal:

$$A^A = f(l/P)$$

Wobei A^A für das Arbeitsangebot steht, l für den Nominallohn und P für das Preisniveau und damit l/P für den Reallohn.

Wie auf dem Gütermarkt sind auf dem Arbeitsmarkt natürlich auch andere Reaktionsmuster auf Preisveränderungen denkbar. So ist nicht auszuschließen, dass ein einzelnes Individuum oder ein Haushalt auf steigende Lohnsätze mit einer Einschränkung seiner Arbeitszeit reagiert, mit steigendem Einkommen also die Nachfrage nach Freizeit steigt.

Substitutionseffekt versus Einkommenseffekt

Abhängig von der relativen Stärke des Substitutionseffekts – bei steigendem Lohnsatz wird Freizeit durch Arbeitszeit substituiert – oder Einkommenseffekts – ein steigender Lohnsatz führt zu einem Rückgang des Arbeitsangebots – ergibt sich somit ein unterschiedlicher Verlauf der Arbeitsangebotskurve. Welcher der beiden Effekte letztlich auf dem Arbeitsmarkt überwiegt, lässt sich theoretisch nicht eindeutig bestimmen und dürfte im Wesentlichen von der gesamtwirtschaftlichen Arbeitsmarktsituation und den sozialen Rahmenbedingungen abhängen. Gerade bei der Diskussion um die Auswirkungen von Änderungen der Lohn- und Einkommensteuer auf das Arbeitsangebot spielt die Einschätzung dieser beiden Effekte eine zentrale Rolle.

Eine Verschiebung der Arbeitsangebotskurve wird grundsätzlich durch Veränderungen jener Größen ausgelöst, die nicht in der reallohnabhängigen Angebotskurve berücksichtigt sind, also in die c.p.-Bedingungen »verbannt« sind. Hierzu gehören z.B. Änderungen in den Präferenzen des Angebotsverhaltens (mehr Frauen- oder Teilzeitarbeit) oder die Zunahme von Einwanderungen.

Verschiebung der Arbeitsangebotskurve

5.2 Die Arbeitsnachfrage

Was die Nachfrage der Unternehmen nach Arbeit betrifft, ist davon auszugehen, dass diese im Normalfall mit steigendem Preis, also dem Lohnsatz, sinkt. Der fallende Verlauf der Arbeitsnachfragekurve ist – in Analogie zur Nachfrage auf dem Gütermarkt – auf das Gesetz des abnehmenden Grenzertrags bzw. Grenznutzens zurückzuführen (siehe oben, Abschnitt 2) und weshalb er auch identisch ist mit dem Verlauf der Grenzertragskurve (siehe Abb. C.32).

Arbeitsnachfrage der Unternehmen

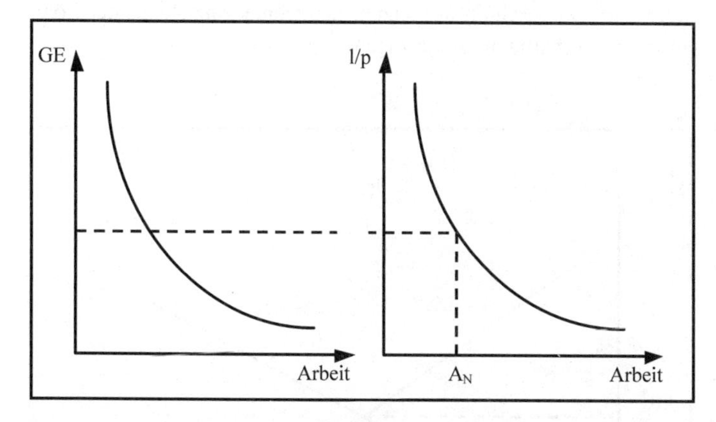

Abb. C.32. Grenzertragskurve und Arbeitsnachfrage

Ein gewinnmaximierender Unternehmer fragt nämlich zusätzliche Arbeitskräfte nur solange nach, bis der damit geschaffene zusätzliche Output (der Grenzertrag) bewertet mit dem Preis, das so genannte Wertgrenzprodukt, größer ist als der Lohnsatz. Ist dies der Fall, kann er, vorausgesetzt, die zusätzliche Produktion kann auch abgesetzt werden, seinen Gewinn noch steigern. Entspricht das Wertgrenzprodukt dem vom Markt vorgegebenen Lohnsatz (bzw. das Grenzprodukt gleich dem Reallohn), hat der Unternehmer seine optimale Arbeitsnachfrage erreicht.

Wertgrenzprodukt

Ein gewinnmaximierender Unternehmer dehnt den Einsatz des Produktionsfaktors Arbeit also so lange aus, bis

$GP_A \cdot p = l \quad$ bzw. $\quad GP_A = l/p$

entspricht. Wobei das Produkt aus dem Grenzprodukt der Arbeit (GP_A) und dem Preis des Gutes (p) gleich dem Wertgrenzprodukt ist und l den Lohnsatz und l/p den Reallohn angibt.

Eine Nachfrage nach Arbeit über den Punkt A_N hinaus, erfolgt nur bei sinkendem Lohn, da mit der Einstellung weiterer Arbeitskräfte c.p. auch der Grenzertrag sinkt. Umgekehrt wird, wie in der Abbildung verdeutlicht, mit steigendem Lohnsatz die Arbeitsnachfrage des Unternehmens sinken, da ein höheres Grenzprodukt der Arbeit c.p. nur bei einer geringeren Arbeitsmenge erreicht werden kann.

Verschiebung der Arbeitsnachfragekurve

Wie bei der Arbeitsangebotskurve wird auch eine Verschiebung der Arbeitsnachfragekurve durch Veränderungen exogener Größen ausgelöst. Beispielsweise verschiebt sich die Nachfragekurve nach rechts, wenn im Zuge des technischen Fortschritts oder durch erhöhten Kapitaleinsatz die Grenzproduktivität der Arbeit steigt. Dies erklärt auch, warum im Durchschnitt der letzten Jahrzehnte trotz steigender Löhne auch die Beschäftigung stetig zugenommen hat.

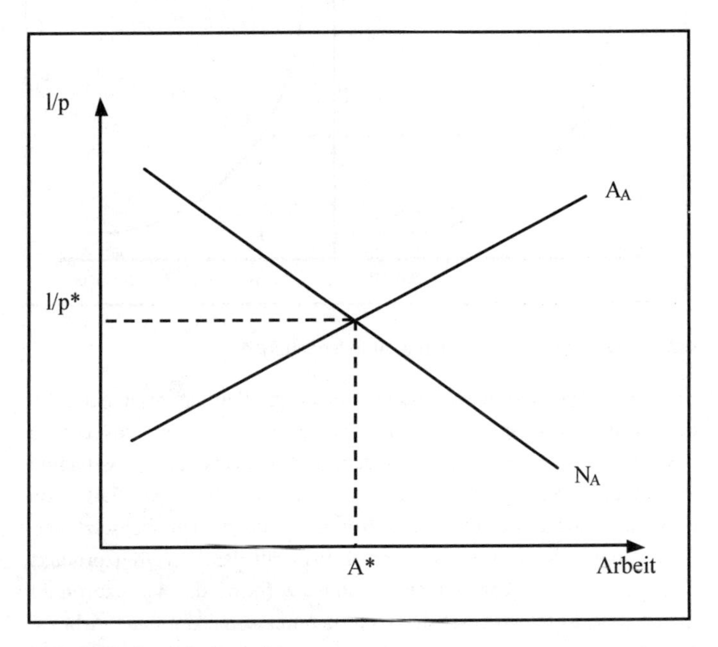

Abb. C.33. Der Arbeitsmarkt

Die letzte Abbildung C.33 zeigt den Arbeitsmarkt. Im Schnittpunkt der Angebots- und Nachfragekurve, beim Gleichgewichtslohnsatz l/p*, stimmen die angebotene und nachgefragte Arbeitsmenge überein. Vorausgesetzt, auf dem Arbeitsmarkt herrschen keinerlei Einschränkungen wie z.B. Mindestlöhne, muss jede Arbeitslosigkeit die auf dem Arbeitsmarkt beim Gleichgewichtslohn zu beobachten ist, freiwillige Arbeitslosigkeit sein. Offensichtlich ist ein Teil der potenziellen Arbeitskräfte dann nicht bereit, zu diesem Gleichgewichtslohn ihre Arbeit anzubieten. Auf die verschiedenen Gründe für unfreiwillige Arbeitslosigkeit wird in Kap. »Makroökonomie – Ziele der Wirtschaftspolitik« eingegangen.

6. Wiederholungsfragen

- ❍ 1. Welche Voraussetzungen müssen für die Marktform der »vollkommenen Konkurrenz« gegeben sein? Lösung S. 58
- ❍ 2. Was versteht man unter dem Einkommens- und dem Substitutionseffekt? Lösung S. 59
- ❍ 3. Welche Größen bestimmen im Wesentlichen die Nachfrage eines Haushaltes nach einem bestimmten Gut? Lösung S. 60
- ❍ 4. Wann kommt es zu einer Verschiebung der Nachfragekurve nach rechts und wann zu einer Bewegung auf der Nachfragekurve? Lösung S. 60
- ❍ 5. Welche Größen bestimmen im Wesentlichen das Angebot eines Unternehmens für ein bestimmtes Gut? Lösung S. 64
- ❍ 6. Unter welcher Voraussetzung führt eine Preissenkung zu einer Reduzierung des Umsatzes eines Unternehmens? Lösung S. 67
- ❍ 7. Welches Vorzeichen hat die Kreuzpreiselastizität bei Substitutionsgütern und was bedeutet ein hoher absoluter Wert bei der Kreuzpreiselastizität? Lösung S. 69
- ❍ 8. Wie lässt sich der Prozess erläutern, der ein Ungleichgewicht auf einem Markt tendenziell wieder in ein Gleichgewicht überführt? Lösung S. 70
- ❍ 9. Sind mit dem Erreichen des Marktgleichgewichts alle Marktteilnehmer zufrieden gestellt? Lösung S. 75
- ❍ 10. Wie lässt sich erläutern, dass das Marktgleichgewicht bei Abwesenheit von externen Effekten stets wohlfahrtsmaximal ist? Lösung S. 76
- ❍ 11. Was besagt das 1. und 2. Gossensche Gesetz? Lösung S. 77, 83
- ❍ 12. Welche Information beinhaltet die Preis-Konsum-Kurve und in welchem Zusammenhang steht diese mit der Aussage, dass jeder Punkt auf der Nachfragekurve nutzenmaximal ist? Lösung S. 84
- ❍ 13. In welchem Zusammenhang steht das »Gesetz der abnehmenden Grenzerträge« und der u-förmige Verlauf der Grenzkostenkurve? Lösung S. 91
- ❍ 14. Wie lässt sich begründen, dass nur der aufsteigende Ast der Grenzkostenkurve ausgehend vom Betriebsoptimum die langfristige individuelle Angebotskurve sein kann? Lösung S. 95

❍ 15. Was versteht man unter einem gewinnlosen Gleichgewicht und welchen Verlauf hat in dieser Situation die langfristige Marktangebotskurve? Lösung S. 97

❍ 16. Warum ist im Monopol der Grenzerlös immer kleiner als der Preis? Lösung S. 100

❍ 17. Worin unterscheidet sich die Gewinnmaximierungsbedingung im Monopol von jener im Modell der vollkommenen Konkurrenz? Lösung S. 100

❍ 18. Unter welchen Voraussetzungen gelingt dem Monopolisten die vollständige Abschöpfung der Konsumentenrente? Lösung S. 104

❍ 19. Wie ist das Modell der monopolistischen Konkurrenz charakterisiert? Lösung S. 107

❍ 20. Was versteht man unter dem Wertgrenzprodukt? Lösung S. 115

❍ 21. Warum beobachtet man in der Realität wiederholt trotz steigender Reallöhne eine Zunahme der Arbeitsnachfrage? Lösung S. 116

Angewandte Mikroökonomie

Lernziele dieses Kapitels

Die Studierenden sollen nach der Lektüre dieses Kapitels

- die Formen der Wettbewerbsbeschränkungen sowie die gesetzlichen Grundlagen, die Ziele und die Instrumente der deutschen und europäischen Wettbewerbspolitik kennen.
- beispielhaft die Auswirkungen staatlicher Eingriffe in die Marktpreisbildung analysieren und beurteilen können.

1. Wettbewerbspolitik

1.1 Ziel der Wettbewerbspolitik

Ziel: Sicherung des Wettbewerbs

Die vorangegangenen Ausführungen haben deutlich gemacht, dass unter Wettbewerbsbedingungen eine effiziente Allokation der Ressourcen sicher gestellt ist. Umgekehrt wurde gezeigt, dass es bei unvollständigem Wettbewerb, wie z.B. beim Monopol, zu Wohlfahrtsverlusten kommt. Da zudem der Anreiz der Unternehmen, den Wettbewerb einzuschränken besonders groß ist, um sich auf Dauer dem Konkurrenzdruck zu entziehen und höhere Gewinne zu realisieren ist die Sicherung des Wettbewerbs eine zentrale Aufgabe des Staates.

Da es keine eindeutige Definition dessen gibt, was Wettbewerb ist, fehlt es der Wettbewerbspolitik an einer klaren Zielvorgabe. Weitgehend Einigkeit herrscht allerdings darüber, dass es nicht Ziel der Wettbewerbspolitik sein kann, die realen Wettbewerbsbedingungen den Bedingungen der vollkommenen Konkurrenz so weit wie möglich anzunähern. Damit der Wettbewerb seine Steuerungs- und Anreizfunktion erfüllen kann, kommt es nicht so sehr auf die Marktform an, sondern auf die Qualität und Intensität des Wettbewerbprozesses. Jahrzehntelange Erfahrungen in verschiedenen Ländern haben gezeigt, dass der Wettbewerb vor allem dann intensiv war, wenn monopolistische Konkurrenz oder ein Oligopol gegeben war.

Funktionen des Wettbewerbs:

Wettbewerbsfunktion	Erläuterungen
Steuerungsfunktion (statische Funktion)	Der Wettbewerb sorgt dafür, dass • sich einerseits die Zusammensetzung des Güterangebots an den Präferenzen der Konsumenten orientiert und andererseits, • dass die Produktionsfaktoren über die Preise in die effizienteste Verwendung gelenkt werden, um eine optimale Allokation der Produktionsfaktoren zu erreichen.
Anreizfunktion (dynamische Funktion)	Durch die Rivalität der Anbieter untereinander besteht ein ständiger Anreiz für die Unternehmen, sich mittels Innovation und Imitation und damit einhergehender Produktverbesserung sowie Kostensenkung einen Wettbewerbsvorteil zu verschaffen. Dies trägt insgesamt zu einer Förderung des technischen Fortschritts und damit zur Maximierung des Bruttoinlandsprodukts bei.

Steuerungsfunktion

Anreizfunktion

Abb. D.1. Funktionen des Wettbewerbs

Die Qualität und Intensität des Wettbewerbs hängt von den vorgegebenen Marktstrukturen (z.B. Marktanteile, Marktzutrittsbarrieren oder der Grad der Produktdifferenzierung) ab, welche seinerseits das Marktverhalten der Unternehmen (wie z.B. deren Preisstrategien sowie deren Forschungs- und Entwicklungsaktivitäten) und damit das Marktergebnis (z.B. die Effizienz der Produktion oder das Eingehen auf die Konsumentenpräferenzen), bestimmen.

Allein die Zu- oder Abnahme der Zahl der Wettbewerber wird also nicht mehr als Maßstab für die Wettbewerbsintensität herangezogen. Unternehmenszusammenschlüsse werden nicht mehr grundsätzlich wettbewerbsschädlich eingestuft, da diese mitunter erst den betroffenen Unternehmen erlauben in Wettbewerb zu treten. Schließlich wird dem Abbau von Marktzutrittsbarrieren bzw. dem Aufbau potenzieller Konkurrenz höchste Aufmerksamkeit geschenkt. Letztlich besteht die Aufgabe der Wettbewerbspolitik also darin, die Marktstrukturen und das Verhalten der Unternehmen so zu beeinflussen, dass im Ergebnis ein funktionsfähiger Wettbewerb gewährleistet ist.

Abbau der Marktzutrittsbarrieren

1.2 Formen der Wettbewerbsbeschränkung

Kartell

Eine in der Praxis häufig vorzufindende Kooperationsform unter Unternehmen zur Einschränkung des Wettbewerbs ist das Kartell. Kartelle sind auf schriftliche oder mündliche Absprache beruhende Vereinbarungen zweier oder mehrerer rechtlich selbständig bleibender Unternehmen zum Zwecke der Beschränkung oder Ausschaltung des Wettbewerbs. Gegenstand des Kartellvertrags kann jedes Verhalten sein, das im Wettbewerb erheblich ist. Absprachen können sich daher auf Preise, Absatzmenge und -gebiete, auf den Vertrieb oder sonstige Konditionen beziehen.

Die Wahrscheinlichkeit, dass es zu Kartellabsprachen kommt, ist umso größer, je weniger Anbieter auf dem Markt sind, je größer die Markteintrittsbarrieren sind, je homogener das Gut und je unelastischer die Nachfrage nach dem betroffenen Gut ist.

Fusion

Eine Wettbewerbsbeschränkung kann auch durch den Zusammenschluss von Unternehmen eintreten. Je nachdem ob dabei die einzelnen Unternehmen nur ihre wirtschaftliche oder aber auch ihre rechtliche Selbständigkeit verlieren, unterscheidet man zwischen der Konzernbildung und einer Fusion. Bei der Fusion sind im Wesentlichen zwei Varianten möglich. Zum einen die »Fusion durch Aufnahme«, bei der ein Unternehmen von einem anderen »geschluckt« wird, das aufnehmende Unternehmen aber bestehen bleibt. Zum anderen die »Fusion durch Neugründung«, indem alle beteiligten Unternehmen in einem neuen Unternehmen mit neuem Namen aufgehen.

Horizontaler versus vertikaler Zusammenschluss

Bei beiden Konzentrationsformen, Konzern und Fusion, kann zwischen horizontalen und vertikalen Zusammenschlüssen unterschieden werden. Ein horizontaler Zusammenschluss liegt vor, wenn die beteiligten Unternehmen der gleichen Wirtschaftsstufe angehören und gleichartige oder eng substituierbare Produkte anbieten. Bei einem vertikalen Zusammenschluss finden sich Unternehmen zusammen, die auf vor- bzw. nachgelagerten Produktions- und/oder Handelsstufen tätig sind und in einer Käufer-Verkäufer-Beziehung stehen.

Für die Kooperations- und Konzentrationsbemühungen der Unternehmen wird eine Vielzahl von Gründen genannt. Im Zentrum steht dabei die Realisierung von Kosteneinsparungen z.B. in den Bereichen Beschaffung, Produktion, Forschung und Entwicklung durch die Realisierung von economies of scale. Ziel kann auch die Verwirklichung so genannten Synergieeffekten sein, um eine dominierende Marktposition zu erlangen oder Marktzutrittsschranken zu errichten, die potenzielle Konkurrenten abschrecken helfen.

1.3 Wettbewerbspolitik in Deutschland und der EU

Wettbewerbspolitik ist weitgehend Ordnungspolitik. Die für die Erhaltung und Gestaltung eines funktionsfähigen Wettbewerbs erforderlichen Maßnahmen und Instrumente sind daher vorwiegend in Gesetzen geregelt. Zu den wichtigsten Rechtsgrundlagen in Deutschland zählen das »Gesetz gegen Wettbewerbsbeschränkungen« (GWB) sowie die auf dieser Grundlage getroffenen Verwaltungsentscheidungen und Gerichtsurteile und das »Gesetz gegen unlauteren Wettbewerb«. Die Verwaltungsentscheidungen werden vor allem durch das Bundeskartellamt in Bonn getroffen. Für die gerichtliche Überprüfung ist in letzter Instanz der Bundesgerichtshof zuständig. Ordnungswidrigkeiten werden mit Geldbußen bestraft.

Gesetz gegen Wettbewerbsbeschränkungen

Bundeskartellamt

Zur Begutachtung von Konzentration, Wettbewerb und Wettbewerbspolitik wurde die Monopolkommission errichtet. Sie berichtet alle zwei Jahre über den Stand der Unternehmenskonzentration, bewertet die Wettbewerbspolitik des Bundeskartellamts und nimmt zu wichtigen Fragen des Wettbewerbs Stellung.

Monopolkommission

In der Europäischen Union wird die Wettbewerbs- und Beihilfepolitik durch die EU-Kommission ausgeführt. Die gesetzlichen Grundlagen dazu befinden sich im EG-Vertrag sowie in der Kartell- und Fusionskontrollverordnung. Neben den in der nationalen Wettbewerbspolitik üblichen Zielen soll das EU-Wettbewerbsrecht den Wettbewerb zwischen den Staaten der Gemeinschaft fördern und schützen. Daher werden hier auch die Wettbewerbsbeschränkungen verfolgt, die den zwischenstaatlichen Handel beeinträchtigen können und/oder die von gemeinschaftsweiter Bedeutung sind. In Zweifelsfällen gilt grundsätzlich der Vorrang des EU-Wettbewerbsrechts vor dem nationalen Recht.

EU-Kommission

Zu den bedeutendsten Maßnahmen der Wettbewerbspolitik gehören im GWB die Kartellrechtsregelungen, die Zusammenschluss- bzw. Fusionskontrolle sowie die Missbrauchsaufsicht. Im Rahmen der EU kommt zudem noch Kontrolle der staatlichen Beihilfen (Subventionen) hinzu.

Maßnahmen der Wettbewerbspolitik

1.3.1 Kartellverbot

Nach dem GWB sind Kartelle grundsätzlich verboten. § 1 GWB lautet: »Kartellverbot: Vereinbarungen zwischen miteinander im Wettbewerb stehenden Unternehmen, Beschlüsse von Unternehmensvereinigungen und aufeinander abgestimmte Verhaltensweisen, die eine Verhinderung, Einschränkung oder Verfälschung des Wettbewerbs bezwecken oder bewirken, sind verboten.«

Verboten sind also nicht nur explizite Vereinbarungen, sondern auch ein aufeinander abgestimmtes Verhalten. Ein aufeinander abgestimmtes Verhalten liegt vor, wenn Unternehmen ihr Verhalten bewusst und gewollt voneinander abhängig machen und damit die Risiken des Wettbewerbs, insbesondere die Unsicherheiten über das wechselseitige Verhalten, beseitigen.

Ausnahmen vom Kartellverbot

Ausnahmen vom grundsätzlichen Kartellverbot sind in den §§ 2-7 GWB geregelt. Demnach können unter den in diesen Paragraphen genannten Voraussetzungen Normen-, Typen-, Konditionen-, Spezialisierungs-, Mittelstands-, Rationalisierungs-, Strukturkrisen- und sonstige Kartelle vom allgemeinen Kartellverbot freigestellt werden. Wirtschaftszweige, die bisher vom Kartellverbot ausgenommen sind: Land- und Forstwirtschaft, Versorgungswirtschaft, Kohle und Stahl, Linienverkehr, Kredit- und Versicherungsgewerbe.

Ministererlaubnis

§ 8 GWB sieht zusätzlich eine so genannte Ministererlaubnis auch für all diejenigen Kartelle vor, die nicht unter die Ausnahmetatbestände fallen, »wenn ausnahmsweise die Beschränkung des Wettbewerbs aus überwiegenden Gründen der Gesamtwirtschaft und des Gemeinwohls notwendig ist«.

Das allgemeine Kartellverbot des europäischen Wettbewerbsrechts ist in Art. 81 des EG-Vertrags verankert. Verboten sind demnach alle horizontalen und vertikalen vertraglichen Vereinbarungen, die geeignet sind, den Handel zwischen Mitgliedstaaten zu beeinträchtigen – also die nationalen Märkte gegeneinander abschotten – und dadurch das Entstehen binnenmarktähnlicher Verhältnisse innerhalb der EU be- oder verhindern (können).

Allerdings sieht das europäische Recht Gruppenfreistellungen für an sich verbotene Vereinbarungen vor, wenn u.a. die Maßnahme zur Förderung des technischen oder wirtschaftlichen Fortschritts beiträgt, den Verbraucher in angemessener Weise an den entstehenden Gewinnen beteiligt und der Wettbewerb nicht ausgeschlossen wird.

1.3.2 Fusionskontrolle

Zusammenschlüsse (Fusionen) sind nicht generell verboten, allerdings besteht gemäß § 39 GWB eine Anzeige- und Anmeldepflicht vor dem Vollzug beim Bundeskartellamt. Gemäß § 36 GWB muss das Kartellamt einen Zusammenschluss jedoch untersagen, wenn zu erwarten ist,

Marktbeherrschende Stellung

dass dadurch eine marktbeherrschende Stellung begründet oder verstärkt wird.

Nach § 19 (2) GWB ist ein Unternehmen marktbeherrschend, soweit es als Anbieter oder Nachfrager (1) ohne Wettbewerber ist oder keinem wesentlichen Wettbewerb ausgesetzt ist oder (2) eine im Verhältnis zu seinen Wettbewerbern überragende Marktstellung hat.

Bei der inhaltlichen Ausfüllung des Begriffs »überragende Marktstellung« werden neben dem Kriterium des Marktanteils insbesondere die Finanzkraft eines Unternehmens, sein Zugang zu den Beschaffungs- oder Absatzmärkten und Verflechtungen mit anderen Unternehmen berücksichtigt. Weiterhin fließen rechtliche oder tatsächliche Marktzugangsschranken für andere Unternehmen sowie auch die Fähigkeit eines Unternehmens, sein Angebot oder seine Nachfrage auf andere Waren oder gewerbliche Leistungen umzustellen, und die Möglichkeit der Marktgegenseite, auf andere Unternehmen auszuweichen, in die Bewertung mit ein.

Ministererlaubnis

Ein Zusammenschlussverbot erfolgt zum einen dann nicht, wenn den beteiligten Unternehmen der Nachweis gelingt, dass die Nachteile der Marktbeherrschung durch Verbesserungen der Wettbewerbsbedingungen, die aus dem Zusammenschluss resultieren, überkompensiert werden. Zum anderen kann ein negativer Bescheid des Bundeskartellamtes durch eine sog. Ministererlaubnis aufgehoben werden. Voraussetzung für die Erteilung einer Ministererlaubnis ist ein »überragendes Interesse der Allgemeinheit« (wie z.B. die Arbeitsplatzsicherung oder die Sicherung der Energieversorgung), wobei auch »die Wettbewerbsfähigkeit der beteiligten Unternehmen auf Märkten außerhalb des Geltungsbereichs« des GWB zu berücksichtigen ist. Eine Ministererlaubnis muss jedoch grundsätzlich versagt werden, wenn durch das »Ausmaß der Wettbewerbsbeschränkung die marktwirtschaftliche Ordnung (...) gefährdet wird«.

EU-Fusionskontrollverordnung

Rechtsgrundlage für europaweit relevante Zusammenschlüsse ist die Fusionskontrollverordnung der EU. Als unvereinbar mit dem Gemeinsamen Markt müssen der zufolge von der EU-Kommission alle Zusammenschlüsse untersagt werden, durch die eine beherrschende Stellung begründet oder verstärkt wird und die den Wettbewerb auf dem Gemeinsamen Markt oder eines wesentlichen Teils davon erheblich behindern oder in Zukunft behindern könnten. Bei der Prüfung des Zusammenschlusses hat die Kommission die Indikatoren für Marktmacht sowie industriepolitische Erwägungen (wie z.B. die Entwicklung des technischen und wirtschaftlichen Fortschritts, sofern diese dem Verbraucher dient und den Wettbewerb nicht behindert) einzubeziehen.

1.3.3 Die Missbrauchsaufsicht

Die Missbrauchsaufsicht stellt ein umfassendes Kontrollinstrument dar und umspannt praktisch die Bestimmungen des Kartellverbots und der Zusammenschlusskontrolle. Sie soll sicherstellen, dass freigestellte oder erlaubte Kartelle sowie genehmigte Zusammenschlüsse sich auch marktkonform verhalten. Außerdem soll dadurch vermieden werden, dass die durch internes Größenwachstum in eine herausragende Marktmacht hineingewachsenen Unternehmen, die von den Kartellbestimmungen und der Zusammenschlusskontrolle gar nicht erfasst sind, Missbrauch betreiben.

Der Sachverhalt, eine missbräuchliche Ausnutzung einer marktbeherrschenden Stellung zu verbieten, ist in § 19 (1) GWB geregelt. Damit das Kartellamt einschreiten kann muss bei dem fraglichen Unternehmen der Tatbestand der Marktbeherrschung vorliegen und das Verhalten des Unternehmens muss missbräuchlich sein.

Missbrauch

Was unter Marktbeherrschung zu verstehen ist, wurde bereits weiter oben ausgeführt. Missbrauch liegt nach § 19 (4) GWB zum einen vor, wenn das marktbeherrschende Unternehmen die Wettbewerbsmöglichkeit anderer ohne sachlich gerechtfertigten Grund beeinträchtigt und zu Bedingungen handelt, die sich bei wirksamen Wettbewerb sehr wahrscheinlich nicht ergeben würden. Zum anderen, wenn das Unternehmen ungünstigere Bedingungen auf einem Markt zugrunde legt, als es das auf vergleichbaren Märkten tut und sich weigert, einem anderen Unternehmen gegen angemessenes Entgelt Zugang zu den eigenen Netzen oder anderen Infrastruktureinrichtungen zu gewähren.

Im EU-Wettbewerbsrecht findet sich das Missbrauchsverbot in Art. 82 EGV. Anders als das GWB enthält dieser Artikel keinerlei Vermutungen, wann ein Unternehmen oder eine Gruppe von Unternehmen als marktbeherrschend gelten. Verboten ist die missbräuchliche Ausnutzung einer »beherrschenden Stellung auf dem Gemeinsamen Markt oder auf einem wesentlichen Teil desselben«, soweit dies den Handel zwischen den Mitgliedstaaten beeinträchtigt oder beeinträchtigen kann«.

1.3.4 Die Kontrolle staatlicher Beihilfen

Nach Art. 92 des EGV sind nationale Beihilfen, die den Wettbewerb verfälschen bzw. zu verfälschen drohen, grundsätzlich mit dem Gemeinsamen Markt unvereinbar, soweit sie den Handel zwischen Mitgliedstaaten beeinträchtigen. Zudem verpflichtet Art. 90 EGV die Partnerstaaten, alle öffentlichen Unternehmen den allgemeinen wettbewerbspolitischen Regeln zu unterwerfen.

Ausnahmen vom Beihilfeverbot können von der Kommission genehmigt werden, wenn es sich um Beihilfen handelt, zur Förderung der regionalen Entwicklung, zugunsten der Forschung und Entwicklung, zur Verbesserung des Umweltschutzes, zur Unterstützung kleiner und mittlerer Unternehmen, zur Förderung der Ausbildung sowie für die Schaffung von Arbeitsplätzen zugunsten von Arbeitslosen. Ferner Beihilfen, die den Strukturwandel erleichtern.

2. Staatliche Eingriffe in die Marktpreisbildung

Auf die Rolle des Staates innerhalb der Wirtschaft wurde bereits ausführlich eingegangen. In diesem Kapitel wird nunmehr anhand verschiedener Fälle aufgezeigt, welche Auswirkungen staatliche Eingriffe auf die Marktpreisbildung haben.

2.1 Höchst- und Mindestpreise

Höchstpreise

Die Festlegung von Höchstpreisen bedeutet, dass der Marktpreis für ein bestimmtes Gut einen bestimmten Betrag nicht überschreiten, wohl aber unterschreiten darf. Höchstpreise sollen die Nachfrager besser stellen als bei freier Marktpreisbildung. Sie werden besonders für lebensnotwendige Güter seitens des Staates angeordnet. Damit sie ihre gewünschte Wirkung entfalten, müssen sie unter dem Gleichgewichtspreis liegen. Wie aus der Abb. D.2 ersichtlich führt ein Höchstpreis (p_H) zu einem Nachfrageüberhang ($x_N - x_A$), sodass viele Nachfrager leer ausgehen.

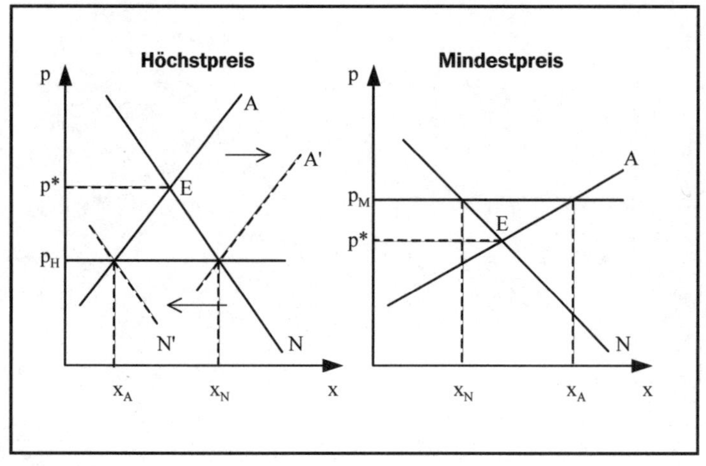

Abb. D.2. Höchst- und Mindestpreise

Mindestpreise

Mit der Einführung von Mindestpreisen sollen die Anbieter besser gestellt werden. Er muss dafür über dem Gleichgewichtspreis liegen. Eingesetzt wird er hauptsächlich dort, wo den Anbietern ein bestimmtes Einkommen gesichert werden soll (z.B. Landwirtschaft, Kohlebergbau). Der Mindestpreis (p_M) führt immer zu einem Angebotsüberschuss ($x_A - x_N$) bzw. Nachfragedefizit, da viele Anbieter aufgrund der durch die über dem Gleichgewichtspreis liegenden Preisen angeregt werden, mehr zu produzieren.

Wirkungen von Höchstpreisen

Vorausgesetzt, der Staat belässt es allein bei der Festsetzung eines Höchstpreises, kommt es zu einer Reihe von negativen Wirkungen. Zum einen werden wohl nur diejenigen Nachfrager bedient werden, die am schnellsten auf dem Markt sind (Windhundverfahren) oder die größte Geduld in der Warteschlage mitbringen. Ein recht ineffizienter Allokationsmechanismus. Zum anderen bildet sich in der Regel ein Schwarzmarkt heraus, auf dem sich dann der illegale Preis als Marktpreis (p*) einstellt. Die eigentliche Zielsetzung ist verfehlt. Ist der Schwarzmarkt einmal etabliert, werden die Unternehmen mehr und mehr ihrer Güter aus dem offiziellen Markt nehmen und für den Schwarzmarkt bereithalten, da dort höhere Preise zu erzielen sind. Gleichzeitig werden Nachfrager auf dem offiziellen Markt auftreten, die nur daran interessiert sind, das erworbene Gut auf dem Schwarzmarkt gewinnbringend wieder zu verkaufen. Das Angebotsdefizit auf dem offiziellen Markt verschärft sich.

Schwarzmarkt

Um diese negativen Auswirkungen zu verhindern, bedarf es weiterer staatlicher Maßnahmen, die letztlich dafür sorgen, dass der Höchstpreis gleichzeitig auch der Gleichgewichtspreis ist. Diese Maßnahmen müssen also dafür sorgen, dass entweder das Angebot ausgeweitet (Rechtsverschiebung der Angebotskurve: A') oder die Nachfrage reduziert (Linksverschiebung der Nachfragekurve: N') wird oder beides gleichzeitig.

Als Maßnahmen zur Angebotsausweitung kommen z.B. Subventionen und Produktionsauflagen für private Anbieter, Zollsenkungen für Importe oder die Etablierung staatlicher Unternehmen in Betracht. Eine Reduzierung der Nachfrage bewirken möglicherweise eine Erhöhung der Einkommensteuer bei einkommenselastischen Gütern, die Subvention von Substitutionsgütern oder Maßhalteappelle. Auch eine Rationierung durch die Ausgabe von Bezugsscheinen ist denkbar. Allerdings ist deren Ausgabe höchst korruptionsanfällig und bei einer inadäquaten Zuteilung dieser Scheine bildet sich sehr wahrscheinlich wiederum ein Schwarzmarkt heraus.

Wirkungen von Mindestpreisen

Auch bei Mindestpreisregelungen sind zusätzliche staatliche Maßnahmen erforderlich, um unerwünschte Nebenwirkungen (wie z.B. die Herausbildung von so genannten »grauen Märkten«) zu verhindern. Zum Abbau des Nachfragedefizits beim Mindestpreis können zur Erhöhung der Nachfrage z.B. die Produkte subventioniert werden oder der Staat tritt selbst als Käufer auf und lagert die Güter anschließend ein. Letzteres ist auch als eine Maßnahme der Angebotsreduktion zu verstehen. Hierdurch entstehen allerdings Güterberge oder Seen (z.B. Butterberge und Milchseen), die wegen der Lagerung weitere Kosten verursachen. In letzter Konsequenz werden die staatlich aufgekauften Angebotsüberschüsse vernichtet, im Ausland verkauft oder unter dem Deckmantel der Entwicklungshilfe verschenkt werden müssen. Des Weiteren kann die Überproduktion durch Prämien (z.B. Stilllegungs- oder Abschlachtprämien) und die Festschreibung von Produktionskontingenten gedrosselt werden.

Weitere Wirkungen einer staatlichen Preisfixierung sind Wohlfahrtsverluste und Umverteilung. Die Wohlfahrtsverluste und Verteilungswirkungen lassen sich wiederum mit dem Rentenkonzept darstellen. In der Abb. D.3 stellt p_M wieder den Mindestpreis dar. Die zu diesem Preis umgesetzte Menge ist x_M, da die Nachfrager nicht mehr als diese Menge kaufen. Die Konsumentenrente sinkt durch diese Mindestpreisfestsetzung von der Fläche des Dreiecks p*BE auf die Fläche p_MBC. Der Verlust an Konsumentenrente entspricht demnach der Fläche P_MCEp*.

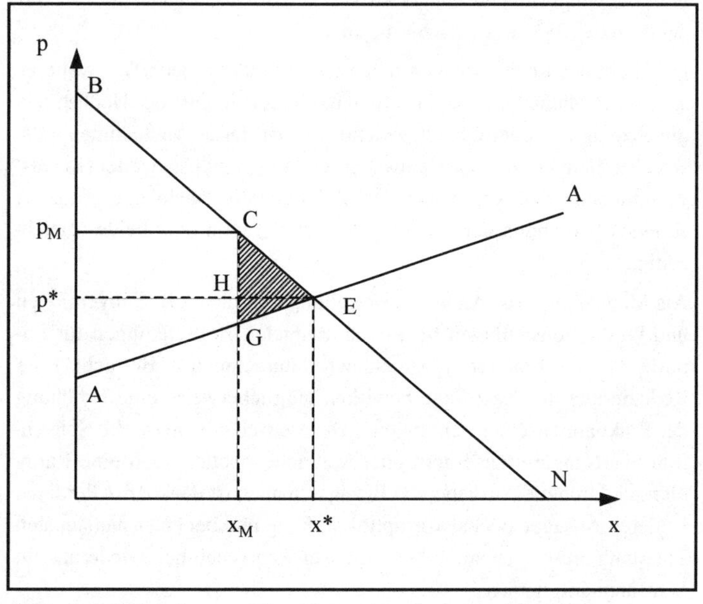

Abb. D.3. Wohlfahrts- und Verteilungswirkungen eines Mindestpreises

Ein Teil der Konsumentenrente (die Fläche p_MCHp*) geht an die Produzenten. Dies ist der Umverteilungseffekt. Die Produzentenrente die vor Einführung des Mindestpreises der Fläche AEp* entsprach, gleicht nunmehr der Fläche p_MCGA. Der gesamte Wohlfahrtsverlust der Mindestpreisfestsetzung wird durch die Fläche GEC wiedergegeben.

In entsprechender Weise kommt es bei Festsetzung eines Höchstpreises ebenfalls zu einem Wohlfahrtsverlust. Die Umverteilung findet hier nur von den Produzenten auf die Konsumenten statt. Ein wesentlicher Nachteil jeder Preisfixierung ist also der damit verbundene Wohlfahrtsverlust. Die Umverteilungswirkungen sind letztlich gewollt.

2.2 Verbrauchsteuern

Kenntnisse über die Reaktionen der Wirtschaftssubjekte auf die Steuern (Anreizwirkungen) und die damit verbundenen Wirkungen auf die tatsächliche Steuerlastverteilung (Inzidenzwirkung) sowie die Wohlfahrt (Wohlfahrtseffekte) sind für steuerpolitische Maßnahmen von grundsätzlicher Bedeutung.

Abb. D.4 gibt einen schematischen Überblick über mögliche Reaktionen auf die Einführung einer neuen Steuer oder eine Steuererhöhung.

Steuerausweichung

Bei der sachlichen Steuerausweichung werden besteuerte Tatbestände durch nichtbesteuerte substituiert (z.B. Bier durch Wein; Freizeit durch Arbeit) oder hoch- durch niedrigbesteuerte (Benzin durch Diesel). Eine zeitliche Ausweichung liegt z.B. vor, wenn bei Ankündigung oder Erhöhung einer Verbrauchsteuer Vorratskäufe getätigt werden. Zur räumlichen Steuerausweichung kommt es, wenn regional differenzierte Steuersätze gelten und die Standortwahl danach ausgerichtet wird (Steueroasen).

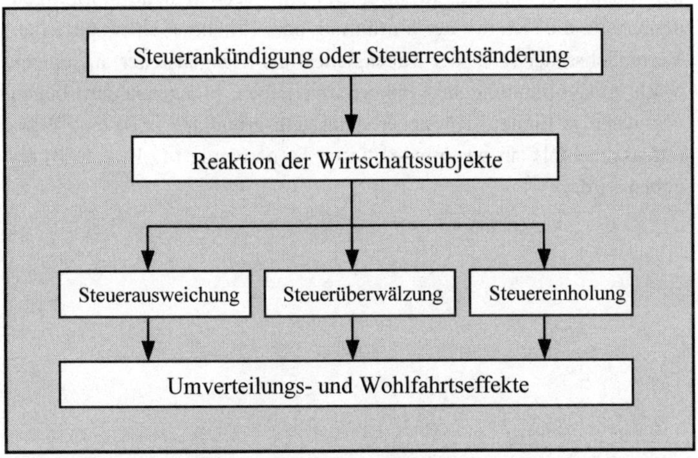

Steuerankündigung oder Steuerrechtsänderung
Reaktion der Wirtschaftssubjekte
Steuerausweichung
Steuerüberwälzung
Steuereinholung
Umverteilungs- und Wohlfahrtseffekte

Abb. D.4. Mögliche Reaktionen auf die Besteuerung

Vom Gesetzgeber kann die Steuerausweichung beabsichtigt sein, wenn mit der Besteuerung lenkungspolitische Ziele, wie z.B. der Kauf von schadstoffarmen Autos, verfolgt werden. Unter fiskalpolitischen Aspekten ist die Steuerausweichung dagegen stets negativ zu beurteilen. Von der legalen Steuerausweichung ist die illegale Steuerhinterziehung zu unterscheiden.

Steuerüberwälzung

Bei der Steuerüberwälzung versuchen die Besteuerten (die Steuerzahler) die Zahllast auf andere (die Steuerträger) zu überwälzen, wobei es regelmäßig zu Preis- und Mengeneffekten kommt. Eine Vorwälzung liegt vor, wenn z.B. die Produzenten als Steuerschuldner von den Abnehmern ihrer Produkte höhere Preise verlangen; dagegen tritt eine Rückwälzung ein, wenn sie den Lieferanten der Vorleistungen oder den Faktorbesitzern für ihre Leistungen niedrigere Preise gewähren. Eine schräge Überwälzung ist gegeben, wenn im Rahmen einer Mischkalkulation ein nicht besteuertes Gut im Preis angehoben wird, weil bei dem besteuerten Gut nur eine teilweise Überwälzung gelingt.

Steuereinholung

Eine sog. aktive Steuereinholung ist z.B. bei höheren Lohnsteuern durch erhöhten Arbeitseinsatz möglich. Unternehmen könnten versuchen durch vermehrten Kapitaleinsatz oder durch technischen Fortschritt steuerinduzierte Gewinneinbußen auszugleichen. Reagieren die Haushalte auf die Einkommensminderung mit eingeschränktem Konsum oder Sparen und die Unternehmen mit geringeren Investitionen spricht man von passiver Steuereinholung durch negative Anreizwirkungen. Oft werden dabei legale Tätigkeiten aufgegeben und in die sog. Schattenwirtschaft ausgewichen.

Zentrales Interesse innerhalb der Steuerwirkungslehre genießen Fragen der Steuerüberwälzung. In Abb. D.5 sind verschiedene Wirkungen dargestellt, die sich mit der Einführung oder Erhöhung einer speziellen Verbrauchsteuer (z.B. der Tabaksteuer) als Mengensteuer auf einem Markt mit vollkommener Konkurrenz ergeben. Mengensteuern liegen vor, wenn je Einheit der Steuerbemessungsgrundlage (z.B. eine Zigarettenschachtel) ein bestimmter, fester Steuerbetrag t (z.B. € 1,00) erhoben wird.

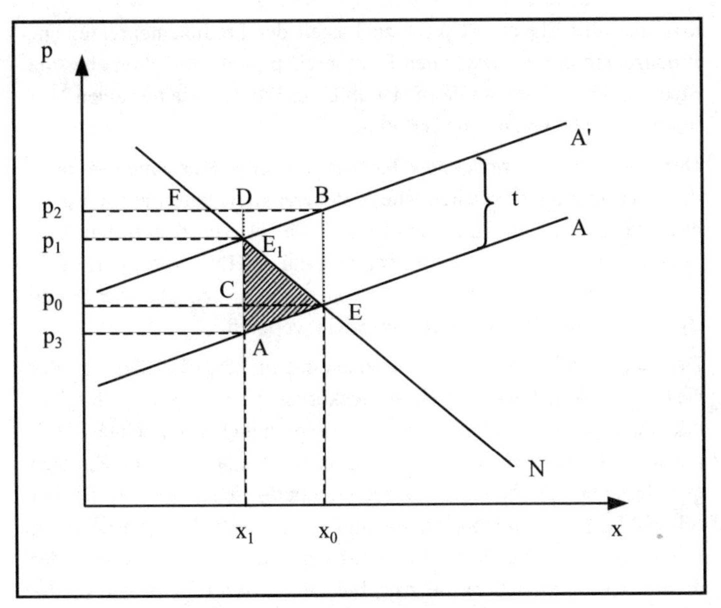

Abb. D.5. Mengensteuer bei vollständiger Konkurrenz

Ausgangspunkt der Analyse ist das Marktgleichgewicht vor Steuer, dargestellt durch den Punkt E. Angenommen, der Staat legt nunmehr den Produzenten eine Tabaksteuer in Höhe von t pro Schachtel Zigaretten auf. Für die Unternehmen bedeutet dies, dass sie mit Steuer den Preis p_2 (= p_0 + t) erlösen müssen, um nach Steuer wieder den Preis p_0 zu erhalten. Sie werden also nunmehr dieselben Mengen wie vorher nur bei einem jeweils um t höheren Preis anbieten. Sie versuchen die Steuer auf den Preis zu überwälzen bzw. auf die Konsumenten abzuwälzen. Grafisch bedeutet dies eine Verschiebung der Angebotskurve nach oben links (von A_0 auf A'). Die Nachfragekurve bleibt hingegen unverändert.

Bieten die Unternehmen weiter die Menge x_0 nunmehr aber zum Preis p_2 an, ergibt sich auf dem Markt ein Angebotsüberschuss (B-F), der so lange zu einer Preissenkung führt, bis das neue Gleichgewicht E_1 erreicht ist. Die Einführung der Steuer führt in diesem Beispiel also zu einer Reduktion der Ausbringungsmenge von x_0 auf x_1 und zu einer Erhöhung des Marktpreises von p_0 auf p_1. Das gesamte Steueraufkommen T ergibt sich aus $T = t \cdot x_1$ und entspricht der Fläche $p_3AE_1p_1$.

Verteilung der Steuerlast

Die Steuerlast teilen sich Konsumenten und Produzenten, da es dem Produzenten nicht gelungen ist, die ihm auferlegte Steuer vollständig auf den Preis und damit auf die Konsumenten zu überwälzen. Konkret geht das Steueraufkommen in diesem Fall in Höhe von $x_1(p_1-p_0)$, der Fläche $CE_1p_1p_0$, zu Lasten der Konsumentenrente und in Höhe von

$x_1(p_0-p_3)$, der Fläche ACp_0p_3, zu Lasten der Produzentenrente. Die Produzenten erzielen zwar den Bruttopreis p_1, müssen davon aber die Steuer in Höhe von t an den Staat abführen, so dass sie nur einen Nettopreis in Höhe von p_3 (p_1-t) erlösen.

Der höhere Preis veranlasste offensichtlich einige Konsumenten dazu, der Belastung auszuweichen. Diese Steuerausweichung führt übrigens auch dazu, dass der Staat nicht wie vielleicht erhofft ein Steueraufkommen in Höhe von p_0EBp_2, sondern nur in Höhe von $p_3AE_1p_1$ erzielt. Durch die Mengenreduktion von x_0 auf x_1 geht ihm der Anteil $t(x_0-x_1)$, was der Fläche CEBD entspricht, verloren.

Der Steueranteil, den die Konsumenten tragen, hängt letztlich von der Gestalt der Angebots- und Nachfragekurven ab. Dies lässt sich leicht erkennen, wenn man die Kurven im ursprünglichen Gleichgewichtspunkt (E) fixiert und steiler bzw. flacher werden lässt. Im allgemeinen gilt: Je steiler die Nachfragekurve (je unelastischer) oder je flacher (elastischer) die Angebotskurve, umso mehr sind die Konsumenten Träger der Steuerlast; je flacher (elastischer) die Nachfragekurve oder je steiler (unelastischer) die Angebotskurve, desto mehr sind es die Produzenten.

In den Extremfällen vollkommen preisunelastischer Nachfrage bzw. völlig preiselastischem Angebots wird die Steuer voll von den Nachfragern getragen (Abb. D.6). In den umgekehrten Fällen ergibt sich eine alleinige Belastung der Anbieter.

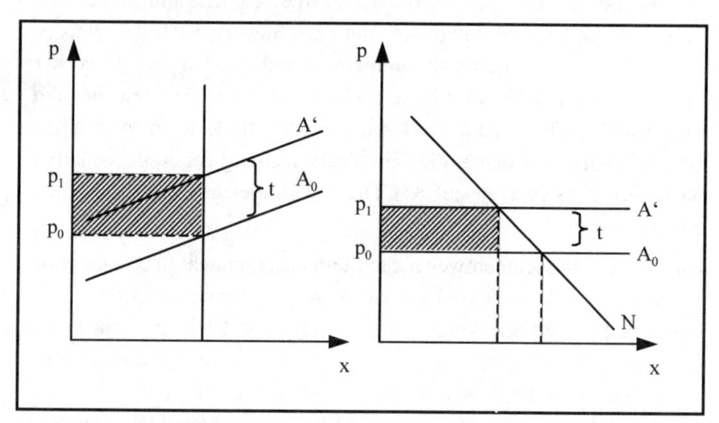

Abb. D.6. Mengensteuern und Elastizität

Unter Berücksichtigung beider Marktseiten gilt allgemein, dass der von einer Marktseite zu tragende Steueranteil umso größer ist, je unelastischer diese Marktseite und je elastischer die andere reagiert.

Aus der Abb. D.5 lässt sich ferner ablesen, dass das erzielte Steueraufkommen $(p_3AE_1p_1)$ offensichtlich nicht ausreicht, den Verlust der Konsumenten ($p_0EE_1p_1$) und Produzentenrente (p_3AEp_0) auszugleichen. Während jener Teil der Gesamtrente, der als Steuereinnahmen an den Staat übergeht, als Verteilungseffekt interpretiert werden kann, entspricht die Fläche des Dreiecks AEE_1 eindeutig einer Zusatzlast, welche die Marktteilnehmer in Form eines Wohlfahrtsverlustes, neben der Zahllast, zu tragen haben. Betroffen sind hierbei die Konsumenten mit einem Anteil von CEE_1, während auf die Anbieter AEC entfällt.

Wohlfahrtsverlust

Der in dem sog. Marshall'schen Dreieck zum Ausdruck kommende Wohlfahrtsverlust lässt sich auch so interpretieren, dass in dem Bereich zwischen x_1 und x_0 zwar eine Produktion noch sinnvoll wäre – die Grenzkosten der Produktion liegen jeweils unterhalb der Grenznutzen bzw. der Zahlungsbereitschaft der Nachfrager – aber sie kommt infolge der Besteuerung nicht zustande.

Wie die Verteilung der Steuerlast hängt auch die Höhe und Verteilung der Zusatzlast von den jeweiligen Angebots- und Nachfrageelastizitäten ab. In Abb. D.7 ist die Nachfragekurve nach dem Gut x für den Fall unterschiedlicher Preiselastizitäten dargestellt. Bei Gültigkeit der Nachfragekurve N_0 reagiert die Nachfrage weniger auf Preisänderungen, d.h. sie ist weniger elastisch als im Falle der Nachfragekurve N_1. Der Einfachheit halber ist in der Abbildung eine vollkommen elastische Angebotskurve unterstellt.

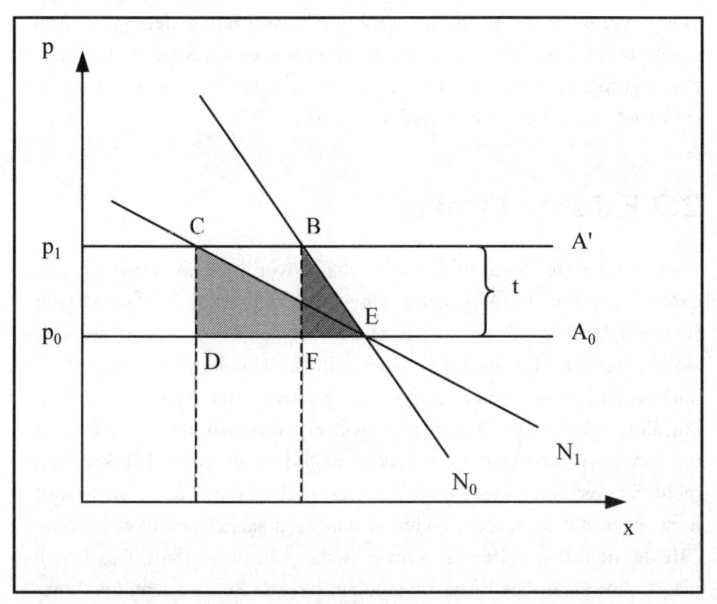

Abb. D.7. Wohlfahrtsverlust und Elastizität

Wie bereits bekannt, führt die Einführung einer Steuer zu einer Verschiebung der Angebotskurve A_0 nach oben auf A'. Vorausgesetzt die

Nachfragekurve N_1 ist von Relevanz, reduziert sich durch die Besteuerung die Konsumentenrente um ECp_1p_0. Da das Steueraufkommen nur der Fläche DCp_1p_0 entspricht, entsteht eine Zusatzlast in Höhe von DEC von der – wegen der vollkommen elastischen Angebotskurve – allein die Konsumenten betroffen sind.

Bei Gültigkeit der Nachfragekurve N_0 beträgt der Verlust an Konsumentenrente EBp_1p_0, das Steueraufkommen p_0FBp_1 und die Zusatzlast entspricht der Fläche FEB. Mit steiler werdender Nachfragekurve wird das Marschall'sche Dreieck immer kleiner.

Wohlfahrtsmaximierung

Politiker, deren Ziel die Wohlfahrtsmaximierung ist, sollten angesichts dieses Ergebnisses u.a. jene Güter stärker besteuern, deren Preiselastizität der Nachfrage relativ gering ist und bei denen infolgedessen nur geringe Substitutionseffekte ausgelöst werden. Da jedoch in diesem Fall jene Güter stärker mit Steuern belastet sind, die den Grundbedarf eines Haushalts abdecken und damit einkommensschwache Wirtschaftssubjekte überproportional treffen, ergibt sich offensichtlich ein Zielkonflikt zwischen Verteilung und Effizienz.

Lenkungssteuern

Wenn gerade preisunelastische Güter einer reduzierten Besteuerung unterliegen, bedeutet dies, als dass die Gesellschaft aus verteilungspolitischen Erwägungen entschlossen hat, rein allokativ effiziente Lösungen zu verwerfen. Hinzu kommt, dass mit Steuern bewusst Anreize zu einem veränderten Verhalten geschaffen werden sollen (sog. Lenkungssteuern) und die Substitution unter diesen Umständen geradezu beabsichtigt und notwendig ist, um die gewünschten Ergebnisse zu erzielen (z.B. bei der Steuer auf Alkopops).

2.3 Externe Effekte

Im Kapitel » Der Staat in der Wirtschaft« wurde bereits erwähnt, dass externe Effekte Auswirkungen einer Aktivität eines Wirtschaftssubjekts auf Dritte sind, ohne dass diese über den Preismechanismus gesteuert werden, d.h. in das Bewusstsein des Handelnden eingehen. Je nachdem, ob es sich um negative oder positive Effekte handelt, entsteht auf diese Weise eine Diskrepanz zwischen privaten und sozialen Kosten bzw. Nutzen. Der Verursacher negativer externer Effekte trägt nicht die gesamten Kosten, die der Gesellschaft durch seine wirtschaftliche Aktivität entstehen, während der Verursacher positiver externer Effekte nicht den vollen Gegenwert seiner Leistung erhält. Das Ergebnis ist ohne staatliche Eingriffe eine ineffiziente Ressourcenallokation.

Negative externe Effekte in der Produktion oder im Konsum bewirken über die Marktmechanismen eine größere Gütermenge als die gesellschaftlich wünschenswerte. Positive externe Effekte bringen die

Märkte dazu, eine geringere als die gesellschaftlich wünschenswerte Menge zu produzieren. Aufgabe des Staates ist es daher, durch Eingriffe dieses ineffiziente Marktergebnis zu korrigieren.

Im Gegensatz zu Ge- und Verboten, wird dabei bei fiskalischen Maßnahmen eine Verhaltensänderung der Akteure nicht erzwungen, sondern über die Korrektur der entscheidungsrelevanten Kosten und Nutzen in die gewünschte Richtung gelenkt. Ziel hierbei ist es, die externen Effekte den Verursachern als Kosten oder Nutzen spürbar zu machen, so dass externe zu internen Kosten bzw. Nutzen werden und die Verursacher mit den Produktionsfaktoren im eigenen Interesse effizienter umgehen. Dies gelingt mit der Besteuerung negativer externer Effekte und der Subventionierung positiver Externalitäten. In der nachfolgenden Abb. D.8 wird der Fall negativer externer Effekte behandelt und als mögliche Maßnahme die sog. Pigou-Steuer vorgestellt.

Pigou-Steuer

Wie üblich, gibt die Nachfragekurve N die Nachfrage nach dem Gut X an. Die Angebotskurve A bestimmt das Angebot und basiert auf den privaten Grenzkosten (GK_p) der Produktion von Gut X. Ohne Berücksichtigung möglicher negativer externer Effekte würde man in der Fläche AEC das Maß der maximalen Gesamtrente bzw. Wohlfahrt sehen, welche die Gesellschaft insgesamt aus dem Konsum dieses Gutes in Höhe von x* zieht.

Angenommen, die Produktion des Gutes X bringt aber externe Kosten mit sich (z.B. Umweltverschmutzung) und der Verlauf der externen Grenzkosten entspräche bei alternativen Ausbringungsmengen der Kurve Gkext. Würden die Anbieter sämtliche von ihnen verursachte Kosten berücksichtigen ($GK_p + GK_{ext}$), so ergäbe sich ein Marktgleichgewicht im Schnittpunkt der Kurve der sozialen Grenzkosten ($GK_{soz} = GK_p + GK_{ext}$ als vertikale Aggregation) mit der Nachfragekurve N (Punkt F) bei der Ausbringungsmenge x', welches auch das gesamtgesellschaftliche Optimum unter Berücksichtigung aller Kosten darstellt.

Ohne Internalisierung führt die negative Externalität also dazu, dass die von dem betreffenden Gut im Gleichgewicht E umgesetzte Menge x* gesamtgesellschaftlich gesehen zu groß und der Preis des Gutes (p*) zu niedrig ausfällt. Bei allen Ausbringungsmengen zwischen x' und x* übersteigen die sozialen Kosten die Zahlungsbereitschaft der Konsumenten (FGE). Jenseits von x' ist die Produktion pareto-ineffizient. Die Fläche FGE ist als Wohlfahrtsverlust zu interpretieren.

Wohlfahrtsverlust

Um diese Fehlallokation, bedingt durch die Diskrepanz zwischen privaten und sozialen Kosten, zu korrigieren, wird nun eine proportionale Steuer pro Mengeneinheit (Pigou-Steuer) erhoben, deren Steuersatz t den externen Grenzkosten bei der optimalen Menge x' entspricht.

Internalisierung externer Effekte

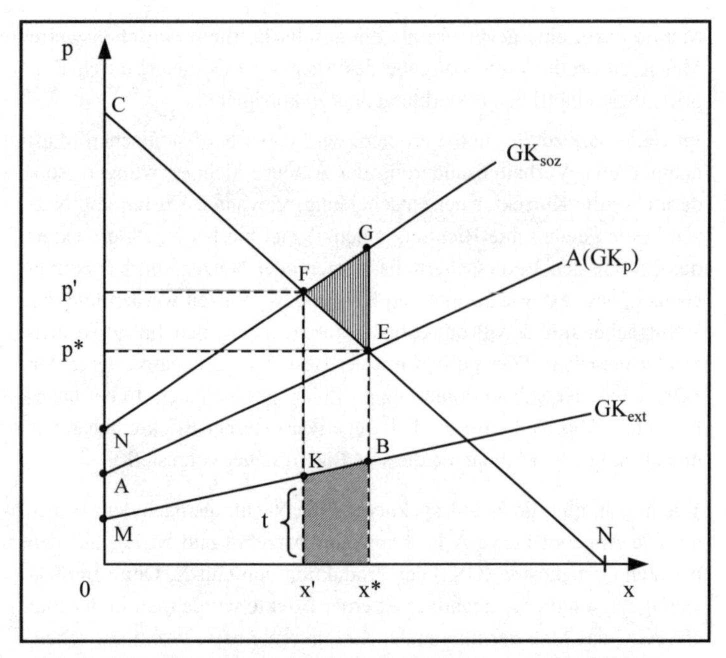

Abb. D.8. Die Pigousche-Steuerlösung bei negativen externen Effekten

Durch eine solche Steuer verschiebt sich die Angebotskurve nach GK_{soz} und der Schnittpunkt mit der Nachfragekurve (Punkt F) entspricht dem gesamtwirtschaftlichen Optimum (x',p').

Der Produktionsrückgang von x* auf x' bedingt eine Beseitigung der Umweltschäden in Höhe der Fläche x'x*BK. Die externen Kosten, die bei der Produktion von x' weiterhin anfallen, entsprechen der Fläche Ox'KM. Eine Reduktion der negativen Externalitäten auf Null ist gesamtgesellschaftlich gesehen bei den unterstellten Kurvenverläufen nicht sinnvoll. Die Produktion dieses Gutes bringt der Gesellschaft – trotz der Berücksichtigung externer Effekte – noch einen Wohlfahrtsgewinn im Umfang der Fläche NFC. Erst wenn diese Fläche völlig verschwinden würde, wäre eine komplette Einstellung der Produktion dieses Gutes angemessen.

2.4 Zölle

Zölle und Handelspolitik

Eines der wichtigsten Instrumente der Handelspolitik ist der Zoll, eine Steuer für grenzüberschreitend gehandelte Güter. Durch Zölle kann ein Land Umfang und Struktur seines Außenhandels beeinflussen. Des Weiteren dienen Importzölle vor allem dazu, junge heimische Industriezweige vor ausländischer Konkurrenz zu schützen. Für Entwicklungsländer spielen Zölle zum Zweck der staatlichen Einnahmenerzielung noch eine bedeutende Rolle.

Wirkungen einer Zollerhöhung

In Abb. D.9 werden die Wirkungen einer Zollerhöhung dargestellt. Bei einer Zollsenkung, eine wesentliche Ursache für die zunehmende Globalisierung der Weltwirtschaft, ergeben sich die gleichen Wirkungen nur mit »umgekehrten Vorzeichen«. Die dargestellten Kurven zeigen die Marktnachfrage- und Marktangebotskurve des betrachteten Landes für ein bestimmtes Gut und die entsprechende Weltangebotskurve für dieses Gut (A_w). Unter der Annahme, dass es sich bei diesem Land um ein kleines Land handelt, ist letztere vollkommen preiselastisch. Das bedeutet, dass jedwede Veränderungen des inländischen Angebots oder der Nachfrage keinerlei Einfluss auf den Weltmarktpreis haben. Zum Beispiel wird eine Erhöhung der inländischen Nachfrage durch eine entsprechende Angebotserhöhung bedient, ohne dass es dazu einer Preiserhöhung bedarf.

Bei Freihandel ist der Inlandspreis gleich dem Weltmarktpreis (p_w), da die Konsumenten natürlich nur bereit sind, den niedrigeren Weltmarktpreis zu bezahlen. Die heimische Industrie stellt bei diesem Preis die Menge x_P bereit. Nachgefragt werden bei dem Weltmarktpreis x_K-Einheiten. Die Differenz von den im Inland produzierten und nachgefragten Mengen des betrachteten Gutes wird aus dem Ausland importiert ($x_K - x_P$).

Entschließt sich nun das Land einen Importzoll in Höhe von z auf Mengenbasis zu erheben, z.B. € 1,00 pro T-Shirt, erhöht sich unmittelbar beim Grenzübergang der Preis für dieses Gut um die Höhe des Zollsatzes. Grafisch bedeutet dies eine Verschiebung der Weltangebotskurve in Höhe von z nach oben.

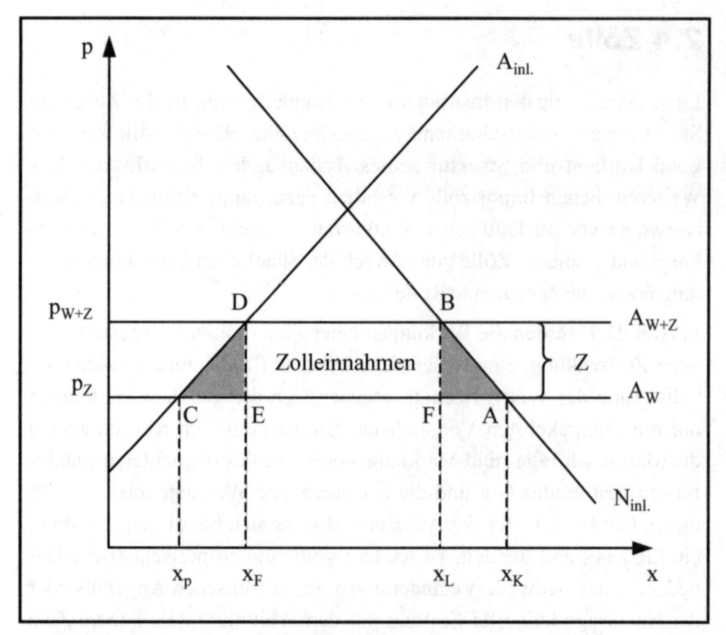

Abb. D.9. Wirkungen einer Zolleinführung

Insgesamt ergeben sich daraus bei den vorgegeben Verläufen der Angebots- und Nachfragekurven folgende Wirkungen:

- Konsumwirkung: Die nachgefragte Menge reduziert sich infolge des höheren Preises verursacht durch die Zollanhebung von x_K auf x_L
- Produktionswirkung: Umgekehrt ermöglicht die Zolleinführung nunmehr, die heimische Produktion des geschützten Gutes von x_P auf x_F auszuweiten.
- Handelswirkung: Der Handel dieses Landes wird eingeschränkt. Die importierte Menge reduziert sich von x_Px_K auf x_Fx_L.
- Einkommenseffekt: Der Staat erzielt aus den Importgeschäften nunmehr Zolleinnahmen in Höhe von $x_Fx_L \cdot z$, was der Fläche EFBD entspricht.
- Umverteilungswirkung: Es findet eine Umverteilung zugunsten der heimischen Produzenten und zu Lasten der inländischen Konsumenten statt. Die Konsumentenrente sinkt um p_WABp_{W+z} und die Produzentenrente steigt um p_WCDP_{W+z}.
- Wohlfahrtswirkung: Für die Gesamtheit entsteht infolge der Zolleinführung ein Wohlfahrtsverlust. Die staatlichen Einnahmen sind um die Flächen CED und FAB geringer als der Verlust an Konsumenten- und Produzentenrente.

Insbesondere die negativen Wohlfahrtseffekte, die mit den Handelsbeschränkungen verbunden sind, haben in den letzten Jahrzehnten weltweit die Forderung nach mehr Handelsliberalisierung begründet. Wenn es dennoch Staaten schwer fällt, den Zollabbau voranzutreiben oder einzelne Länder sogar immer wieder mal Zollerhebungen androhen und durchführen, stecken dahinter meist inländische Verteilungskämpfe und erfolgreiche Lobbyaktivitäten.

2.5 Natürliches Monopol

Ein Grund für Marktversagen besteht u.a. in der Existenz natürlicher Monopole. Ein natürliches Monopol liegt vor, wenn eine gegebene Marktnachfrage am kostengünstigsten von einem Anbieter befriedigt werden kann. Eine hinreichende Bedingung dafür ist eine permanent fallende Durchschnittskostenkurve. Dies ist der Fall, wenn zur Bedienung auch nur kleinerer Einheiten ein hoher Fixkostenapparat notwendig ist, der nicht beliebig geteilt, ein zusätzlicher Nachfrager aber zu extrem niedrigen Grenzkosten bedient werden kann. Z.B. verursacht es kaum zusätzliche Kosten, an ein bestehendes Kabelnetz einen zusätzlichen Haushalt anzuschließen. So lange aber die Grenzkosten noch unterhalb der Durchschnittskosten liegen, ziehen die niedrigen Grenzkosten bei einer Ausdehnung der Produktion die Durchschnittskosten weiter nach unten (siehe Kap. » Makroökonomie – Volkswirtschaftliches Rechnungswesen«, Abschn. 2).

Beispielhaft für natürliche Monopole stehen in erster Linie alle leitungsgebunden Versorgungseinrichtungen wie Strom-, Gas- und Wasserversorgung sowie Eisenbahnen und Ölraffinerien.

Abb. D.10 zeigt die Situation eines natürlichen Monopols. Die Grenzkosten (GK) sind konstant und die durchschnittlichen Gesamtkosten (k_g) nähern sich asymptotisch den Grenzkosten an, weil sich die Fixkosten auf eine immer größere Produktionsmenge verteilen. Maximiert der Monopolist seinen Gewinn gemäß der Bedingung Grenzerlös gleich Grenzkosten (GE = GK), so kommt es zur Lösung (x_M,p_M). Diese Lösung ist jedoch suboptimal, weil rechts vom Cournotschen-Punkt C die Zahlungsbereitschaft der Konsumenten sowohl die Grenzkosten als auch die durchschnittlichen Gesamtkosten übersteigt. Die Produktionsmenge ist pareto-ineffizient.

Um diesen Wohlfahrtsverlust (ADC) zu verringern, stehen dem Staat mehrere Optionen zur Verfügung, die sich durch mehr oder weniger intensive Staatseingriffe unterscheiden. Erstens kann er einen privaten Anbieter regulieren, ihm also ein bestimmtes Verhalten zur Auflage machen. Wird durch Regulierung die pareto-effiziente, wettbewerb-

Regulierung

liche Lösung p_K,x_K angestrebt (GK = P), würde man dem privaten Unternehmen Verluste aufdiktieren. Statt den Preis in Höhe der Grenzkosten durchzuhalten, würde der Unternehmer aus dem Markt ausscheiden. Um das zu verhindern, müsste mit der Auflage zur Produktion von x_K zum Preis von p_K eine Subvention in Höhe von p_KDEF einhergehen. Hierbei ist allerdings zu bedenken, dass die Finanzierung dieser Subvention durch Steuern seinerseits Wohlfahrtsverluste nach sich zieht.

Subventionen

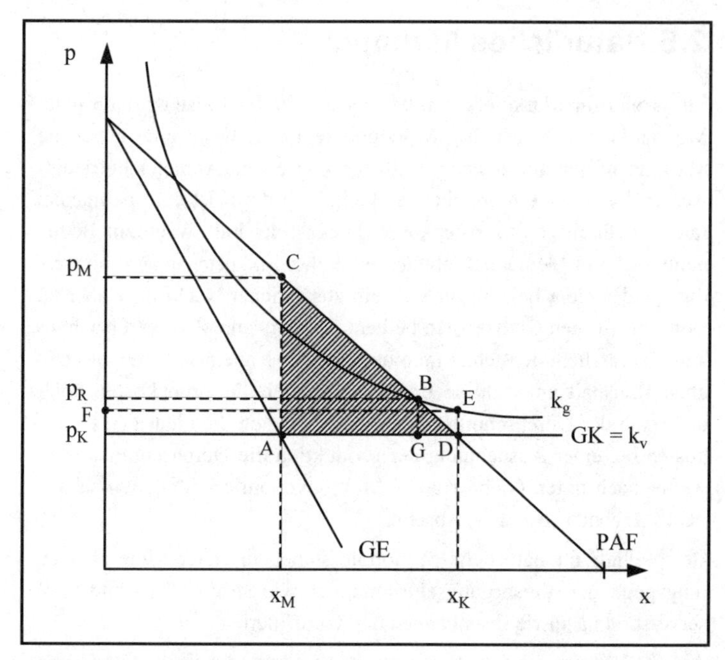

Abb. D.10. Natürliches Monopol

Eine andere Möglichkeit besteht darin, dem privaten Unternehmer den kostendeckenden Preis pR zu gestatten. Mit der Abweichung von der Regel GK = P (first-best-Lösung) muss aber ein Wohlfahrtsverlust in Höhe von GDB hingenommen werden, so dass in diesem Fall nur von einer second-best-Lösung gesprochen wird.

second-best-Lösung

Ein Problem bei beiden Alternativen ist, dass der Monopolist dabei keine Anreize zur Kostensenkung hat. Wenn ein Monopolist aufgrund der Regulierung bei jeder Kostensenkung zur Preissenkung verpflichtet ist, hat er nichts von Rationalisierungserfolgen. In der Praxis werden die Regulierungsbehörden im Einzelfall daher eine gewisse Gewinnspanne einräumen müssen.

7. Wiederholungsfragen

- ❍ 1. Warum gehört die Sicherung des Wettbewerbs zu den zentralen staatlichen Aufgaben? Lösung S. 122 f.
- ❍ 2. Welche Formen der Wettbewerbsbeschränkung gibt es und worin unterscheiden sie sich? Lösung S. 124
- ❍ 3. Über welche Instrumente verfügt das deutsche und europäische Wettbewerbsrecht und worin unterscheiden sie sich? Lösung S. 125
- ❍ 4. Was versteht man unter einer marktbeherrschenden Stellung? Lösung S. 126
- ❍ 5. Unter welchen Voraussetzungen kann eine Ministererlaubnis erteilt werden? Lösung S. 126 f.
- ❍ 6. Durch welche Maßnahmen lassen sich mögliche negative Konsequenzen einer Höchstpreisregelung verhindern? Lösung S. 131
- ❍ 7. Welcher Umverteilungseffekt ist mit einer Mindestpreisregelung verbunden? Lösung S. 132
- ❍ 8. Was versteht man unter einer Steuerüberwälzung? Lösung S. 134
- ❍ 9. Welche Reaktion ist letztlich ausschlaggebend für die Existenz von Wohlfahrtseffekten in Verbindung mit einer Verbrauchsteuer? Lösung S. 136
- ❍ 10. Unter welchen Voraussetzungen gelingt eine vollständige Steuerüberwälzung und welche Wohlfahrtseffekte ergeben sich daraus? Lösung S. 136
- ❍ 11. Welche Marktseite trägt mehr an der Steuerlast, die Konsumenten oder die Produzenten? Lösung S. 136
- ❍ 12. Welches Ziel wird mit der Anwendung der sog. Pigou-Steuer zu erreichen versucht? Lösung S. 140
- ❍ 13. Unter welchen Voraussetzungen ist es zu rechtfertigen, mit Hilfe einer Pigou-Steuer die Schädigung der Umwelt komplett zu unterbinden? Lösung S. 140
- ❍ 14. Welche Handelswirkung ist mit einer Zollsenkung verbunden? Lösung S. 142
- ❍ 15. Warum bedarf die Privatisierung von Unternehmen in einer natürlichen Monopolsituation staatlicher Regulierung? Lösung S. 143
- ❍ 16. Was versteht man unter einer second-best-Lösung? Lösung S. 144

Makroökonomie – Volkswirtschaftliches Rechnungswesen

Lernziele dieses Kapitels

Die Studierenden sollen nach der Lektüre dieses Kapitels

- die Bedeutung sowie den Aufbau der VGR und der Zahlungsbilanz verstehen.
- die verschiedenen Berechnungsmethoden des BIP kennen und anwenden können.
- das BIP als Wohlstandsindikator kritisch einschätzen können.
- die Reformansätze zur Wohlstandsmessung erläutern und beurteilen können.
- die Teilbilanzen der Zahlungsbilanz inhaltlich abgrenzen sowie der wechselseitigen Beziehungen nachvollziehen können.

Die wichtigsten Informationen über die Vorgänge in einer Volkswirtschaft stellt das volkswirtschaftliche Rechnungswesen zur Verfügung. Kernstück des volkswirtschaftlichen Rechnungswesens ist die Volkswirtschaftliche Gesamtrechnung.

Daneben werden folgende Ergänzungsrechnungen durchgeführt:

Vermögensrechnung

- die Vermögensrechnung, in der die Höhe und Zusammensetzung des Vermögens der Wirtschaftssubjekte ausgewiesen wird,

Input-Output-Rechnung

- die Input-Output-Rechnung, um u.a. die intersektoralen Güterströme und damit die Interdependenzen zwischen den einzelnen Industrien sichtbar zu machen,

Finanzierungsrechnung

- die Finanzierungsrechnung, welche u.a. die Kreditbeziehungen zwischen den Wirtschaftssubjekten registriert und

Zahlungsbilanz

- die Zahlungsbilanz, in der die zwischen In- und Ausländern stattfindenden Transaktionen und Änderungen in den Kreditbeziehungen festgehalten werden (siehe Kap. »Mikroökonomie – Theoretische Grundlagen«, Abschn. 2).

1. Die Volkswirtschaftliche Gesamtrechung

Die Volkswirtschaftliche Gesamtrechnung (VGR) erfasst die in einem Land durch die Wirtschaftstätigkeit während einer Periode neu geschaffenen Werte (die sog. Wertschöpfung) sowie deren Verwendung und Verteilung. Theoretische Grundlage der VGR ist die Kreislaufanalyse (siehe Kap. »Einführung in die Volkswirtschaftslehre«, Abschn. 3). Da in der VGR alle wirtschaftlichen Transaktionen einer abgelaufenen Periode als realisierte Größen dargestellt werden, handelt es sich bei ihr um eine Ex-Post-Betrachtung. In sie gehen nur Stromgrößen und keine Bestandsgrößen ein.

Wertschöpfung

Ex-Post-Betrachtung

Volkswirtschaftliche Gesamtrechnung und ihre Bedeutung

Die Ergebnisse der VGR informieren über die produktiven Leistungen einer Volkswirtschaft (Informationsfunktion). Sie dienen als Grundlage für langfristige Prognosen der wirtschaftlichen Entwicklung sowie wirtschaftspolitischer Entscheidungen (Prognosefunktion). Zudem ermöglichst sie die wirtschaftliche Erfolgskontrolle, da sie mit der Erfassung aller volkswirtschaftlichen Daten ein nachträglichen Vergleich der politisch gesetzten Zielwerte mit den realisierten Werten möglich ist (Kontrollfunktion).

Die VGR ist international weitestgehend standardisiert, da u.a. das über die VGR errechnete Bruttoinlandsprodukt (BIP) einer Volkswirtschaft häufig den Mitgliedsbeiträgen einzelner Länder an internationale Organisationen (z.B. dem Internationalen Währungsfonds und der Europäischen Union) zugrunde liegt. Darüber hinaus ist das BIP Grundlage internationaler Ländervergleiche von Wohlstand und Wirtschaftsleistung einer Volkswirtschaft.

Europäisches System Volkswirtschaftlicher Gesamtrechnungen

Für die Mitgliedstaaten der EU gilt seit 1995 das Europäisches System Volkswirtschaftlicher Gesamtrechnungen (ESVG 1995), auf dessen Grundlage alle nationalen Daten für EU-Zwecke ermittelt werden müssen, um eine bessere Vergleichbarkeit gesamtwirtschaftlicher Daten zu erreichen. Das ESVG selbst wurde wiederum auf der Grundlage des »System of National Accounts« der Vereinten Nationen entwickelt.

Sektorgliederung

Abb. E.1 gibt einen Überblick über die Sektorgliederung des ESVG. Wie in der Kreislaufanalyse finden sich hier der »Staat«, die »privaten Haushalte« und die »übrige Welt«. Darüber hinaus gibt es den Sektor »Private Organisationen ohne Erwerbscharakter«. Der Unternehmenssektor ist nicht explizit genannt. Unternehmen sind sowohl in den Sektoren »Finanzielle Kapitalgesellschaften« und »Nichtfinanzielle Kapitalgesellschaften«, als auch im Sektor »Private Haushalte« enthalten. Um die wirtschaftlichen Transaktionen zwischen den Sektoren, mit

Hilfe der doppelten Buchführung, abbilden zu können, wird ein Kontensystem verwendet.

Sektor	Bezeichnung	Enthaltene Wirtschaftseinheiten
S. 1	Gesamte Volkswirtschaft	
S. 11	Nichtfinanzielle Kapitalgesellschaften	AG, GmbH, OHG, KG, Öffentliche Krankenhäuser; Staatliche Eigenbetriebe
S. 12	Finanzielle Kapitalgesellschaften	Banken, Versicherungen, Pensionskassen, Börsen
S. 13	Staat	Bund, Länder, Gemeinden, Sozial-Versicherungen
S. 14	Private Haushalte	Selbständige, Einzelunternehmer, Freiberufler, abhängig Beschäftigte, Landwirte, Handwerker
S. 15	Private Organisationen ohne Erwerbszweck	Gemeinnützige Organisationen, Kirchen, Stiftungen, Vereine, Gewerkschaften, Parteien
S. 2	Übrige Welt	EU-Staaten, Drittländer, Internationale Organisationen

Abb. E.1. Die Sektorengliederung im ESVG 1995

1.1 Das Bruttoinlandsprodukt, Bruttonationaleinkommen und Volkseinkommen

Bruttoinlandsprodukt

Das Bruttoinlandsprodukt (BIP) misst alle für den Endverbrauch bestimmten Güter und Dienstleistungen, die in einem Land in einem bestimmten Zeitraum hergestellt werden.

Da sich *ex-post* die angebotene und die nachgefragte Menge immer entsprechen müssen und das in einer Periode erstellte Angebot an Gütern und Dienstleistungen stets in voller Höhe zu Einkommen führt, kann das BIP sowohl über die Entstehungsrechnung und die Verteilungsrechnung als auch über die Verwendungsrechnung ermittelt werden.

Berechnungsarten des Bruttoinlandsprodukts

- Die Entstehungsrechnung erfasst das BIP im Zeitpunkt der Produktion der Güter und Dienstleistungen. Sie ermittelt, wie hoch das gesamtwirtschaftliche Angebot in einer Periode war und erlaubt Informationen darüber, welche Wirtschaftsbereiche in welchem Umfang zur Entstehung des BIP beigetragen haben.
- Die Verteilungsrechnung errechnet den Wert der produzierten Güter aus dem bei der Produktion entstandenen Einkommen, das sich auf Arbeitnehmer, Unternehmer oder Vermögenseigentümer verteilt.
- Die Verwendungsrechnung erfasst, welche Sektoren in welcher Höhe Güter und Dienstleistungen konsumiert oder investiert haben.

Die drei Berechnungsmethoden dienen unterschiedlichen Politikbereichen als Informationsgrundlage. Die Entstehungsrechnung ist mit der Betrachtung von Produktionswerten hilfreich für die Struktur- und Regionalpolitik. Die Verteilungsrechnung liefert Erkenntnisse für die Einkommens und Vermögenspolitik. Die Verwendungsrechnung ist Grundlage für die Konjunkturpolitik (siehe Kap. »Makroökonomie – Ziele der Wirtschaftspolitik«).

Die nachfolgende Abbildung gibt einen Überblick über diese Berechnungsmethoden. Dabei sind diverse Besonderheiten zu berücksichtigen, die im Folgenden erläutert werden.

<table>
<tr><td>I. Entstehungsrechnung
Produktionswert
– Vorleistungen
= Bruttowertschöpfung (unbereinigt)
– unterstellte Bankgebühr
= Bruttowertschöpfung (bereinigt)
+ Gütersteuern
– Gütersubventionen</td><td>II. Verwendungsrechnung
Private Konsumausgaben
+ Konsumausgaben des Staates
+ Bruttoinvestitionen
+ Exporte von Waren und Dienstleistungen
– Importe von Waren und Dienstleistungen</td></tr>
<tr><td colspan="2">= Bruttoinlandsprodukt (BIP)</td></tr>
<tr><td colspan="2">+ Saldo der Primäreinkommen mit der übrigen Welt
= Bruttonationaleinkommen (Bruttonationalprodukt BNP)
– Abschreibungen</td></tr>
<tr><td colspan="2">= Nettonationaleinkommen (Primäreinkommen)
– Produktions- und Importabgaben
+ Subventionen
= Volkseinkommen
– Arbeitnehmerentgelte
= Unternehmens- und Vermögenseinkommen
III. Verteilungsrechnung</td></tr>
</table>

Abb. E.2. Entstehungs-, Verwendungs- und Verteilungsrechnung.
Quelle: Statistisches Bundesamt (Hrsg.), 2004, VGR

1.1.1 Die Entstehungsrechnung

Ausgangspunkt der Entstehungsrechnung sind die Beiträge der einzelnen Wirtschaftsbereiche zum Produktionsergebnis der Volkswirtschaft. Generell unterteilt man dabei in drei Bereiche: den primären Sektor (Land- und Forstwirtschaft, Fischerei), den sekundären Sektor (Produzierendes Gewerbe: verarbeitendes Gewerbe, Baugewerbe und Sonstige Produzierende Gewerbe) sowie den tertiären Sektor (die Dienstleistungsbereiche: Handel, Gastgewerbe und Verkehr, Finanzierung, Vermietung und Unternehmensdienstleister, öffentliche und private Dienstleister). Für jeden dieser Bereiche wird zunächst die (unbereinigte) Bruttowertschöpfung ermittelt.

Bruttowertschöpfung

Vom Produktionswert über die Bruttowertschöpfung zum Bruttoinlandsprodukt

Dazu werden vom Produktionswert (der Summe aus Verkäufen von Waren und Dienstleistungen, dem Wert der Bestandsveränderungen an Halb- und Fertigwaren aus eigener Produktion und dem Wert der selbsterstellten Anlagen) die Vorleistungen abgezogen. Vorleistungen umfassen den Wert der Güter und Dienstleistungen (u.a. Rohstoffe, Vorprodukte, Transportkosten und Mieten), die inländische Wirtschaftseinheiten von anderen Wirtschaftssubjekten bezogen und im Berichtszeitraum bei der Produktion verbraucht haben.

Der Abzug ist erforderlich, da die auf einer vorhergehenden Produktionsstufe geschaffenen Werte bei einer erneuten Berücksichtigung auf der nachfolgenden Produktionsstufe zu einer Doppelzählung führen würden. Die Bruttowertschöpfung wäre zu hoch ausgewiesen und von der Anzahl der Produktionsstufen abhängig. Ohne Vorleistungen erhält man die reine Wertschöpfung des Unternehmens zum betreffenden Produkt bzw. seinen Beitrag zur Bruttowertschöpfung in der Volkswirtschaft.

Abbildung E.3 zeigt in sehr vereinfachter Form – unberücksichtigt bleiben u.a. mögliche Lagerbestandsveränderungen und Steuerzahlungen – den Produktionsprozess vom Getreide zum Brot. Ausgangspunkt ist die Produktion von Getreide, zu deren Herstellung der Landwirt Tagelöhner, seine eigene Arbeitskraft sowie seinen eigenen Grund und Boden einsetzt.

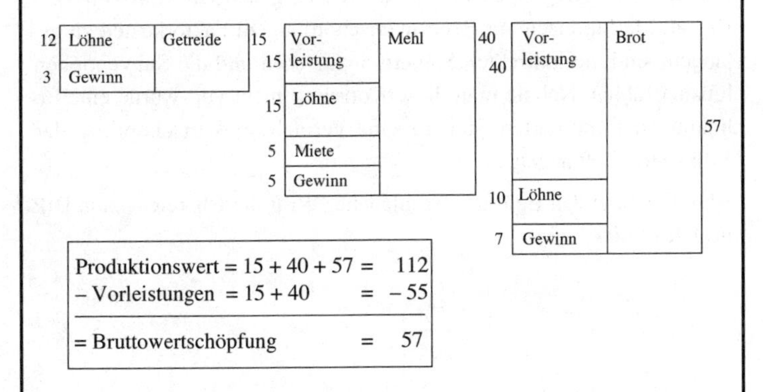

Abb. E.3. Wertschöpfung auf mehreren Produktionsstufen. Quelle: modifiziert nach Altmann, J. (2003), Volkswirtschaftslehre, 6. Auflage, S. 118

Die Entlohnung der Produktionsfaktoren entspricht 12 bzw. 3 Einheiten (E). Der Gewinn von 3 E entspricht eigentlich Zahlungen, die der Landwirt an sich selbst leistet; aus betriebswirtschaftlicher Sicht sind dies der kalkulatorische Unternehmerlohn und die kalkulatorische Miete bzw. Pacht.

Der Landwirt verkauft sein Getreide zu 15 E an den Müller, der durch den Einsatz von Arbeit (Löhne 15 E) und einer angemieteten Mühle (Miete 5 E) aus dem Getreide Mehl herstellt. Unter Berücksichtigung eines Gewinns von 5 E verkauft dieser wiederum das Mehl zu einem Preis von 40 E an den Bäcker, der seinerseits unter Einsatz weiterer Produktionsfaktoren das Mehl zu Brot verarbeitet.

Ingesamt ergibt sich somit ein Produktionswert von 112 E. Die eigentliche Bruttowertschöpfung über alle Produktionsstufen hinweg, entspricht aber nur 57 E (Produktionswert minus Vorleistungen), wobei der Beitrag der einzelnen Produktionsstufen sich wie folgt verteilt: Landwirt 15 E, Müller 25 E und Bäcker 17 E.

Gütersteuern abzüglich der Subventionen

Um das zu Marktpreisen bewertete BIP zu erhalten, wird die bereinigte Bruttowertschöpfung um den Saldo aus den »Gütersteuern abzüglich der Subventionen« korrigiert, da bisher alle Güter und Dienstleistungen nur zu Faktorkosten bewertet wurden. Marktpreise hingegen enthalten indirekte Steuern und mitunter auch preismindernde Subventionen.

Dieselben Überlegungen gelten für den umgekehrten Fall. Um vom BIP zu Marktpreisen zur Bruttowertschöpfung zu Faktorkosten zu gelangen, sind die indirekten Steuern abzuziehen und die Subventionen hinzuzuzählen. Nähme man diese Korrektur nicht vor, würde eine Erhöhung der indirekten Steuern eine vermehrte Wertschöpfung der Volkswirtschaft anzeigen.

Abb. E.4 zeigt den Beitrag verschiedener Wirtschaftsbereiche zum BIP im Jahre 2004.

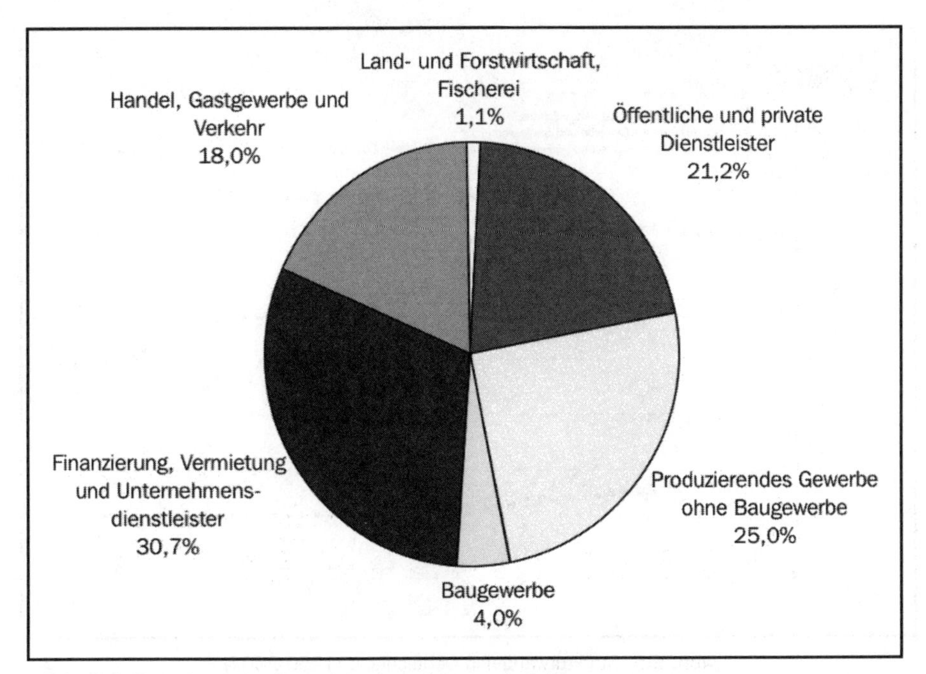

Abb. E.4. Entstehung des Bruttoinlandsprodukts nach Sektoren.
Quelle: Statisches Bundesamt (Hrsg.), 2004, VGR

Abb. E.5 macht den Strukturwandel in Deutschland deutlich. Demnach hat die relative Bedeutung des produzierenden Gewerbes ständig abgenommen. Sein Anteil an der Bruttowertschöpfung lag im Jahre 2001 nur noch bei rund 30 % gegenüber 50 % im Jahre 1950. Damit hat der Strukturwandel Deutschland – wie übrigens alle entwickelten Länder – zur Dienstleistungsgesellschaft gemacht.

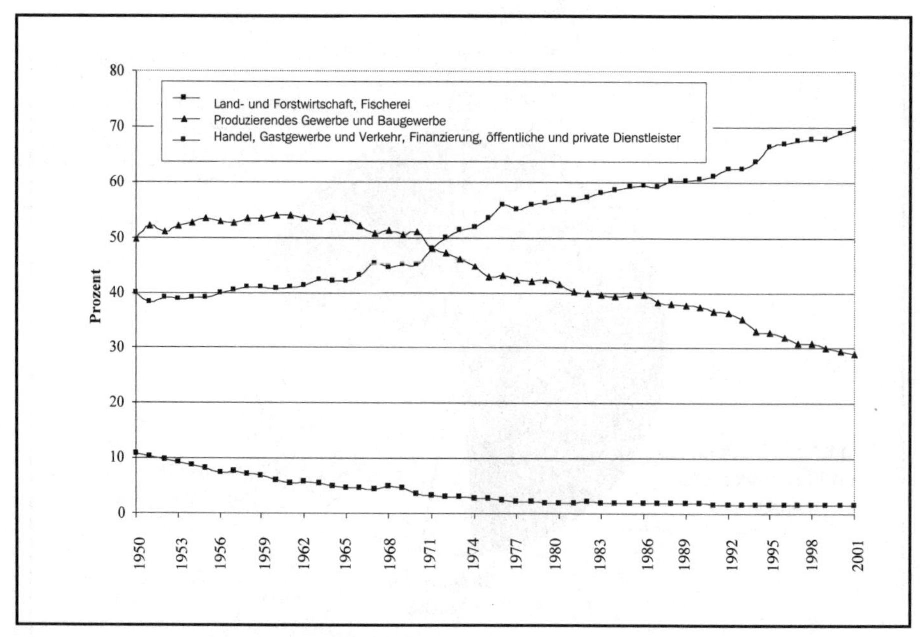

Abb. E.5. Strukturwandel in Deutschland (1950-2004).
Quelle: Statistisches Bundesamt

Saldo der Primäreinkommen mit der übrigen Welt

Ausgehend vom BIP erhält man das Bruttonationaleinkommen (= Bruttonationalprodukt: BNP), indem man zum BIP den Saldo der Primäreinkommen mit der übrigen Welt addiert. Der Saldo errechnet sich aus der Differenz aller Einkommen, die Inländer aus dem Ausland bezogen haben (empfangene Primäreinkommen aus der übrigen Welt) und aller Einkommen, die Ausländer im Inland bezogen haben (geleistete Primäreinkommen an die übrige Welt).

Vom Bruttoinlandsprodukt zum Bruttonationaleinkommen

Inlandskonzept versus Inländerkonzept

Das Bruttoinlandsprodukt (BIP) misst alle für den Endverbrauch bestimmten Güter und Dienstleistungen, die in einem Land (Inlandskonzept) in einem bestimmten Zeitraum hergestellt werden, unabhängig davon, ob die Hersteller Inländer (ständiger Wohnsitz im Inland) oder Ausländer sind.

Das Bruttonationaleinkommen (BNE) bezieht sich auf die Güter und Dienstleistungen, die mit Hilfe der Faktorleistungen der Bewohner eines bestimmten Landes (Inländerkonzept) produziert werden, unabhängig davon, ob diese Faktorleistungen im Inland oder in der übrigen Welt erbracht wurden.

Stehen konjunktur-, wachstums- und beschäftigungspolitische Aspekte im Vordergrund der Betrachtung ist das BIP der bessere Indikator. Beispielsweise spielt es bei der Schaffung von Arbeitsplätzen keine Rolle, ob dies durch Inländer oder Ausländer erreicht wurde. Für die

Beurteilung von Entwicklungen bei der Einkommensverteilung ist das BNP vorzuziehen, da hier auch Einkommen interessieren, die Inländer im Ausland erzielen.

Vom BIP bzw. BNP zum Nettoinlandseinkommen bzw. Nettonationaleinkommen gelangt man durch Abzug der Abschreibungen. Mit Hilfe der Abschreibungen werden Wertminderungen des Anlagevermögens berücksichtigt, die durch den Verbrauch oder das Veraltern von Gütern entstehen.

1.1.2 Die Verteilungsrechnung

Die Verteilung des Nettonationaleinkommens lässt sich über das Volkseinkommen ermitteln. Das Volkseinkommen (Nettonationaleinkommen zu Faktorpreisen) entspricht der Summe allen Inländern zugeflossenen Erwerbs- und Vermögenseinkommen. Man erhält es, indem man vom Nettonationaleinkommen zu Marktpreisen die vom Staat empfangenen Produktions- und Importabgaben wieder subtrahiert und die Subventionen addiert.

Das Volkseinkommen wird unterteilt in das Arbeitnehmerentgelt (einschließlich der von den Arbeitgebern geleisteten Beiträge zur Sozialversicherung) und das Unternehmens- und Vermögenseinkommen. Als Restgröße ermittelt (Volkseinkommen minus Arbeitnehmerentgelt) beinhaltet es z.B. Zinsen, Dividenden, Mieten sowie Gewinne und stellt die Entlohnung der Produktionsfaktoren Arbeit, Natürliche Ressourcen und Kapital dar.

Lohnquote und Gewinnquote

Den Anteil des Arbeitnehmerentgeltes am Volkseinkommen bezeichnet man als gesamtwirtschaftliche Lohnquote und den Anteil des Unternehmens- und Vermögenseinkommens als Gewinnquote.

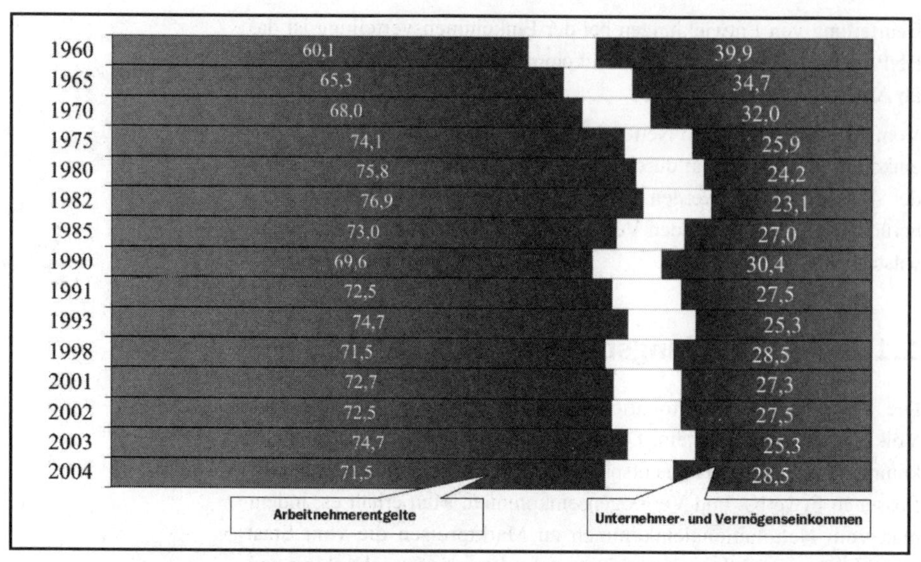

Abb. E.6. Verteilung des Volkseinkommens (1960 – 2004).
Quelle: Statistisches Bundesamt

Der Wert und die Entwicklung der beiden Quoten spielt in sozial- und gesellschaftspolitischen Diskussionen keine unbedeutende Rolle. Dennoch ist bei der Verwendung dieser Quoten als Maß einer ungleichen Einkommensverteilung (zwischen Kapitalbesitzern und Arbeitnehmern) Vorsicht geboten.

Zum einen sind in der Lohnquote z.B. auch alle Bezüge von Vorstandsmitgliedern enthalten und zum anderen beziehen immer mehr Arbeitnehmer Einkommen aus Vermögen. Des Weiteren sind im Unternehmens- und Vermögenseinkommen, ermittelt als Differenz aus Volkseinkommen und Arbeitnehmerentgelt auch alle statistischen Unzulänglichkeiten enthalten.

Schließlich muss berücksichtigt werden, dass die Lohnquote schon deswegen steigen kann, weil die Zahl der Lohnempfänger stetig zunimmt (beispielsweise weil Selbständige ihre Tätigkeit aufgeben und eine unselbständige Beschäftigung annehmen), weshalb auch regelmäßig die um diesen Struktureffekt bereinigte Lohnquote ermittelt wird.

Bereinigte Lohnquote

Funktionale und personale Einkommensverteilung

Die so in der VGR vorgenommene Verteilung des Volkseinkommens wird als primäre funktionale Einkommensverteilung bezeichnet. Um Informationen über die personale Einkommensverteilung zu erhalten, bedarf es zusätzlicher Modifikationen und Ergänzungen. Zu bedenken ist zunächst, dass die Haushalte mitunter nicht nur den Produktionsfaktor Arbeit zur Verfügung stellen, sondern zusätzlich den Produktionsfaktor Boden und/oder Kapital.

Darüber hinaus wird die primäre Einkommensverteilung vom Staat mittels umverteilungspolitischer Maßnahmen korrigiert. Die sekundäre persönliche Einkommensverteilung (das verfügbare Einkommen) berücksichtigt diese staatlichen Eingriffe, indem geleistete Steuern und Sozialbeiträge abgezogen und empfangene staatliche Geldleistungen (u.a. Renten, Kindergeld) hinzugerechnet werden.

1.1.3 Die Verwendungsrechnung

Da wie bereits erwähnt bei der Ex-Post-Betrachtung Angebot und Nachfrage übereinstimmen müssen, kann das BIP auch über die Nachfrage (die Verwendung) ermittelt werden. Dazu addiert man alle Komponenten der gesamtwirtschaftlichen Nachfrage: Private Konsumausgaben, Konsumausgaben des Staates, Bruttoanlagein-vestitionen, Vorratsänderungen und Exporte. Um die Nachfrage nach den im Inland produzierten Gütern zu ermitteln, werden die Importe von Waren und Dienstleistungen, die in den anderen Komponenten des BIP schon enthalten sind, abgezogen.

Private Konsumausgaben

Die privaten Konsumausgaben (C_{pr}) enthalten die Waren- und Dienstleistungskäufe der inländischen privaten Haushalte für Konsumzwecke (z.B. ein Abendessen im Restaurant) und den Eigenverbrauch der privaten Organisationen ohne Erwerbscharakter.

Konsumausgaben des Staates

Bei den Konsumausgaben des Staates (C_{st}) handelt es sich um den Wert der Güter, die vom ihm selbst bereitgestellt werden. Da sich der Wert staatlicher Leistungen nicht über Marktpreise erfassen lässt, werden diese zu ihren Herstellungskosten bewertet. In die Konsumausgaben des Staates gehen auch seine laufenden Ausgaben, wie die Löhne und Gehälter an die Bediensteten ein. Nicht enthalten sind Transferleistungen, da ihnen im Austausch kein produziertes Gut gegenübersteht.

Investitionen

Jede Verwendung von Produktionsfaktoren, die der Erhaltung, Verbesserung und Vergrößerung des Bestands an Realkapital dient, wird als Investition bezeichnet. Die Bruttoanlageinvestitionen (I) werden in der VGR untergliedert in Ausrüstungsinvestitionen (Maschinen, Geräte, Fahrzeuge), Bauten (Wohnbauten, Nichtwohnbauten) und sonstige Anlagen (u.a. Urheberrechte, Computersoftware, Nutztiere). Vorratsänderungen betreffen neu produzierte Güter, die noch nicht ihrer endgültigen Verwendung zugeführt sind.

Außenbeitrag

Den Saldo aus Exporten und Importen (Ex-Im) bezeichnet man als Außenbeitrag. Ein positiver Saldo im Außenbeitrag bedeutet, dass diese Volkswirtschaft einen Teil ihres BIP in Form von Gütern und Dienstleistungen an das Ausland abgibt. Ein negativer Saldo bedeutet, dass sie mehr Güter und Dienstleistungen im Inland verbraucht, als sie selbst produziert hat.

Die Komponenten der Verwendungsseite

Die Verwendungsseite kann damit zusammenfassend durch folgende beschrieben werden:

$$BIP = C_{pr} + C_{st} + I + (Ex - Im)$$

Diese Gleichung ist eine Identitätsgleichung, da sie immer erfüllt sein muss. Die Gesamtsumme aller vier Komponenten muss genau dem BIP entsprechen, denn jeder Euro an Ausgaben, der im BIP enthalten ist, kann einer der vier Komponenten zugeordnet werden.

Abb. E.7 gibt die wertmäßige Bedeutung der einzelnen Verwendungsarten bei der Zusammensetzung des BIP an.

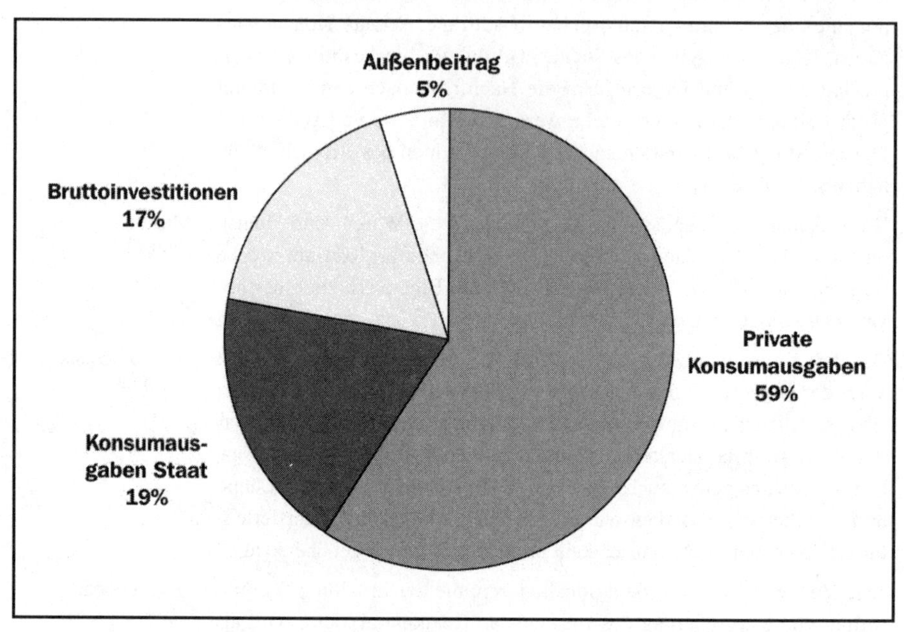

Abb. E.7. Zusammensetzung des BIP nach Verwendung (2004).
Quelle: Statistisches Bundesamt

1.2 Im Labyrinth internationaler Wohlstandsvergleiche

Das BIP dient häufig als Indikator für zeitliche und internationale Vergleiche von Wohlstand und Wirtschaftsleistung einer Volkswirtschaft. Im Zeitvergleich ist die Entwicklung dieser Größe ein wichtiger Maßstab für die Konjunktur- und Wachstumspolitik. Im internationalen Vergleich ist das BIP Indikator für die wirtschaftliche Leistungsfähigkeit bzw. den Wohlstand verschiedener Länder. Um zu aussagekräftigen Informationen zu gelangen, bedarf es jedoch noch einiger Modifikationen bzw. kritischer Anmerkungen.

1.2.1 Reales und nominales Bruttoinlandsprodukt

Insbesondere zeitliche Vergleiche erfordern die Berücksichtigung der Preisniveauentwicklung, da ein wertmäßiger Anstieg des BIP allein aufgrund von Preissteigerungen keine Erhöhung der Wirtschaftsleistung bzw. einen Wohlstandszuwachs darstellt.

Die nachfolgende Abbildung macht deutlich, dass eine Erhöhung des BIP – zusammengesetzt aus einer Mengen- und Preiskomponente – vielfältige Ursachen haben kann. Der erhöhte Wert im Jahre 2 gegenüber dem Jahre 1 lässt sich u.a. zurückführen auf, (a) allein auf eine Erhöhung der Gütermenge, (b) einen Rückgang der Gütermenge bei gleichzeitigern Erhöhung der Preise, (c) eine Erhöhung der Gütermenge und gleichzeitigem Rückgang der Preise.

Jahr 1	Jahr 2	
$x \cdot p = 1.000 <$	$x \cdot p = 1.200$	
$100 \cdot 10$	(a)	$120 \cdot 10$
	(b)	$100 \cdot 12$
	(c)	$150 \cdot 8$

Abb. E.8. Veränderung des nominalen BIP. Quelle: modifiziert nach Altmann, J. (2003), Volkswirtschaftslehre, 6. Aufl., S. 151

Nominales und reales Bruttoinlandsprodukt

Das zu aktuellen Preisen bewertete BIP wird als nominales Bruttoinlandsprodukt bezeichnet. Um die tatsächliche Gütermengenentwicklung zu erfassen, müssen die preisbedingten Veränderungen des BIP herausgerechnet werden. Dazu werden, ausgehend von einem Basisjahr, die Gütermengen der Folgejahre zu den Preisen des Basisjahres bewertet. Das zu konstanten Preisen eines Basisjahres bewertete BIP wird als reales Bruttoinlandsprodukt bezeichnet. Erst der Vergleich des realen BIP, in das Preisänderungen nicht eingehen, erlaubt einen Rückschluss über die Entwicklung der Produktionsleistungen einer Wirtschaft. Das Wachstum einer Volkswirtschaft wird daher immer an der prozentualen Änderung des realen BIP, bezogen auf eine frühere Periode, gemessen.

1.2.2 Pro-Kopf-Einkommen und Verteilung

Pro-Kopf-Einkommen

Um den Einfluss unterschiedlicher Bevölkerungszahlen auszuschalten, werden bei internationalen Vergleichen Pro-Kopf-Größen verwendet. Wächst die Bevölkerung schneller als das BIP, sinkt das BIP pro Kopf, was u.a. auf einen im Zeitablauf geringeren Wohlstand des Landes hindeuten könnte.

Pro-Kopf-Zahlen sind aber nur statistische Durchschnittszahlen und ohne Berücksichtigung der tatsächlichen Verteilungssituation für den Wohlstand eines Landes wenig aussagekräftig, wenn dieser auch von einer mehr oder weniger gleichmäßigen Einkommensverteilung bestimmt wird.

1.2.3 BIP und Umwelt

Externe Effekte

Bei der Berechnung des BIP bleiben externe Effekte wie Luftverschmutzung, Wasserverunreinigung, Lärmbelästigung und die Umweltnutzung unberücksichtigt. Als wertschöpfend und damit wohlstandssteigernd wirkt dagegen die Beseitigung von Umweltschäden. Kurioserweise führt die Wiederherstellung des ursprünglichen Zustandes der Umwelt somit zu einer Erhöhung des Wohlstandsmaßstabs BIP.

In gleicher Weise wertschaffend wirken nach der derzeitigen Berechnungsmethode Krankheiten (z.B. ausgelöst durch Mobbing am Arbeitsplatz) und Reparaturen nach Autounfällen durch die zu ihrer Beseitigung erbrachten Leistungen. Wertschöpfungssteigernd ist ferner der erhöhte Benzinverbrauch, ausgelöst durch Staus auf dem Weg zum Arbeitsplatz oder in den Urlaub.

1.3 Weitere Erfassungs- und Bewertungsprobleme

Güterstruktur

Zweifellos wird der Wohlstand eines Landes auch von der Güterstruktur mitbestimmt. Einschätzungen über den Lebensstandard sollten daher Informationen über die Verwendungsstruktur einschließen. Die Produktion von Kriegsgütern erhöht zwar das BIP nicht aber notwendigerweise die Qualität des Lebens.

Freizeit

Unberücksichtigt bleibt bei einem alleinigen Vergleich der Werte des BIP, mit welchen Mühen und Anstrengungen (z.B. lange Arbeitszeiten oder schnelles Arbeitstempo) dieses erzeugt wurde. Das Ausmaß an Freizeit dürfte jedoch für die meisten von uns ein entscheidendes Kriterium für Wohlstand und Lebensqualität sein.

Herstellungskosten

Staatliche Leistungen, denen keine Marktpreise zugrunde liegen, werden in der VGR zu ihren Herstellungskosten bewertet. Dies bedeutet jedoch, dass das BIP mit jeder Kostenerhöhung (z.B. jeder Gehaltserhöhung der öffentlichen Bediensteten) größer wird, ohne dass dabei notwendigerweise ein ursächlicher Bezug zu einer besseren Güterversorgung besteht.

Schattenwirtschaft

Letztlich werden in der VGR nur solche Güter erfasst, die am Markt gehandelt werden. Wichtige wirtschaftliche Tätigkeiten, die im BIP nicht erfasst werden aber den Wohlstand mehren, sind Hausfrauenarbeit, Do-it-yourself-Arbeiten sowie jene, die in der sog. Schattenwirtschaft durchgeführt werden. Dazu zählt u.a. die gesamte Subsistenzwirtschaft, d.h. die Eigenversorgung innerhalb von Familien und der informelle Sektor (Straßenhändler, Kleinsthandwerker usw.). Alle offiziellen Berechnungen des BIP weisen daher zu niedrige Werte aus.

Das empirisch ermittelte Ausmaß der Schattenwirtschaft schwankt je nach verwendeten Berechnungsverfahren beträchtlich. Jedoch wird bei allen Verfahren im Zeitraum von 1960-2004 ein Anstieg der Schattenwirtschaft festgestellt. Schätzungen der EU-Kommission vermuten einen durchschnittlichen Anteil der nicht angemeldeten Erwerbstätigkeit am BIP der EU in Höhe von 7-16 %. Berechnungen zufolge liegt das »Wachstum im Verborgenen« in den OECD-Ländern im letzten Jahrzehnt deutlich über jenem im offiziellen Sektor.

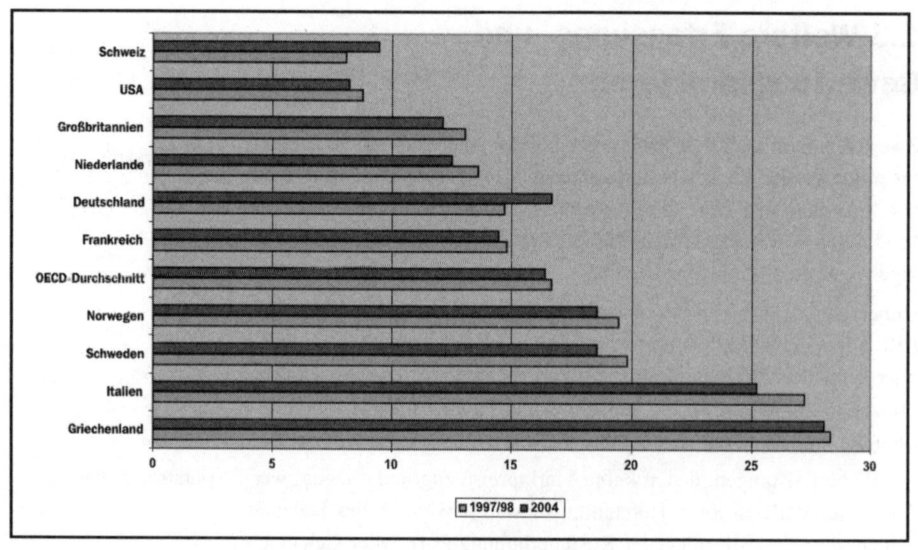

Abb. E.9. Anteil der Schattenwirtschaft in Prozent des BIP.
Quelle: www.statistik.baden-wuerttemberg.de

1.4 Reformansätze

Die oben angesprochene Kritik am BIP als Wohlstandsindikator hat zu vielen Verbesserungsvorschlägen geführt. Sie gehen im Wesentlichen in drei Richtungen.

Eine Richtung verbleibt innerhalb der Grundkonzeption der VGR und versucht lediglich durch Modifikationen des traditionellen BIP einige gravierende Mängel zu beseitigen. So plädieren einige Ökonomen dafür, die sog. defensiven Ausgaben vom Wert des traditionell berechneten BIP abzuziehen.

Defensive Ausgaben

Defensive Ausgaben sind Ausgaben, die lediglich getätigt werden, um Verschlechterungen der Lebens-, Arbeits- und Produktionsbedingungen auszugleichen, zu neutralisieren oder zu verhindern. Hierzu gehören beispielsweise Ausgaben zur Beseitigung und Vermeidung von Umweltschäden und agglomerationsbedingte Mehrausgaben (z.B. durch die Luftverunreinigung, Gesundheitsschäden, längere Arbeitswege und Kriminalität).

System sozialer Indikatoren

Eine andere Richtung geht dahin, auf eine eindimensionale Kennziffer zu verzichten und stattdessen ein System sozialer Indikatoren, das einzelne für den Wohlstand wichtige Lebensbedingungen erfasst, zu erstellen.

Solche gesellschaftlichen Kennziffern, mit denen auch nicht-ökonomische Größen und wohlfahrtsmindernde Aktivitäten erfasst werden könnten, kämen z.B. für die Bereiche Gesundheit, Bildung, Erwerbstätigkeit, Freizeit, Wohnung, Umwelt und innere Sicherheit in Frage. Ein sozialer Indikator im Bereich Gesundheit ist z.B. die Anzahl der Krankenhausbetten pro Tausend Einwohner oder im Bereich Bildung das Lehrer/Schüler-Verhältnis. Probleme gibt es jedoch u.a. bei der Auswahl der zu erfassenden Größen, ihrer Messung, Quantifizierung und Gewichtung.

Human Development Index

Ein sozioökonomischer Maßstab, der neben quantitativen auch qualitative Aspekte der Lebensverhältnisse erfasst, ist der seit 1990 vom UN-Entwicklungsprogramm (UNDP) entwickelte Human Development Index (HDI). Der HDI berücksichtigt in seiner derzeitigen Version, neben dem in seiner Kaufkraft gemessenen Pro-Kopf-Einkommen die Lebenserwartung in den einzelnen Ländern sowie deren Bildungsstand, gemessen am Alphabetisierungsgrad der Erwachsenen und am Einschulungsgrad. Abb. E.10 gibt die Rangfolge ausgewählter Länder im Jahre 2002 wieder.

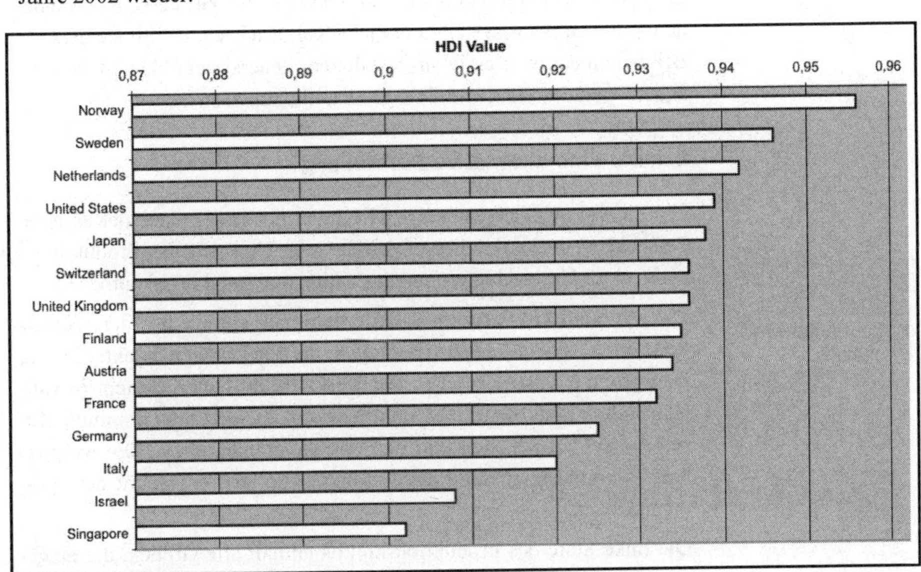

Abb. E.10. Human Development Index 2002. Quelle: www.undp.org

Satellitensysteme

Der dritte Ansatz favorisiert die Entwicklung sog. Satellitensysteme, welche die traditionelle VGR erweitern sollen. Satellitensysteme sind Datensysteme, die eng verknüpft mit dem Kernsystem VGR, für bestimmte Aufgabenbereiche wie Bildung, Gesundheitswesen und Umwelt erstellt werden.

Ökoinlandsprodukt

Das Statistische Bundesamt hat inzwischen das Satellitensystem »Umwelt« zu einer »Umweltökonomischen Gesamtrechnung« ausgebaut. Ergebnis ist das sog. Ökoinlandsprodukt, das sich ergibt, wenn vom Nettoinlandsprodukt die Nutzungskosten des nicht reproduzierbaren Naturvermögens abgezogen werden.

Ungeachtet der oben aufgezeigten Schwächen sind sich die meisten Ökonomen darin einig, dass das BIP dennoch – mit Blick auf die möglichen Alternativen – eine recht brauchbare Größe ist, um die wirtschaftliche Entwicklung zu beschreiben und den Wohlstand eines Landes abzubilden.

Bruttoinlandsprodukt und Lebensglück

Internationale Studien belegen zudem eine enge Korrelation zwischen der Höhe des BIP und dem Lebensstandard bzw. Lebensglück der Bürger, wenngleich dieser Zusammenhang eher indirekter Natur ist. So ist es nicht in erster Linie das BIP-Wachstum als solches, welches das Lebensglück mehrt, sondern vor allem der dadurch möglicherweise ausgelöste positive Beschäftigungseffekt bzw. die Milderung der starken Negativfaktoren der Arbeitslosigkeit auf die individuelle Wohlfahrt. Des Weiteren kann sich die Gesellschaft ein besseres Gesundheits- und Bildungssystem und mehr Kultur leisten, da mit steigendem BIP bei einem progressiv ausgestalteten Steuersystem ohne Steuersatzänderungen das Steuer- und Abgabenaufkommen steigt.

Exkurs: Eine alternative Darstellung

Um die vorangegangenen Ausführungen nochmals aus einer anderen Perspektive zu verdeutlichen, genügt ein Blick auf das Produktionskonto eines Unternehmens und das nationale Produktionskonto.

Produktionskonto eines Unternehmens

Das Produktionskonto eines Unternehmens enthält auf der rechten Seite alle Güter und Dienstleistungen, die Endproduktcharakter haben. Den größten Posten machen die Verkäufe an Unternehmen, private Haushalte, den Staat und das Ausland aus. Hinzu kommen die selbsterstellten Anlagen und die Vorratsveränderungen. Die wertmäßige Summe dieser Seite des Produktionskontos entspricht dem Produktionswert.

Nettowertschöpfung

Die linke Seite des Produktionskontos enthält alle Größen, die eingesetzt werden mussten, um den auf der rechten Seite aufgeführten Output, zu erzielen. Hierzu zählen alle Einkäufe von Vorleistungen anderer Unternehmen, aus dem Ausland oder vom Staat, die Abschreibungen, der Saldo aus indirekten Steuern und Subventionen sowie die Nettowertschöpfung. Die Nettowertschöpfung gibt die tatsächliche Wertschöpfung des Unternehmens an, die sich aus der Summe der gezahlten Faktorentgelte (Löhne, Pachten und Zinsen) zuzüglich des Unternehmensgewinns zusammensetzt. Der Unternehmensgewinn gleicht als Restgröße die beiden Seiten des Produktionskontos immer aus.

Abb. E.11. Produktionskonto eines Unternehmens. Quelle: modifiziert nach Bartling, H. / Luzius, F. (2004) Grundzüge der Volkswirtschaftslehre, S. 153

Nationales Produktionskonto

Im nationalen Produktionskonto sind die Produktionstätigkeiten aller Unternehmen, des Staates und der privaten Haushalte zusammengefasst. Durch die Konsolidierung werden, zur Vermeidung von Doppel- und Mehrfachzählungen, die Vorleistungsbeziehungen zwischen diesen eliminiert. Auf der linken Seite stehen nur noch die Abschreibungen, der Saldo aus indirekten Steuern minus Subventionen und die Wertschöpfung der Inländer.

<table>
<tr><td>Abschreibungen</td><td rowspan="2">Privater Konsum</td><td rowspan="5">Bruttonationaleinkommen (Bruttosozialprodukt)</td></tr>
<tr><td>Produktions- und Importabgaben minus Subventionen</td></tr>
<tr><td rowspan="3">Volkseinkommen = Wertschöpfung der Inländer</td><td>Staatlicher Konsum</td></tr>
<tr><td>Bruttoinvestitionen (privat und staatlich)</td></tr>
<tr><td>Exporte minus Importe (Außenbeitrag)</td></tr>
<tr><td>Entstehung (Verteilung) des Bruttonationaleinkommens</td><td colspan="2">Verwendung des Bruttonationaleinkommens</td></tr>
</table>

Abb. E.12. Nationales Produktionskonto. Quelle: modifiziert nach Bartling, H. / Luzius, F. (2004) Grundzüge der Volkswirtschaftslehre, S. 153

Auf der rechten Seite stehen der private und staatliche Konsum, die staatlichen und privaten Bruttoinvestitionen sowie der Außenbeitrag (Exporte minus Importe). Insgesamt gibt die rechte Seite die Verwendung des Bruttonationaleinkommens an, während die linke Seite Informationen über die Entstehung und Verteilung des Nationaleinkommens liefert.

Zieht man vom Bruttonationaleinkommen die Abschreibungen ab, so ergibt sich das Nettonationaleinkommen. Zum Volkseinkommen gelangt man, wenn man von diesem den Saldo aus indirekten Steuern und Subventionen abzieht. Beide gehen in die Marktpreise ein, sind aber nicht Teil der Faktorkosten. Das so ermittelte Volkseinkommen entspricht wiederum der Summe aller Einkommen (Summe der Wertschöpfungen aller Unternehmen), die den Inländern in einem Jahr zugeflossen sind.

2. Die Zahlungsbilanz

Ein weiteres wichtiges Rechnungswerk neben der Volkswirtschaftlichen Gesamtrechung ist die Zahlungsbilanz. Sie erfasst alle ökonomischen Transaktionen, die zwischen Inländern und Ausländern während eines bestimmten Zeitraums getätigt werden. Inländer sind jene Wirtschaftssubjekte, deren wirtschaftliche Aktivität überwiegend im Inland konzentriert ist wie z.B. eine in Deutschland ansässige und produzierende Tochter eines ausländischen Unternehmens. Die Staatsangehörigkeit ist irrelevant.

Zahlungsbilanz

In Deutschland wird die Zahlungsbilanz von der Deutschen Bundesbank erstellt. Seit Beginn der Wirtschafts- und Währungsunion in Europa wird von der Europäischen Notenbank zusätzlich eine gemeinsame Zahlungsbilanz für das Gebiet der beteiligten Länder veröffentlicht.

In der Zahlungsbilanz werden keine Bestände, sondern Stromgrößen (Veränderungen) erfasst. Die Erfassung erfolgt nach dem Prinzip der doppelten Buchführung. Während die einzelnen Teilbilanzen durchaus von Null verschiedene Salden aufweisen können, muss die Zahlungsbilanz selbst stets ausgeglichen sein, d.h., die Salden aller Teilbilanzen müssen sich auf Null addieren.

Konzeptioneller Aufbau der Zahlungsbilanz

2.1 Die Gliederung der Zahlungsbilanz

Je nach Art der Transaktionen lässt sich die Zahlungsbilanz in vier zentrale Teilbilanzen untergliedern:

- Die Leistungsbilanz erfasst sämtliche Güter- und Faktorleistungen, die aus dem Ausland kommen und in das Ausland fließen.

Leistungsbilanz

- Die Bilanz der Vermögensübertragungen enthält alle einseitigen Transaktionen von Gütern, Faktorleistungen und Forderungen aus dem bzw. in das Ausland. Es handelt sich hierbei um einmalige Übertragungen.

Bilanz der Vermögensübertragungen

- Die Kapitalbilanz zeigt, wie diese Leistungstransaktionen und Vermögensübertragungen finanziert werden. Sie erfasst die Veränderungen der Forderungen und Verbindlichkeiten des Inlands gegenüber dem Ausland.

Kapitalbilanz

- Die Devisenbilanz führt alle Transaktionen auf, die durch die nationale Zentralbank finanziert werden. So können auf den ersten Blick Informationen über Veränderungen bei den von der Notenbank gehaltenen Währungsreserven abgelesen werden. Die Veränderungen der Währungsreserven sind u.a. für die Einschätzung

Devisenbilanz

der internationalen Zahlungsfähigkeit eines Landes von Bedeutung.

Die nachfolgende Abbildung enthält die vier zentralen Teilbilanzen und weitere Untergliederungen, wie sie von der Deutschen Bundesbank durchgeführt werden.

Zahlungsbilanz

Aktiva (Zahlungseingänge durch		Passiva (Zahlungsausgänge durch)
	I. LEISTUNGSBILANZ	
Warenexport	1. Handelsbilanz	Warenimport
Dienstleistungsexport	2. Dienstleistungsbilanz	Dienstleistungsimport
	Saldo = Außenbeitrag zum Bruttoinlandsprodukt	
Empfangene	3. Bilanz der Erwerbs- und Vermögenseinkommen	Geleistete
Empfangene	4. Bilanz der laufenden Übertragungen	Geleistete
	II. BILANZ DER VERMÖGENSÜBERTRAGUNGEN	
Empfangene		Geleistete
	III. KAPITALBILANZ	
Kapitalimport Abnahme der Forderungen bzw. Zunahme der Verbindlichkeiten gegenüber Ausländern		Kapitalexport Zunahme der Forderungen bzw. Abnahme der Verbindlichkeiten gegenüber Ausländern
	IV. DEVISENBILANZ	
Zunahme der Verbindlichkeiten und Abnahme der Devisenreserven und Goldbestände der Zentralbank		Zunahme der Forderungen und Zunahme der Devisenreserven und Goldbestände der Zentralbank
	V. SALDO DER STATISTISCH NICHT AUFGLIEDERBAREN TRANSAKTIONEN	

Abb. E.13. Teilbilanzen der Zahlungsbilanz. Quelle: in Anlehnung an Bartling, H., Luzius, F. (2004), S. 281

2.1.1 Die Leistungsbilanz

Die Leistungsbilanz setzt sich aus vier Teilbilanzen zusammen:

Handelsbilanz

Importe: cif-Werte

Exporte: fob-Werte

Die Handelsbilanz erfasst den Warenhandel (Warenausfuhr und -einfuhr) eines Landes. Importe werden in der Regel mit ihren cif-Werten und Exporte mit ihren fob-Werten erfasst. Während cif (cost, insurance, fright) den Warenwert an der Zollgrenze des importierenden Landes einschließlich Fracht- und Versicherungskosten beinhaltet, erfassen die fob-Werte (free on board) den Warenwert an der Zollgrenze des Ausfuhrlandes ohne Fracht- und Versicherungskosten. Deutschland weist regelmäßig einen hohen Handelsbilanzüberschuss aus. Die Exporte übersteigen die Importe; es liegt eine aktive Handelsbilanz vor.

Dienstleistungsbilanz

Die Dienstleistungsbilanz erfasst die Leistungstransaktionen, die im Zusammenhang mit Dienstleistungen stehen. Dazu gehören Transport- und Telekommunikationsleistungen, der Handel mit Patenten und Lizenzen, Finanzdienstleistungen sowie der grenzüberschreitende Reiseverkehr. Die Dienstleistungsbilanz Deutschlands ist vor allem aufgrund der Reisefreudigkeit der Deutschen traditionellerweise negativ.

Außenbeitrag als Saldo aus Handels- und Dienstleistungsbilanz

Der Saldo aus Handels- und Dienstleistungsbilanz wird als Außenbeitrag zum BIP bezeichnet. Der Außenbeitrag ist ein Teil der gesamtwirtschaftlichen Nachfrage und mitbestimmend für die Höhe des Volkseinkommens.

Erwerbs- und Vermögenseinkommensbilanz

In der Erwerbs- und Vermögenseinkommensbilanz werden sämtliche Faktoreinkommensströme zwischen Inländern und Ausländern erfasst. Dazu zählen Einkommen aus unselbständiger Arbeit (z.B. von Grenzgängern) sowie Vermögenseinkommen von Inländer aus dem Ausland bzw. an Ausländer aus dem Inland. Der Gewinntransfer einer deutschen Tochtergesellschaft an die ausländische Muttergesellschaft wird als geleistetes Erwerbseinkommen auf der Passivseite verbucht. Das Einkommen, welches ein Inländer aus einer Wertpapieranlage im Ausland bezieht, wird hingegen auf der Aktivseite als empfangenes Vermögenseinkommen ausgewiesen.

Bilanz der laufenden Übertragungen

In der Bilanz der laufenden Übertragungen werden alle grenzüberschreitenden Transaktionen erfasst, denen keine unmittelbaren Gegenleistungen gegenüberstehen (= unentgeltliche Leistungen) und die keine Vermögensübertragungen darstellen. Empfangene Leistungen werden auf der Aktiv-, erbrachte Leistungen auf der Passivseite verbucht. Die Übertragungsbilanz erfasst beispielsweise Beiträge an internationale Organisationen, wie die EU oder die UNO sowie Überweisungen von Gastarbeitern an ihre Herkunftsländer als auch Leistungen der staatlichen Entwicklungshilfe. Die Bilanz der laufenden Übertragungen weist in Deutschland regelmäßig einen Negativsaldo auf.

Saldo der Leistungsbilanz und außenwirtschaftliches Gleichgewicht

Der Saldo der Leistungsbilanz gilt allgemein als Maßstab für das außenwirtschaftliche Gleichgewicht. Wenn die Summe aller Exporte die Summe aller Importe übersteigt, spricht man von einer aktiven Leistungsbilanz. Im umgekehrten Fall von einer passiven.

2.1.2 Die Bilanz der Vermögensübertragungen

Die Vermögensübertragungsbilanz erfasst Übertragungen, die als »einmalige« betrachtet werden, wie beispielsweise Schuldenerlasse, Erbschaften und Schenkungen sowie bestimmte Leistungen aus EU-Fonds (z.B. Zuschüsse zu Infrastrukturmaßnahmen). Quantitativ ist diese Bilanz von relativ geringer Bedeutung.

Nettoposition gegenüber dem Ausland

Ist der Saldo aus Leistungsbilanz und Vermögensübertragungen positiv, so hat das Inland an das Ausland mehr Leistungen abgegeben als es vom Ausland erhalten hat. Dies hat eine Zunahme der Forderungen, also eine Erhöhung der Nettoposition gegenüber dem Ausland zur Folge. Liegt hingegen ein negativer Saldo vor, kommt es zu einer Zunahme der Verbindlichkeiten was zu einem Rückgang der Nettoposition gegenüber dem Ausland führt.

2.1.3 Die Kapitalbilanz

Kapitalverkehrsbilanz

Die auch so genannte Kapitalverkehrsbilanz zeichnet die Veränderungen der Forderungen und Verbindlichkeiten des Inlands gegenüber dem Ausland auf. Dabei werden die Kapitalimporte (Zahlungseingänge) auf der Aktivseite gebucht und die Kapitalexporte (Zahlungsabflüsse) auf der Passivseite. Kapitalimporte entsprechen einer Zunahme der Verbindlichkeiten gegenüber Ausländern bzw. einer Abnahme von Forderungen an Ausländer. Der Kapitalexport umfasst die Zunahme von Forderungen sowie die Abnahme von Verbindlichkeiten an das Ausland.

An den Teilbilanzen der Kapitalbilanz kann man ablesen, welche autonomen Finanztransaktionen zwischen In- und Ausländern stattgefunden haben. Dies sind Transaktionen, die im Gegensatz zu den Leistungstransaktionen nicht die Leistungsbilanz berühren, sondern nur die Kapital- oder Devisenbilanz (z.B. Erwerb von Vermögen im Ausland; Direktinvestitionen oder Devisenmarktspekulationen). In den Industrieländern haben die autonomen Kapitaltransaktionen inzwischen die leistungsbilanzinduzierten Kapitalbewegungen bei weitem übertroffen.

Die Kapitalverkehrsbilanz ist in vier Unterbilanzen aufgeteilt:

- Die Bilanz der Direktinvestitionen: Als Direktinvestitionen gelten Kapitalanlagen und sonstige Beteiligungen durch Unternehmen oder Investoren in der Absicht, auf die Geschäftspolitik eines anderen Unternehmens Einfluss zu nehmen.

Bilanz der Direktinvestitionen

- Die Bilanz der Wertpapieranlagen: Diese Bilanz umfasst alle Käufe und Verkäufe von Aktien, festverzinslichen Wertpapieren und Geldmarktpapieren, die nicht in der Absicht erworben werden, Beteiligungsrechte an Unternehmen wahrzunehmen.

Bilanz der Wertpapieranlagen

- Die Kreditverkehrsbilanz: In dieser Bilanz werden alle lang- und kurzfristige Kredite von Kreditinstitutionen, Unternehmen und dem Staat erfasst. Dazu gehören auch Handelskredite z.B. als Ergebnis von Vereinbarungen von Zahlungszielen.

Kreditverkehrsbilanz

- Die Bilanz »sonstige Kapitalanlagen«: Hier werden alle übrigen Anlageveränderungen mit dem Ausland aufgezeichnet, insbesondere Beteiligungen des Bundes an internationalen Organisationen.

Bilanz »sonstige Kapitalanlagen«

2.1.4 Devisenbilanz

Die Zusammenfassung der Salden der Leistungsbilanz, der Bilanz der Vermögensübertragungen, der Kapitalbilanz als auch der Saldo der statistisch nicht aufgliederbaren Transaktionen entsprechen genau dem Wert der Veränderung der Devisenbilanz (= der Netto-Auslandsaktiva der Bundesbank). Die Netto-Auslandsaktiva umfassen die Währungsreserven sowie die Kredite und sonstigen Forderungen gegenüber dem Ausland.

Währungsreserven

Währungsreserven bestehen aus Gold und fremden konvertiblen Währungen (Devisen) sowie aus an ausländische Zentralbanken gewährte Kredite und internationale Zahlungsmittel. Letztere bestehen aus den Sonderziehungsrechten beim Internationalen Währungsfonds.

Kommt es insgesamt zu einer Erhöhung der Forderungen (= der Nettovermögensposition) des Inlandes gegenüber dem Ausland – das Inland wird Gläubigerland – dann wird die Nettozunahme in den Devisenbeständen der Deutschen Bundesbank auf der Passivseite ausgewiesen. Man spricht dann auch von einer (positiven) aktiven Zahlungsbilanz oder einem »Zahlungsbilanzüberschuss«.

Aktive Zahlungsbilanz

Ist in der Zahlungsbilanz – ohne Berücksichtigung der Devisenbestandsveränderungen – die Passivseite kleiner als die Aktivseite (Nettoerhöhung der Verbindlichkeiten gegenüber dem Ausland), handelt es sich um eine (negative) passive Zahlungsbilanz. Infolge dieses so genannten »Zahlungsbilanzdefizits« wird die Abnahme des Devisenbestands auf der Aktivseite verbucht.

Passive Zahlungsbilanz

2.1.5 Saldo der statistisch nicht aufgliederbaren Transaktionen

Würden alle Transaktionen vollständig und fehlerfrei erfasst, müssten sich dem Prinzip der doppelten Buchführung entsprechend die Salden der Leistungs-, der Kapital- und der Vermögensübertragungsbilanz einerseits und der Saldo der Devisenbilanz andererseits entsprechen. Dies wird aus statistischen Unzulänglichkeiten jedoch nie erreicht. Ein Grund liegt u.a. darin, dass häufig aus steuerlichen und politischen Gründen Finanztransaktionen nicht gemeldet werden. Probleme gibt es auch bei der Erfassung des Dienstleistungsverkehrs, insbesondere der Einnahmen und Ausgaben der Tourismusbranche. Deshalb wird der Saldo der statistisch nichtaufgliederbaren Transaktionen (Restposten) zum rechnerischen Ausgleich der Gesamtbilanz eingefügt.

2.2 Die Zahlungsbilanz der Bundesrepublik Deutschland

Einen vereinfachten Überblick über die deutsche Zahlungsbilanz des Jahres 2004 gibt Abb. E.14. Deutlich erkennbar ist der hohe Handelsbilanzüberschuss, der trotz der anderen negativen Bilanzsalden der Leistungsbilanz (Dienstleistungen und laufende Übertragungen) diese mit einem positiven Ergebnis abschließen lässt. Sichtbar ist die geringe wertmäßige Bedeutung der Vermögensübertragungen und der sehr hohe Betrag nicht aufgliederbare Positionen. Das Minus bei den Direktinvestitionen und den übrigen Kapitalanlagen weist die Bundesrepublik Deutschland als bedeutenden Kreditgeber und als Quelle ausländischen Direktinvestitionen aus.

Teilbilanz	Betrag Mio. €
Leistungsbilanz:	
Außenhandel	+ 156,7
Dienstleistungen	- 32,0
Erwerbs- und Vermögenseinkommen	+ 0,1
Laufende Übertragungen	- 28,4
Saldo der Leistungsbilanz	**+ 84,4**
Saldo der Vermögensübertragungen	**+ 0,4**
Kapitalbilanz:	
Direktinvestitionen	- 25,2
Wertpapiere	+ 20,8
Finanzderivate	- 4,2
Kreditverkehr	- 91.1
Saldo der Kapitalbilanz	**- 99,8**
Veränderungen der Währungsreserven zu Transaktionswerten	+ 1,5
Saldo der nicht aufgliederbaren Transaktionen	**+ 13, 9**

Abb. E.14. Vereinfachte Zahlungsbilanz der BRD (2004).
Quelle: Deutsche Bundesbank, Monatsbericht März 2005

Dem zusammengefassten Saldo der Leistungsbilanz und der Vermögensbilanzübertragungen (der Erhöhung der Netto-Gläubige-position) in Höhe von + 84,4 Mrd. Euro steht – unter Berücksichtigung des Restposten und der Veränderung der Netto-Auslandsaktiva der Zentralbank – ein Nettokapitalimport (der Saldo von – 99,8 und + 13,9 sowie + 1,5) gegenüber.

3. Wiederholungsfragen

❍ 1. Anhand welcher Berechungsmethoden kann das BIP ermittelt werden und welchen Politikbereichen bzw. Zeithorizont dienen diese in erster Linie als Informationsgrundlage? Lösung S. 151

❍ 2. Worin unterscheidet sich das BIP vom BNE und wie ist ihre Aussagekraft für unterschiedliche Politikbereiche einzuschätzen? Lösung S. 156

❍ 3. Warum ist die Entwicklung der Lohnquote nicht in jedem Fall ein Indiz für eine »ungerechte« Verteilung des Faktoreinkommens? Lösung S. 158

❍ 4. Aus welchen Größen setzt sich die Berechung des BIP nach der Verwendungsseite zusammen? Lösung S. 159

❍ 5. Was unterscheidet das nominale vom realen BIP und warum wird dem realen BIP eine höhere Aussagekraft zugemessen? Lösung S. 161 f.

❍ 6. Warum gibt das BIP ein unvollständiges Maß für die ökonomischen Aktivitäten eines Landes ab? Lösung S. 163

❍ 7. Welche zentralen Argumente stützen die Zweifel am BIP als Wohlstandsindikator generell und für internationale Vergleiche im Besonderen? Lösung S. 161 f.

❍ 8. In wie viele Teile untergliedert sich die Zahlungsbilanz und wie werden diese bezeichnet? Lösung S. 169

❍ 9. Was versteht man unter einem positiven bzw. negativen Außenbeitrag? Lösung S. 159

Makroökonomie – Theoretische Grundlagen

Lernziele dieses Kapitels

Die Studierenden sollen nach der Lektüre dieses Kapitels

- die makroökonomischen Zusammenhänge verstehen, die Steigung und Niveau der gesamtwirtschaftlichen Angebots- und Nachfragefunktion im Preisniveau-Einkommens-Diagramm begründen.
- die Ursachen für Schwankungen in der wirtschaftlichen Entwicklung im gesamtwirtschaftlichen Totalmodell veranschaulichen können.
- anhand des Preisniveau-Einkommens-Diagramms ableiten können, wie der Staat alternativ auf Nachfrage- und Angebotsschocks reagieren kann.
- die wesentlichen konzeptionellen Unterschiede zwischen keynesianischer und neoklassischer Theorie kennen.
- die wirtschaftspolitischen Schlussfolgerungen aus den beiden Lehrmeinungen skizzieren und aktuellen Diskussionen zuordnen können.

Während über die wirtschaftspolitischen Ziele unter Ökonomen und Politikern weitestgehend Einigkeit besteht, herrscht über die anzuwendende Strategie und den Instrumentenmix, der zur Zielerreichung führen soll, Uneinigkeit.

Unterschiedliche theoretische Konzepte in der Makroökonomie

Im Gegensatz zur Mikroökonomie treffen in der Makroökonomie unterschiedliche theoretische Konzepte und Lehrmeinungen aufeinander, die sich bis weit in die wirtschaftspolitische Diskussion hinein verfolgen lassen. Letzteres ist nicht ungewöhnlich, da Wirtschaftspolitik als angewandte Theorie, und Politikberatung seitens der Wissenschaftlicher nie werturteilsfrei sein kann.

Besonders deutlich lassen sich die unterschiedlichen Konzeptionen an der Frage festmachen, ob der Staat mittels Fiskal- und Geldpolitik Konjunkturpolitik betreiben kann und soll. Die Option wirtschaftspolitischer Einflussnahme zur Stabilisierung der wirtschaftlichen Entwicklung basiert auf der keynesianischen Theorie (Keynesianismus). Jene, die mehr auf die Selbstheilungskräfte des Marktes setzt, steht für die neoklassische Konzeption (Neoklassik).

Keynesianismus

Der Keynesianismus beruht auf den theoretischen Arbeiten von John M. Keynes, den wohl bedeutendsten Nationalökonomen des 20. Jahrhunderts. Sein Standardwerk »Allgemeine Theorie der Beschäftigung, des Zinses und des Geldes« von 1936 war die Antwort auf die Weltwirtschaftskrise von 1929 und stellte die bis dahin vorherrschende makroökonomische Denkweise auf den Kopf.

Neoklassik

Die Neoklassik ist die Antwort auf die Defizite in der Umsetzung der keynesianischen Konzeption, wie sie vor allem nach den beiden Ölkrisen in den 70er Jahren zu Tage traten. Wesentliche Elemente dieser Konzeption basieren auf den Vorstellungen der »Klassik«, die eben bis Ende der 20er Jahre des letzten Jahrhunderts das Denken und Handeln in der Makroökonomie bestimmte. Ein bedeutender Vertreter dieser Theorie ist M. Friedman.

Bevor die zentralen Unterschiede dieser beiden Theoriekonzepte und die hieraus folgenden wirtschaftspolitischen Schlussfolgerungen systematisch gegenübergestellt werden, wird zunächst das Preisniveau-Einkommens-Diagramm vorgestellt, das in der Makroökonomie zur graphischen Erläuterung dient. Mit Hilfe dieses Diagramms lassen sich die Ursachen für diverse Zielverfehlungen, wie sie bereits im vorangegangen Kapitel diskutiert wurden, vereinfacht und verständlich darstellen. Zudem kann man damit konzeptionelle Unterschiede in der Wirtschaftspolitik verdeutlichen und die Konsequenzen wirtschaftspolitischer Maßnahmen nachvollziehen.

1. Das Preisniveau-Einkommens-Diagramm

Generell werden Höhe und Entwicklung der bedeutendsten makroökonomischen Variablen – Wachstum, Preisniveau und Beschäftigung – durch das Zusammenspiel von gesamtwirtschaftlicher Nachfrage (GN) und gesamtwirtschaftlichem Angebot (GA) bestimmt. Abb. F.1 macht diesen Zusammenhang auf unterschiedliche Weise deutlich. Das verwendete Preisniveau-Einkommens-Diagramm zeigt hier eine Ausgangssituation, wie sie üblicherweise zur Untersuchung gesamtwirtschaftlicher Zusammenhänge verwendet wird.

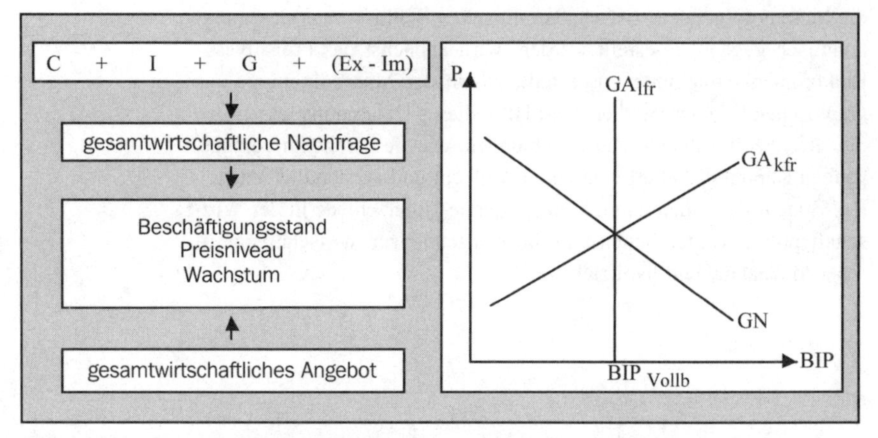

Abb. F.1. Zusammenspiel von gesamtwirtschaftlicher Nachfrage und Angebot

Auf der senkrechten Achse ist das Preisniveau (P) abgetragen und auf der waagerechten das reale BIP oder Volkseinkommen (Y). Die Kurve der gesamtwirtschaftlichen Nachfrage (GN) weist die Gütermengen aus, die Haushalte, Unternehmen und der Staat bei unterschiedlichen Preisniveaus kaufen wollen. Entsprechend zeigt die Kurve des gesamtwirtschaftlichen Angebots (GA) – getrennt hier dargestellt in kurzfristiger und langfristiger Betrachtung – jene Gütermengen, die Unternehmen zu verschiedenen Preisniveaus herstellen und verkaufen möchten. Der Schnittpunkt aller Kurven entspricht dem realen BIP bei Vollbeschäftigung.

Bereits die Bezeichnung der Achsen verdeutlicht, dass dieses Diagramm nicht mit der mikroökonomischen Angebots- und Nachfrageanalyse gleichgestellt werden darf. Die jeweiligen Funktionen können hier nicht als unmittelbare Ursache-Wirkungs-Beziehung interpretiert werden (also nicht: mit steigendem Preisniveau sinkt die gesamtwirtschaftliche Nachfrage). Hinter den gesamtwirtschaftlichen Funktionen stehen bestimmte Konstellationen auf makroökonomischen Teilmärkten (Güter-, Geld-, Kapital- und Arbeitsmarkt). Nur unter Einbeziehung dieser Märkte lassen sich verständliche Aussagen zur Lage und Steigung der jeweiligen Funktionen und deren Veränderungen machen.

1.1 Die gesamtwirtschaftliche Nachfrage

Komponenten der gesamtwirtschaftlichen Nachfrage

Die gesamtwirtschaftliche Nachfrage (GN) setzt sich aus dem privaten Konsum (C), den privaten Investitionen (I), den Staatsausgaben (G) sowie dem Außenbeitrag, d.h. Exporte (Ex) abzüglich Importe (Im) zusammen (siehe Kap. »Makroökonomie – Volkswirtschaftliches Rechnungswesen«).

$$GN = C + I + G + (Ex - Im)$$

Die Steigerung begründet

Für die negative Steigung der gesamtwirtschaftlichen Nachfrage werden üblicherweise drei Begründungen angeführt:

... der Keynes-Zinssatzeffekt

- Keynes-Zinssatzeffekt: Bei einem niedrigeren Preisniveau benötigen die Wirtschaftssubjekte weniger Geld für den alltäglichen Kauf von Gütern. Die Kassenhaltung für Transaktionszwecke geht zurück. Dadurch verbleibt ihnen mehr Geld für zinstragende Anlagen. Durch den vermehrten Kauf von festverzinslichen Wertpapieren steigen die Kurse (siehe Kap. »Makroökonomie – Theoretische Grundlagen«, Abschn. 2), woraufhin auf dem Kapitalmarkt tendenziell die Zinsen sinken. Unter der Voraussetzung zinsabhängiger Investitionen kommt es zu einem Anstieg der Investitionen (I), so dass c.p. auch das reale BIP steigt.

... der Pigou-Vermögenseffekt

- Pigou-Vermögenseffekt: Bei einem Rückgang des Preisniveaus fühlen sich die Konsumenten wohlhabender. Dies ermutigt sie zu höheren Ausgaben. Dadurch erhöht sich die nachgefragte Gütermenge (C) auf dem Gütermarkt und c.p. auch das reale BIP.

... der Mundell-Fleming-Wechselkurseffekt

- Mundell-Fleming-Wechselkurseffekt: Die von der Preisniveausenkung ausgelöste Zinssatzsenkung führt auf dem Devisenmarkt zur Abwertung der Inlandswährung. Der Grund ist die zunehmende Nachfrage nach ausländischer Währung, weil die niedrigeren Zinssätze zu einen Kapitalabzug ins Ausland führen. Mit einer Abwertung der heimischen Währung nehmen die Exporte zu, weil in Folge der Abwertung die heimischen Güter für das Ausland billiger werden. Umgekehrt werden ausländische Güter für die heimische Volkswirtschaft teurer und die Importe gehen zurück, womit der Außenbeitrag und damit c.p. auch das reale BIP steigt.

Ein Rückgang des Preisniveaus führt also aufgrund der oben genannten Effekte auf verschiedenen Teilmärkten zu einer höheren realen gesamtwirtschaftlichen Nachfrage und umgekehrt.

Folgende Spezialfälle begründen einen senkrechten, d.h. einen vom Preisniveau unabhängigen Verlauf der gesamtwirtschaftlichen Nachfragekurve:

Investitionsfalle

- Die Investitionsfalle: Damit bezeichnet man eine Situation, in der die Investitionsgüternachfrage nicht auf den Zins reagiert. Die Investitionen sind zinsunelastisch. Diese Annahme spielt in der keynesianischen Theorie eine besondere Rolle, kommt hier doch eine gewisse Skepsis gegenüber der Vorhersage der Investitionsgüternachfrage zum Ausdruck. Keynes selbst deutete wiederholt an, dass die Investoren bei ihren Entscheidungen von sog. »animal spirits« geleitet werden.

Liquiditätsfalle

- Die Liquiditätsfalle: Sie liegt vor, wenn es über eine Ausweitung der Geldmenge nicht gelingt, die Zinsen weiter zu senken. Die Wirtschaftssubjekte halten in dieser Situation jede beliebige zusätzliche Geldmenge, in Erwartung fallender Kurse, ohnedies als Bargeld in ihrer Spekulationskasse (siehe Kap. »Makroökonomie – Theoretische Grundlagen«, Abschn. 2).

Sowohl bei der Investitions- als auch bei der Liquiditätsfalle haben Änderungen des Preisniveaus keinen Einfluss auf die Investitionen. Der Keynes-Zinssatzeffekt versagt. Während in der Liquiditätsfalle die Investitionen zwar auf Zinssenkungen reagieren würden, es aber bei einer Erhöhung der realen Geldmenge erst gar nicht zu einer Zinssenkung kommt, geht man bei der Investitionsfalle zwar von einer Zinssenkung aus, jedoch verändern sich dadurch die Investitionen nicht.

Verschiebung der gesamtwirtschaftlichen Nachfragekurve

... nach links

Lage und Verschiebungen der gesamtwirtschaftlichen Nachfrage ergeben sich aus Änderungen der ihr zugrunde gelegten einzelnen Bestimmungsgrößen. Eine Verschiebung nach links ergibt sich z.B., wenn sich die Wirtschaftssubjekte entscheiden, zwecks Zukunftsvorsorge mehr zu sparen. Die Menge der nachgefragten Güter ist nun bei jedem Preisniveau geringer. Pessimistische Zukunftserwartungen können die Investitionen reduzieren und ebenso zu einer Linksverschiebung führen, wie ein Rückgang der Staatsausgaben und/oder eine Reduzierung der Nettoexporte (Saldo aus Exporten und Importen).

... nach rechts

Zu einer Verschiebung nach rechts – die Menge der nachgefragten Güter ist bei jedem Preisniveau höher – kommt es, falls die Haushalte entsparen, die Investoren aufgrund eines verbesserten Investitionsklimas ihre Investitionsgüternachfrage erhöhen, der Staat vermehrt Ausgaben tätigt und/oder die Nettoexporte ansteigen.

Expansive (kontraktive) fiskal- und geldpolitische Maßnahmen verschieben die gesamtwirtschaftliche Nachfragekurve nach rechts (links). Eine Verschiebung nach rechts tritt z.B. ein, wenn die Einkommensteuer gesenkt wird – vorausgesetzt, der Konsum ist vom laufenden verfügbaren Einkommen abhängig – oder wenn die Zentralbank die Zinssätze senkt und zinsabhängige Investitionen vorliegen.

Fiskal- und geldpolitische Maßnahmen

1.2 Das gesamtwirtschaftliche Angebot

Die Kurve des gesamtwirtschaftlichen Angebots (GA) informiert über die Mengen an Waren und Dienstleistungen, die Unternehmen bei einem bestimmten Preisniveau anbieten.

Die Steigung der gesamtwirtschaftlichen Angebotskurve hängt von der Flexibilität der Löhne und Preise sowie der Abweichung zwischen der von den Wirtschaftssubjekten erwarteten und tatsächlichen Inflationsrate ab. Da beide Faktoren je nach Betrachtungszeitraum unterschiedlich zu beurteilen sind, wird zwischen einer langfristigen (senkrechten) und kurzfristigen (positiv ansteigenden) Angebotskurve unterschieden.

Die Steigung hängt ab von:

Sind die Löhne vollkommen flexibel verläuft die gesamtwirtschaftliche Angebotskurve senkrecht.

... Lohnflexibilität

Vollkommen flexible Löhne bringen das Angebot und die Nachfrage auf dem Arbeitsmarkt immer zum Ausgleich. Im Gleichgewicht herrscht Vollbeschäftigung. Zum gleichgewichtigen Reallohn findet jeder, der arbeiten will, auch eine Beschäftigung. Das mit Hilfe dieser Beschäftigung und nach Maßgabe der gesamtwirtschaftlichen Produktionsfunktion hergestellte BIP entspricht dem Vollbeschäftigungsoutput.

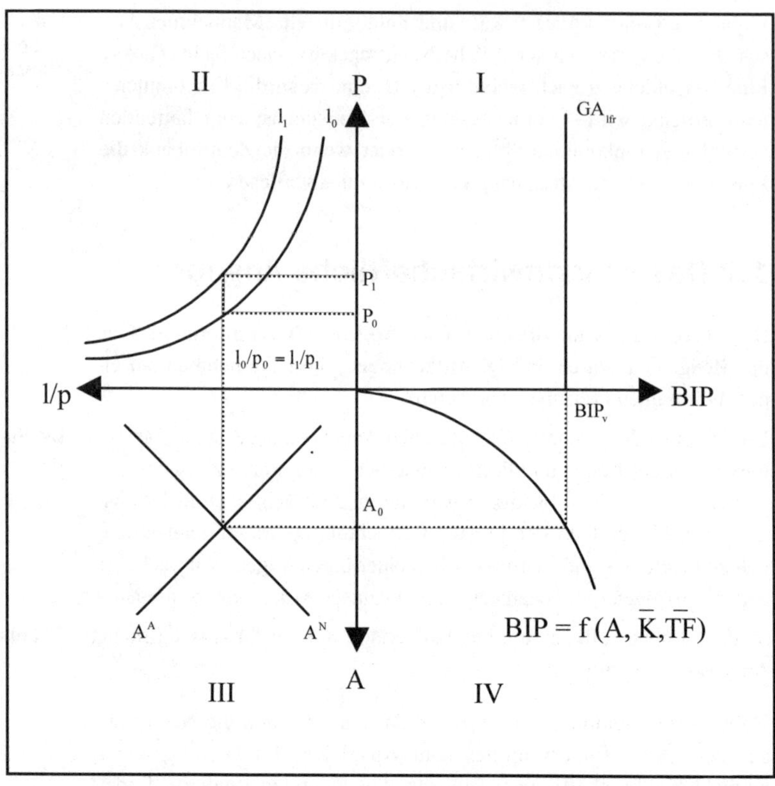

Abb. F.2. Vollkommener Arbeitsmarkt und gesamtwirtschaftliche Produktion

Arbeitsmarkt

In der Abbildung ist im Quadranten III der Arbeitsmarkt in der bekannten Weise dargestellt (siehe Kap. »Mikroökonomie – Theoretische Grundlagen«, Abschn. 5). Arbeitsangebot (A^A) und Arbeitsnachfrage (A^N) sind abhängig vom Reallohn (l/p). Bei einem Reallohn in Höhe von l_0/p_0 stellt sich das Beschäftigungsniveau A0 ein, das wegen der Annahme völlig flexibler Löhne gleichzeitig der Vollbeschäftigung entspricht.

Gesamtwirtschaftliche Produktionsfunktion

Im Quadranten IV ist die gesamtwirtschaftliche Produktionsfunktion abgebildet. Produktionsfunktionen geben eine rein funktionale Beziehung zwischen Output und Input an. Ihre Lage und Form ist üblicherweise durch die Inputfaktoren Kapital (K), Arbeit (A) sowie den Technischen Fortschritt (TF) und dem Gesetz der abnehmenden Grenzerträge bestimmt (siehe Kap. »Makroökonomic – Ausgewählte Politikbereiche«, Abschn. 3). Letzteres ergibt sich aus der Annahme, dass kurzfristig nur der Faktor Arbeit als variabel betrachtet wird, wohingegen der Kapitaleinsatz und der Technische Fortschritts als konstant angenommen werden.

Im Quadraten I ist im Preisniveau-Einkommens-Diagramm das Angebot (BIP_v) abgetragen, wie es sich bei flexiblen Löhnen (Vollbeschäftigung) auf dem Arbeitsmarkt und nach Maßgabe der gesamtwirtschaftlichen Produktionsfunktion einstellt. Im Quadraten II kennzeichnen die Kurven unterschiedliche Nominallohnniveaus. Das Nominallohnniveau l_0 in Verbindung mit dem Preisniveau P_0 ergibt das gleichgewichtige Reallohnniveau l_0/p_0.

... Inflationserwartungen

Entspricht die erwartete Inflationsrate der tatsächlichen, verläuft die gesamtwirtschaftliche Angebotskurve ebenfalls senkrecht. Auf den Arbeitsmarkt bezogen bedeutet dies, dass das Preisniveau und der Nominallohn immer im gleichen Verhältnis steigen bzw. fallen. Steigt das Preisniveau beispielsweise auf P_1 und das Nominallohnniveau auf l_1 ergibt sich der Reallohn l_1/p_1 der gleich ist dem Reallohn l_0/p_0. Damit bleiben das Reallohnniveau und infolgedessen die Beschäftigung konstant und es kommt zu keiner Angebotsänderung.

Bei inflexiblen Löhnen oder verzögerten Lohnanpassungen an ein verändertes Preisniveau weist die GA-Kurve dagegen bis zum Vollbeschäftigungsgleichgewicht eine positive Steigung auf.

Liegen die Reallöhne nach unten starr über dem Gleichgewichtslohn – sei es aufgrund von Gewerkschaftsmacht oder staatlich vorgegebenen Mindestlöhnen – besteht auf dem Arbeitsmarkt Arbeitslosigkeit. Kommt es nun aber zu Preisniveausteigerungen, bedeutet dies niedrigere Reallöhne, wodurch die Unternehmen zu vermehrter Nachfrage nach Arbeitskräften und erhöhtem Güterangebot angeregt werden. Voraussetzung ist allerdings, dass die Arbeitnehmer die Reallohnsenkung nicht wahrnehmen und diese durch eine Nominallohnerhöhung zu kompensieren versuchen (also der Geldillusion unterliegen), die Arbeitgeber ihrerseits diesen Rückgang der Reallöhne jedoch erkennen. Abb. F.3 verdeutlicht diesen Sachverhalt.

Geldillusion

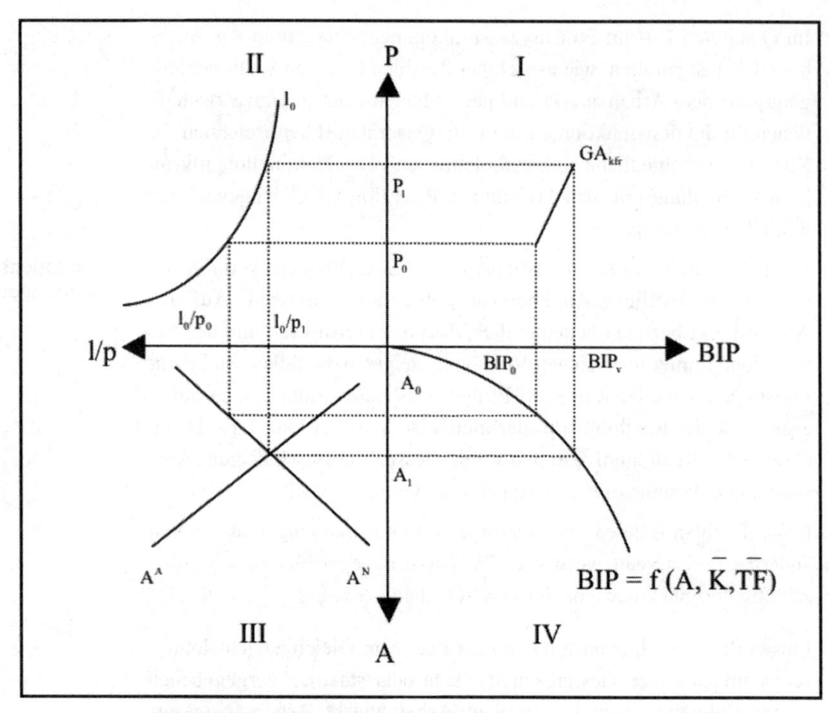

Abb. F.3. Unvollkommener Arbeitsmarkt und gesamtwirtschaftliche Produktion

Ausgangspunkt ist der vorgegebene Mindestlohn l_0, der bei dem Preisniveau P_0 dem Reallohn l_0/p_0 entspricht. Zu diesem Reallohn fragen die Unternehmer Arbeit im Umfang A_0 nach. Unter der vorgegebenen Produktionsfunktion ergibt sich ein Output in Höhe von BIP_0, der wiederum mit dem Preisniveau P_0 korrespondiert. Die Arbeitslosigkeit bemisst sich an der Differenz zwischen A_1 und A_0. Steigt nun das Preisniveau auf P_1, sinkt bei gegebenem Nominallohn der Reallohn auf l_0/p_1, die Nachfrage nach Arbeitskräften steigt auf A_1 und das Produktionsniveau erhöht sich auf BIP_v. Dieser Output korrespondiert mit P_1. Das gesamtwirtschaftliche Angebot verändert sich unter diesen Voraussetzungen mithin in Abhängigkeit vom Preisniveau, es ist bis zum Vollbeschäftigungsgleichgewicht preiselastisch.

Eine positive Steigung der gesamtwirtschaftlichen Angebotskurve ergibt sich auch, wenn die tatsächliche Inflationsrate die erwartete übersteigt und diese Abweichung z.B. aufgrund längerfristiger Laufzeiten der Tarifverträge nicht sofort korrigiert werden kann. Auf den Arbeitsmarkt bezogen bedeutet dies, dass, so lange die tatsächliche Inflationsrate die erwartete und in den Lohnverhandlungen antizipierte Inflationsrate übersteigt, das Reallohnniveau sinkt und deshalb die Arbeitseinsatzmenge und der Output steigen.

Da zu vermuten ist, dass Abweichungen zwischen der erwarteten und tatsächlichen Inflationsrate zwar kurzfristig möglich und wahrscheinlich sind, langfristig aber u.a. aufgrund der Lernfähigkeit der Wirtschaftssubjekte verschwinden, erklärt sich also auch hieraus der unterschiedliche Verlauf der kurzfristigen und langfristigen gesamtwirtschaftlichen Angebotskurve. Kurzfristig weist die Angebotskurve eine positive Steigung auf, langfristig hingegen verläuft sie auf der Höhe des Vollbeschäftigungseinkommens senkrecht.

Verschiebung der gesamtwirtschaftlichen Angebotskurve

Alle Ereignisse, welche die Lage bzw. Verschiebung der langfristigen gesamtwirtschaftlichen Angebotskurve determinieren, wirken in gleicher Weise auch auf die kurzfristige. Eine Rechtverschiebung der GA tritt ein, wenn sich durch zusätzliche Investitionen der Bestand an Realkapital erhöht oder sich z.B. durch Zuwanderung aus dem Ausland das Arbeitskräftepotenzial ausweitet. Als weitere Ursachen kommen eine Verringerung der Produktionskosten oder technischer Fortschritt in Betracht. Des Weiteren können wirtschaftspolitische Maßnahmen wie der Abbau von Investitionshemmnissen, die Senkung der Lohnnebenkosten oder die größere Flexibilisierung des Arbeitsmarktes die Produktionsbedingungen einer Volkswirtschaft verbessern und zu einer Rechtsverschiebung führen.

... nach rechts

Als mögliche Ursachen einer Linksverschiebung der gesamtwirtschaftlichen Angebotsfunktion lassen sich die oben genannten Gründe mit umgekehrten Vorzeichen aufführen.

... nach links

Lediglich die Inflationserwartungen wirken sich nur auf die Lage der kurzfristigen GA-Kurve aus. Ist die in den Lohnverhandlungen antizipierte, erwartete Inflationsrate höher als die tatsächliche, verschiebt sich die kurzfristige GA aufgrund der damit verbundenen Erhöhung der unternehmerischen Kosten (die Reallöhne sind gestiegen) nach links. Ist die tatsächliche Inflationsrate höher als die erwartete bewirkt die eine Rechtsverschiebung der kurzfristigen GA-Kurve.

Gesamtwirtschaftliche Angebotsfunktion und Konjunktur

Mitunter wird in der Literatur die gesamtwirtschaftliche Angebotsfunktion (GA) im Zusammenhang mit unterschiedlichen Konjunkturphasen gebracht. Dabei wird die GA in drei Teilabschnitte zerlegt.

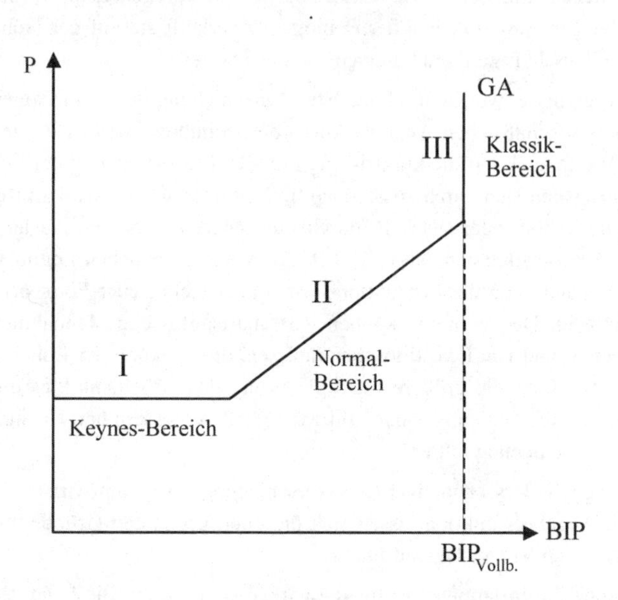

Abb. F.4. Teilabschnitte der gesamtwirtschaftlichen Angebotskurve

Rezessionsphase

Im vollkommen elastischen Bereich I (sog. keynesianischer Bereich) befindet sich die Wirtschaft in einer Rezessionsphase mit Arbeitslosigkeit. Eine Ausweitung der Produktion ist aufgrund deutlich unterausgelasteter Produktionskapazitäten auch bei konstanten Preisen möglich.

Konjunkturaufschwung

Im preiselastischen Bereich II (sog. Normalbereich) befindet sich die Wirtschaft im Konjunkturaufschwung. Eine Ausweitung der Produktion geht mit steigendem Preisniveau einher. Die Unternehmen rivalisieren verstärkt um die zunehmend knapper werdenden Produktionsfaktoren, so dass deren Preise steigen. Da die Produktion aber noch nicht überall an der Kapazitätsgrenze angelangt ist, kann bei ansteigendem Preisniveau das Angebot noch ausgeweitet werden.

Vollbeschäftigung

Im Falle des vollkommen unelastischen Angebots im Bereich III (sog. klassischer Bereich) herrscht Vollbeschäftigung. Die Wirtschaft hat ihre Kapazitätsgrenzen erreicht und befindet sich in einer Boomphase. Auch eine noch so starke Zunahme des Preisniveaus bewirkt keine Zunahme der gesamtwirtschaftlichen Produktion.

1.3 Anwendung des Preisniveau-Einkommens-Diagramm

Mit Hilfe der vorangegangenen Ausführungen lassen sich zwei grundlegende Ursachen für Schwankungen in der wirtschaftlichen Entwicklung im Preisniveau-Einkommens-Diagramm veranschaulichen: Nachfragerückgang und Angebotsschock.

1.3.1 Nachfragerückgang

In Abb. F.5 ist der Fall eines wirtschaftlichen Abschwungs aufgrund eines Nachfragerückgangs dargestellt. Auslöser können beispielsweise Zukunftsängste sein, welche die privaten Haushalte zu mehr Ersparnisbildung verleiten.

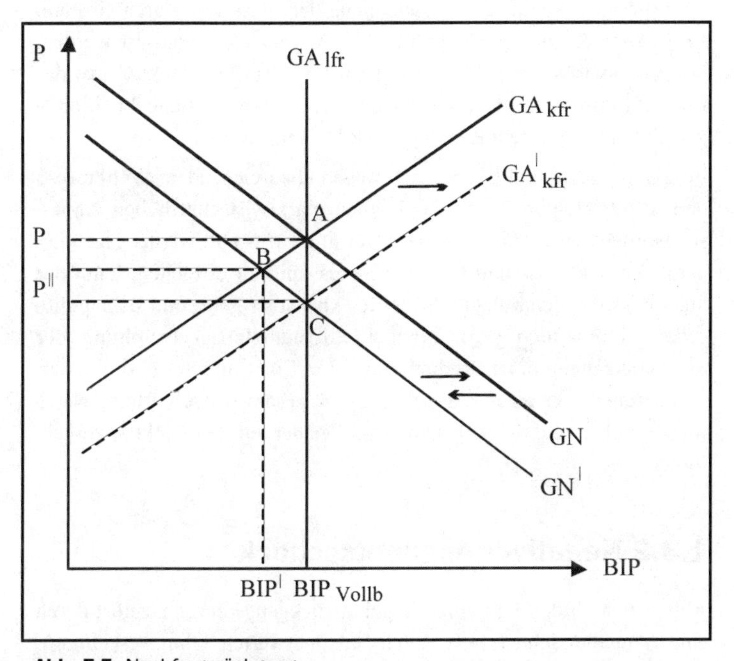

Abb. F.5. Nachfragerückgang

Ausgangspunkt ist das langfristige Gleichgewicht in Punkt A mit dem Vollbeschäftigungseinkommen BIP_V. Aufgrund des Rückgangs der GN-Kurve (von GN auf GN') bewegt sich die Volkswirtschaft entlang der kurzfristigen GA-Kurve von Punkt A zum Punkt B. Bei der Bewegung von A nach B fällt das Produktionsniveau auf BIP'. Das rückläufige Produktionsniveau ist ein Indikator dafür, dass sich die Volkswirtschaft in einer Rezession befindet. Die Unternehmen reagieren auf niedrigere Absätze und Produktionsmengen mit einer Einschränkung der Beschäftigung. Es entsteht unfreiwillige Arbeitslosigkeit.

Preis- und Lohnflexibilität

Vorausgesetzt, es besteht eine hinreichende Preis- und Lohnflexibilität ist es möglich, dass ohne jeden wirtschaftspolitischen Eingriff des Staates die Rezession durch die Eigenkräfte des Marktes überwunden wird. In diesem Fall hätte das bei gegebenem Preisniveau P durch den Nachfragerückgang entstehende Überangebot ein sinkendes Preisniveau zur Folge. Dies wiederum erhöhte die Kaufkraft der Wirtschaftssubjekte. Es würde mehr konsumiert und investiert, da es infolge der zusätzlichen Ersparnisse auf dem Kapitalmarkt auch zu einer Zinssenkung käme (siehe Kap. »Makroökonomie – Theoretische Grundlagen«, Abschn. 2). Die GN-Kurve verschiebt sich auf ihre alte Position. Die Arbeitslosigkeit würde wieder abgebaut werden.

Fallen die Löhne aufgrund der Konkurrenz unter den Arbeitslosen hinreichend weit, könnte die Verschiebung der GN-Kurve durch eine entsprechende Rechtsverschiebung der GA-Kurve kompensiert werden. Die Volkswirtschaft gelänge langfristig wieder zum Punkt C, wo das Produktionsniveau ebenfalls wieder seine ursprüngliche Position – jedoch bei niedrigerem Preisniveau (P``) – einnähme.

Preis- und Lohninflexibilität

Inflexible Preise und Löhne (z.B. wegen unzureichendem Wettbewerb und Mindestlohnvorschriften) können marktwirtschaftlichen Anpassungsprozessen im Wege stehen. Um in diesem Fall wieder einen höheren Produktions- und Beschäftigungsstand zu erreichen, kann der Staat oder die Zentralbank mit Hilfe expansiver geld- und fiskalpolitischer Maßnahmen (z.B. einer kreditfinanzierten Erhöhung der Staatsausgaben, einer Reduzierung der Einkommen- und Körperschaftsteuer oder einer Zinssenkung) die gesamtwirtschaftliche Nachfrage erhöhen und die Volkswirtschaft wieder auf den Punkt A zurückführen.

1.3.2 Negativer Angebotsschock

Abb. F.6 stellt den Fall eines Angebotsrückgangs dar, ausgelöst durch einen Angebotsschock (z.B. durch eine unerwartete Ölpreiserhöhung). Die kurzfristige GA-Kurve verschiebt sich dadurch nach links. Die Volkswirtschaft bewegt sich auf der GA-Kurve von Punkt A zum Punkt B. Das Produktionsniveau fällt auf BIP', und das Preisniveau steigt von P auf P'. Da die Volkswirtschaft sowohl eine Stagnation (fallendes oder gleich bleibendes Produktionsniveau) als auch eine

Stagflation

Inflation (Preisniveauanstieg) aufweist, spricht man von einer Stagflation.

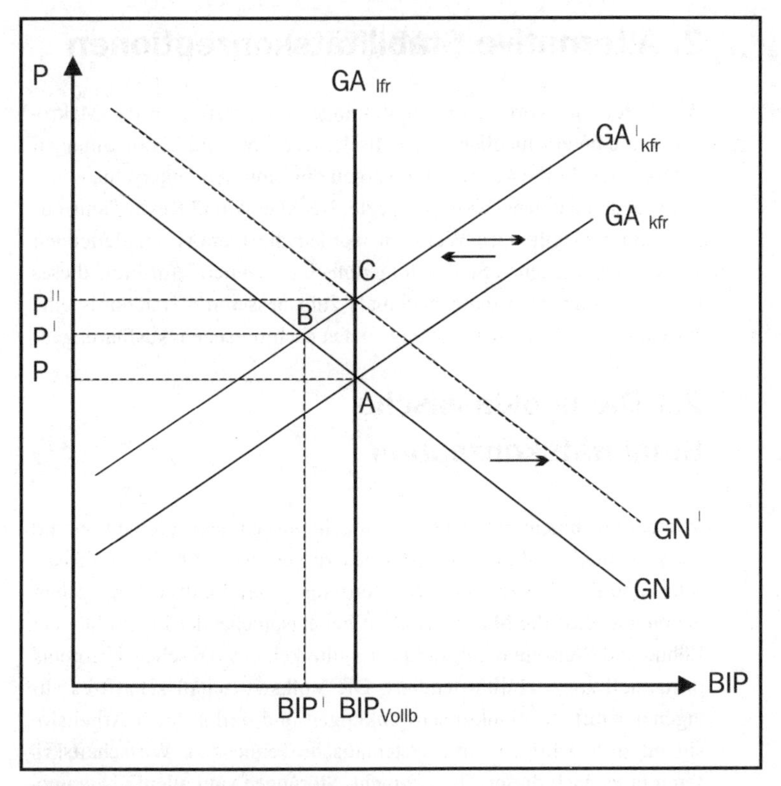

Abb. F.6. Negativer Angebotsschock

Eine mögliche wirtschaftspolitische Reaktion besteht wiederum darin, die Auswirkungen der Verschiebung der kurzfristigen GA-Kurve durch eine Verschiebung der GN-Kurve, mit Hilfe geld- und fiskalpolitische Maßnahmen, zu kompensieren. In diesem Fall bewegt sich die Volkswirtschaft von A über B nach C. Der Output bleibt auf dem durch Vollbeschäftigung vorgegebenen Produktionsniveau, doch das Preisniveau steigt von P auf P'' an.

Eine andere Möglichkeit besteht darin, sich wieder auf die Selbstheilungskräfte des Marktes zu verlassen. In diesem Fall wird das Produktionsniveau eine Zeitlang auf dem Niveau BIP' in der Rezession verharren. Möglicherweise tritt eine Behebung der Rezession dadurch ein, dass es über Erwartungsänderungen und flexible Anpassungen der Löhne und Preise im Laufe der Zeit zu einer Rückverschiebung der kurzfristigen GA-Kurve kommt und die Volkswirtschaft wieder den Punkt A erreicht, in dem die gesamtwirtschaftliche Nachfrage die langfristige Angebotskurve schneidet.

2. Alternative Stabilitätskonzeptionen

Wie bereits im vorherigen Kapitel angemerkt, treffen in der Makroökonomie unterschiedliche theoretische Konzepte und Lehrmeinungen aufeinander. In diesem Kapitel werden die zentralen Unterschiede der zwei fundamentalen Theoriekonzepte, Neoklassik und Keynesianismus gegenübergestellt. Des Weiteren werden die hieraus abzuleitenden wirtschaftspolitischen Schlussfolgerungen präsentiert. Am Ende dieses Kapitels findet sich dann nochmals zum besseren Verständnis eine systematische Zusammenstellung zu den nachfolgenden Ausführungen.

2.1 Die neoklassische Stabilitätskonzeption

Stabilität als Basishypothese

Wie bereits angemerkt steht, vereinfacht ausgedrückt, die Option, auf die Selbstheilungskräfte des Marktes zu vertrauen, für die neoklassische Stabilitätskonzeption. Die Vertreter dieser Lehrmeinung gehen davon aus, dass die Marktwirtschaft bei entsprechender Flexibilität der Löhne und Preise und aufgrund der Gültigkeit des Sayschen Theorems prinzipiell zur Stabilität tendiert. Die Volkswirtschaft schafft es aus eigener Kraft, Konjunkturschwankungen und mithin auch Arbeitslosigkeit zu bewältigen. Eine systematische Tendenz zu Wirtschaftskrisen gibt es nach dieser Theorie nicht. Störungen sind allenfalls temporärer Natur.

Vorübergehende Arbeitslosigkeit, verursacht durch strukturelle Anpassungsprozesse oder einen Nachfragerückgang würde relativ rasch über den Preismechanismus beseitigt werden. Die infolge der Arbeitslosigkeit einsetzende Lohnsenkung wäre für die Unternehmen Anreiz genug, mehr Arbeit nachzufragen. Ihre Entscheidung, zusätzlich Arbeitskräfte einzustellen orientiert sich – nach Meinung der Vertreter der Neoklassik – nämlich nur an der Grenzproduktivität der Arbeit (siehe Kap. »Mikroökonomie – Theoretische Grundlagen«, Abschn. 5). Nachfrageseitige Restriktionen spielen dagegen keine Rolle, da aufgrund des Sayschen Theorems davon ausgegangen wird, dass die produzierten Güter auch verkauft werden.

Say'sches Theorem

Gemäß dem Sayschen Theorem »schafft sich jedes Angebot seine erforderliche Nachfrage«. Dies wird damit begründet, dass bei der Produktion von Gütern wertmäßig in gleicher Höhe Einkommen und somit eine kaufkräftige Nachfrage entsteht, die sicherstellt, dass die Produktion auch abgesetzt wird. Damit ist allerdings nicht gemeint, dass die Struktur von Angebot und Nachfrage übereinstimmen muss (das in der Rüstungsindustrie verdiente Einkommen muss nicht wieder für Rüstungsgüter ausgegeben werden), sondern dass das gesamtwirtschaftliche Angebot mit der gesamtwirtschaftlichen Nachfrage übereinstimmt.

Auch erfordert dieses Theorem nicht zwingend, dass die Haushalte ihr gesamtes Einkommen konsumieren. Voraussetzung ist nur, dass der nicht für Konsumgüter verwandte Teil des Einkommens (die Ersparnisse) in anderer Form voll nachfragewirksam wird. Für die Vertreter der Neoklassik geschieht dies in Form von öffentlichen oder privaten Investitionen. Den Ausgleich von Ersparnissen und Investitionen erledigt dabei der Kapitalmarkt.

Kapitalmarkt

Am Kapitalmarkt treffen Angebot und Nachfrage nach Ersparnis aufeinander. Die Haushalte bieten ihre Ersparnisse auf dem Kapitalmarkt an, um ihren Konsumverzicht durch Zinsen »kompensiert« zu bekommen. Die Unternehmen fragen diese Ersparnisse nach und tätigen dadurch gewinnbringende Investitionen. Ein Kapitalmarktgleichgewicht bedeutet, dass das gesamte Kapitalangebot der Haushalte von den Unternehmen nachgefragt wird.

Erhöht sich beispielsweise die Sparneigung der Haushalte, verschiebt sich die zinsabhängige Sparfunktion nach rechts, weil die Haushalte nun bei jedem Zinssatz mehr Ersparnisse anbieten als zuvor (siehe Abb. F.7). Da beim bestehenden Zinssatz (i*) nunmehr ein Überangebot an Ersparnissen besteht (S**-S*), sinkt der Preis für Kapital, d.h. der Zinssatz, bis bei i` ein neues Gleichgewicht erreicht ist. Gekennzeichnet ist dieses durch höhere Ersparnisse, höhere zinsabhängige Investitionen und niedrigere Zinsen.

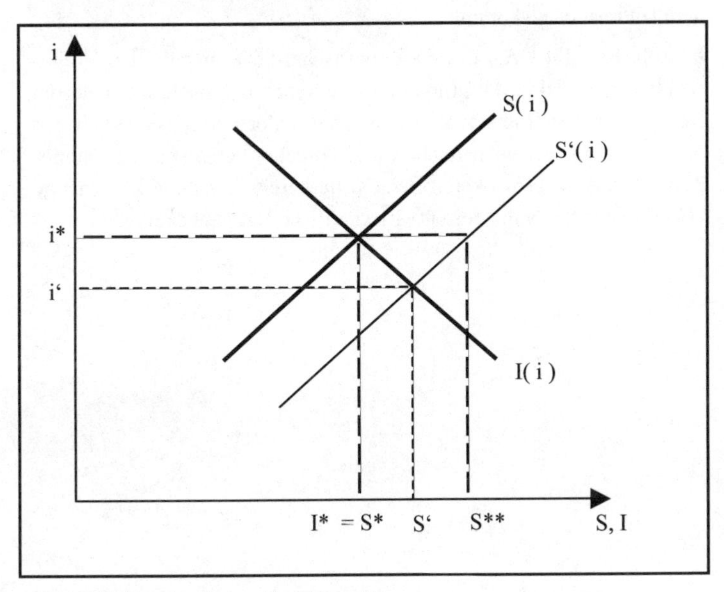

Abb. F.7. Neoklassischer Kapitalmarkt

Der Zins sorgt also dafür, dass der durch die gesunkene Konsumneigung entstandene Nachfrageausfall durch höhere Investitionen kompensiert wird. Der Zinsmechanismus zum Ausgleich von Ersparnis und Investition ist letztlich die Begründung dafür, dass sich die Unternehmer mit ihrer Arbeitsnachfrage nicht an der Güternachfrage sondern nur am Reallohn orientieren brauchen.

Es ist also der Reallohn bzw. generell der Arbeitsmarkt, der nach neoklassischer Auffassung die Höhe des gesamtwirtschaftlichen Angebots und das BIP in der Volkswirtschaft bestimmt.

Anhaltende Arbeitslosigkeit als Folge von Marktunvollkommenheiten

Länger anhaltende Arbeitslosigkeit und zu geringes Wachstum ist in der Neoklassik lediglich die Folge von Marktunvollkommenheiten und nicht von zu geringer Nachfrage. Die Marktkräfte können sich beispielsweise nicht entfalten, wenn der Staat Mindestlöhne vorschreibt oder die Tarifparteien, gemessen an der Grenzproduktivität der Arbeit, »zu hohe« Löhne festlegen. Auch für die Keynesianische Theorie sind starre Löhne nach unten eine mögliche Begründung für Arbeitslosigkeit (siehe Abb. F.3).

Jeglicher Versuch eine durch Inflexibilität auf dem Arbeitsmarkt induzierte Arbeitslosigkeit durch nachfrageorientierte expansive geld- und fiskalpolitische Maßnahmen abzubauen, zeigt – nach Ansicht der Neoklassiker – bestenfalls kurzfristig Wirkung. Langfristig führt dies ausschließlich zu einem höheren Preisniveau. Die kurzfristige Wirkung tritt dabei nur dann ein, wenn es, wie bereits im vorherigen Kapitel erläutert, zu zeitlich verzögerten Lohnanpassungen an das sich verändernde Preisniveau kommt.

In Abb. F.8 gibt GA_{lfr} das gesamtwirtschaftliche Angebot bei Vollbeschäftigung wieder. Aufgrund eines zu hohen und nach unten starren Reallohns hat sich in der Volkswirtschaft jedoch Arbeitslosigkeit verfestigt und das gesamtwirtschaftliche Angebot verharrt seit geraumer Zeit auf GA'_{lfr}. GA_{kfr} kennzeichnet die bereits bekannte kurzfristige GA-Kurve und GN die gesamtwirtschaftliche Nachfragekurve.

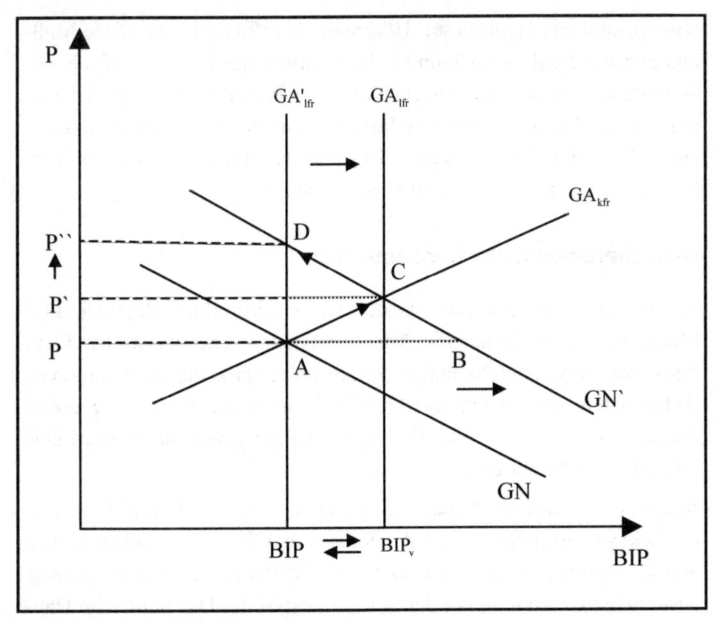

Abb. F.8. Der »Strohfeuereffekt«

Erhöht sich nunmehr die Nachfrage von GN auf GN', kommt es bei dem ursprünglichen Preisniveau P zu einem Nachfragüberhang (AB). Die Folge ist ein steigendes Preisniveau. Dieser Preisniveauanstieg führt zu Reallohnsenkungen und zu einem Anstieg der Beschäftigung und des Produktionsniveaus auf BIP_V. (Bewegung von A nach C). Dieser Prozess kehrt sich jedoch sofort wieder um, sobald es den Gewerkschaften gelingt, die Reallohnsenkung, ausgelöst durch Inflation, durch eine Nominallohnsteigerung zu neutralisieren. Die Volkswirtschaft befindet sich wieder auf dem Produktionsniveau BIP, das nun jedoch mit dem Preisniveau P'' korrespondiert (Punkt D).

Strohfeuereffekt

Dieser sog. Strohfeuereffekt (Erhöhung und nachfolgende Senkung des BIP auf sein ursprüngliches Niveau) ist dabei umso kürzer, je schneller die Wirtschaftssubjekte ihre Erwartungen an die veränderten Bedingungen anpassen (können). Unter der Voraussetzung, dass die Wirtschaftssubjekte über die Entwicklung des Preisniveaus vollkommene Voraussicht haben (die Inflationsrate korrekt antizipieren), findet dieser Anpassungsprozess sofort statt. Übertragen auf den Arbeitsmarkt bedeutet dies, dass die tatsächliche zukünftige Inflationsrate in den Lohnverhandlungen korrekt antizipiert wird. Das Reallohnniveau und folglich die Beschäftigung und der Output erfahren letztlich keine Veränderung. Lediglich die Zusammensetzung des Outputs verändert sich.

Aus Sicht der Neoklassik ist die Arbeitslosigkeit also langfristig nicht durch geld- und fiskalpolitische Maßnahmen zu beeinflussen (Politik-

Unwirksamkeits-Hypothese). Höchstens kurzfristig bieten diese Maßnahmen bei Fehleinschätzungen hinsichtlich der Inflation durch die Wirtschaftssubjekte die Möglichkeit, auf Produktion und Beschäftigung unter Inkaufnahme von Inflation einzuwirken. Voraussetzung zum Abbau der Arbeitslosigkeit ist vielmehr eine seitens der Tarifparteien auszuhandelnde Nominallohnsenkung.

Wirtschaftspolitische Konsequenzen

Anhand der vorhergehenden Ausführungen wird schnell deutlich, dass Maßnahmen zum Abbau von Arbeitslosigkeit aus neoklassischer Sicht direkt am Arbeitsmarkt und nicht am Gütermarkt ansetzen müssen. Insbesondere geht es darum sämtliche Hemmnisse, welche die Lohnfindung »vermachten« und die Flexibilität der Löhne nach unten einschränken, zu beseitigen.

Verstetigung der Wirtschaftspolitik

Aufgrund der von der Neoklassik angenommenen Stabilität des privaten Sektors bedarf es seitens des Staates und der Notenbanken keiner aktiven Stabilisierungspolitik. Gefordert ist stattdessen eine langfristig ausgerichtete Verstetigung der Wirtschaftspolitik. Das politische Handeln soll nicht von der aktuellen Entwicklung des BIP bestimmt sein, sondern sich auf die Sicherung eines vergleichsweise stetigen Wachstums des volkswirtschaftlichen Produktionspotentials ausrichten (Trendorientierung statt Zyklusorientierung).

Trendorientierung statt Zyklusorientierung

Angebotsorientierte Wirtschaftspolitk

Die Wirtschaftspolitik soll sich darauf beschränken, optimale Produktions- und Angebotsbedingungen zu schaffen (angebotsorientierte Wirtschaftspolitik). Hierunter fallen Maßnahmen zur Privatisierung, Deregulierung und Entbürokratisierung und eine aktive Wettbewerbspolitik. Gefordert wird ebenso eine potentialorientierte Geldmengenpolitik um die Inflationsgefahr einzudämmen (siehe Kap. »Makroökonomie – Ausgewählte Politikbereiche«, Abschn. 1). Der Fiskalpolitik fallen in diesem Konzept primär struktur- und allokationspolitische Aufgaben zu. Die Steuerpolitik ist innovations- und investitionsfreundlich auszugestalten und Haushaltsdefizite sind zu vermeiden (siehe Kap. »Makroökonomie – Ausgewählte Politikbereiche«, Abschn. 2).

2.2 Die keynesianische Stabilitätskonzeption

Instabilität als Basishypothese

Diese Konzeption wirtschaftspolitischer Einflussnahme basiert auf der keynesianischen Theorie. Ihre Vertreter gehen bei der Erklärung gesamtwirtschaftlicher Schwankungen von der Basishypothese aus, dass der private Sektor einer Marktwirtschaft instabil ist. Die in der Neoklassik viel beschworenen »Selbstheilungskräfte des Marktes« sind ihrer Ansicht nach in weiten Bereichen der Wirtschaft außer Kraft gesetzt. So kommt es nicht zu jenen Anpassungsprozessen, die nach klassischer Auffassung stets kurzfristige Wachstumsschwankungen ausgleichen und Vollbeschäftigung herbeiführen. In einer Volkswirtschaft ist folglich Unterbeschäftigung eher die Regel und Vollbeschäftigung die Ausnahme.

Ungültigkeit des Sayschen Theorems

Von zentraler Bedeutung ist dabei, dass die Keynesianer die Gültigkeit des Sayschen Theorems ablehnen. Sie stellen es geradezu auf den Kopf. Ihrer Ansicht nach bestimmt nicht das gesamtwirtschaftliche Angebot die gesamtwirtschaftliche Nachfrage, sondern umgekehrt die Nachfrage das Angebot. Gemäß dieser Argumentation investieren und stellen Unternehmer nur dann Arbeitskräfte ein, wenn es genügend Nachfrage für ihre Produkte gibt. Sie werden bei ihrer Nachfrage nach Arbeitskräften also neben dem Reallohn daher auch anderen Faktoren (z.B. die erwartete Entwicklung der Nachfrage und Gewinnerwartungen) berücksichtigen (müssen).

ANGEBOT
NACHFRAGE
ANGEBOT
NACHFRAGE
WAS WAR ZUERST DA: HENNE ODER EI?
ANGEBOT ODER NACHFRAGE?

Im Zentrum steht der Gütermarkt und nicht der Arbeitsmarkt.

Im Zentrum der keynesianischen Theorie steht daher die gesamtwirtschaftliche Nachfrage auf dem Gütermarkt und nicht, wie in der Neoklassik, der Arbeitsmarkt. Es ist in erster Linie auch die gesamtwirtschaftliche Güternachfrage, welche die Höhe des BIP und der Beschäftigung bestimmt. Ist die Nachfrage auf dem Gütermarkt niedriger als jene, welche für Vollbeschäftigung nötig ist, so ist Arbeitslosigkeit die Folge (siehe Abb. F.9). Der Arbeitsmarkt hat in der keynesianischen Theorie nur eine Indikatorfunktion.

Von besonderer Bedeutung für die Begründung der Ablehnung des Sayschen Theorems und infolgedessen für die Annahme der Instabilität des privaten Sektors sind hierbei die von Keynes gewählte Konsumfunktion, das Investitionsverhalten und die Geldnachfrage.

Konsumfunktion

Während die Neoklassik in ihrer Kapitalmarktanalyse von einer zinsabhängigen Spar- und Konsumfunktion ausgeht, hängt nach Keynes der private Konsum nur vom laufenden Einkommen ab. Diese sog. »absolute Einkommenshypothese« wird in einfachster Form wie folgt dargestellt:

$$C_t = a + bY_t$$

Marginale Konsumneigung

Der Gesamtkonsum C ist eine zunehmende Funktion des laufenden Einkommens im Zeitraum t, d.h. je höher das Einkommen (Y), desto höher der Konsum. Die Größe b bezeichnet die marginale Konsumneigung. Sie liegt in der Regel unter eins und gibt an, welcher Anteil eines zusätzlichen Einkommens konsumiert wird. Z.B. werden bei einer marginalen Konsumneigung von 0,75 von einem zusätzlichen Euro Einkommen 75 Cent konsumiert und 25 Cent gespart. Die Größe a kennzeichnet eine vom laufenden Einkommen unabhängige (»autonome«) Komponente des Konsums.

Aus der Existenz des absoluten Konsums und der Annahme einer konstanten marginalen Konsumneigung folgt, dass der Durchschnittskonsum mit steigendem Einkommen abnimmt.

Sparfunktion

Ein Spiegelbild der privaten Konsumpläne ist bei Keynes das Sparverhalten der Haushalte, da sich die Ersparnis aus der Differenz von Einkommen und Konsum ergibt. Formal ergibt sich daraus die Sparfunktion:

$$S_t = -a + (1-b)Y_t.$$

Der Ausdruck (1-b) wird als marginale Sparncigung bezeichnet und gibt analog zu b an, welcher Anteil eines zusätzlichen Einkommens gespart wird.

Im Gegensatz zur neoklassischen Auffassung, nach der Sparen Voraussetzung für höhere Investitionen, höhere Produktion und Beschäftigung ist, bedeutet nach keynesianischer Auffassung Sparen Nachfrageausfall. Eine erhöhte Sparneigung impliziert eine geringere Gesamtnachfrage und löst somit einen wirtschaftlichen Abschwung aus. Dieser lässt die Produktion, das Einkommen und die Beschäftigung nur weiter sinken. Zum Abbau von Arbeitslosigkeit hilft deshalb nicht »mehr sparen«, sondern »weniger sparen«. Was für den Einzelnen in einer Krisensituation zwecks Zukunftsvorsorge rational ist, ist im Ergebnis für die Volkswirtschaft insgesamt irrational (sog. Sparparadoxon). Ein Ausweg aus dieser Situation ist nur über eine expansive staatliche Nachfragepolitik möglich.

Sparparadoxon

Wie in der Neoklassik ist die von Keynes verwendete Investitionsfunktion ebenfalls eine fallende Funktion des Zinssatzes, d.h. mit sinkendem Marktzins nehmen die Investitionen zu und umgekehrt. Allerdings unterscheiden sich die beiden Lehrmeinungen in ihrer Begründung.

Investitionsfunktion

Während sich gemäß der Neoklassik die Investoren bei ihrer Investitionsentscheidung ausschließlich an der Grenzproduktivität des Kapitals und dem Zinssatz orientieren, bestimmt bei Keynes der Vergleich von Zinssatz und Grenzleistungsfähigkeit des Kapitals die Entscheidung für oder gegen zusätzliche Investitionen. Die Grenzproduktivität des Kapitals gibt an, welchen zusätzlichen Ertrag die zuletzt eingesetzte Kapitaleinheit abwirft. Sie wird aus der Produktionsfunktion abgeleitet und stellt eine rein technische Größe dar. Die Grenzleistungsfähigkeit des Kapitals entspricht dabei dem internen Zinsfuß, der die Verzinsung des eingesetzten Kapitals für ein Investitionsprojekt misst. Zu dessen Bestimmung werden die Kosten eines Investitionsprojektes den abdiskontierten erwarteten Erträgen gegenübergestellt.

Grenzproduktivität versus

Grenzleistungsfähigkeit des Kapitals

Interner Zinsfuß

Da die Grenzleistungsfähigkeit, anders als die Grenzproduktivität des Kapitals, eine auf Erwartungen aufbauende Größe ist, sind in diesem Fall für die Investitionsentscheidung alle Faktoren relevant, die diese beeinflussen. Dazu gehören beispielsweise geld- und fiskalpolitische Maßnahmen, Veränderungen in der Weltwirtschaft oder einfach nur persönliche Launen, geprägt durch irrationale Wellen von Optimismus und Pessimismus (»animal spirits«).

So kann es nach Keynes bei wechselnden Stimmungslagen zu einer Veränderung der Investitionsnachfrage kommen, obwohl sich an der Produktionsfunktion und damit an der Grenzleistungsfähigkeit des Kapitals und dem Marktzins nichts geändert hat. Die liegt daran, dass z.B. bei einer Verbesserung der Aussichten Vermutungen über Einnahmeüberschüsse im Investitionskalkül nach oben korrigiert werden. Somit steigt die Grenzleistungsfähigkeit an und das Investitionsvolumen wächst. Nach der neoklassischen Theorie würde sich die Investitionsgüternachfrage hingegen in der gleichen Situation nicht ändern.

Umgekehrt bedeutet dies aber auch, dass Zinsänderungen nicht zwingend die Investitionstätigkeit beeinflussen, sofern das gesamte »Investitionsklima« gegen eine Verhaltensänderung spricht. Wir befinden uns

Investitionsfalle

in der »Investitionsfalle«. Veränderungen des Preisniveaus, des Nominallohns und des Zinssatzes (also Geldpolitik) haben keine Auswirkungen auf die Investitionen, der Keynes-Zinssatz-Effekt tritt nicht ein (siehe Kap. »Makroökonomie – Theoretische Grundlagen«).

Geldnachfrage

Wie die Neoklassik begründet auch Keynes die gewünschte Bargeldhaltung der Wirtschaftssubjekte (die Geldnachfrage) mit der Höhe und Anzahl der Transaktionen, welche die Wirtschaftsubjekte durchzuführen wünschen. Dabei wird davon ausgegangen, dass die benötigte Kasse für Transaktionszwecke mit steigendem Einkommen zunimmt. Anders als die Neoklassik unterstellt Keynes den Wirtschaftssubjekten jedoch zusätzlich eine Kassenhaltung aus Spekulationsgründen.

Spekulationskasse

Die Spekulationskasse enthält nach Keynes die Beträge, die zum späteren Kauf von Wertpapieren verwendet werden sollen, um mögliche Kursgewinne zu realisieren. Die Nachfrage nach Spekulationskasse hängt von den Erwartungen über die zukünftige Zinsentwicklung festverzinslicher Wertpapiere ab. Werden steigende Zinsen erwartet, wird die Geldhaltung zu Spekulationszwecken größer sein und umgekehrt.

Die Erwartungen bilden sich aus dem Vergleich eines als »normal« angesehenen durchschnittlichen Zinsniveaus und dem aktuellen Zinssatz. Bei hohen Zinsen erwarten die Wirtschaftsubjekte eher eine Zinssenkung und bei niedrigen Zinsen eher eine Zinssteigerung, so dass die Spekulationskasse negativ mit dem Zinssatz korreliert ist.

Ist der Zinssatz sehr niedrig werden die Wirtschaftssubjekte ihr gesamtes verfügbares Geld, das sie nicht für die Transaktionskasse benötigen in der Spekulationskasse halten.

Effektivverzinsung

Die Effektivverzinsung und der Kurs eines festverzinslichen Wertpapiers sind nämlich umgekehrt proportional: Bei gegebener Nominalverzinsung ist die Effektivverzinsung eines Wertpapiers umso höher, je geringer der Kurs (Preis) ist, den man dafür zahlen muss. Bei einer niedrigen Effektivverzinsung – bzw. einem hohen Kurs ist die Wertpapiernachfrage also niedrig und das nicht für Transaktionszwecke gehaltene Geld wird aus spekulativen Gründen gehalten, in der Hoffnung auf Kurssenkungen bzw. einer Effektivzinssteigerung.

Beispiel: Ein festverzinsliches Wertpapier mit einem Nominalwert von € 100,00 hat einen Nominalzins von 5 %. Der Kurswert beträgt € 103,00. Bei einer Laufzeit von genau einem Jahr ergibt sich dann eine effektive Verzinsung (Rendite) von 4,85 %. Steigt der Kurswert, sinkt der Effektivzins. Allgemein berechnet sich die Rendite bzw. die Effektivverzinsung dieser Anlageform nach der Formel:

$$\text{Rendite} = \text{Effektivverzinsung} = \frac{\text{Nominalzinssatz x Nominalwert}}{\text{Kurswert}}$$

Im Extremfall ist der Zins so niedrig, dass alle Marktteilnehmer Zinssteigerungen, aber keinc weitere Zinssenkungen erwarten. Wir befinden uns in der Liquiditätsfalle. Jeglicher Versuch, mittels einer Erhöhung der Geldmenge über eine verstärkte Nachfrage nach Wertpapieren eine Zinssenkung zu erreichen, scheitert. Das zusätzliche Geld wird – ohne, dass es einer weiteren Zinssenkung bedarf – in der Spekulationskasse gehalten und der Geldpolitik gelingt es nicht, über eine Zinssenkung die gesamtwirtschaftliche Nachfrage zu stimulieren.

Liquiditätsfalle

Im Gegensatz zur Neoklassik ist unter den Annahmen, die Keynes zum Konsum- und Investitionsverhalten der Wirtschaftssubjekte machte, also keineswegs gesichert, dass *jedes* Güterangebot auch abgesetzt werden kann und infolgedessen von der Nachfrageseite auch keine Störungen ausgehen können. Nur in Ausnahmefällen mag die gesamtwirtschaftliche Nachfrage gerade so groß sein, dass bei der Produktion des gesamtwirtschaftlichen Angebots, das zur Befriedigung der gesamtwirtschaftlichen Nachfrage erforderlich ist, Vollbeschäftigung herrscht.

Wird Unterbeschäftigung durch eine zu geringe gesamtwirtschaftliche Nachfrage hervorgerufen, hilft zum Abbau der Arbeitslosigkeit auch keine Reallohnsenkung ausgelöst durch eine Nominallohnsenkung oder Inflation. Die größere Produktionsmenge würde aufgrund der fehlenden Nachfrage keinen Absatz finden.

In Abb. F.9 ist im ersten Quadranten das gleichgewichtige BIP (BIP_0) durch die Höhe der gesamtwirtschaftlichen Nachfrage bestimmt. Das Produktionsniveau bei Vollbeschäftigung BIP_V kann nicht realisiert werden, weil die Nachfrage nicht ausreicht, um das bei diesem Beschäftigungsniveau erzeugte Angebot aufzunehmen. Über die Produktionsfunktion im vierten Quadranten erhält man die für das Produktionsniveau BIP_0 erforderliche Beschäftigungsmenge (A_0). Überträgt man diese auf den Arbeitsmarkt im dritten Quadranten, erhält man über die Arbeitsnachfragekurve die maximale Beschäftigung, die von den Unternehmen nachgefragt wird.

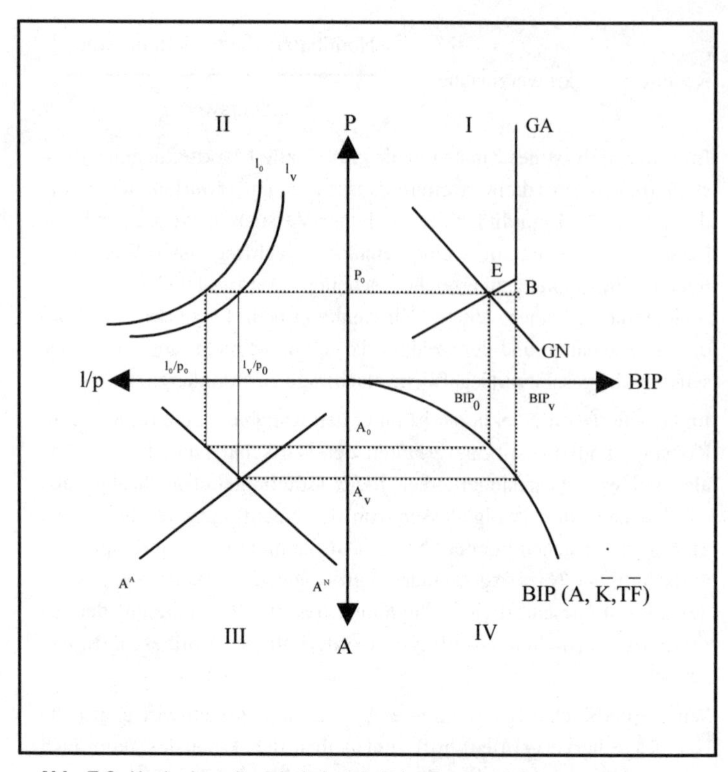

Abb. F.9. Konjunkturelle Arbeitslosigkeit im Totalmodell

Über eine Nominallohnsenkung, ausgedrückt durch eine Verschiebung der Nominallohnkurve im zweiten Quadranten nach rechts unten von l_0 auf l_v, ließe sich zwar über die damit verbundene Reallohnsenkung (von l_0/p_0 auf l_v/p_0 zwar Vollbeschäftigung erreichen. Der mit diesem Einsatz an zusätzlichen Arbeitskräften produzierte Output (BIP_v) könnte aber nicht abgesetzt werden. Bei gleichbleibendem Preisniveau (P_0) bestünde nunmehr eine Nachfragelücke in Höhe der Strecke EB. Die Unternehmer werden daher auf keinen Fall mehr Arbeitskräfte einstellen, als sie zur Produktion von BIP_0 benötigen.

Die Beschäftigung wird vollständig von der Nachfrageseite bestimmt und hat nichts mit der Höhe der Reallöhne zu tun. Daher kann Arbeitslosigkeit in diesem Fall auch nicht durch Reallohnsenkungen bekämpft werden. Im Gegenteil, diese würden über den damit verbunden Nachfrageausfall das Problem der Arbeitslosigkeit noch weiter verschärfen.

Rationalitätsfalle

Das eigentliche Problem liegt wieder in der Rationalitätsfalle. Zwar ist es für das einzelne Unternehmen in einer schlechten Konjunkturlage durchaus sinnvoll, über niedrigere Löhne und geringere Kosten seine Wettbewerbsposition gegenüber seinen Konkurrenten zu verbessern. Falls aber alle Unternehmen so vorgehen, sinkt die Kaufkraft der

Haushalte, wodurch die gesamtwirtschaftliche Nachfrage nur noch weiter geschwächt wird.

Wie aus der Abbildung deutlich wird, bedarf es zur Bekämpfung der Arbeitslosigkeit statt einer Lohnsenkung expansiver geld- und fiskalpolitischer Maßnahmen zur Erhöhung der gesamtwirtschaftlichen Nachfrage (Verschiebung der GN-Funktion nach rechts). Allerdings ist eine derartige Politik mit einem Preisniveauanstieg verbunden. Dieser Zielkonflikt zwischen »hohem Beschäftigungsstand« und »Preisniveaustabilität« ist für die Wirtschaftspolitik von großer Bedeutung. Daher wird dieser Sachverhalt im Zusammenhang mit der Phillipskurve später nochmals aufgegriffen.

Zielkonflikt

Wirtschaftspolitische Konsequenzen

Antizyklische Stabilisierungs- und Beschäftigungspolitik

Die vorausgegangenen Ausführungen haben gezeigt, dass sowohl der Staat als auch die Notenbank mit Hilfe fiskal- und geldpolitischer Maßnahmen eingreifen müssen und können, um ein Ungleichgewicht zu beseitigen. Ihnen fällt die Aufgabe zu, eine kurzfristig ausgerichtete antizyklische Stabilisierungs- und Beschäftigungspolitik zu betreiben. Dabei hat der Einsatz eines differenzierten Instrumentariums, je nach konjunktureller Lage, fallweise (diskretionär) zu erfolgen.

Konzept der Globalsteuerung

Die Ausrichtung der Stabilisierungspolitik liegt dabei auf den gesamtwirtschaftlichen Größen (Konzept der Globalsteuerung). Hinsichtlich der Eingriffe im mikroökonomischen Bereich werden dem Staat jedoch Grenzen gezogen, um den Rahmen der marktwirtschaftlichen Ordnung zu wahren. Der Staat soll nur Anreize für die privaten Wirtschaftssubjekte schaffen, die jene zu einem bestimmten Verhalten veranlassen sollten (Einsatz marktkonformer Instrumente).

Dominanz der Nachfrageseite

Die Maßnahmen der Globalsteuerung setzen vorwiegend auf der Nachfrageseite an, da ja die Gültigkeit des Sayschen Theorems bestritten wird. Zwar sind gute Angebotsbedingungen von großer Bedeutung, doch produzieren Unternehmen nur, wenn sie eine entsprechende Nachfrage erwarten können. Warum sollte ein Unternehmer bei einer stagnierenden Nachfrage und freien Kapazitäten mehr Beschäftigte einstellen, nur weil die Löhne etwas gesunken sind? Folglich muss die gesamtwirtschaftliche Nachfrage ein bestimmtes Niveau aufweisen, bei dem die Anbieter aufgrund ihrer gewinnorientierten Absatzerwartungen bereit sind, die Produktion auf einer solchen Höhe zu halten, bei der das Arbeitskräftepotential voll ausgeschöpft wird.

... und der Fiskalpolitik gegenüber der Geldpolitik

Nach keynesianischer Sichtweise liegt die Hauptlast der Stabilisierungspolitik auf den Ausgaben- und Einnahmevariationen des Staatshaushalts (Dominanz der Fiskalpolitik). Sie beeinflussen die gesamtwirtschaftlichen Komponenten direkt und haben gut prognostizierbare multiplikative Mengeneffekte (siehe Kap. »Makroökonomie – Ausgewählte Politikbereiche«, Abschn. 2). Dagegen erscheinen die Maßnahmen bzw. bzw. Wirkungen der Geldpolitik unsicher und setzen mit erheblichen Zeitverzögerungen ein. Im Falle der Existenz der Liquiditäts- und Investitionsfalle nützt die Geldpolitik überhaupt nicht zur Anregung von Produktion und Beschäftigung.

Abb. F.10 enthält eine zusammenfassende Gegenüberstellung der hier vorgestellten stabilitätspolitischen Konzeptionen.

Keynsianismus	
Allgemeine Zuordnung	• nachfrageorientiert • kurzfristige Sichtweise dominiert • interventionistische Staatsauffassung • Ordnungs- und Prozesspolitik • Dominanz der Fiskalpolitik gegenüber der Geldpolitik (Fiskalismus)
Basis-hypothesen	• Instabilität der Wirtschaft • Ungültigkeit des Sayschen Theorems ↳ Die Güternachfrage bestimmt die Höhe der Beschäftigung und des BIP • Diskretionäre, antizyklische Wirtschaftspolitik ist notwendig und möglich
Wesentliche Annahmen / Verhaltens hypothesen	• Konsum ist abhängig vom laufenden Einkommen • Sparen ist einkommensabhängig • Investitionen sind wenig zinselastisch ↳ Investitionsfalle ↳ Bedeutung des crowding-out-effect gering • Zins bildet sich am Geldmarkt • Geldnachfrage (Bargeldhaltung) auch zu Spekulationszwecken (Spekulationskasse) ↳ Liquiditätsfalle • Arbeitsnachfrage ist nur bedingt reallohnabhängig
Wirtschafts-politische Konsequenzen	• Zielkonflikt zwischen Arbeitslosigkeit und Inflation Gefordert wird: • Diskretionäre, antizyklische Wirtschaftspolitik • Zyklischer Budgetausgleich

Neoklassik	
Allgemeine Zuordnung	• angebotsorientiert • langfristige Sichtweise dominiert • liberale Staatsauffassung • mehr Ordnungs- als Prozesspolitik • Dominanz der Geldpolitik gegenüber der Fiskalpolitik (Monetarismus)
Basis-hypothesen	• Stabilität der Wirtschaft (»Selbstheilungskräfte des Marktes«) • Gültigkeit des Sayschen Theorems ↳ Der Arbeitsmarkt bestimmt die Höhe der Beschäftigung und des BIP • Diskretionäre, antizyklische Wirtschaftspolitik ist nicht notwendig und nicht möglich
Wesentliche Annahmen / Verhaltens-hypothesen	• Konsum ist abhängig vom permanenten Einkommen • Sparen ist auch zinsabhängig • Investitionen sind hoch zinselastisch ↳ crowding-out-effect bedeutsam • Ausgleich von Ersparnis und Investitionen auf dem Kapitalmarkt • Zins bildet sich am Kapitalmarkt • Arbeitsnachfrage hängt von Reallohn ab
Wirtschafts-politische Konsequenzen	• Langfristig kein Zielkonflikt zwischen Arbeitslosigkeit und Inflation Gefordert wird: • Verstetigung der Wirtschaftspolitik • Verbesserung der Angebotsbedingungen • Wettbewerbspolitik • Potentialorientierte Geldpolitik • Produktivitätsorientierte Lohnpolitik • Haushaltskonsolidierung und jährlicher Budgetausgleich • Schaffung eines leistungsorientierten, investitionsfreundlichen und innovativen Steuersystems • Deregulierung • Flexibilisierung des Arbeitsmarktes

Abb. F. 10. Keynesianismus versus Neoklassik

3. Wiederholungsfragen

❍ 1. Welche Effekte begründen den negativen Verlauf der gesamtwirtschaftlichen Nachfragekurve? Erläutern Sie diese Effekte! Lösung S. 181

❍ 2. In welchen Fällen verschiebt sich die gesamtwirtschaftliche Nachfrage nach rechts (links)? Lösung S. 182 f.

❍ 3. Was versteht man unter der Liquiditäts- und Investitionsfalle? Lösung S. 182

❍ 4. Wie wirken sich die Abweichungen der erwarteten und tatsächlichen Inflationsrate auf die gesamtwirtschaftliche Angebotskurve aus? Lösung S. 186

❍ 5. Erläutern Sie je ein Beispiel für eine Links- bzw. Rechtsverschiebung der gesamtwirtschaftlichen Angebotskurve! Lösung S. 187

❍ 6. Welchen Einfluss hat der Zeithorizont auf den Verlauf der gesamtwirtschaftlichen Angebotskurve? Lösung S. 187

❍ 7. Wie unterscheiden sich die einzelnen Teilabschnitte der gesamtwirtschaftlichen Angebotskurve in Bezug auf unterschiedliche Konjunkturphasen? Lösung S. 187

❍ 8. Warum zweifeln die Keynesianer an der Gültigkeit des Say'schen Theorems? Lösung S. 188

❍ 9. Welchen Konflikt beschreibt das Sparparadoxon? Lösung S. 199

❍ 10. Welche Funktion kommt dem Arbeitsmarkt in den beiden Lehrmeinungen zu? Lösung S. 198

❍ 11. Was ist der Unterschied zwischen Grenzproduktivität des Kapitals und Grenzleistungsfähigkeit des Kapitals? Lösung S. 199

❍ 12. Ein Wertpapier (Nominalwert 100,– €) wird mit 4,5 % verzinst. Wie hoch ist der Kurs dieses Papiers, wenn der Effektivzins 5 % beträgt? Lösung S. 200

❍ 13. Welche Gründe könnten Unternehmen trotz deutlicher Zinssenkungen von zusätzlichen Investitionen abhalten? Lösung S. 199

Makroökonomie – Ziele der Wirtschaftspolitik

Lernziele dieses Kapitels

Die Studierenden sollen nach der Lektüre dieses Kapitels

- die Bedeutung der wirtschaftspolitischen Ziele und ihre möglichen wechselseitigen Beziehungen kennen.
- die wichtigsten Indikatoren zu den jeweiligen Zielen kennen und kritisch einschätzen können.
- die Ursachen für mögliche Zielverfehlungen verstehen.

1. Der Zielkatalog

Wirtschaftspolitische Ziele im Stabilitäts- und Wachstumsgesetz

Die gesamte Makroökonomie dreht sich im Wesentlichen um einige wenige wichtige makroökonomische Zielgrößen, die in den meisten Staaten der Welt als wirtschaftspolitische Ziele verfolgt werden.

Für die Bundesrepublik Deutschland sind diese Ziele vor allem im Gesetz zur Förderung der Stabilität und des Wachstums der Wirtschaft (dem sog. Stabilitäts und Wachstumsgesetz: StabWG) aus dem Jahr 1967 gesetzlich fixiert. § 1 des Gesetzes lautet:

»Bund und Länder haben bei ihren wirtschafts- und finanzpolitischen Maßnahmen die Erfordernisse des gesamtwirtschaftlichen Gleichgewichts zu beachten. Die Maßnahmen sind so zu treffen, dass sie im Rahmen der marktwirtschaftlichen Ordnung gleichzeitig zur Stabilität des Preisniveaus, zu einem hohen Beschäftigungsstand und außenwirtschaftlichem Gleichgewicht bei stetigem und angemessenem Wirtschaftswachstum beitragen.«

Ergänzt wird der Zielkatalog des StabWG durch das Ziel »Verbesserung der Verteilung von Einkommen und Vermögen«, formuliert im Gesetz über die Bildung des Sachverständigenrats von 1963, und durch das Ziel »Umweltschutz«, das seit 1994 im Art. 20a des Grundgesetzes verankert ist.

Makroökonomische Ziele der Europäischen Union

Vergleichbar mit den für Deutschland genannten Zielen sind die makroökonomischen Ziele, die in Artikel 2 des EGV unter den allgemeinen Zielen der Europäischen Union aufgeführt sind: ein beständiges, nichtinflationäres und umweltverträgliches Wachstum, ein hohes Beschäftigungsniveau, eine harmonische und ausgewogene Entwicklung des Wirtschaftslebens innerhalb der Gemeinschaft, ein hohes Maß an sozialem Schutz sowie die Hebung des Lebensstandards und der Lebensqualität.

Die weiteren genannten Zielsetzungen »die Förderung des wirtschaftlichen und sozialen Zusammenhalts und der Solidarität zwischen den Mitgliedstaaten« sowie »ein hoher Grad an Konvergenz der Wirtschaftsleistungen« weisen auf die Besonderheit der EU als Staatenbund hin.

Magisches Viereck

Obgleich die im StabWG aufgeführten Ziele gleichrangig angestrebt werden sollen, sind Zielkonflikte denkbar, weshalb dieses Zielsystem auch als »magisches Viereck« bekannt ist. In welcher Zielbeziehung die einzelnen Ziele zueinander stehen, ist jedoch unter den Ökonomen strittig.

Zielbeziehungen:

Grundsätzlich lassen sich folgende Zielbeziehungen unterscheiden:

- Zielharmonie

- Zielharmonie: Politikmaßnahmen zur Verbesserung einer Zielgröße führen gleichzeitig zur Verbesserung einer anderen Zielgröße. Dies könnte z.B. bei den Zielen Wachstum und Beschäftigung zutreffen. In diesem Fall hätte das Ziel Wirtschaftswachstum quasi Zwischenzielcharakter.

- Zielkonflikt

- Zielkonflikt: Maßnahmen zur Verbesserung eines Ziels führen zur Zielverletzung bei anderen makroökonomischen Größen. Ein viel diskutierter Fall ist hier der mögliche Konflikt zwischen den Zielen Preisniveaustabilität und hoher Beschäftigungsstand.

- Zielneutralität

- Zielneutralität: Die Verbesserung einer Zielgröße lässt andere Zielgrößen unberührt. Dieser Fall dürfte aufgrund der starken wechselseitigen Abhängigkeiten eher selten auftreten.

Angesichts dieser Gegebenheiten kommt man in der praktischen Wirtschaftspolitik nicht umhin, je nach wirtschaftlicher Lage immer wieder neue Zielprioritäten zu setzen. In Deutschland geschieht dies beispielsweise im regelmäßig erscheinenden Jahreswirtschaftsbericht und im nationalen Stabilitätsprogramm. Innerhalb der EU erfolgt dies nach Art. 99 EG-Vertrag im Rahmen des zentralen Koordinierungsinstruments »Grundzüge der Wirtschaftspolitik«.

Grundzüge der Wirtschaftspolitik der EU

Diese »Grundzüge der Wirtschaftspolitik« der EU enthalten gemeinsam von den Mitgliedstaaten abgestimmte Orientierungen (Kernziele) für die EU insgesamt sowie länderspezifische Empfehlungen über notwendige wirtschaftspolitische Maßnahmen und Reformschritte in den Bereichen Haushaltspolitik, Güter-, Arbeits- und Finanzmärkte. Die aktuellen Schwerpunkte für den Dreijahres-zeitraum 2003 bis 2005 sind: »Wachstum stärken, Arbeitsmärkte reformieren, Reformen der Renten- und Gesundheitssysteme«.

Im Folgenden werden die Ziele des StabWG näher beschrieben. Dabei werden zunächst Argumente für die jeweilige Zielsetzung gesammelt. Anschließend wird auf die Operationalisierung der Ziele eingegangen bevor mögliche Ursachen der Zielverfehlung vorgestellt werden.

2. Stetiges und angemessenes Wirtschaftswachstum

Volkswirtschaften zeichnen sich meistens durch einen tendenziellen Anstieg der gesamtwirtschaftlichen Produktion von Gütern und Dienstleistungen aus. Allerdings kommt es regelmäßig zu mehr oder weniger starken Schwankungen der wirtschaftlichen Aktivität um den langfristigen Wachstumstrend (sog. Konjunkturschwankungen). Das Ziel »stetiges und angemessenes Wirtschaftswachstum« trägt im Prinzip beiden Phänomenen Rechnung.

stetiges und ...

Das Wort »stetig« ist Ausdruck des Ziels, ein möglichst schwankungsfreies Wirtschaftswachstum zu erreichen. Die Angemessenheit hängt eng mit den Nachteilen zusammen, die durch ein »ungezügeltes« Wachstum entstehen können. In der Tat ist Wachstum mit negativen Folgen für die Umwelt sowie dem Abbau nicht generierbarer Ressourcen verbunden. »Angemessenes« Wachstum ist daher als umweltverträgliches Wachstum zu interpretieren.

... angemessens Wachstum

Abb. G.1 macht den Zusammenhang zwischen den konjunkturellen Schwankungen und dem langfristigen Wachstumstrend deutlich.

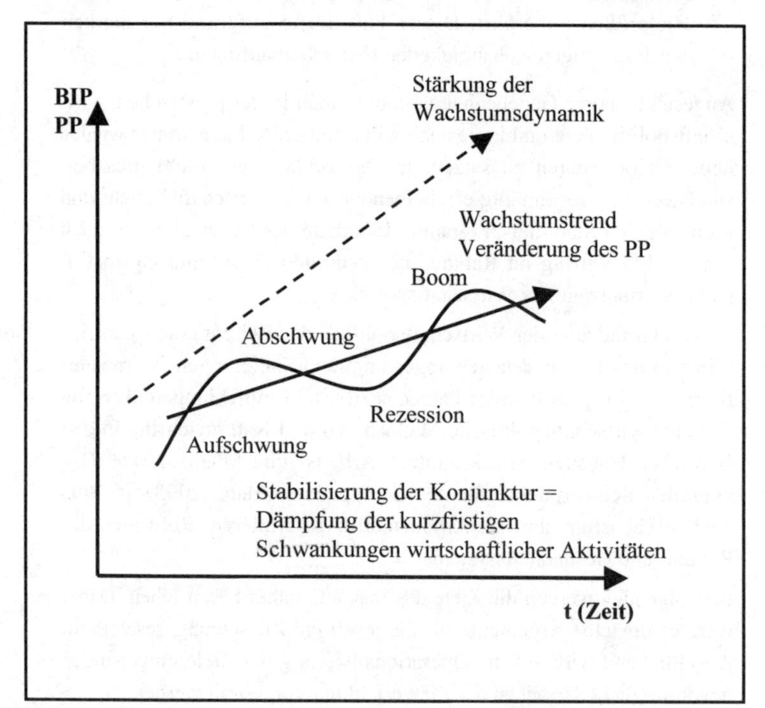

Abb. G.1. Konjunkturelle Schwankungen und Wachstumstrend

In der Praxis wird als Indikator für die wirtschaftliche Entwicklung das reale Bruttoinlandsprodukt (BIP) verwendet. Zur Bestimmung des Wachstumstrends ist es jedoch besser das Produktionspotenzial (PP) als Maßgröße zu verwenden. Von Wachstum im eigentlichen Sinne sollte nur dann gesprochen werden, wenn die wirtschaftliche Entwicklung mit einem Kapazitätserweiterungseffekt verbunden ist.

Indikator

Bruttoinlandsprodukt und

Das Produktionspotenzial (PP) gibt an, wie viel innerhalb einer Volkswirtschaft produziert werden könnte, wenn die vorhandenen Produktionsfaktoren bei gegebenem technischen Wissen voll ausgenutzt würden. Das Produktionspotenzial entspricht so gesehen der Angebotsseite einer Volkswirtschaft. Es handelt sich hierbei um einen Schätzwert, der u.a. von der Deutschen Bundesbank errechnet wird.

Produktionspotenzial

Das reale Bruttoinlandsprodukt (BIP) misst den Teil des Produktionspotenzials, der realisiert und damit tatsächlich produziert worden ist. Veränderungen des BIP weisen daher allenfalls auf Schwankungen im Auslastungsgrad des Produktionspotenzials hin.

2.1 Begründung des Wachstumsziels

Die Begründung für wirtschaftliches Wachstum – gemessen als Veränderungsrate des realen Bruttoinlandsprodukts (BIP) oder des Produktionspotentials – als Ziel staatlicher Politik ist vielfältiger Natur. Wachstum wird dabei nicht immer als eigenständiges Ziel, betrachtet, sondern als Mittel zur Erreichung anderer wirtschafts- und gesellschaftspolitischer Ziele.

Generell erhöht Wachstum den materiellen Wohlstand und die materielle Unabhängigkeit der Bürger. Mit materiellem Wohlstand ist eine bessere Versorgung der Bevölkerung mit privaten und öffentlichen Gütern gemeint. Erst wenn die Produktion von Gütern über das Maß hinaus geht, das zur Sicherung des gesellschaftlichen Existenzminimums erforderlich ist, besteht ein gewisser Grad an Freiheit in der Wahl der Mittel zur Bedürfnisbefriedigung. Nur durch Wachstum ist es bei zunehmender Bevölkerung möglich, den Pro-Kopf-Lebensstandard zu erhalten bzw. zu erhöhen.

Materieller Wohlstand und Unabhängigkeit

Wachstum erleichtert die Realisierung des gesellschaftspolitischen Ziels der Verteilungsgerechtigkeit. Während bei stagnierendem BIP Einkommensverbesserungen für eine Gruppe nur auf Kosten einer anderen möglich sind, steht durch Wachstum eine zusätzliche Verteilungsmasse zur Verfügung, so dass jede Gruppe, wenn auch in unterschiedlichem Maße, mehr erhalten kann. In diesem Sinne trägt Wachstum zur Entschärfung von Verteilungskonflikten bei.

Entschärfung von Verteilungskonlikten

Strukturwandel – der sich ständig verändernde relative Beitrag der

Erleichterung des Strukturwandels

Sektoren, Regionen oder Produktionsfaktoren zum BIP – und Wachstum sind unlösbar miteinander verbunden. Wachstum erleichtert den Strukturwandel. So können beispielsweise Arbeitskräfte, die in schrumpfenden Branchen nicht mehr benötigt werden, in expandierenden Branchen einer wachsenden Wirtschaft leichter eine neue Beschäftigung finden. Stockt das Wachstum kommt es tendenziell eher zu struktureller Arbeitslosigkeit.

Finanzierung der sozialen Sicherungssysteme

Des Weiteren erleichtert Wachstum die Finanzierung des technischen Fortschritts und des Umweltschutzes. Zudem ist es für die Erhaltung des sozialen Sicherungssystems von grundlegender Bedeutung. Ohne ausreichendes Wirtschaftswachstum kann der Sozialstaat an die Grenzen seiner Finanzierbarkeit geraten.

Sicherung und Steigerung der Beschäftigung

Schließlich führt Wachstum in der Regel zur Sicherung und Steigerung der Arbeitsnachfrage sowie der Beschäftigung. Offensive Strategien zum Abbau der Arbeitslosigkeit zielen deshalb darauf ab, über wirtschaftliches Wachstum zusätzliche Arbeitsplätze zu schaffen (siehe Kapitel »Makroökonomie – Ausgewählte Politikbereiche«, Abschn. 4). Ob Wachstum zur Schaffung neuer und zusätzlicher Arbeitsplätze führt, hängt u.a. von der Art des wirtschaftlichen Wachstums und der strukturellen Veränderungen einer Volkswirtschaft ab. Mitunter lässt sich sogar Wachstum ohne Entstehung zusätzlicher Arbeitsplätze (jobless growth) beobachten.

Die Vorteile geringer konjunktureller Schwankungen liegen auf der Hand, wenn man sich die Folgen unfreiwilliger Arbeitslosigkeit und Inflation verdeutlicht, zwei zentrale Erscheinungen, die regelmäßig im Zusammenhang mit dem Auf und Ab der wirtschaftlichen Entwicklung auftreten.

2.2 Operationalisierung von Wachstum und Konjunktur

Indikator: reales Bruttoinlandsprodukt

Wie bereits angemerkt, wird als Indikator für die wirtschaftliche Entwicklung das reale Bruttoinlandsprodukt (BIP) verwendet. Mit dem realen BIP wird jedoch nichts anderes als die tatsächliche Produktion gemessen, nicht aber, was bei Vollauslastung der zur Verfügung stehenden Produktionskapazitäten und dem gegebenen technologischen Fortschritt insgesamt an Produktion möglich gewesen wäre.

Indikator: Produktionspotenzial

Da sich die reale wirtschaftliche Entwicklung immer nur innerhalb der zur Verfügung stehenden Produktionskapazitäten vollziehen kann, ist es deshalb angebracht, als eigentlichen Wachstumsindikator nicht das tatsächlich erzeugte BIP zu wählen, sondern sich am Wachstum des Produktionspotenzials zu orientieren. Stagniert das Produktionspotenzial, so kann langfristig auch das BIP nicht wachsen. Das Produktionspotenzial gibt daher die Obergrenze der tatsächlichen volkswirtschaftlichen Produktion an.

Abb. G.2 gibt die Entwicklung des gesamtwirtschaftlichen Produktionspotenzials des früheren Bundesgebiets an, wie es vom Sachverständigenrat zur Begutachtung der gesamtwirtschaftlichen Entwicklung geschätzt wurde sowie die Entwicklung des BIP und den Auslastungsgrad des Produktionspotenzials.

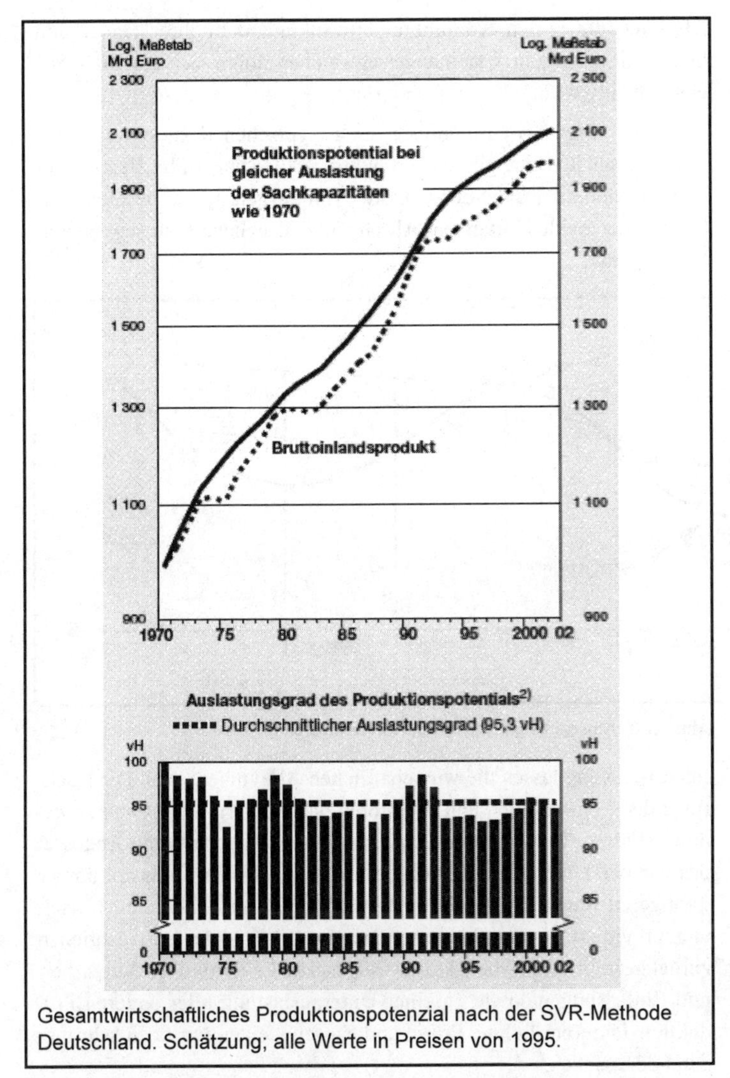

Gesamtwirtschaftliches Produktionspotenzial nach der SVR-Methode Deutschland. Schätzung; alle Werte in Preisen von 1995.

Abb. G.2. Produktionspotenzial, BIP und Auslastungsgrad. Quelle: SVR, Jahresgutachten 2003/04, S. 418

Outputlücke

Deutlich erkennbar ist die sog. »Outputlücke«, der Abstand zwischen der tatsächlichen Produktion und dem Produktionspotenzial, die sich seit Beginn der 90er Jahre in Deutschland auftut. Diese Outputlücke spiegelt sich in einer deutlichen Unterauslastung der Produktionsfaktoren wider, wie in dem unteren Schaubild zu erkennen ist.

2.3 Der idealtypische Konjunkturverlauf

Obgleich die realen Konjunkturschwankungen in ihrer Dauer und Stärke mitunter sehr voneinander abweichen, lohnt sich ein Blick auf einen idealtypischen Konjunkturverlauf.

Abb. G.3 zeigt das Grundmuster eines typischen Konjunkturzyklus. Die gestrichelte Linie gibt das Produktionspotenzial an. Im Bereich um Punkt C sind die Produktionsfaktoren voll ausgelastet. In unserem Fall beginnt der Zyklus mit einem Abschwung ausgehend vom sog. oberen Wendepunkt.

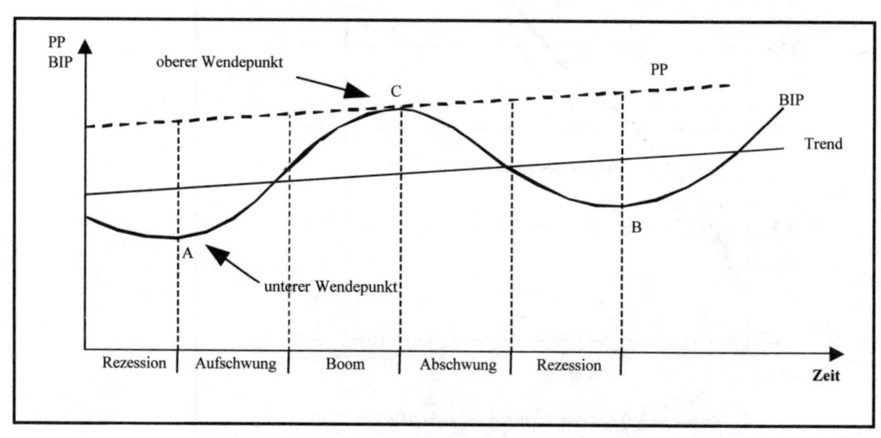

Abb. G.3. Muster eines typischen Konjunkturzyklus

Abschwung

Im Abschwung lassen die wirtschaftlichen Aktivitäten nach. Die Nachfrage der Konsumenten und Investoren nach Gütern nimmt immer weniger stark zu bzw. geht zurück. Das gesamtwirtschaftliche Angebot, das von den Unternehmen produziert wird, wächst ebenfalls mit immer geringeren Raten, da die Gewinnerwartungen der Unternehmen nach unten revidiert werden. Als Folge davon werden geplante Investitionen zurückgestellt und Arbeitskräfte freigesetzt. Es kommt zu Kurzarbeit und Entlassungen sowie zu einer Unterauslastung aller anderen Produktionsfaktoren; Löhne, Preise und Zinsen steigen nur noch sehr moderat oder sinken.

Nimmt der Abschwung an Intensität und Länge zu, spricht man von einer Rezession. Genau genommen dann, wenn die Wachstumsrate des realen BIP über zwei Quartale hinweg zurückgeht. Verbessern sich dann z.B. wieder die Zukunftserwartungen der Wirtschaftssubjekte geht der Abschwung in einen Aufschwung über.

Rezession

Im Aufschwung steigen Nachfrage und Produktion erst langsam, dann immer schneller an. Die Auslastung des Produktionspotenzials verbessert sich sukzessive und die Arbeitslosenzahlen gehen zurück. Mit zunehmender Kapazitätsauslastung und weiter steigendem Vertrauen in die wirtschaftliche Entwicklung wird auch die Investitionstätigkeit wieder angeregt. Steigende Löhne lassen die Nachfrage weiter steigen, was Anlass zu einer Korrektur der Gewinnerwartungen nach oben gibt.

Aufschwung

Nimmt der Aufschwung an Intensität und Länge zu, spricht man von einem Boom (Hochkonjunktur). In dieser Phase des Konjunkturverlaufs machen sich erste Engpässe bei der Produktion bemerkbar. Es kommt zu Preiserhöhungen auf breiter Front mit der Tendenz zunehmender Inflationsraten. Auf dem Geld- und Kapitalmarkt steigen die Zinsen und am Arbeitsmarkt nimmt die Zahl der offenen Stellen zu. Letztlich ist das Produktionspotenzial voll ausgelastet. Wird die Nachfrage aufgrund der Inflation gebremst und die Investitionsbereitschaft infolge der steigenden Lohn- und Zinskosten beeinträchtigt, geht der Boom wieder in einen Abschwung über.

Boom

Üblicherweise wird von einem sieben bis elf Jahre dauernden Konjunkturzyklus ausgegangen, gemessen von einem unteren Wendepunkt (A) bis zum nächsten (B). Andere Untersuchungen verweisen auf Zyklen mit einer kürzeren Länge (zwischen drei und fünf Jahren) oder auf sog. »lange Wellen der Konjunktur« mit einer Periodenlänge von bis zu 60 Jahren.

Lange Wellen der Konjunktur

Diese sog. Kondratieff-Wellen, benannt nach ihrem »Entdecker«, werden auf das Zustandekommen bahnbrechender Erfindungen zurückgeführt wie z.B. die Einführung der Dampfmaschine, der Eisenbahn, des Automobils oder der Informationstechnik.

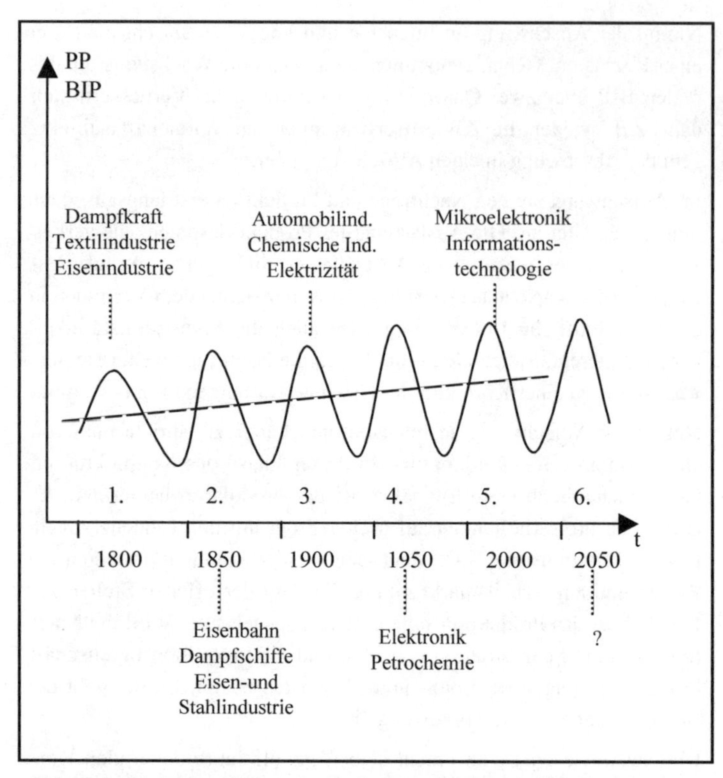

Abb. G.4. Die langen Wellen der Konjunktur. Quelle: modifiziert nach Nefiodow, L., Der sechste Kondratieff, 1996, S. 254

Konjunkturindikatoren

Aus den vorangegangenen Ausführungen wird deutlich, dass einzelne Phasen und die damit verbundenen Veränderungen makroökonomischer Größen, über eine Vielzahl weiterer Konjunkturindikatoren zusätzlich zur »Veränderungsrate des realen BIP« abgebildet werden können.

Frühindikatoren

- Frühindikatoren zeigen bereits im Voraus Veränderungen an, die sich mit einer gewissen Verzögerung beim BIP oder bei der Kapazitätsauslastung ergeben können. Zu ihnen zählen insbesondere die Auftragseingänge, der Börsenindex, die offenen Stellen und die offenen Baukredite sowie die Geldmenge oder der sog. Geschäftsklima-Index.

Präsenzindikatoren

- Als Präsenzindikatoren bezeichnet man solche, die sich ohne Zeitverschiebung parallel zur Konjunktur entwickeln, wie der Konsum und die Investitionen, die Exporte, die industrielle Produktion und die Kapazitätsauslastung.

Spätindikatoren

- Zu den Spätindikatoren, die erst mit einer gewissen zeitlichen Verzögerung auf Konjunkturänderungen reagieren, zählen die Inflationsrate, die Arbeitslosenquote, die Entwicklung der Löhne sowie der Preise und Zinsen.

Frühindikatoren sind von besonderer Bedeutung für die Wirtschaftspolitik. Bei rechtzeitiger Prognose über den weiteren Verlauf der wirtschaftlichen Entwicklung können gegebenenfalls entsprechende Gegenmaßnahmen im Rahmen einer aktiven Konjunkturpolitik zur Glättung der Konjunkturschwankungen eingeleitet werden.

Der Geschäftsklima-Index

Ein qualitativer Indikator ist der Geschäftsklima-Index des Münchener Ifo-Instituts. Er wurde erstmals 1972 erhoben. Die Ermittlung des Indikators ist methodisch relativ einfach. Statt das Wirtschaftswachstum anhand der Produktion vorherzusagen, erkundigen sich die Münchener Wirtschaftsforscher bei Unternehmern nach ihrer Einschätzung. Die Beurteilungen werden zum sog. Geschäftsklima zusammengefasst, das schon lange vor den offiziellen Zahlen des Statistischen Bundesamtes zeigen soll, ob es mit der Wirtschaft bergauf oder bergab geht.

Für das Geschäftsklima befragen die Ifo-Mitarbeiter rund 7100 Unternehmen aus Industrie, Bauwirtschaft sowie Groß- und Einzelhandel. Im Mittelpunkt steht die Beurteilung der gegenwärtigen Geschäftslage (gut, befriedigend oder schlecht) und der Geschäftsentwicklung der nächsten sechs Monate (günstig, gleich, ungünstiger). Die Antworten werden gewichtet und ergeben das Geschäftsklima.

Der Index bezieht sich auf ein Basisjahr, momentan 1991, in dem die Erwartungen laut Ifo-Institut »konjunkturell neutral« waren. Es erhält den Wert 100. Liegt der Index beispielsweise bei 88,7 Punkten bedeutet das, dass im Durchschnitt 11,3 % der Unternehmer im laufenden Jahr schlechter gestimmt sind als 1991 – eine Bewertung, die in ihrer Aussage eher schwach ist. Aussagekräftiger sind die Veränderungen des Index, oft nur einige Zehntelpunkte von Monat zu Monat. Wenn der Indikator drei Monate lang in eine neue Richtung dreht, prognostiziert dies frühzeitig eine Konjunkturveränderung und einen entscheidenden Wendepunkt.

Neben dem Ifo-Institut gibt es in Deutschland eine Reihe weiterer Institutionen, die sich mit konjunktureller Berichterstattung beschäftigen. Wichtige Hinweise zur Beurteilung der aktuellen und erwarteten gesamtwirtschaftlichen Entwicklung finden sich u.a. in den regelmäßig erscheinenden Gutachten des Sachverständigenrates zur Begutachtung der gesamtwirtschaftlichen Entwicklung (jeweils im November eines Jahres), im Jahreswirtschaftsbericht der Bundesregierung (in der Regel im Februar eines Jahres) und in den Frühjahrs- und Herbstgutachten der Arbeitsgemeinschaft der sechs wirtschaftswissenschaftlichen Forschungsinstitute.

Vorsicht ist trotz laufender Verbesserung der Prognosemethoden angebracht, vor allem dann, wenn die »Schätzungen« über ein Quartal hinausgehen. Zu vielfältig, komplex und unvorhersehbar sind die wechselseitigen Beziehungen in einer (globalisierten) Wirtschaft. Deswegen besitzt »leider Gottes (...) die theoretische Volkswirtschaftslehre nicht die klassische Einfachheit der Physik oder Mathematik« (Paul A. Samuelson).

Bei der Interpretation der jeweiligen Indikatoren ist zu beachten, dass sich diese in ihrer »Konjunkturempfindlichkeit« unterscheiden. Im Gegensatz zu den Investitionen und dem BIP selbst sind beispielsweise die Konsumausgaben der privaten Haushalte und die Konsumgüterproduktion weit weniger konjunkturabhängig, d.h. sie unterliegen weniger Schwankungen. Letztere enthalten auch lebensnotwendige Güter, auf die in der Regel – unabhängig von der wirtschaftlichen Entwicklung – nicht verzichtet werden kann.

Investitionen und Konjunkturschwankungen

Langfristige Beobachtungen machen deutlich, dass die Investitionen sogar stärker schwanken als das BIP, weshalb sie wesentlich zu den Konjunkturschwankungen beitragen. Innerhalb des Investitionsbereichs verändern sich die Vorratsinvestitionen wiederum stärker als die Bau- und Ausrüstungsinvestitionen. Einzelne Branchen und ganze Regionen können deshalb von der Konjunktur unterschiedlich betroffen sein. Branchen und Regionen, in denen vorwiegend Investitionsgüter hergestellt werden, leiden unter einer Rezession erfahrungsgemäß sehr viel stärker als jene, die sich beispielsweise auf das Gesundheitswesen spezialisiert haben.

2.4 Wachstum und Konjunkturentwicklung in Deutschland

Abb. G.5 gibt das Wachstum der deutschen Wirtschaft und die Konjunkturentwicklung in Deutschland – gemessen an der Entwicklung der Wachstumsraten des realen BIP – an.

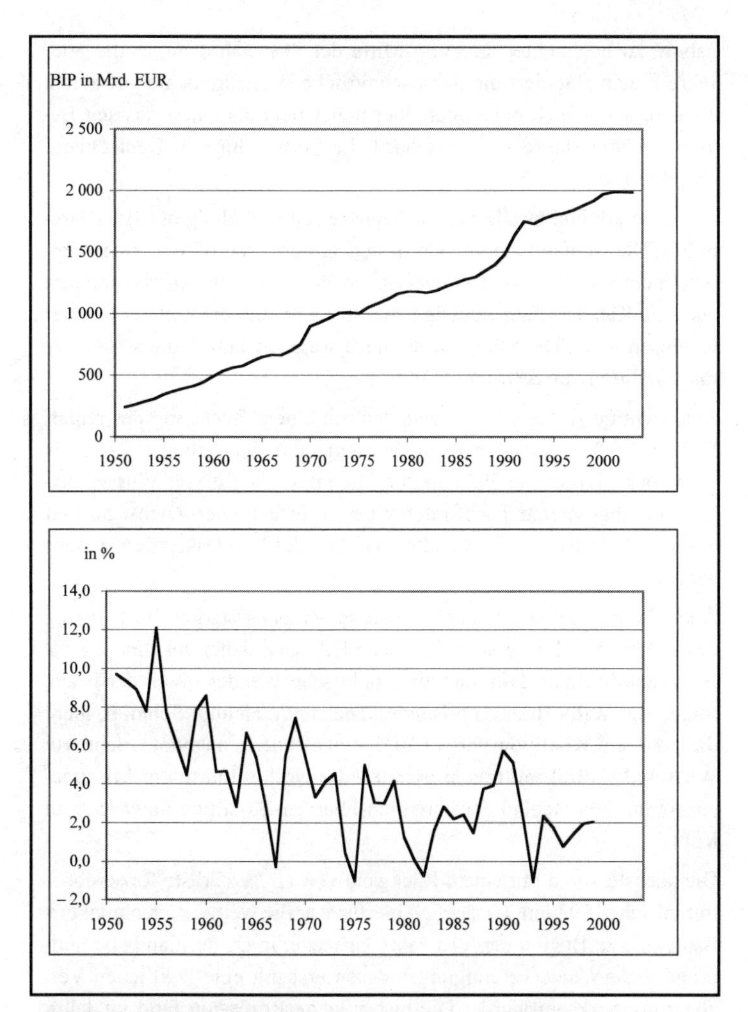

Abb. G.5. Wachstum und Konjunkturentwicklung in Deutschland.
Quelle: Statistisches Bundesamt – Lange Reihen 1925-2003

Der erste Teil der Abbildung verdeutlich, dass gemessen am BIP die deutsche Wirtschaft immer noch stetig wächst, wenngleich die Wachstumsraten tendenziell über die letzten Jahrzehnte deutlich abgenommen haben. Im Kapitel »Makroökonomie – Volkswirtschaftliches Rechnungswesen« wurde bereits darauf hingewiesen, warum diese Zunahme des realen BIP nicht notwendigerweise mit einer Zunahme des Wohlstands in der Bundesrepublik Deutschland gleichzusetzen ist.

Wachstumsperioden in Deutschland

Hinsichtlich der Entwicklung der Wachstumsrate lassen sich mindestens drei Phasen unterscheiden. Die erste Phase von 1950 bis zu Beginn der 60er Jahre ist noch durch relativ hohe Wachstumsraten des realen BIP gekennzeichnet, wenngleich bereits eine deutliche Abnahme zu beobachten ist. Von Mitte der 70er Jahre bis in die 80er Jahre hinein stagniert die durchschnittliche Wachstumsrate auf einem Niveau, das jedoch noch deutlicher höher liegt als jenes, das seit Beginn der 90er Jahre die wirtschaftliche Entwicklung in Deutschland charakterisiert.

Die erste konjunkturelle Schwächephase seit Gründung der Bundesrepublik Deutschland stellte sich in den Jahren 1966/67 ein. Damit endete nicht nur die Ära des »Deutschen Wirtschaftswunders«, sondern auch die Kanzlerschaft Ludwig Erhards. Es begann die Zeit der Großen Koalition von CDU/SPD, auf die nach wenigen Jahren die sozialliberale Koalition von SPD und FDP folgte.

Eine richtige Rezession – verbunden mit einem Rückgang des realen BIP um 1,0 % – trat erstmals in Deutschland in den Jahren 1974/75 als Folge der Ölkrise von 1973/74 auf. Die im Verlauf dieser Wirtschaftskrise durchgesetzten Tarifforderungen im öffentlichen Dienst dürften u.a. zum Rücktritt Willy Brandts vom Amt des Bundeskanzlers geführt haben.

Auch die Rezession von 1981/82 wurde von einer starken Verteuerung des Rohstoffs Öl ausgelöst. Das reale BIP sank dabei um rund 0.8 %. In diesen Zeitraum fällt auch die »politische Wende«. Weil der Nachfolger von Willy Brandt im Bundeskanzleramt, Helmut Schmidt, nicht die von dem Koalitionspartner FDP eingeforderte angebotsorientierte Wirtschaftspolitik mittragen konnte oder wollte, führte ein Misstrauensvotum zum Beginn der christlich-liberalen Koalition unter Helmut Kohl.

Die nächste – und mit einem Rückgang von 1,1 % stärkste Rezession – trat im Jahr 1993 ein. Ursächlich hierfür war die weltweite Konjunkturflaute, die zu Beginn der 90er Jahre einsetzte, in Deutschland aber aufgrund des »Wiedervereinigungsbooms« erst mit einer zeitlichen Verzögerung wirksam wurde. Die bisher letzte Rezession fand im Jahre 2001 statt, ohne dass es seither zu einem nennenswerten Aufschwung gekommen ist.

Die Abbildung bringt jedoch nicht nur die Rezessionsphasen deutlich zum Ausdruck, sondern auch das ständige Auf und Ab der wirtschaftlichen Entwicklung, das seit Jahrtausenden offensichtlich »naturgegeben« zu sein scheint. Schon im Alten Testament findet sich der Hinweis auf den Wechsel von sieben fetten und sieben mageren Jahren.

2.5 Ursachen für Wachstumsprobleme und Konjunkturschwankungen

Grenzen des Wachstums

In säkularer Perspektive werden die Ursachen für die »Grenzen des Wachstums« auf eine begrenzte Nahrungsmittelproduktion (Malthus) oder auf die Endlichkeit der natürlichen Ressourcenbestände auf der Erde (Club of Rome) zurückgeführt.

Ökonomische Erklärungsansätze, die eher auf kurz- und mittelfristige Wachstumshemmnisse abzielen, lassen sich tendenziell in nachfrage- und angebotsorientierte untergliedern. In nachfrageorientierten Erklärungsansätzen sind für die Wachstumsschwäche in erster Linie Sättigungsgrenzen bei der Nachfrage nach Gütern verantwortlich. Nach Auffassung der Vertreter der angebotsorientierten Erklärungsansätze sind dies vielfältige Angebotshemmnisse (z.B. langwierige Baugenehmigungsverfahren und Kündigungsschutz).

Wachstumsdeterminanten

Wirtschaftliches Wachstum selbst ist grundsätzlich auf einen vermehrten Einsatz der Produktionsfaktoren oder eine höhere Produktivität der vorhandenen Faktorbestände, ausgelöst durch technischen Fortschritt zurückzuführen (siehe Kap. »Makroökonomie – Ausgewählte Politikbereiche«, Abschn. 4). Dabei haben sich in langfristiger Sicht insbesondere die sog. Basisinnovationen Auslöser von periodischen Wachstumsschüben (sog. Kondratieff-Zyklen) erwiesen.

In der empirischen Wachstumstheorie wird versucht, auf vergleichender Basis von Länderstudien mit Hilfe langer Zeitreihenanalysen die verschiedenen Einflussfaktoren und ihre Intensität auf das Wachstum herauszukristallisieren. Es zeigt sich, dass Länder, die in der Vergangenheit auf Handelsliberalisierung setzten, ihr wirtschaftliches Wachstum beträchtlich erhöhen konnten. Außerdem scheint Humankapitalbildung, besonders die Aus- und Fortbildung der Frauen sowie Gesundheit für Wachstum und Entwicklung eine enorm wichtige Rolle zu spielen.

Darüber hinaus ist diesen Länderstudien zufolge der Zustand der materiellen (z.B. Gebäude, Wasserstraßen und Eisenbahnnetze) und immateriellen Infrastruktur (z.B. die Rechtsordnung, Eigentumsgarantie und Korruptionsfreiheit) für die Wachstumsaussichten sehr bedeutsam.

Ursachen für Konjunkturschwankungen

Auch für das Phänomen der Konjunkturschwankungen gibt es keinen einzelnen Grund. Entsprechend vielfältig sind die in der Fachliteratur vorzufindenden Erklärungen für die Entstehung der Konjunkturzyklen. Einige Ansätze eignen sich besser für die Erklärung von Aufschwungphasen, andere geben eher Hinweise auf die Bestimmungsgründe von konjunkturellen Abschwungphasen Weitere konzentrieren sich mehr auf das Zustandekommen des oberen oder unteren Wendepunktes.

»Es gibt noch Wachstum!«

Die Erklärungen selbst reichen von Naturereignissen bis hin zu der scheinbar lapidaren Feststellung, wonach sich bei den Unternehmen Phasen des Optimismus mit jenen des Pessimismus abwechseln. Tatsache ist, dass viele Konjunkturzyklen durch externe Faktoren wie den Ölpreisschock oder Handelskriege bestimmt wurden. Für andere Ökonomen stehen wiederum zyklisch auftretende Innovationen im Zentrum ihres Erklärungsansatzes, wie beispielsweise für J. Schumpeter, einem der bedeutendsten deutschsprachigen Nationalökonomen.

Nach dem Erklärungsansatz der Neuen Politischen Ökonomie ist der Staat durch den Einsatz seines konjunkturpolitischen Instrumentariums selbst Auslöser von Konjunkturschwankungen bzw. verstärkt diese. Für einzelne Staaten oder ganze Regionen wird die konjunkturelle Entwicklung im Ausland immer mehr zum Auslöser von Schwankungen in der wirtschaftlichen Entwicklung.

3. Hoher Beschäftigungsstand

Das wirtschaftspolitische Ziel »hoher Beschäftigungsstand« bezieht sich auf alle Produktionsfaktoren. In der politischen Praxis geht es jedoch ausschließlich um die Beschäftigung von Arbeitskräften.

3.1 Begründung des Ziels »hoher Beschäftigungsstand«

Warum »hoher Beschäftigungsstand« bzw. Vollbeschäftigung als eigenständiges wirtschaftspolitisches Ziel betrachtet wird, zeigt sich, wenn man sich die Folgen unfreiwilliger Arbeitslosigkeit verdeutlicht.

Arbeitslosigkeit ...

Aus individueller Sicht bedeutet Arbeitslosigkeit für die Betroffenen eine erhebliche Belastung finanzieller, psychischer und sozialer Art. Schon die Sorge um einen möglichen Arbeitsplatzverlust stellt eine große persönliche Belastung dar. Eine Gesellschaft, die Arbeit nicht nur als Mittel der Existenzerhaltung, sondern als Möglichkeit der persönlichen Entfaltung betrachtet, ist unsozial, wenn sie Arbeitslosigkeit akzeptiert.

... führt zu finanziellen, psychischen und sozialen Belastungen

Unter politischem Aspekt gilt hohe Arbeitslosigkeit als systemgefährdend, da sie den sozialen Frieden und die Stabilität demokratischer Systeme bedrohen kann.

... bedroht die Stabiltät demokratischer Systeme

Natürlich wirft Arbeitslosigkeit auch ernste ökonomische Probleme auf. Sie stellt gesamtwirtschaftlich betrachtet einen unfreiwilligen Verzicht auf die volle Ausnutzung des Potenzials an Erwerbspersonen, also Ressourcenverschwendung, dar. Dies führt zu Einkommens- und Wachstumseinbußen, vor allem wenn es in Folge von Langzeitarbeitslosigkeit zum Verlust an Humankapital, d.h. zu einer Minderung der Qualifikation der Betroffenen, kommt.

... führt zu Einkommens- und Wachstumseinbußen und

Dem Staat entstehen Mehrausgaben z.B. im Rahmen des Arbeitslosengeldes I und II sowie bei den Transferzahlungen an die Sozialversicherungsträger. Hinzu kommen Mindereinnahmen bedingt durch Steuerausfälle und den Rückgang der Beitragseinnahmen zur Sozialversicherung. Ohne Arbeitslosigkeit wären das staatliche Haushaltsdefizit und die Schulden des Staates sehr wahrscheinlich deutlich niedriger und es gäbe kaum Probleme hinsichtlich der Finanzierbarkeit der Sozialversicherungssystems.

... zu staatlichen Mehrausgaben und Mindereinnahmen

3.2 Operationalisierung des Beschäftigungsziels

Versteht man unter dem Ziel »hoher Beschäftigungsstand« die Vollbeschäftigung aller Produktionsfaktoren, wäre der Auslastungsgrad des gesamtwirtschaftlichen Produktionspotenzials der geeignete Maßstab für den Zielerreichungsgrad.

Indikator:

Arbeitslosenquote

Betrachtet man nur den Produktionsfaktor Arbeit, wird als Maßzahl in erster Linie die von der Bundesagentur für Arbeit ermittelte Arbeitslosenquote verwendet. Hinzukommen können weitere Indikatoren wie beispielsweise die Zahl der offenen Stellen, die Zahl der Kurzarbeit und Schätzungen über die sog. »Stille Reserve«.

Die Arbeitslosenquote wird wie folgt berechnet:

$$\text{Arbeitslosenquote} = \frac{\text{bei der Arbeitsagentur registrierte Arbeitslose}}{\text{Gesamtzahl der Erwerbspersonen}} \times 100$$

Arbeitsloser

Als Arbeitsloser gilt eine Person, die das 15., aber noch nicht das 65. Lebensjahr vollendet hat, vorübergehend nicht in einem Beschäftigungsverhältnis steht oder nur eine kurzzeitige Beschäftigung ausübt, der Arbeitsvermittlung zur Verfügung steht, nicht arbeitsunfähig erkrankt ist und ein versicherungspflichtiges, mindestens 15 Stunden wöchentlich umfassendes Beschäftigungsverhältnis mit einer Dauer von mehr als sieben Kalendertagen sucht.

Erwerbspersonen

Als Erwerbspersonen werden statistisch alle Personen erfasst, die im erwerbsfähigen Alter (zwischen 15 und 65 Jahren) und »arbeitsfähig« sind, d.h. in der Lage sind, mindestens drei Stunden täglich zu arbeiten.

Abb. G.6 zeigt die Entwicklung der Arbeitslosenquote in Deutschland seit 1950. Deutlich erkennbar ist hier die bis Mitte der 60er Jahre hinein immer stärker werdende Abnahme der Arbeitslosigkeit als Folge des sog. »Wirtschaftswunders«.

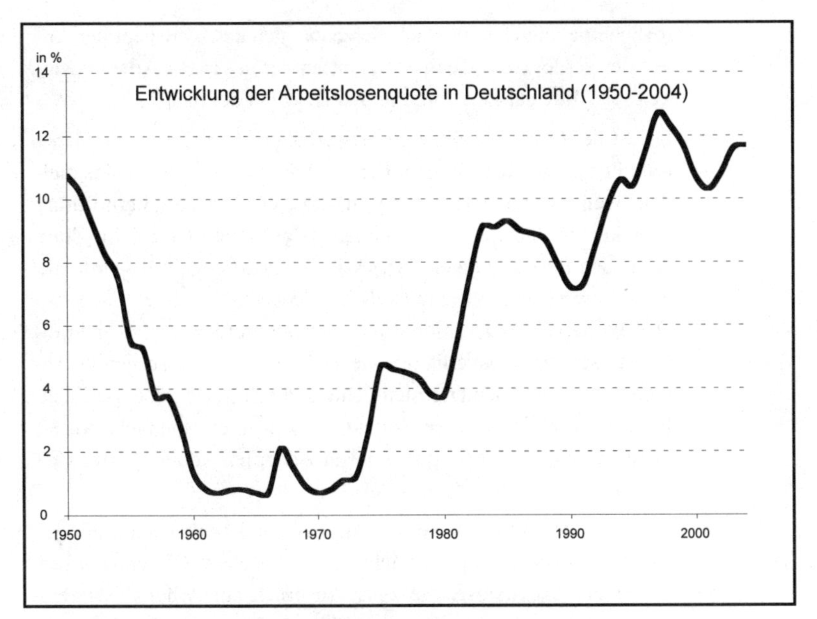

Abb. G.6. Entwicklung der Arbeitslosenquote in Deutschland.
Quelle: Bundesagentur für Arbeit

In Folge der Rezession von 1966/67 stieg die Arbeitslosenquote zum ersten Mal an, um danach wieder auf ihr Ausgangsniveau von unter einem Prozent zurückzukehren. Dieses Muster wird seit Mitte der 70er Jahre nicht mehr erreicht. Die mit jeder Rezession einhergehende Zunahme der Arbeitslosenquote wird in den Phasen wirtschaftlicher Erholung nie mehr in vollem Umfang abgebaut. Vielmehr bleibt am Ende jeder Erholungsphase ein Restbestand, ein Sockel an Arbeitslosigkeit, zurück. Es entsteht eine sog. »Sockelarbeitslosigkeit«, die sich mit jedem Konjunkturzyklus erhöht.

Sockelarbeitslosigkeit

Ein Kriterium dafür, bei welcher Arbeitslosenquote Vollbeschäftigung beginnt, existiert nicht. Das Ziel eines hohen Beschäftigungsstandes wurde nie genau quantifiziert. Jedoch ist unstrittig, dass im Rückblick spätestens mit der Rezession von 1981/82 die Zeit der Vollbeschäftigung in Deutschland endete.

Im Übrigen wird das tatsächliche Ausmaß der Arbeitslosigkeit mit der offiziellen Zahl der gemeldeten Arbeitslosen ohnedies nur unzureichend erfasst. Unberücksichtigt bleiben nämlich die verdeckte Arbeitslosigkeit, die Stille Reserve und die unechte Arbeitslosigkeit.

Verdeckte Arbeitslosigkeit

- Verdeckte Arbeitslosigkeit liegt vor, wenn Arbeitskräfte von Kurzarbeit betroffen sind, diese mit Unterstützung der Arbeitsagentur vorzeitig in den Ruhestand gegangen sind oder an einer staatlich geförderten Weiterbildung, Umschulung oder Arbeitsbeschaffungsmaßnahme teilnehmen. Nach Berechnungen des SVR liegt der Anteil der verdeckten Arbeitslosigkeit an der gesamten Arbeitslosigkeit seit Mitte der 90er Jahre im Durchschnitt bei rund 32 %.

Stille Reserve

- Die Stille Reserve umfasst u.a. erwerbsfähige und latent arbeitsbereite Personen, die sich nicht bei der Arbeitsagentur arbeitslos melden, weil sie keine Hoffnung auf eine erfolgreiche Vermittlung oder keinen Anspruch auf Lohnersatzleistungen haben. Im Zuge der neuen Bestimmungen durch das Arbeitslosengeld II wurde die Stille Reserve zumindest teilweise aufgedeckt.
  Des Weiteren können hierzu jene gezählt werden, die zwar in einem Beschäftigungsverhältnis stehen, bei denen die ausgeübte Tätigkeit aber nicht den erlernten Fähigkeiten entspricht (ausgebildete Informatiker als privater Botendienst) oder die mangels Arbeit nicht ihr volles Arbeitspotenzial ausschöpfen können (sog. versteckte Arbeitslosigkeit).

Unechte Arbeitslosigkeit

- Andererseits enthalten die statistischen Zahlen aber auch ein gewisses Ausmaß an sog. unechter Arbeitslosigkeit. Hierunter fallen gemeldete Arbeitslose, die zwar Anspruch auf Arbeitslosengeld haben, aber weder gewillt noch fähig sind, eine regelmäßige Beschäftigung aufzunehmen.

Abb. G.7 zeigt die Arbeitslosenquoten in ausgewählten Ländern und der Europäischen Union.

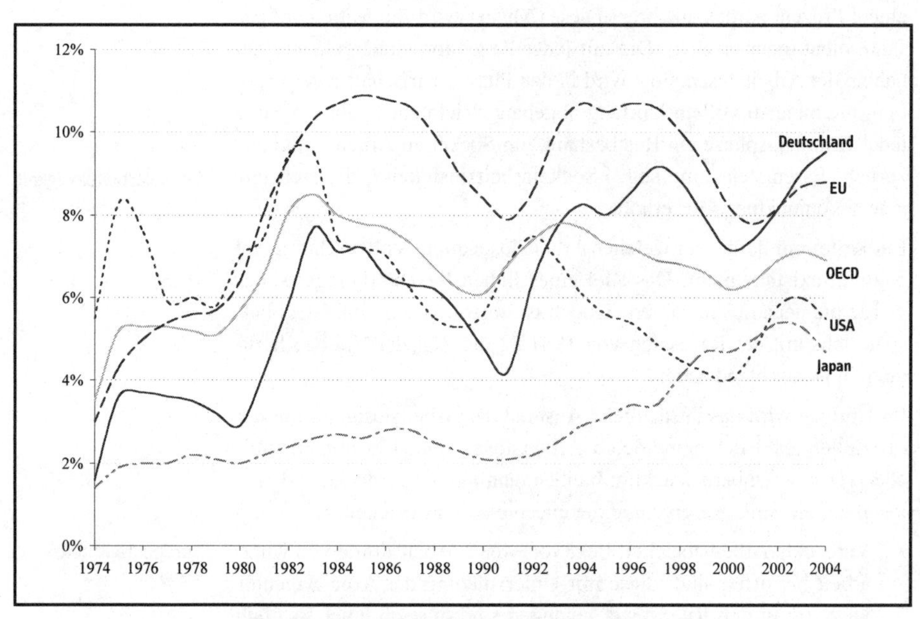

Abb. G.7. Standardisierte Arbeitslosenquoten im internationalen Vergleich (1970-2004). Quelle: OECD (2005) Main Economic Indicators

Bei länderübergreifenden Vergleichen ist allerdings Vorsicht geboten, da trotz internationaler Bemühungen zu einer weitergehenden Standardisierung der Erhebungsmethoden die Unterschiede noch zu groß sind. Selbst die Mitgliedstaaten der EU definieren Arbeitslosigkeit und Erwerbstätigkeit unterschiedlich. Solange sich keine einheitliche Statistik durchsetzt, wird die unübersichtliche Vielfalt der Quoten weiterhin einen breiten Interpretationsspielraum für das jeweilige politische Interesse bieten.

Stichproben- und Registrierungsmethode

Um die Zahl der Arbeitslosen zu ermitteln, sind international zwei Verfahren gebräuchlich: Die Stichprobenmethode und die Registrierungsmethode. Bei der Stichprobenmethode wird eine repräsentative Teilmenge der Bevölkerung befragt, ob sie in einem vorgegebenen Zeitraum arbeitslos war. Mit der Registrierungsmethode werden nur diejenigen Arbeitslosen erfasst, die sich bei den jeweiligen Arbeitsverwaltungen arbeitslos gemeldet haben. Die Stichprobenmethode wird von der International Labour Organization (ILO) verwendet. Auch die USA schätzt die Arbeitslosen auf der Basis repräsentativer Umfragen.

3.3 Ursachen von Arbeitslosigkeit

Die Ursachen von Arbeitslosigkeit sind vielfältiger Natur. Beim Versuch, diese zu klassifizieren, finden sich in der Fachliteratur sehr unterschiedliche Ansätze. Regelmäßig dienen die Ursachen der Arbeitslosigkeit auch als Unterscheidungskriterium der Arten von Arbeitslosigkeit. Es ist zwingend erforderlich, sich mit den Ursachen der Unterbeschäftigung auseinander zu setzen, da eine Bekämpfung der Arbeitslosigkeit grundsätzlich an deren Ursachen anzusetzen hat.

Klassifizierungskriterien für Arbeitslosigkeit

Ein Klassifizierungskriterium könnte darauf abstellen, ob für die von der Arbeitslosigkeit Betroffenen grundsätzlich Arbeitsplätze vorhanden sind, diese jedoch aus verschiedenen Gründen nicht besetzt werden, oder ob ein generelles Defizit an Arbeitsplätzen besteht. Weitere Eigenschaften, die sich für eine Gruppierung verschiedener Arten von Arbeitslosigkeit eignen, sind die Zeitdauer und ob es sich mehr um ein gesamtwirtschaftliches, sektorspezifisches oder eher um ein arbeitsmarktspezifisches Phänomen handelt. Abb. G.8 gibt eine mögliche Einteilung wieder.

	Kurzfristig	Langfristig	Gesamtwirtschaftlich	sektorspezifisch	arbeitsmarktspezifisch
Friktionelle AL	x		x		
Saisonale AL	x			x	
Konjunkturelle AL	x		x	(x)	
Strukturelle AL					
- Mismatch-AL		x	x	(x)	
- Demographische AL		x	x		
- wachstumsdefizitäre AL		x	x	x	
- Tariflohnbedingte AL		x	(x)	(x)	x
- Regulierungsbedingte AL		x			x
- Technologiebedingte AL		x	x		

Abb. G.8. Klassifikation der Arbeitslosigkeit

3.3.1 Die friktionelle Arbeitslosigkeit

Die friktionelle Arbeitslosigkeit oder Sucharbeitslosigkeit entsteht bei einem – freiwilligen oder unfreiwilligen – Arbeitsplatzwechsel, wenn zwischen der Aufgabe des bisherigen und der Annahme des neuen Arbeitsplatzes Zeit verstreicht. Das erforderliche Arbeitsplatzangebot für die Arbeitskräfte ist generell vorhanden, nur bedarf es einer gewissen Zeit bis ein adäquater Arbeitsplatz gefunden ist.

Die Ursachen friktioneller Arbeitslosigkeit liegen in persönlichen Entscheidungen oder im sektoralen und regionalen Strukturwandel begründet. In einer sich dynamisch entwickelnden Volkswirtschaft mit hohen Wachstumsraten ist zu erwarten, dass diese Form der Arbeitslosigkeit relativ häufig, jedoch eher sehr kurzfristiger Natur (im Schnitt bis zu maximal drei Monaten) ist.

Letztlich dürfte die Dauer der friktionellen Arbeitslosigkeit von der Effizienz der staatlichen und privaten Arbeitsvermittlung abhängen. Je besser die Stelleninformations- und -vermittlungssysteme sind, desto kürzer im Schnitt die Verweildauer der friktionellen Arbeitslosigkeit.

Lohnersatzleistungen

Mitunter wird argumentiert, dass auch die Höhe der Lohnersatzleistungen (z.B. Arbeitslosengeld I) die Verweildauer in der friktionellen Arbeitslosigkeit bestimmen. Empirische Untersuchungen lassen zumindest den Schluss zu, dass in Ländern mit großzügiger Arbeitslosenunterstützung die Menschen tendenziell länger arbeitslos bleiben, weil sie sich mit der Suche nach einem geeigneten Arbeitsplatz mehr Zeit lassen oder im Extremfall überhaupt keinen neuen Arbeitsplatz mehr anstreben. Letzteres zählt dann aber nicht mehr zur friktionellen Arbeitslosigkeit.

3.3.2 Die saisonale Arbeitslosigkeit

Saisonale Arbeitslosigkeit ist ebenfalls kurzfristiger Art und hat ihre Ursache in jahreszeitlich schwankenden Witterungsbedingungen oder in einer saisonal konzentrierten Nachfrage. Besonders betroffen sind von dieser eher sektorspezifischen Arbeitslosigkeit z.B. die Land- und Bauwirtschaft sowie der Tourismus. Insgesamt wird diese Form der Arbeitslosigkeit weder in der Wissenschaft noch in der Politik als besonders problematisch eingeschätzt. Abgesehen von einigen wenigen staatlichen Maßnahmen (z.B. Schlechtwettergeld) nimmt sie bei der Bekämpfung der Arbeitslosigkeit keinen nennenswerten Stellenwert ein.

3.3.3 Die konjunkturelle Arbeitslosigkeit

Die konjunkturelle Arbeitslosigkeit stellt eine weitere Form der Unterbeschäftigung dar, bei der im Prinzip Arbeitsplätze vorhanden sind, vorrübergehend durch die Arbeitgeber aber nicht bzw. nicht mehr besetzt werden. Sie entsteht in Folge eines zeitlich begrenzten Rückgangs der gesamtwirtschaftlichen Nachfrage (des Konsums, der Investitionen, der staatlichen Nachfrage und der Auslandsnachfrage) und der damit verbundenen Unterauslastung der Produktionskapazitäten, wie sie infolge des konjunkturellen Auf und Ab der wirtschaftlichen Entwicklung immer wieder entstehen.

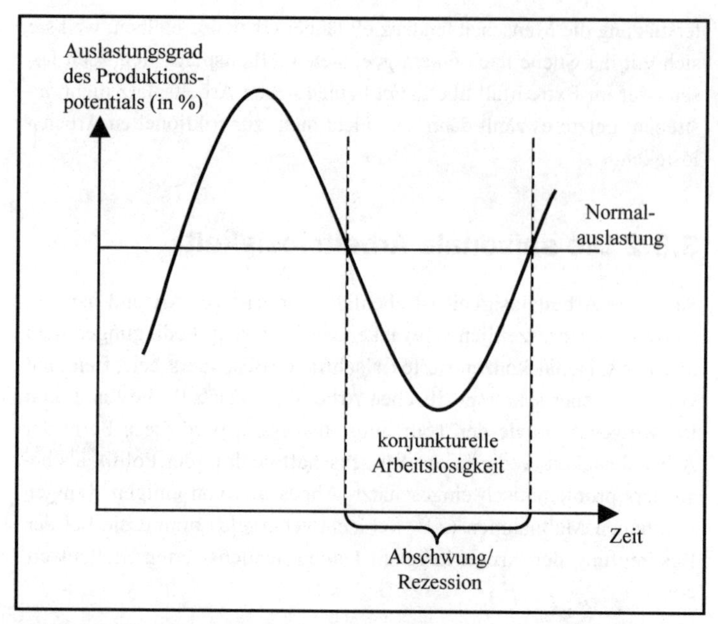

Abb. G.9. Konjunkturelle Arbeitslosigkeit. Quelle: Mussel, B., Pätzold, J., Grundlagen der Wirtschaftspolitik, 2. Aufl., München, S. 39

Idealerweise wird erwartet, dass im Falle der konjunkturellen Erholung und einer zunehmenden Auslastung der Produktionskapazitäten diese Arbeitslosigkeit wieder zurückgeht. Demnach variiert die Dauer der konjunkturellen Arbeitslosigkeit mit der Länge des jeweiligen Konjunkturzyklus. Sie wird als ein gesamtwirtschaftliches Phänomen wahrgenommen, obgleich zu beobachten ist, dass einzelne Branchen und Regionen mit unterschiedlicher Intensität von den Auswirkungen der Konjunkturschwankungen betroffen sind.

3.3.4 Die strukturelle Arbeitslosigkeit

Verfestigt sich Arbeitslosigkeit über einen längeren Zeitraum – vor allem über mehrere Konjunkturzyklen hinweg – so liegt ein »strukturelles« Phänomen vor. In der Literatur wird in einer ersten Abgrenzung strukturelle Arbeitslosigkeit im weitesten Sinne als derjenige Teil der Arbeitslosigkeit definiert, der nicht auf friktionelle und saisonale Faktoren sowie auf konjunkturelle Einbrüche in der wirtschaftlichen Entwicklung zurückzuführen ist.

Im Grunde genommen ist die so definierte strukturelle Arbeitslosigkeit als »Restgröße« nur ein Überbegriff für eine Reihe weiterer Arten von Arbeitslosigkeit, deren Ursachen in erster Linie in langfristigen, eher unmerklichen strukturellen Veränderungen und/oder Verfestigungen liegen, welche zu einer gewissen Trägheit bei der Anpassung an veränderte Rahmenbedingungen geführt haben.

3.3.4.1 Mismatch-Arbeitslosigkeit

Die sog. Mismatch-Arbeitslosigkeit ist eine Form der strukturellen Arbeitslosigkeit, bei der im Prinzip Arbeitsplätze vorhanden sind, diese jedoch aufgrund bestehender Diskrepanzen (»mismatch«) zwischen dem Arbeitsangebot und der Arbeitsnachfrage nicht besetzt werden. Die mangelnde Übereinstimmung entsteht z.B., weil technologischer Fortschritt, veränderte Nachfragestrukturen und Veränderungen weltwirtschaftlicher Rahmenbedingungen die bisherigen Wirtschaftsstrukturen grundlegend umformen, in der Aus- und Weiterbildung der Jugendlichen und Erwerbspersonen die Veränderungen in den Produktionsmethoden und Organisationsformen sowie den Gütern aber nicht rechtzeitig Rechnung getragen wird.

So wird beispielsweise stets darauf hingewiesen, dass Deutschland im Zuge der Globalisierung weiter zunehmende Arbeitslosigkeit droht, falls es nicht rasch zu einer entsprechenden Bildungsoffensive kommt. Abb. G.10 macht deutlich, dass ungelernte Arbeitskräfte weitaus stärker von Arbeitslosigkeit betroffen sind als ausgebildete Arbeitskräfte und Akademiker.

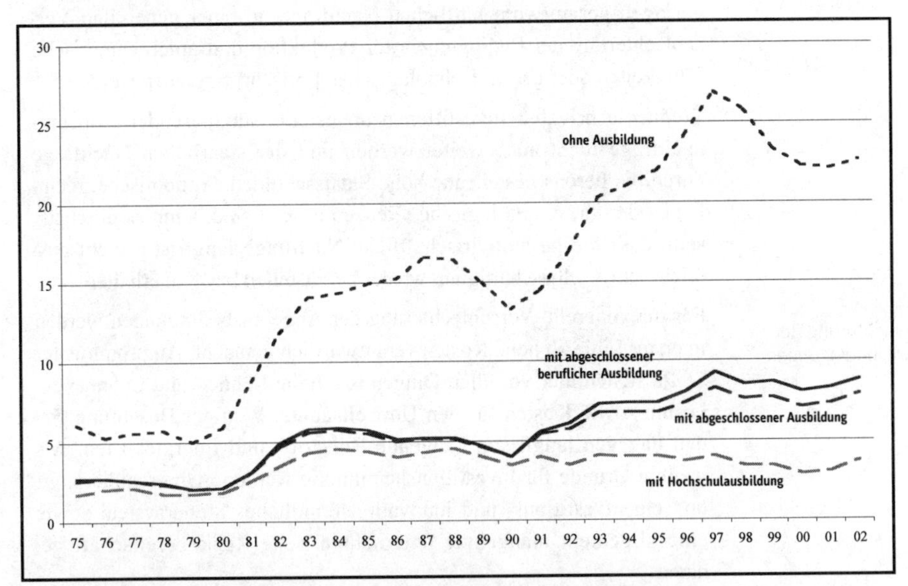

Abb. G.10. Qualifikationsspezifische Arbeitslosenquoten. Quelle: Institut für Arbeitsmarkt- und Berufsforschung (IAB-Kurzbericht 19/2003)

Die strukturellen Veränderungen können sich auch nur auf einzelne Branchen und/oder Regionen beziehen, müssen sich also nicht nur gesamtwirtschaftlich auswirken. In diesem Fall entsteht strukturelle Arbeitslosigkeit, weil freigesetzte Arbeitskräfte aus schrumpfenden Sektoren nicht oder nicht rechtzeitig umgeschult werden können oder weil die Arbeitskräfte nicht mobil genug sind, um in andere, prosperierende Regionen umzuziehen.

3.3.4.2 Demographische Arbeitslosigkeit

Unter strukturelle Arbeitslosigkeit fällt auch Arbeitslosigkeit, die durch Veränderungen der Bevölkerungsstruktur ausgelöst wird. Vor allem in den 90er Jahren hat trotz steigendem Angebot an Arbeitsplätzen der überproportionale Anstieg der Zahl der Erwerbspersonen zu Arbeitslosigkeit geführt. Die hierfür ausschlaggebenden demographischen Faktoren waren der Eintritt geburtenstarker Jahrgänge in das Erwerbsleben, der erhebliche Zuwanderungsüberschuss von Ausländern und Deutschen und der zunehmende Anteil erwerbstätiger Frauen.

3.3.4.3 Die wachstumsdefizitäre Arbeitslosigkeit

Kennzeichnend für die sog. wachstumsdefizitäre Arbeitslosigkeit ist ein über einen längeren Zeitraum hinweg zu geringes Wachstum, um Vollbeschäftigung zu sichern; es besteht gesamtwirtschaftlicher Arbeitsplatzmangel. Die Ursachen hierfür können in einer dauerhaft zu geringen gesamtwirtschaftlichen Nachfrage, in einer generellen Verschlechterung der Bedingungen für Produktion und unternehmerische Tätigkeiten oder gar im technologischen Fortschritt gesehen werden.

Wenn die privaten Investitionen angesichts stagnierender Konsumnachfrage nicht ausgeweitet werden und der staatlichen Nachfrage durch die bereits bestehende hohe Staatsschulden ökonomische, rechtliche oder gar psychologische Grenzen gesetzt sind, kann es durchaus sein, dass die gesamtwirtschaftliche Nachfrage langfristig nicht ausreicht, um Vollbeschäftigung wieder herzustellen bzw. zu erhalten.

Verschlechterung der Angebotsbedingungen

Für die generelle Verschlechterung der Angebotsbedingungen werden in erster Linie zu hohe Kosten verantwortlich gemacht. An prominenter Stelle stehen hier vor allen Dingen »zu hohe Löhne« und Lohnnebenkosten sowie Kosten für den Umweltschutz. Weniger Beachtung finden dagegen langfristig steigende Rohstoff- und Energiekosten. Als weitere Gründe für Investitionshemmnisse werden »Überregulierung« und ein investitions- und innovationsfeindliches Steuersystem sowie eine allgemein mangelnde unternehmerische Risikobereitschaft genannt.

3.3.4.4 Tariflohnbedingte Arbeitslosigkeit

In der Diskussion um tariflohnbedingte Arbeitslosigkeit ist zwischen einem »zu hohen« Tariflohn und einer »verfehlten« Tarifstruktur, d.h. einer »zu geringen« Lohnspreizung zwischen der unteren und oberen Lohngruppe, zu unterscheiden.

Es gibt verschiedene Gründe, warum die Löhne längerfristig über dem markträumenden Gleichgewichtslohn verharren können. Genannt werden in diesem Zusammenhang beispielsweise die Macht der Gewerkschaften oder staatlich fixierte Mindestlöhne. Weitere Erklärungen liefern die Effizienzlohntheorie und die sog. Insider-Outsider-Theorie (siehe unten).

Abb. G.11 stellt den Arbeitsmarkt dar. Angenommen, den Gewerkschaften gelingt es, den Lohn auf dem Niveau zu fixieren, das über dem markträumenden Niveau w_{GG} liegt. Bei w_0 fragen die Unternehmen im Umfang A_0 Arbeit nach, während die Haushalte A_{HH} anbieten. Da die Unternehmen nicht zur Einstellung von Arbeitskräften gezwungen werden können, beträgt die tatsächliche Beschäftigung A_0. $A_0 - A_{HH}$ ist das Arbeitsangebot, das vom Markt beim Lohnsatz w_0, nicht nachgefragt wird und entspricht der sog. tariflohnbedingten Arbeitslosigkeit.

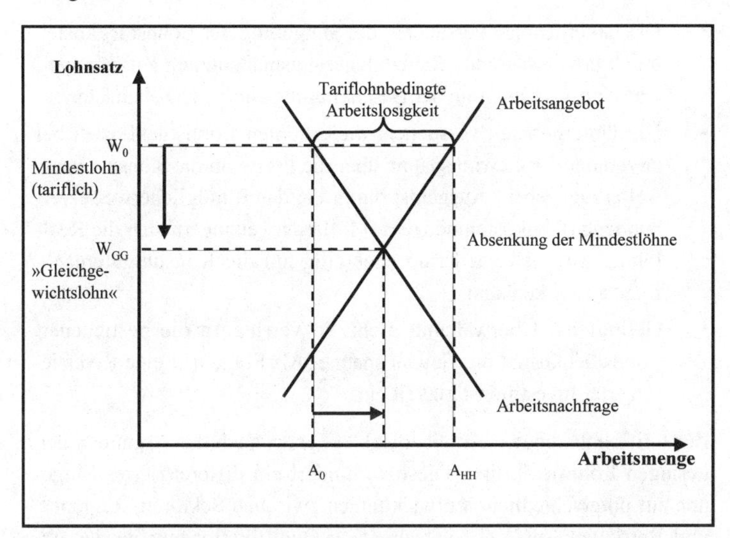

Abb. G.11. Tariflohnbedingte Arbeitslosigkeit

Mindestlohn

Die Wirkung eines nach unten inflexiblen Tariflohns entspricht zwar dem eines staatlich fixierten Mindestlohns. Im Ergebnis resultiert jedoch eine noch größere Arbeitslosigkeit, sofern der Mindestlohn noch über jenem Tariflohn liegt, der in Deutschland von den Tarifparteien gemeinsam festgelegt wird.

Meist werden in Theorie und Praxis Löhne bzw. Lohnabschlüsse als »zu hoch« eingestuft, wenn sie sich in ihrer Entwicklung vom Produktivitätsfortschritt abkoppeln. Steigen die Löhne stärker als die Arbeitsproduktivität, erhöhen sich die Lohnstückkosten.

Arbeitsproduktivität

Einzelwirtschaftlich lässt sich die Arbeitsproduktivität wie folgt bestimmen:

Produzierte Menge in Stück (oder Umsatz)

$$\text{Arbeitsproduktivität:} = \frac{\text{Produzierte Menge in Stück (oder Umsatz)}}{\text{Zahl der Arbeitsstunden}}$$

Die gesamtwirtschaftliche Arbeitsproduktivität errechnet sich wie folgt:

$$\text{Arbeitsproduktivität:} = \frac{\text{Bruttoinlandsprodukt}}{\text{Zahl der Arbeitsstunden}}$$

Folgen steigender Lohnstückkosten

In Folge steigender Lohnstückkosten sind drei Entwicklungen denkbar. Jeder dieser drei Fälle hat zur Folge, dass bei Lohnsteigerungen über den Produktivitätszuwachs hinaus, die Beschäftigung sinkt.

- Die Unternehmen versuchen, die Steigerung der Lohnstückkosten durch arbeitssparende Rationalisierungsmaßnahmen aufzufangen, was eine Verringerung der Beschäftigung zur Folge haben kann.
- Die Unternehmen versuchen, die erhöhten Lohnstückkosten bei unveränderter Gewinnspanne über die Preise an die Konsumenten weiterzugegeben Ausgelöst durch die damit möglicherweise verbundene (lohnkosteninduzierte) Inflation verringern sich die Reallöhne, was sich wiederum nachteilig auf die Konsumgüternachfrage auswirken kann.
- Gelingt die Überwälzung nicht, so verringern die gestiegenen Lohnstückkosten die Gewinnspanne. Als Folge tritt eine Reduzierung der Investitionstätigkeit ein.

Geringe Lohnflexibilität

Zur tariflohnbedingten Arbeitslosigkeit gehört auch das Argument der geringen Lohnflexibilität. Diese verhindert ein differenziertes Eingehen auf unterschiedliche Entwicklungen zwischen Sektoren, Regionen und Betrieben sowie auf verschiedene Qualifikationsprofile der Arbeitnehmer.

Lohnersatzleistungen

Auf den Zusammenhang zwischen Lohnersatzleistungen und friktioneller Arbeitslosigkeit wurde bereits hingewiesen. Auch zwischen der Höhe des Tariflohns und der Höhe der Lohnersatzleistungen besteht eine enge Beziehung. Letztere wirken für die Betroffenen bei ihrer Entscheidung zur Arbeitsaufnahme quasi wie Mindestlöhne. Steht ein ausreichendes Sicherungssystem zur Verfügung, erleichtert dies den Tarifparteien den sog. Outsidern weniger Beachtung zu schenken.

Lohnnebenkosten

Auch die Höhe der Lohnnebenkosten ist beschäftigungswirksam. Obwohl sie nicht direkt an den Arbeitnehmer ausgezahlt werden, sind sie Bestandteil der Arbeitskosten für die Unternehmen. Lohnnebenkosten können staatlicher verordnet, tariflich festgelegt oder freiwilliger Natur sein. Zu ihnen gehören Sonderzahlungen (z.B. Weihnachtsgeld), Vergütungen für arbeitsfreie Tage (z.B. die Lohnfortzahlung im Krankheitsfall), der Arbeitgeberanteil zur Sozialversicherung, die Leistungen zur betrieblichen Altersversorgung und sonstige Personalnebenkosten (z.B. Verpflegungszuschuss).

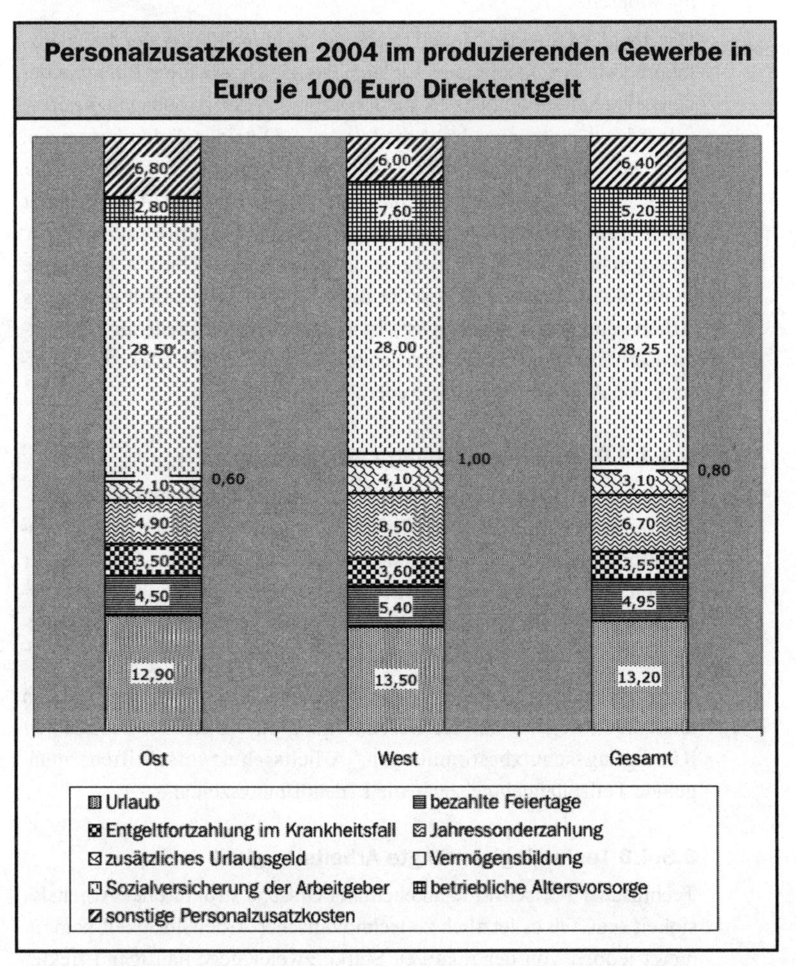

Abb. G.12. Struktur der Lohnnebenkosten. Quelle: Institut der deutschen Wirtschaft, Köln

Effizienzlohntheorie

Die Effizienzlohntheorie liefert eine Erklärung dafür, warum Unternehmen nicht grundsätzlich an einer Lohnsenkung interessiert sind. Unter der Annahme, dass die Produktivität eines Beschäftigten positiv vom gezahlten Lohnsatz abhängt, würde eine Lohnsenkung die Arbeitsproduktivität möglicherweise senken. Außerdem – so die Argumentation – sorgen hohe Löhne für eine hohe Zufriedenheit, für eine Identifikation mit der Firma und damit für eine hohe Leistungsintensität. Ein Unternehmen, das hohe Löhne zahlt, hat eine größere Auswahl an Bewerbern und kann somit unter den Qualifiziertesten auswählen. Des Weiteren muss es weniger Kündigungen entgegennehmen und kann auf diese Weise Such-, Einstellungs- und Ausbildungskosten minimieren.

Insider-Outsider-Modell

Das Insider-Outsider-Modell greift die Argumentation der Effizienzlohntheorie auf, betont aber zugleich das gleichgerichtete Interesse der Gewerkschaften, tendenziell die Erwartungen der Arbeitsplatzbesitzer (»Insider«) statt jene der Arbeitslosen (»Outsider«) durchzusetzen. Begründet wird dies mit der Struktur der Gewerkschaftsmitglieder, die durch einen relativ kleinen Anteil gering qualifizierter Arbeitnehmer gekennzeichnet ist. Dagegen verfügen die besser qualifizierten und vor allem männlichen Arbeitnehmer in den Gewerkschaften über eine große Mehrheit. Solange aber für diese Gruppe ein deutlich geringeres Arbeitsplatzrisiko gegeben ist, ist diese Mehrheit mehr an Einkommenserhöhungen, als an Lohnsenkungen zum Erhalt oder zur Schaffung von Arbeitsplätzen interessiert.

3.3.4.5 Regulierungsbedingte Arbeitslosigkeit

Zu den langfristigen Verschiebungen struktureller Rahmenbedingungen gehört auch die sozialpolitisch motivierte Zunahme der arbeitsmarktpolitischen Regulierungen. Tatsächlich gehört der Arbeitsmarkt zu den am stärksten regulierten Märkten. Dies ist für viele Arbeitsmarktexperten ein Grund, weshalb selbst bei verbesserter Wirtschaftslage keine neuen Arbeitskräfte eingestellt werden.

Zu den Regelungen, die derzeit in der Diskussion stehen, weil sie sich tendenziell negativ auf die Beschäftigung auswirken können, zählen Kündigungsschutzbestimmungen, Arbeitsschutzvorschriften, mangelnde Teilzeitangebote sowie die Ladenöffnungszeiten.

3.3.4.6 Technologiebedingte Arbeitslosigkeit

Technologische Arbeitslosigkeit

Technischer Fortschritt kann ebenfalls Ursache struktureller Arbeitslosigkeit sein. Ob es letztlich zu technologischer Arbeitslosigkeit kommt, hängt jedoch von der relativen Stärke zweier gegenläufiger Effekte, dem arbeitsplatzsparenden und dem arbeitsschaffenden Effekt ab.

Einerseits kann es im Zuge technischen Fortschritts durch die Erhöhung der Arbeitsproduktivität (Prozessinnovationen) zum Abbau von Arbeitsplätzen kommen. Andererseits kann technischer Fortschritt in Form von Produktinnovation, wie auch durch eine damit verbundene Reduzierung der Stückkosten der Produktion zu einer Absatzerweiterung führen. Welcher der beiden Effekte dominiert, hängt wiederum von der Preiselastizität der Nachfrage ab. Ist sie hoch, dominiert der arbeitsplatzschaffende Effekt und umgekehrt.

Abb. G.13 zeigt die Auswirkungen technischen Fortschritts. Ausgangspunkt ist der Punkt D auf der Produktionsfunktion (PF). Er gibt die bei Vollbeschäftigung (A_{voll}) mögliche Produktionsmenge Y_1 an. Infolge technischen Fortschritts verschiebt sich nunmehr die Produktionsfunktion nach $P_{F'}$. Es besteht nunmehr die Möglichkeit, mit unverändertem Einsatz der Arbeitskräfte das Produktionsniveau Y_2 zu erzielen.

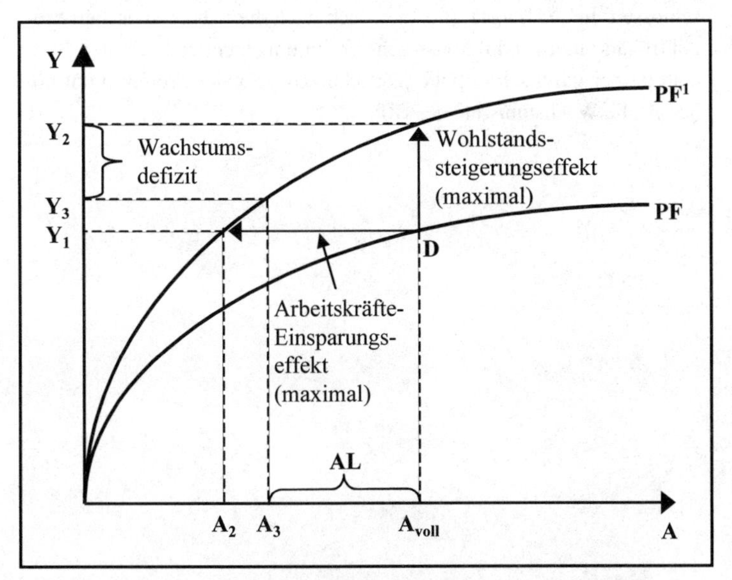

Abb. G.13. Technologische Arbeitslosigkeit. Quelle: in Anlehnung an Mussel, B., Pätzold, J., Grundlagen der Wirtschaftspolitik, 2. Auflage, München, S. 76

Umgekehrt könnte das Produktionsniveau Y_1 nunmehr auch mit weniger Arbeitskräften (A_2) realisiert werden. Die Differenz $A_{voll} - A_2$ gibt den maximalen arbeitssparenden Effekt an. Wird der potenzielle Wachstumsspielraum nicht vollständig genutzt, steigt die Zunahme der Produktionsmenge beispielsweise nur auf Y_3, reicht dies offensichtlich nicht aus, diesen Freisetzungseffekt zu kompensieren. Die Beschäftigung sinkt auf A_3.

Scherentheorie

Ähnlich argumentieren die Vertreter der sog. Scherentheorie. Ihnen zufolge entsteht Arbeitslosigkeit u.a. deswegen, weil der jährliche Produktivitätsanstieg höher ist, als der Produktionszuwachs, gemessen am BIP. Beträgt z.B. der jährliche Produktivitätsanstieg 3 %, der jährliche Anstieg des Produktionsvolumens hingegen nur 2 %, wird das durch den Produktivitätsanstieg in gleichem Umfang gestiegene Produktionspotenzial nicht mehr voll ausgelastet, sondern nur zu zwei Drittel. Damit die Beschäftigung mit dem Produktivitätsfortschritt mithalten kann, muss das Wachstum folglich erhöht werden. In diesem Sinne kann die Ursache der Arbeitslosigkeit auch in einem zu geringen Wachstum gesehen werden.

Tatsächlich zeigen empirische Untersuchungen, dass in den sechziger Jahren das Produktionswachstum den Produktivitätsfortschritt übertraf. Die Freisetzung an Arbeitskräften war also geringer als die Wiederbeschäftigung. Die Lücke wurde durch ausländische Arbeitskräfte geschlossen. In der Folgezeit öffnete sich dann die Schere zwischen Produktivitäts- und Produktionswachstum in umgekehrter Richtung. Seitdem ist der durchschnittliche jährliche Zuwachs der Produktivität höher als die Wachstumsrate des BIP.

4. Stabilität des Preisniveaus

Stabilität des Preisniveaus bedeutet, dass nicht die einzelnen Preise, sondern im Durchschnitt die Preise und damit die Kaufkraft des Geldes in einer Volkswirtschaft konstant bleiben sollen. Ist dies nicht der Fall spricht man bei anhaltenden Preisniveausteigerungen »auf breiter Front« von Inflation und bei anhaltenden Preisniveausenkungen von Deflation.

Inflation und Deflation

4.1 Begründung des Ziels »Stabilität des Preisniveaus«

Nachteile von Inflation

Die Nachteile von Inflation oder Deflation sind weniger offensichtlich, als die von Arbeitslosigkeit, gleichwohl aber von großer Bedeutung. Nicht antizipierte Inflation bedeutet eine Wohlfahrtsminderung, da der Realwert des Geldvermögens sinkt. Besitzer von Bargeld erhalten für einen unveränderten nominalen Geldbetrag weniger Güter.

Wohlfahrtsminderung

In Marktwirtschaften sind die relativen Preise für die Allokation knapper Ressourcen verantwortlich. Bei einer Verzerrung der relativen Preise durch die Inflation können diese ihre wichtige Signal- und Lenkungsfunktion nicht mehr wahrnehmen. Es wird nicht mehr sichtbar, welche Güter aufgrund einer Angebotslücke bzw. eines Nachfrageüberschusses tatsächlich knapp sind. Die Entscheidungen der Marktteilnehmer werden verzerrt und eine effiziente Allokation der Ressourcen über die Märkte ist nicht mehr möglich.

Ineffiziente Ressourcenallokation

Langfristig ist Inflation mit Wachstum und Beschäftigung negativ korreliert. Inflationsbedingte Planungsunsicherheit führt häufig zur Flucht in Sachwerte oder zur verstärkten Kapitalanlage im Ausland. Außerdem können durch diese Ungewissheit negative Anreize auf die Spartätigkeit und die private Zukunftsvorsorge ausgehen. Die Folgen können geringere Investitionen, verlangsamtes Wachstum und sinkende Beschäftigung sein.

Verlangsamung des Wachstums und sinkende Beschäftigung

Wenn Zinsen, Löhne und Transfereinkommen (z.B. BAföG oder Kindergeld) hinter der Preisniveauentwicklung zurückbleiben oder die Inflation bei der Festsetzung der Entgelte der Produktionsfaktoren in unterschiedlichem Maße vorweggenommen wird, können sich inflationsbedingt unerwünschte Umverteilungseffekte ergeben. Haushalte mit Lohn- und Transfereinkommen sind gegenüber denen mit Gewinneinkommen und die Geldvermögensbesitzer gegenüber den Sachvermögensbesitzern benachteiligt. In der Gläubiger-Schuldner-Beziehung sind ohne Inflationsindexierung die Gläubiger die Inflationsverlierer

Unerwünschte Umverteilungseffekte

und die Schuldner die –gewinner. Auf diese Weise kann Inflation dauerhaft zur Einschränkung langfristiger Kontrakte und stabiler Kreditbeziehungen führen und somit ebenfalls die Entwicklung einer Volkswirtschaft nachteilig beeinflussen.

Höhere Steuerbelastung durch kalte Progression

Falls Inflationseffekte in den Steuergesetzen ignoriert werden, verändert sich die Steuerbelastung auf eine vom Gesetzgeber nicht beabsichtigte Weise. Zum Beispiel führt Inflation zu einer effektiven Erhöhung der Steuerbelastung wenn die Steuerbürger allein aufgrund einer nominalen Einkommenserhöhung in einem progressiven Steuersystem in eine höhere Steuerklasse fallen (sog. kalte Progression).

Verschlechterung der internationalen Wettbewerbsfähigkeit

Ist die inländische Inflationsrate höher als die ausländische, verschlechtert sich bei festen Wechselkursen die Handelsbilanz. Aufgrund der inflationsbedingt steigenden Produktionskosten und Steuerbelastungen mindert sich die internationale Wettbewerbsfähigkeit. Dies kann wiederum mit negativen Konsequenzen für Beschäftigung und Wachstum verbunden sein.

Gefahr von Hyperinflation

Des Weiteren besteht die Gefahr der Selbstverstärkung. Aus einer schleichenden Inflation kann sich aufgrund von Inflationserwartungen im Wege einer sog. »self-fullfilling-prophecy« schnell eine Hyperinflation entwickeln, die früher oder später bekämpft werden muss. Je höher aber die Inflationsrate schon ist, desto länger dauert es, die Inflation wieder auf ein »normales« Maß zurückzuführen. Die Kosten der Inflationsbekämpfung, z.B. in Form von Arbeitslosigkeit und sozialen Einschnitten steigen an.

Im Übrigen kann das Geld nur dann seine Funktionen erfüllen, wenn sein Wert über die Zeit hinweg stabil ist.

Funktionen des Geldes

Geld ist, was Geldfunktionen ausübt. Somit können auch allgemein akzeptierte Güter (Salz und Edelsteine) als Zahlungs- bzw. Tauschmittel fungieren. In diesem Fall spricht man von Warengeld. Üblicherweise wird bei den Geldformen jedoch nur zwischen Bargeld (Münzen und Papiergeld/Banknoten) und Buchgeld (Giralgeld) unterschieden. Münzen werden mit Genehmigung der Europäischen Zentralbank (EZB) von den nationalen Regierungen ausgegeben. Das alleinige Recht zur Ausgabe von Euro-Banknoten hat die EZB.

Beim Buchgeld handelt es sich um Geldbeträge, die bargeldlos als Guthaben auf einer Bank gehalten werden, über die der Inhaber jederzeit verfügen kann und mit denen er bargeldlose Zahlungsvorgänge (z.B. Überweisungen) durchführen kann.

Dem Geld werden folgende Funktionen zugeordnet:

Zahlungsmittelfunktion

Zahlungsmittelfunktion: Mit Hilfe von Geld lässt sich der Gütertausch erheblich vereinfachen, was in einer arbeitsteiligen Wirtschaft zu enormen Einsparungen bei Such- und Transaktionskosten führt. Geld wird als Tauschmittel aber nur akzeptiert, wenn sein Wert stabil ist. Ein Verlust des Geldwertes wirkt sich gerade bei dieser Funktion besonders negativ aus, weil es dann zu diesem Zweck immer weniger akzeptiert wird. Ohne Geld bliebe nur der Naturaltausch, der jedoch eine wechselseitige Übereinstimmung der Bedürfnisse voraussetzt. Handel auf der Basis von Naturaltausch findet mitunter noch zwischen Entwicklungsländern und Ländern in Osteuropa statt. Der Grund sind fehlende Devisen, d.h. international anerkannte Zahlungsmittel.

Wertaufbewahrungsfunktion

Wertaufbewahrungsfunktion: Liegt keine Inflation vor, kann Geld für eine gewisse Zeit ohne Wertverlust aufbewahrt werden. Somit erhöht sich die Bereitschaft der Menschen Ersparnisse längerfristig bei einer Bank anzulegen. Ersparnisse sind wiederum eine wesentliche Voraussetzung für Investitionen und Wachstum. Wenn Geld ohne Wertverlust aufbewahrt werden kann, lassen sich überdies die Tauschvorgänge »zeitlich strecken«.

Recheneinheitsfunktion

Recheneinheitsfunktion: Hierbei geht es um den Wertausdruck eines Gutes in Geld. Dadurch erhält man einen festen, miteinander vergleichbaren und allgemein anerkannten Maßstab, den Preis. Die Preise wiederum spielen in einer Marktwirtschaft mit ihrer Signalfunktion eine zentrale Rolle bei der Allokation der Ressourcen. Im Falle einer Inflation ist es für die Konsumenten jedoch schwer zu erkennen, ob ein Gut gegenüber anderen Produkten teuerer geworden ist oder ob das Preisniveau insgesamt gestiegen ist.

Deflation

Eine Deflation macht die Geldhaltung attraktiv. Deflation kann daher bei privaten Haushalten und Unternehmen dazu führen, dass Konsum- und Investitionsentscheidungen in Erwartung weiter fallender Preise und Zinsen hinausgeschoben werden. Eine weitere Einschränkung der Güternachfrage kann daher rühren, dass bei unerwarteter Deflation sich der reale Wert nominal festgelegter Verbindlichkeiten erhöht. Dies schwächt die finanzielle Position der Schuldner.

Passen sich die Nominallöhne nicht an den Rückgang des Preisniveaus an, steigen die Reallöhne, die Gewinne sinken und es kann zur Entlassung von Arbeitskräften kommen. All dies löst dann weitere Kaufzurückhaltung aus und die Preise sinken weiter. Es kommt – wie bei der Inflation – über das Phänomen der »self-fullfilling-prophecy« zu einer Deflationsspirale.

Deflationsspirale

Auch die Funktionsfähigkeit des Finanzsektors ist durch Deflation gefährdet. Banken müssen zunehmend mit Kreditausfällen von in Schwierigkeiten geratenen Schuldnern rechnen. Gleichzeitig sinkt der Wert ihrer Beteiligungen an anderen Unternehmen. Aufgrund der Verschlechterung ihrer finanziellen Position reagieren die Banken, indem sie Kredite zurückrufen und nur wenig neue Kredite vergeben. Schlimmstenfalls kommt es zu Bankenschließungen.

Wie die Inflation, können schwankende Deflationsraten bei Konsumenten und Investoren zu Unsicherheiten bezüglich relativer Preise und der wirtschaftlichen Zukunft führen.

4.2 Operationalisierung der Preisniveaustabilität

Indikator: Inflationsrate

Indikator für das Ziel »Preisniveaustabilität« ist die Inflationsrate. Sie entspricht der prozentualen Veränderung des Preisniveaus gegenüber dem gleichen Vorjahresmonat. Sie wird vom Statistischen Bundesamt monatlich ermittelt und bekannt gegeben. Zur Ermittlung der Veränderung des Preisniveaus in einem bestimmten Zeitraum bedient man sich entsprechend zeitbezogener Preisindizes.

Preisindex

Zur Bestimmung eines Preisindex wird zunächst ein sog. Warenkorb gebildet, in dem typische, von einem Haushalt eingekaufte Güter und Dienstleistungen enthalten sind. Anhand dieses Warenkorbs wird der Kaufpreis dieser Güter berechnet. Zum einen für ein Basisjahr, zum anderen für das letzte Jahr des betreffenden Zeitraums (des Berichtsjahres) und anschließend werden beide Preise zueinander in Beziehung gesetzt. Indem man das Ergebnis mit 100 multipliziert, normiert man das Preisniveau des Basisjahres auf 100.

$$\text{Preisindex} = \frac{\text{Kaufpreis für den Warenkorb im Berichtsjahr}}{\text{Kaufpreis für den Warenkorb im Basisjahr}} \text{ x } 100$$

Damit ist es möglich anzuzeigen, in welchem Maße sich die Lebenshaltung der Haushalte, infolge von Preisänderungen, aber unbeeinflusst von Änderungen im Konsumverhalten, verteuert oder verbilligt hat.

Ergibt sich beispielsweise ein Preisindex von 121, weil der Kaufpreis des repräsentativen Warenkorbs im Basisjahr (2003) € 2.367 betrug und im Berichtsjahr (2004) z.B. € 2.874, bedeutet dies, dass die Preise im betrachteten Zeitraum um 21 % gestiegen sind. Die Inflationsrate beträgt somit 21 %.

Liegt das Basisjahr weiter zurück, was in der Praxis meist der Fall ist, so wird die Inflationsrate, die immer nur einen Jahreszeitraum umfasst, durch den Vergleich der entsprechenden Indexwerte bestimmt. Angenommen das Basisjahr sei 2000, der Indexwert für das Jahr 2003 betrage 110 und jener für das Jahr 2004 sei 123, so errechnet sich vom Jahr 2003 auf 2004 eine Inflationsrate von 11,8 %.

$$\text{Inflationsrate} = \frac{\text{Preisindex (2004) - Preisindex (2003)}}{\text{Preisindex (2003)}} \text{ x } 100$$

Grundsätzlich berechnet das Statistische Bundesamt Preisindizes für die Lebenshaltung verschiedener Haushaltstypen. Die meist verwendete Maßgröße für die Inflation ist der sog. Preisindex für die Lebenshaltung aller privaten Haushalte, kurz auch Verbraucherpreisindex genannt. Dieser stützt sich auf einen fiktiven Haushalt mit zwei Erwachsenen und 0,3 Kindern. Der dazugehörige Warenkorb – derzeit auf der Basis der Verbrauchergewohnheiten des Jahres 2000 ermittelt – enthält rund 750 Güter.

Verbraucherpreisindex

Abb. G.14 zeigt die Anteile der verschiedenen Gütergruppen am derzeit gültigen repräsentativen Warenkorb aller privaten Haushalte und die Veränderungen gegenüber dem Warenkorb von 1995. Die veränderte Gewichtung der jeweiligen Gütergruppen macht deutlich, dass sich vor allem in dem betrachteten Zeitraum die Verbrauchsgewohnheiten in den Gütergruppen »Wohnung, Wasser, Elektrizität, Gas und andere Brennstoffe« sowie »Nahrungsmittel, alkoholfreie Getränke« nennenswert verändert haben.

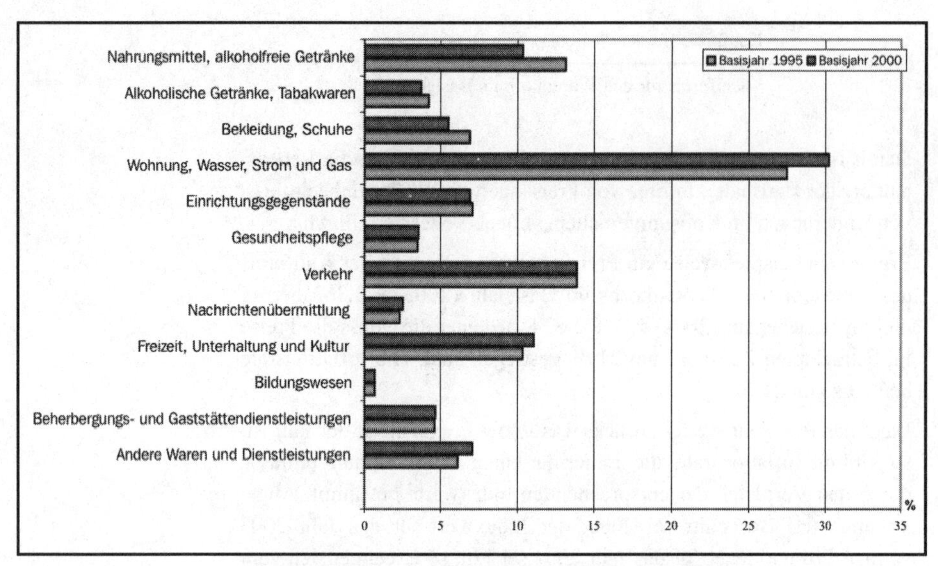

Abb. G.14. Anteile verschiedener Gütergruppen am repräsentativen Warenkorb 1995/2000. Quelle: Statistisches Bundesamt

In den Warenkorb wurden im Basisjahr 2000 beispielsweise Digitalkameras, Scanner, Ambulante Pflege und Fitness-Studios neu aufgenommen. Herausgenommen wurden u.a. Farbbänder und Disketten, die durch Farbpatronen und CD-Rohlinge ersetzt wurden.

Harmonisierter Verbraucherpreisindex

In der EU wird zur Berechung der Inflationsrate der sog. Harmonisierte Verbraucherpreisindex (HVPI) verwendet. Für die EZB liegt Preisstabilität vor, wenn der Anstieg der Verbraucherpreise für den gesamten Währungsraum nicht mehr als 2 % beträgt. Im Durchschnitt der Jahre 2001 bis 2004 lag er mit 2.2 % knapp darüber.

Abb. G.15 zeigt die Entwicklung der Inflationsrate in Deutschland seit 1965. Es ist erkennbar, dass diese ähnlich wellenförmig verläuft wie die Entwicklung des realen BIP. Ebenso zeigt sich eine deutliche Abschwächung der Inflationsraten mit Beginn der 80er Jahre im Vergleich zu den Jahrzehnten zuvor. Die zwischenzeitliche Erhöhung der Inflationsraten zu Beginn der 90er Jahre ist auf den »Wiedervereinigungsboom« zurückzuführen.

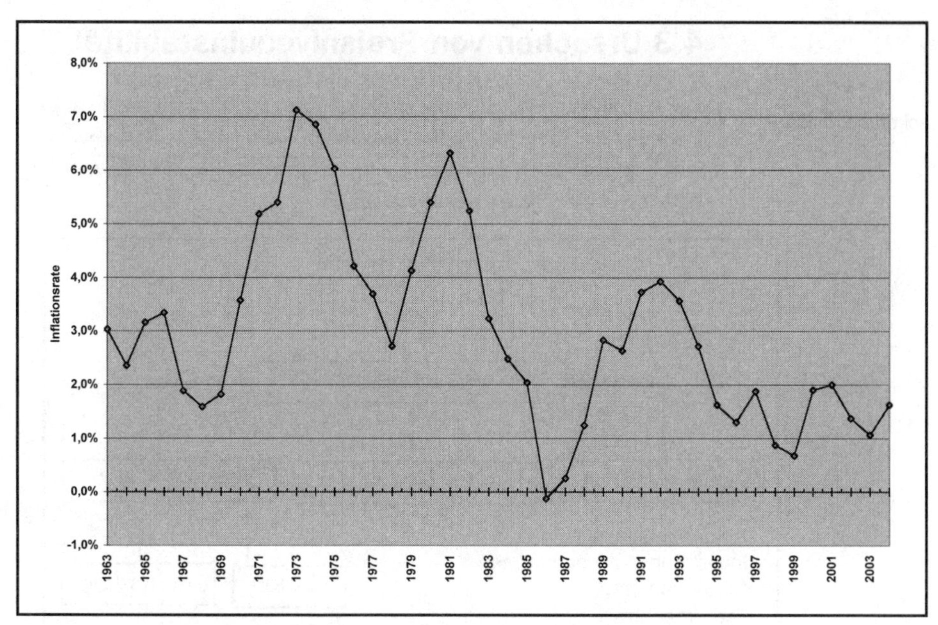

Abb. G.15. Entwicklung der Inflationsrate (1963-2004).
Quelle: Statistisches Bundesamt

Inflationsraten werden unter anderem dazu verwendet, nominale Größen in reale umzurechnen. Sofern es sich bei den umzurechnenden Größen um Raten handelt, wird von der nominalen Rate einfach die Inflationsrate abgezogen. Beträgt der Anstieg des Nominallohns – der von den Tarifparteien ausgehandelte Lohn – z.B. 5 %, entspricht dies bei einer Inflationsrate von 3 % einer Steigerung des Reallohns von 2 %. Die gleiche Vorgehensweise ist bei der Bestimmung des Realzinses oder dem realen BIP anzuwenden.

Nominallohn versus Reallohn

Außerdem geht die Höhe der Inflationsrate regelmäßig seitens der Gewerkschaften als Argument in Tarifverhandlungen ein. Sie spielt bei der Bestimmung der Geldmengenpolitik der EZB eine bedeutende Rolle (siehe Kapitel »Makroökonomie – Ausgewählte Politikbereiche«, Abschn. 3) und häufig dient sie auch als Bezugspunkt für die Veränderung kontraktbestimmter Einkommen wie Sozialleistungen und Mieten.

Inflation und Geldpolitik

4.3 Ursachen von Preisniveauinstabilität

Ursachen der Inflation

Die vielfältigen Ursachen der Inflation werden üblicherweise in angebots- und nachfrageinduzierte klassifiziert. In der Praxis ist die jedoch unbedeutend, da in der Regel mehrere Ursachen gleichzeitig auf die Entwicklung des Preisniveaus einwirken.

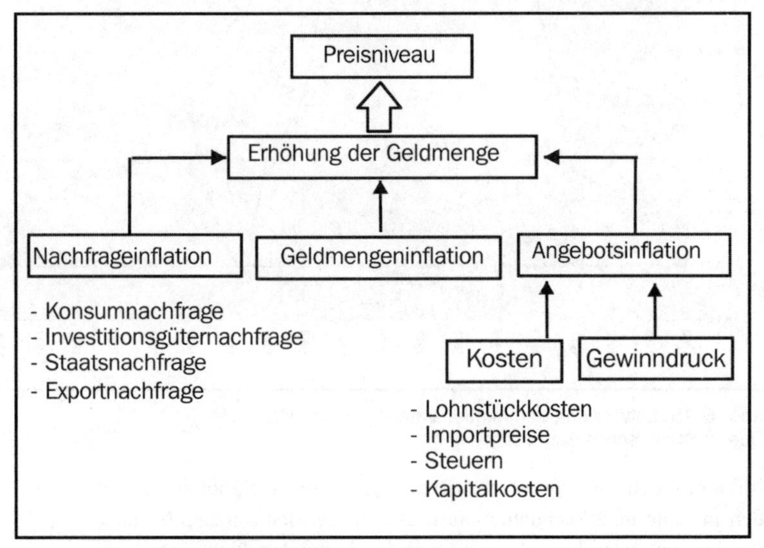

Abb. G.16. Inflationsursachen

4.3.1 Nachfrageinduzierte Inflation

Nachfrageinduzierte Inflation durch …

Eine Erhöhung der Nachfrage führt immer dann zu einer Steigerung des Preisniveaus, wenn das Angebot kurzfristig nicht mehr zu veränderten Preisen ausgedehnt werden kann, wie dies beispielsweise bei Vollbeschäftigung der Fall ist. Die Nachfrage ist größer als das Angebot, es besteht ein Nachfrageüberhang.

Als mögliche Inflationsursachen kommen alle Faktoren in Betracht, die die einzelnen Komponenten der gesamtwirtschaftlichen Nachfrage (Konsum, Investitionen, Staatsausgaben und Exporte) erhöhen:

… steigende Konsumausgaben

- Steigende Konsumausgaben können sich aufgrund von Lohnerhöhungen sowie Steuersenkungen einstellen. Auch Veränderungen der Konsumneigung, der Einkommens- und Vermögensverteilung sowie die Bevölkerungsentwicklung können den Konsum beleben.

- Technischer Fortschritt, Konkurrenzdruck sowie verbesserte Zukunftserwartungen können zu inflationären Ausgabenschüben bei der privaten Investitionsgüternachfrage führen.

... steigende Investitionsgüternachfrage

- Zu einer sog. importierten Inflation kommt es durch eine erhöhte ausländische Nachfrage nach Exporten der heimischen Industrie bei festen Wechselkursen. Auslöser hierfür können international unterschiedliche Inflationsraten sein.

... zunehmende Exporte

- Eine Erhöhung der Staatsausgaben könnte aus einem stärkeren staatlichen Engagement bei der Bereitstellung öffentlicher Güter oder Sozialleistungen herrühren. Eine besondere Inflationsgefahr geht vom Staat vor allem dann aus, wenn er die Möglichkeit besitzt, diese zusätzlichen Staatsausgaben über die »Notenpresse«, d.h. durch das Drucken von Geld oder durch eine Schuldenaufnahme bei der Zentralbank zu finanzieren.

... Erhöhung der Staatsausgaben

4.3.2 Angebotsinduzierte Inflation

Zu Preissteigerungen, die von der Angebotsseite ausgehen kommt es immer dann, wenn Kostensteigerungen auf die Preise überwälzt werden (Kostendruckinflation) oder wenn die Anbieter einen höheren Gewinnzuschlag durchzusetzen vermögen (Gewinndruckinflation).

Gewinndruckinflation

Eine Gewinndruckinflation liegt vor, wenn Unternehmen die Güterpreise weitgehend unabhängig von den Nachfrageverhältnissen gestalten können. Voraussetzung für die Durchsetzbarkeit höherer Gewinnspannen ist jedoch eine entsprechend geringe Preiselastizität der Nachfrage (siehe Kap. »Mikroökonomie – Theoretische Grundlagen«, Abschn.1). Diese hängt u.a. auch von der Struktur der Anbieterseite ab. Je monopolistischer die Angebotsstruktur ist, desto weniger Möglichkeiten gibt es für die Nachfrager, Preiserhöhungen auszuweichen und desto unelastischer wird tendenziell die Nachfrage auf Preissteigerungen reagieren. Zur Erklärung inflationärer Tendenzen muss somit ein zunehmender Konzentrationsgrad in der Wirtschaft unterstellt werden.

Die wichtigsten Ursachen einer Kostendruckinflation sind:

Ursachen einer Kostendruckinflation

- Preiserhöhungen für importierte Vorleistungen wie z.B. Rohöl. In diesem Fall spricht man ebenfalls von importierter Inflation.
- Steuererhöhungen, insbesondere bei den indirekten Steuern (z.B. die Mehrwertsteuer und spezielle Verbrauchssteuern). Das Wesen dieser Steuern liegt in deren Überwälzbarkeit.
- eine Zunahme der Kapitalkosten (Zinsen), die über den Zuwachs der Kapitalproduktivität hinausgeht.
- steigende »Preise« für die Nutzung der Umwelt

- eine Zunahme der Lohnstückkosten, was der Fall ist, wenn die Lohnerhöhungen über den laufenden Produktivitätssteigerungen liegen.

Lohn-Preis-Spirale

Reagieren die Gewerkschaften auf die durch die Kostenüberwälzung erhöhten Preise in der nächsten Tarifrunde wiederum mit Lohnforderungen, setzt sich die sog. Lohn-Preis-Spirale in Bewegung.

Allerdings ist es empirisch meist nicht möglich zu bestimmen, ob Lohnerhöhungen ursächlich sind für Preiserhöhungen oder ob höhere Preise Lohnsteigerungen bewirken.

Die Lohnstückkosten sind definiert als Verhältnis von Lohnsatz und Arbeitsproduktivität. Beträgt der Stundenlohn 25 € und die Arbeitsproduktivität pro Stunde – gemessen in produzierten Stückzahlen – 5 Einheiten, ergeben sich Lohnstückkosten von 5 €. Steigen die Löhne um 5 % und die Arbeitsproduktivität um 2 %, ergibt sich die prozentuale Veränderung der Lohnstückkosten aus 26,25 dividiert durch 5,1 gleich 5,14 €. Bezogen auf den Ausgangswert von 5 € sind die Lohnstückkosten um 2,8 % gestiegen.

Angebotslücken-Inflation

Im Ergebnis identisch, jedoch auf eine andere Ursache zurückgehend als die Kosteninflation, ist die sog. Angebotslücken-Inflation. In diesem Fall führen z.B. andauernde Produktionsausfälle aufgrund von Streiks, politischen Unruhen oder Naturkatastrophen zu Engpässen in der Volkswirtschaft, die erst durch Preissteigerungen geschlossen werden. Gleiches gilt für strukturelle Änderungen des Angebots, z. B. durch die Einführung einer Kriegswirtschaft oder durch politisch motivierte Maßnahmen zur Exportförderung bzw. Importbeschränkung.

4.3.3 Geldmengeninflation

Die vorgenannten Erklärungen für Inflation gehen davon aus, dass die steigende Nachfrage und die Kostensteigerungen von einer entsprechender Ausweitung des Geldangebots alimentiert werden. Tatsächlich lassen sich Preisniveausteigerungen auf den Märkten nur durchsetzen, wenn mehr Geld bereit steht, um höhere Preise bezahlen zu können.

Während hier die Erhöhung der Geldmenge also lediglich eine notwendige Reaktion auf die Nachfrage- und Kostensteigerungen ist, wird beim Erklärungsansatz zur Geldmengeninflation die Ursache-Wirkungs-Beziehung genau gegensätzlich interpretiert. Auslöser der Inflation ist hier die Geldmenge bzw. eine Wachstumsrate der Geldmenge, die über jene des realen Güterangebots hinausgeht.

Inflation als rein monetäres Phänomen

Inflation ist diesem Erklärungsansatz zufolge ein rein monetäres Phänomen Die Preise steigen, wenn zuviel Geld in Umlauf gesetzt wird.

Alle anderen Inflationsursachen sind nachgelagert, da sie nur bei einer entsprechenden Erhöhung der Geldmenge auftreten können.

Quantitätsangleichung des Geldes

Die Geldmengeninflation sich am Einfachsten an der Quantitätsgleichung des Geldes erläutern. Die Gleichung besagt, dass das Produkt aus Geldmenge (M) und Umlaufgeschwindigkeit des Geldes (U) stets gleich dem Produkt aus realem BIP und Preisniveau (P) sein muss. Im Prinzip eine Selbstverständlichkeit, wenn man bedenkt, dass in einer Wirtschaft, in der Güter gegen Geld und Geld gegen Güter getauscht werden, ex post der Geldstrom ($M \cdot U$) und der wertmäßige Güterstrom ($BIP \cdot P$) einander entsprechen müssen.

$$M \cdot U = BIP \cdot P$$

Wächst nun die Geldmenge stärker als das reale BIP kommt es – vorausgesetzt U ist konstant – zwangsläufig zu Inflation. Die Europäische Zentralbank berücksichtigt diese Zusammenhänge in ihrer geldpolitischen Konzeption, die u.a. auf eine Formulierung eines Geldmengenziels abstellt (siehe Kap. »Makroökonomie – Ausgewählte Politikbereiche«, Abschn. 3).

Die Wachstumsrate der Geldmenge hängt von vielen Faktoren innerhalb und außerhalb des Bankensystems ab. Grundsätzlich wird jedoch davon ausgegangen, dass die Zentralbanken über das erforderliche Maß an Unabhängigkeit und über ein ausreichendes Instrumentarium verfügen, um die Geldmenge zu steuern.

Im Zusammenhang mit Abb. G.15 wurde bereits auf die relativ geringen Inflationsraten der letzten Jahre in Deutschland aufmerksam gemacht. Ein Phänomen, das in fast allen Industrieländern zu beobachten ist. Nachdem die Ursachen für Inflation bekannt sind, lassen sich mögliche Erklärungen für diese Begebenheit finden.

Eine wesentliche Ursache dafür, dass akute Inflationsgefahren seit geraumer Zeit nicht mehr bestehen, liegt wohl in der nunmehr in den meisten Ländern praktizierten stabilitätsorientierten Geldpolitik, die auch eine entsprechende Erwartungsbildung bei den Wirtschaftssubjekten auslöste. Zum einen wurde diese Geldpolitik möglich, weil den Zentralbanken in zunehmendem Maße Unabhängigkeit zugestanden wurde (siehe Kap. »Makroökonomie – Ausgewählte Politikbereiche«, Abschn. 3), zum anderen wurde sie notwendig, weil die Liberalisierung der internationalen Kapitalmärkte die Zentralbanken zu mehr Disziplin zwingt.

In der EU schwächte sich durch die Umsetzung der EU-Konvergenzkriterien im Vorfeld der Einführung der Wirtschafts- und Währungsunion zudem die importierte Inflation ab. Des Weiteren dürfte der verschärfte Wettbewerb sowie das elastischere Angebot als Folge der Globalisierung die Überwälzung der Kosten auf die Preise erschwert haben. Schließlich dürften sich seitens der Nachfrage die eingeleiteten Prozesse zur Haushaltskonsolidierung (Abbau des Haushaltsdefizits) dämpfend auf die Preisniveauentwicklung ausgewirkt haben.

Ursachen einer Deflation

Die Ursachen der Deflation liegen im Allgemeinen in einem anhaltenden Nachfragedefizit oder Angebotsüberschuss. Ursächlich für den Rückgang der Nachfrage können beispielsweise pessimistische Zukunftserwartungen sein (dafür wurde im Jahre 2004 der Begriff »Angstökonomie« geprägt), eine zu rigorose restriktive staatliche Haushaltspolitik oder ein Rückgang der Auslandsnachfrage, weil sich dort das Wachstum verlangsamt.

Eine Erhöhung des Güterangebots kann durch Billigangebote aus dem Ausland verursacht werden. Des Weiteren können seitens des Angebots Deflationsimpulse von sinkenden Lohnstückkosten oder auch von sinkenden Stückgewinnen – z.B. aufgrund verschärften Wettbewerbs – ausgehen.

5. Außenwirtschaftliches Gleichgewicht

Das Ziel »Außenwirtschaftliches Gleichgewicht« wird meist nicht als gleichrangig mit den anderen Zielen des Stabilitäts- und Wachstumsgesetzes angesehen. Durchaus sinnvoll ist es, dieses Ziel als eine Voraussetzung für die Erreichung der binnenwirtschaftlichen Ziele zu interpretieren, da sich eine »ungleichgewichtige« Beziehung zum Ausland störend auf die wirtschaftliche Entwicklung eines Landes auswirken kann.

5.1 Begründung des Ziels

Zur Begründung dieses Ziels genügt ein Blick auf die Auswirkungen von Leistungsbilanzüberschüssen und -defiziten auf die betroffenen Länder. Dabei bedeutet Leistungsbilanzüberschuss, dass der Wert der Exporte eines Landes höher ist als der Wert der Importe. Beim Leistungsbilanzdefizit herrscht das umgekehrte Verhältnis vor (siehe Kap. »Volkswirtschaftliches Rechnungswesen«, Abschnitt 2).

Vor- und Nachteile von Leistungsbilanzüberschüssen

Sofern andauernde Leistungsbilanzüberschüsse auf Überschüsse im Waren- und Dienstleistungsexport zurückzuführen sind, besteht der Vorteil darin, dass existierende Arbeitsplätze gesichert bzw. neue geschaffen werden und zudem mit der Erzeugung von Gütern Einkommen entsteht. Des Weiteren verschafft der, mit den Überschüssen verbundene Devisenzufluss dem Land den nötigen Devisenvorrat, um unerwartet auftretenden Zahlungsproblemen begegnen zu können.

Arbeitsplatz und Einkommenssicherung

Aufbau von Devisenreserven

Diesen Vorteilen von Leistungsbilanzüberschüssen stehen jedoch bedeutende Nachteile gegenüber, die es rechtfertigen, eine ausgeglichene Leistungsbilanz, das bedeutet der Wert der Exporte entspricht dem Wert der Importe, anzustreben. Zum einen nimmt mit steigenden Exporten die Abhängigkeit vom Ausland zu. Zum anderen unterliegen die Devisenreserven dem Wechselkursrisiko. Sinkt der Kurs der Währungen im Devisenbestand, so verliert das Land Vermögen. Ferner können Exportüberschüsse zu Inflation führen, da obwohl im Produktionsprozess Einkommen entstehen, diesem aufgrund der Exportüberschüsse kein entsprechendes zusätzliches Angebot gegenübersteht (Angebotslücken-Inflation). Ebenso kann Inflation entstehen, wenn die im Export verdienten Devisen in heimische Währung umgetauscht werden und sich somit die Geldmenge vergrößert (Geldmengeninflation).

Abhängigkeit vom Ausland

Inflation

Ein Leistungsbilanzüberschuss bedeutet, dass ein Ressourcentransfer ins Ausland stattfindet. Ein Überschussland gibt mehr Güter her, als es erhält. Gemessen an der inländischen Produktion, steht die heimische Bevölkerung einer schlechteren Güterversorgung gegenüber. Länder mit einem Leistungsbilanzüberschuss leben unter ihren Verhältnissen. Das macht aber nur Sinn, wenn irgendwann mit den verdienten Devisen auch wieder mehr Importgüter gekauft werden.

Protektionistische Gegenmaßnahmen

Exportüberschüsse entsprechen irgendwo auf der Welt Importüberschüssen. Sofern das betroffene Land bzw. die betroffenen Länder auf Dauer die negativen Wirkungen, die mit den Importüberschüssen verbunden sind, nicht mehr tragen können oder wollen, müssen die Überschussländer mit Gegenmaßnahmen rechnen. Die Einleitung protektionistischer Maßnahmen – beispielsweise die Erhöhung von Importzöllen oder die Einführung von Einfuhrquoten – beeinflusst jedoch nicht nur die Exporte der Überschussländer, sondern birgt auch die Gefahr eines »Handelskrieges« zu Lasten aller Beteiligten in sich.

Nachteile anhaltender Leistungsdefizite

Wachstumshemmnisse und geringere Beschäftigung

Länder mit anhaltenden Leistungsbilanzdefiziten erleiden Wachstumseinbußen, da die Güter im Ausland gekauft und nicht im Inland produziert werden. Der Importüberschuss eines Landes hemmt somit Wachstum. Das Überschussland (Ausland) »exportiert« folglich Wachstumsschwäche. Das Defizitland leidet unter einer sog. »beggar-my-neighbour-policy«, einer Politik zu Lasten der Handelspartner. Infolge des Produktionsrückgangs im Defizitland ist auch mit einer geringeren Beschäftigung zu rechnen.

Abbau der Währungsreserven

Länder können ein Defizit in der Leistungsbilanz nur solange finanzieren, wie sie über eigene Währungsreserven verfügen, da die Bezahlung der Importe in der Regel in Devisen erfolgt. Die Währungsreserven nehmen jedoch bei anhaltenden Defiziten ab. Länder, die ein Defizit in der Leistungsbilanz aufweisen, geben nämlich im Ausland mehr Geld aus als sie von dort an Einnahmen erzielen. Sie leben über ihre Verhältnisse.

Höhere Auslandsverschuldung

Sind die Devisenreserven aufgebraucht, so kann das Defizitland – vom »Anwerben« ausländischer Direktinvestitionen abgesehen – Kredite auf den internationalen Kapitalmärkten aufnehmen, was zu einer höheren Auslandsverschuldung führt. Da Kredite verzinst und getilgt werden müssen, wird dies auf Dauer zu massiven Rückzahlungsproblemen und Kreditunwürdigkeit führen. Irgendwann wird das Land also entweder seine Exporte erhöhen oder seine Importe und damit seinen Lebensstandard einschränken müssen. Letzteres gilt auch dann, wenn das Land versucht, seine Probleme mit Finanzhilfen des Internationalen Währungsfonds zu überbrücken, da diese regelmäßig an strenge wirtschaftspolitische Auflagen gebunden sind.

5.2 Operationalisierung des Ziels

In der Literatur gibt es keine einheitliche Operationalisierung des Begriffs »Außenwirtschaftliches Gleichgewicht«. Da die Zahlungsbilanz, in der sämtliche Transaktionen zwischen In- und Ausland festgehalten werden, formal immer ausgeglichen ist (siehe Kap. »Makroökonomie – Volkswirtschaftliches Rechnungswesen«, Abschn. 2), kann sich das Ziel daher nur auf Teilbilanzen der Zahlungsbilanz beziehen.

Indikator: ausgeglichene Leistungsbilanz

Am weitesten verbreitet ist dabei das Konzept, eine ausgeglichene Leistungsbilanz als Indikator für die Außenwirtschaftsposition eines Landes heranzuziehen. Da die Leistungsbilanz sämtliche importierte und exportierte Güter- und Faktorleistungen erfasst, wird mit der Zielerreichung dieses Indikators sichergestellt, dass die Inländer genauso viel Leistungen von Ausländern empfangen haben wie Ausländer von den Inländern und sich das Vermögen der Inländer gegenüber den Ausländern nicht verändert hat. Damit stellt der Indikator auch sicher, dass die binnenwirtschaftlichen Nachteile von Überschüssen und Defiziten nicht eintreten.

Abb. G.17 zeigt die Entwicklung des Leistungsbilanzsaldos der Bundesrepublik seit 1970. Bis auf wenige Ausnahmen – z.B. als Folge der zweiten Ölkrise – war Deutschland in der Nachkriegszeit traditionell ein Land mit einem Überschuss in der Leistungsbilanz. Erst mit der Wiedervereinigung begann eine Phase hoher Defizite. Ursächlich hierfür war die sprunghafte Zunahme der Importe aufgrund der großen Nachfrage nach ausländischen Produkten aus den neuen Bundesländern, die finanzielle Beteiligung Deutschlands am Golfkrieg, gestiegene Transferzahlungen an die EU sowie eine Aufwertung der DM innerhalb des Europäischen Währungssystems.

Seit 2001 erwirtschaftet Deutschland wieder einen hohen Überschuss in Transaktionen mit dem Ausland. Maßgebend für diese Entwicklung verantwortlich sind die Überschüsse in der Handelsbilanz.

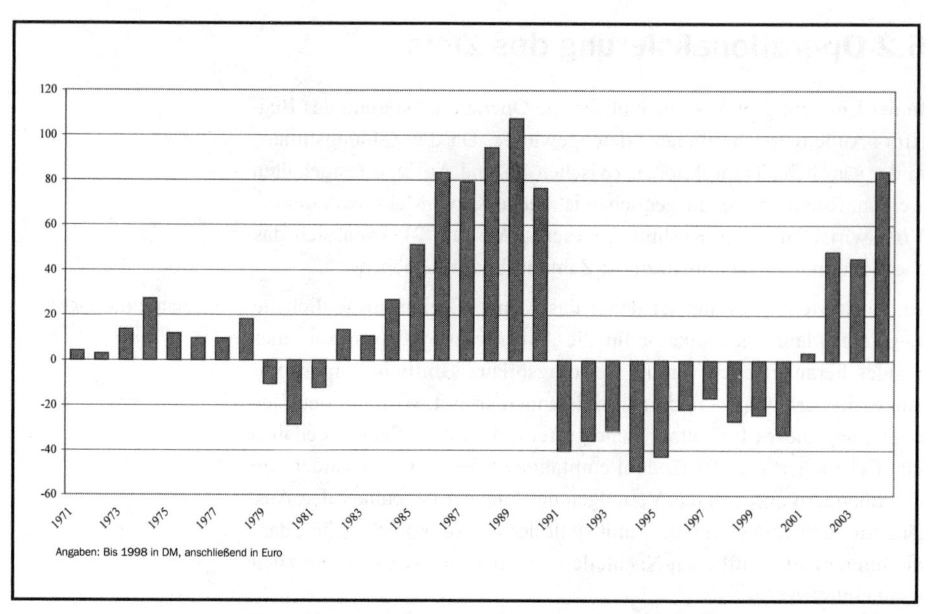

Abb. G.17. Entwicklung der Leistungsbilanz. Quelle: Deutsche Bundesbank

Ausgeglichene Devisenbilanz

Als alternativer Indikator bietet sich eine ausgeglichene Devisenbilanz an. In diesem Fall umfasst der Indikator alle außenwirtschaftlichen Transaktionen der anderen Teilbilanzen. Der Ausgleich der Devisenbilanz bedeutet, dass der Saldo der Leistungsbilanz dem der Kapitalbilanz entspricht und die Währungsreserven des Landes konstant bleiben.

5.3 Ursachen von außenwirtschaftlichen Ungleichgewichten

Die Ursachen langanhaltender Leistungsbilanzdefizite können in preislichen Wettbewerbsvorteilen bzw. -nachteilen liegen. Diese können wiederum auf unterschiedliche Produktionskosten, Differenzen zwischen der inländischen und ausländischen Inflationsrate oder die Wechselkursentwicklung zurückgeführt werden. Ein weiterer Grund liegt in der Nichtverfügbarkeit bzw. Verfügbarkeit von Gütern und Produktionsfaktoren. Dies kann sowohl an natürlichen Gegebenheiten (z.B. Klima und Rohstoffvorkommen) als auch an Defiziten im Know-how liegen.

Unterschiedliche Konsumpräferenzen und der Stand der wirtschaftlichen Entwicklung tragen ebenfalls zur Erklärung der Handelsströme bei. Weitere Bestimmungsfaktoren sind die staatliche Handelspolitik sowie unternehmensstrategische Entscheidungen. Vor allem seit den 90er Jahren dürften die Standortentscheidungen multinationaler Unternehmen einen zunehmenden Einfluss auf die Handelsströme haben. Gerade für kleine Länder kann dies zu gravierenden Auswirkungen auf ihre Leistungsbilanz führen.

6. Wiederholungsfragen

- ❍ 1. Warum spricht man im Zusammenhang mit den wirtschaftspolitischen Zielen von einem »magischen Viereck«? Lösung S. 209
- ❍ 2. Mit welchen Indikatoren kann das Wirtschaftswachstum gemessen werden? Lösung S. 211/212
- ❍ 3. Wie lauten die vier Phasen eines idealtypischen Konjunkturverlaufs? Lösung S. 214 f.
- ❍ 4. Welche negativen Auswirkungen sind mit Unterbeschäftigung verbunden? Lösung S. 214
- ❍ 5. Welche Indikatoren dienen zur Messung des Beschäftigungsziels und wie sind sie definiert? Lösung S. 224
- ❍ 6. Was versteht man unter »stiller Reserve«, verdeckter und versteckter Arbeitslosigkeit? Lösung S. 225 f.
- ❍ 7. Worauf lässt sich Arbeitslosigkeit zurückführen? Lösung S. 227 ff.
- ❍ 8. Was versteht man unter der Insider-Outsider-Theorie? Lösung S. 236
- ❍ 9. Wie werden der Preisindex und die Inflationsrate ermittelt? Lösung S. 243
- ❍ 10. Welche Gefahren birgt eine Deflation? Lösung S. 242
- ❍ 11. Wie werden die einzelnen Inflationsursachen begründet? Lösung S. 246 f.
- ❍ 12. Welche Nachteile sind möglicherweise mit einem Leistungsbilanzüberschuss verbunden? Lösung S. 251 f.
- ❍ 13. Welche Ursachen für ein anhaltendes Leistungsbilanzdefizit sind denkbar? Lösung S. 255

Makroökonomie – Ausgewählte Politikbereiche

1. Finanzpolitik als Stabilisierungspolitik

Lernziele dieses Abschnitts

Die Studierenden sollen nach der Lektüre dieses Kapitels

- die grundlegenden Unterschiede zwischen neoklassischer und keynesianischer Fiskalpolitik kennen.
- verschiedene fiskalpolitische Maßnahmen und ihre Wirkungsweisen im Rahmen der Stabilisierungspolitik verstehen.
- die praktischen Probleme in der Umsetzung einer antizyklischen Fiskalpolitik kennen und im Kontext der aktuellen wirtschaftspolitischen Lage einschätzen können.
- die Zielsetzung und die Inhalte des europäischen Stabilitäts- und Wachstumspakts kennen.

Im Rahmen der fiskalischen Stabilisierungspolitik geht es darum, mit Hilfe antizyklisch wirkender fiskalpolitischer Maßnahmen, die kurzfristigen wirtschaftlichen Schwankungen um den langfristigen Wachstumstrend zu dämpfen.

Als fiskalpolitische Instrumente stehen generell die Ausgaben und Einnahmen des Staates zur Verfügung. In der Regel werden beide Instrumente kombiniert eingesetzt. Ob und inwieweit dabei das eine oder andere Instrument bevorzugt genutzt wird, hängt von der jeweiligen Konjunkturphase und den Chancen der politischen Durchsetzbarkeit ab.

Der konzeptionelle Einsatz der Fiskalpolitik zur Stabilisierung der wirtschaftlichen Entwicklung wird von dem zugrundeliegenden theoretischen Modell bestimmt. Für eine aktive Fiskalpolitik als Stabilisierungspolitik liefert die keynesianische Analyse das theoretische Fundament. Die Neoklassik, die in ihrer Konzeption eher langfristig orientiert ist und die Bedeutung der Angebotsseite für die Entwicklung der Wirtschaft betont, sieht das primäre Ziel der Fiskalpolitik lediglich darin, günstige Rahmenbedingungen für die Unternehmen zu schaffen.

Angebotsorientierte Fiskalpolitik

Ein zentraler Ansatzpunkt neoklassischer bzw. angebotsorientierter Fiskalpolitik sind folglich Steuerkürzungen auf breiter Basis, um auf diese Weise die Leistungsbereitschaft der Wirtschaftssubjekte anzuregen und so die wirtschaftliche Dynamik zu beschleunigen. Angebotsorientierte Fiskalpolitik zielt weiter auf den Abbau von Subventionen ab. Diese müssen letztlich von produktiven Unternehmen finanziert werden und beeinträchtigen deren internationale Konkurrenzfähigkeit. Eine Rückführung der Staatsverschuldung bzw. der Haushaltsdefizite ist ebenfalls eine zentrale Forderung innerhalb dieser Konzeption. Haushaltsdefizite wirken auf dem Kapitalmarkt zinssteigernd und führen zu höheren Steuerbelastungen im Rahmen des Schuldendienstes. Schließlich werden Deregulierungs- und Privatisierungsmaßnahmen gefordert, da staatliche Monopole und Regulierungen zu einer Fehlallokation von Ressourcen führen. Dadurch wird die Wachstumsrate des Sozialprodukts verringert und die Arbeitslosigkeit erhöht.

Nachfrageorientierte Fiskalpolitik

Die keynesianische nachfrageorientierte Fiskalpolitik, die traditionell die Bedeutung der gesamtwirtschaftlichen Nachfrage für Beschäftigung und BIP betont, setzt dagegen auf die Beeinflussung der einzelnen Nachfragekomponenten, privater Verbrauch, Investitionen, Staatsausgaben und Exporte.

Im Boom sollen die Staatsausgaben gesenkt bzw. die Steuern erhöht und in der Rezession sollen die Staatsausgaben erhöht und die Steuern gesenkt werden (antizyklische Fiskalpolitik). Da damit zu rechnen ist, dass in der Rezession die laufenden Einnahmen nicht ausreichen, um expansive Konjunktur- und Beschäftigungsprogramme zu finanzieren, soll der Staat Kredite zur Finanzierung zusätzlicher öffentlicher Ausgaben aufnehmen (deficit spending). Gelingt die beabsichtigte Ankurbelung der Wirtschaft, so erhöhen sich in der Folgezeit die Steuereinnahmen wieder. Mit diesem Steueraufkommen können dann die Schulden aus der Rezession getilgt werden. Der Ausgleich des staatlichen Budgets erfolgt über den gesamten Konjunkturzyklus hinweg (zyklischer Budgetausgleich) und nicht über ein Haushaltsjahr. Abb. H.1 macht diese Politik und ihre Wirkungen auf den Konjunkturverlauf deutlich.

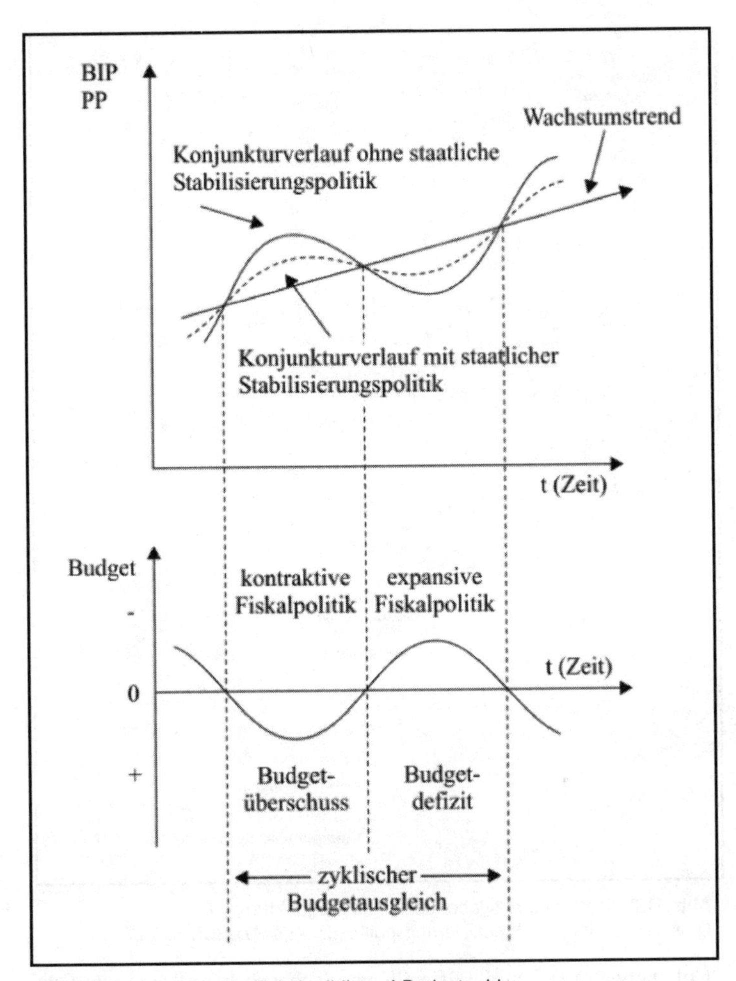

Abb. H.1. Antizyklische Fiskalpolitik und Budgetsalden

1.1 Öffentliche Ausgaben

Als Instrument der Ausgabenpolitik dienen Variationen des Ausgabenvolumens und der Ausgabenstruktur. Je nach Erfordernis können die Ausgaben auch zeitlich verschoben werden. Abb. H.2 enthält eine Zusammenfassung der Bereiche, Instrumente und Wirkungszusammenhänge staatlicher Ausgabenpolitik.

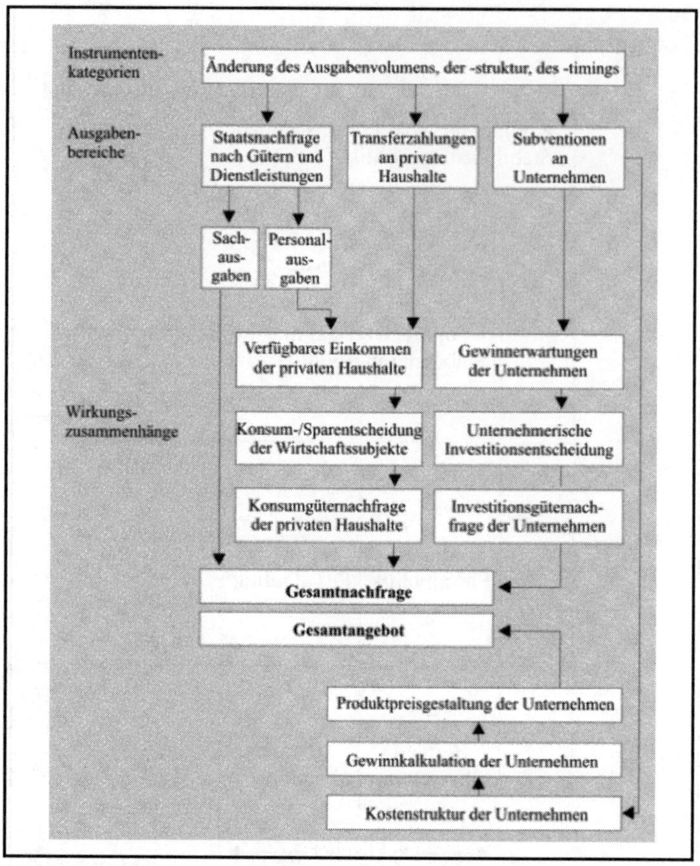

Abb. H.2. Staatliche Ausgabenpolitik als Konjunkturpolitik.
Quelle: Friedrich, H., Stabilisierungspolitik, 2. Aufl. (1986), S. 117

Ausgabenstruktur

Üblicherweise stehen die öffentlichen Sachausgaben (Käufe von Gütern und Dienstleistungen) im Vordergrund der staatlichen Ausgabenpolitik. Im Gegensatz zu den Transfers (z.B. Kindergeld) und den Subventionen (z.B. Investitionshilfen) sind sie als Komponente der gesamtwirtschaftlichen Nachfrage direkt nachfragewirksam. Über die Verwendung der Transfers und Subventionen entscheiden letztlich die privaten Haushalte bzw. Unternehmen. Zum Beispiel werden Transfers nur nach Maßgabe der marginalen Konsumneigung der Empfänger nachfragewirksam. Der. Multiplikator der Staatsausgaben für Güter und Dienstleistungen ist folglich höher als jener der Transfers und Subventionen.

Wirkungen von Staatsausgaben aus nachfrageorientierter Sicht

Erhöhung der Sachausgaben: → gesamtwirtschaftliche Nachfrage erhöht sich → Produktionsniveau erhöht sich → Beschäftigung steigt

Erhöhung der Transfers: verfügbares Einkommen der privaten Haushalte steigt → Konsum steigt entsprechend der marginalen Konsumneigung → gesamtwirtschaftliche Nachfrage steigt → das Produktionsniveau erhöht sich → Beschäftigung steigt

Multiplikatoreffekte

Multiplikatoreffekt bedeutet, dass z.B. eine Erhöhung des BIP um 1 Mrd. Euro nicht eine Erhöhung der öffentlichen Sachausgaben um denselben Betrag erfordert. Ein Teil des Zusatzeinkommens, das durch die zusätzlichen Staatsaugaben bei den anderen Wirtschaftssubjekten entsteht, wird nämlich wieder ausgegeben. Diejenigen denen diese Ausgaben als Einkommen zufließen, werden wiederum einen Teil davon ausgeben usw. Am Ende dieses Prozesses ist das BIP insgesamt um ein Vielfaches der zusätzlichen Staatsausgaben gestiegen.

Die Multiplikatoranalyse

Der Multiplikator gibt an, um wie viel sich die Zielgröße, z.B. das Gleichgewichtseinkommen (Y_E) verändert, wenn sich eine exogene Größe wie z.B. die Staatsausgaben (G), die Transferausgaben (Tr) oder die einkommensunabhängigen Steuern (T) ändert.

Ausgangspunkt der Multiplikatoranalyse in einer geschlossenen Volkswirtschaft ist die gesamtwirtschaftliche Nachfragefunktion $Y = C + I + G$ mit der einkommensabhängigen Konsumfunktion $C = a + bY_{verf}$. Die Größe a steht für den autonomen Konsum; die Variable b steht für die marginale Konsumneigung. Sie gibt an, wie hoch der Anteil ist, der von einem zusätzlichen Einkommen für Konsumzwecke ausgegeben wird. Y_{verf} ist das verfügbare Einkommen: $Y_{verf} = Y + Tr - T$

Setzt man die Konsumfunktion in die Definitionsgleichung ein folgt daraus:

$$Y = a + b\,(Y + Tr - T) + I + G$$

aufgelöst nach Y ergibt sich das Gleichgewichtseinkommen (Y_E):

Staatsausgabenmultiplikator

$$Y_E = (a + bTr - bT + I + G) / (1-b)$$

Durch partielle Differenzierung nach G erhält man den Staatsausausgabenbenmultiplikator, der angibt, um das wie vielfache sich das Gleichgewichtseinkommen verändert, wenn sich G dauerhaft um x Einheiten verändert.

$dY/dG = 1/(1-b)$ bzw. $\Delta Y = 1/(1-b)\,\Delta G$

Der Staatsausgabenmultiplikator beträgt $1/(1-b)$. Unter der realistischen Voraussetzung, dass $0 < b < 1$ folgt, dass dieser Multiplikator immer größer als Eins ist. Ist z.B. $b = 0.8$, führt eine Erhöhung der Staatsausgaben um 100 Einheiten zu einer Erhöhung des Gleichgewichtseinkommens um 500 Einheiten.

Transferausgaben-multiplikator

Durch Differenzierung nach Tr erhält man den Transferausgabenmultiplikator:

$dY/dTr = b/(1-b)$

Steuermultiplikator

und durch partielle Differenzierung nach T den Steuermultiplikator:

$dY/dT = -b/(1-b)$

Der Steuermultiplikator ist genauso groß wie der Transfermultiplikator, jedoch mit negativem Vorzeichen aufgrund des Kaufkraftentzugs. Beide Multiplikatoren sind immer um Eins kleiner als der Staatsausgabenmultiplikator. Ursache dafür ist, dass die Staatsausgaben für Güter und Dienstleistungen (G) als Komponente der gesamtwirtschaftlichen Nachfrage unmittelbar und in voller Höhe nachfragewirksam werden und das Einkommen entsprechend erhöhen, während sich z.B. bei den Transfers zwischen staatlicher Ausgabe und Nachfrage am Markt die Entscheidung der Transferempfänger schiebt. Da annahmegemäß $b < 1$ ist, also ein Teil dieses zusätzlichen Einkommens gespart wird, wird das Transfereinkommen nur entsprechend der marginalen Konsumneigung b tatsächlich nachfragewirksam.

Haavelmo-Theorem

Vorausgesetzt eine Erhöhung der Staatsausgaben (ΔG) wird durch einkommensunabhängige Steuern in gleicher Höhe (ΔT) finanziert, ist der Multiplikator gleich Eins, weil die einkommenserhöhende Wirkung des Staatausgabenmultiplikators mit der einkommenssenkenden Wirkung des Steuermultiplikators gegen zurechnen ist. Die Erhöhung eines ausgeglichenen Budgets erhöht folglich das Gleichgewichtseinkommen um den Betrag der Budgetausweitung (Haavelmo-Theorem). Allerdings gilt dies nur dann, wenn es sich bei den Staatsausgaben nicht um Transferausgaben handelt (der Multiplikator wäre in diesem Fall Null) und keine einkommensabhängige Steuer in das Modell aufgenommen wird.

Die Einführung einer einkommensabhängigen Steuer z.B. in der Form $T = t(Y)$, wobei T für das Steueraufkommen und t für den Steuersatz steht, mit $0 < t < 1$, würde alle oben berechneten Multiplikatoren verkleinern, ebenso wie die Einführung einkommensabhängiger Importe. Der Grund ist, dass einkommensabhängige Steuern und Importe die verfügbaren Einkommen bzw. die inländischen verfügbaren Einkommen der Privaten und damit deren einkommensinduzierende Nachfrage auf jeder Stufe des Multiplikatorprozesses reduzieren.

Angenommen es gilt in einer offenen Volkswirtschaft $Im = m Y$, wobei m die marginale Importneigung ist, und die Exporte exogen sind, folgt:

$$Y = a + b (Y + Tr - T) + I + G + Ex - mY$$ und

$$Y_E = (a + bTr - bT + I + G + Ex) / (1 - b + m)$$

Durch partielle Differenzierung z.B. nach G ergibt sich nunmehr als Staatsausgabenmultiplikator in einer offenen Volkswirtschaft:

$$dY/dG = 1/(1 - b + m)$$

Mit $0 < m < 1$ wird deutlich, dass in einer offenen Volkswirtschaft der Multiplikatoreffekt einer Staatsausgabenerhöhung kleiner einzuschätzen ist, als in einer geschlossenen Volkswirtschaft.

Bei der Einschätzung der Größe des Multiplikators ist zudem zu berücksichtigen, dass die Besteuerung einen bedeutenden Effekt auf die Investitionen haben kann, so dass die Erhöhung der gesamtwirtschaftlichen Nachfrage durch G möglicherweise durch einen Rückgang der Investitionen (I) – zumindest teilweise – kompensiert wird. Ein derartiger Verdrängungseffekt (crowding-out Effekt) ist zudem möglich, wenn die zur Finanzierung der zusätzlichen Ausgaben aufgenommenen Kredite am Kapitalmarkt ausgelöst durch eine Zinserhöhung private Investitionen verdrängen.

Akzeleratoreffekt

Vorausgesetzt, die privaten Investitionen sind neben dem Zins auch vom Einkommen bzw. der Konsumnachfrage abhängig, wird der Multiplikatoreffekt durch den Akzeleratoreffekt (die positive Rückwirkung der Nachfrage auf die Investitionen) noch verstärkt.

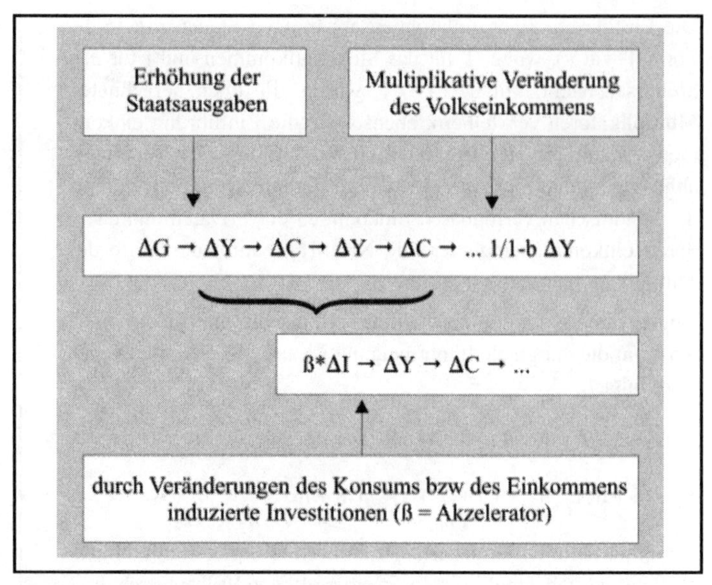

Abb. H.3. Multiplikator-Akzelerator-Wirkung

Kritik an der Ausgabenpolitik

Allgemein wird zur Ausgabenpolitik kritisch angemerkt, dass sie nur dann einen wesentlichen Beitrag zur Nachfragesteuerung leisten kann, wenn sie eine hinreichend große finanzielle Dimension besitzt. Gerade die Ausgabengestaltung leidet aber an Flexibilität. Viele Ausgaben wie z.B. die Verwaltungs- und Personalausgaben sind fast nur noch nach oben beweglich. Üblicherweise wird davon ausgegangen, dass über 90 % der Ausgaben im Haushalt festgeschrieben sind und somit nicht zur konjunkturpolitischen Steuerung zur Verfügung stehen.

1.2 Öffentliche Einnahmen

Ein weiteres wichtiges Instrument der Fiskalpolitik sind die Einnahmen, wozu auch die Kredite zählen. Wie bereits weiter oben erwähnt, sollen nach keynesianischer Auffassung in Zeiten der Rezession Budgetdefizite hingenommen und erforderliche zusätzliche Staatsausgaben mit Krediten finanziert werden (deficit spending). Auf diese Weise erreicht man nicht nur die größtmögliche, durch Multiplikatoreffekte verstärkte expansive Nachfragewirkung, sondern auch die für das konjunkturpolitische Handeln der staatlichen Instanzen erforderliche finanzielle und zeitliche Unabhängigkeit gegenüber den Staatseinnahmen.

deficit spending

In der Hochkonjunktur angesammelte Budgetüberschüsse sollen nicht nur »stillgelegt« werden, sondern zur Tilgung der in der Rezession aufgenommenen Schulden dienen. Dadurch soll der Schuldenstand des

Staates auf den Ausgangszustand zurückgeführt werden (sog. zyklischer Budgetausgleich).

Sieht man einmal von den Krediten ab, kann die staatliche Einnahmepolitik im Wesentlichen mit der Steuerpolitik gleichgesetzt werden. Als Instrumente der Steuerpolitik dienen Variationen der Steuersätze und Änderungen der Bemessungsgrundlage. Je nach Erfordernis kann die Steuerschuld auch zeitlich verändert werden. Abb. H.4 enthält eine Zusammenfassung der Bereiche, Instrumente und Wirkungszusammenhänge einer vorwiegend nachfrageorientierten Steuerpolitik.

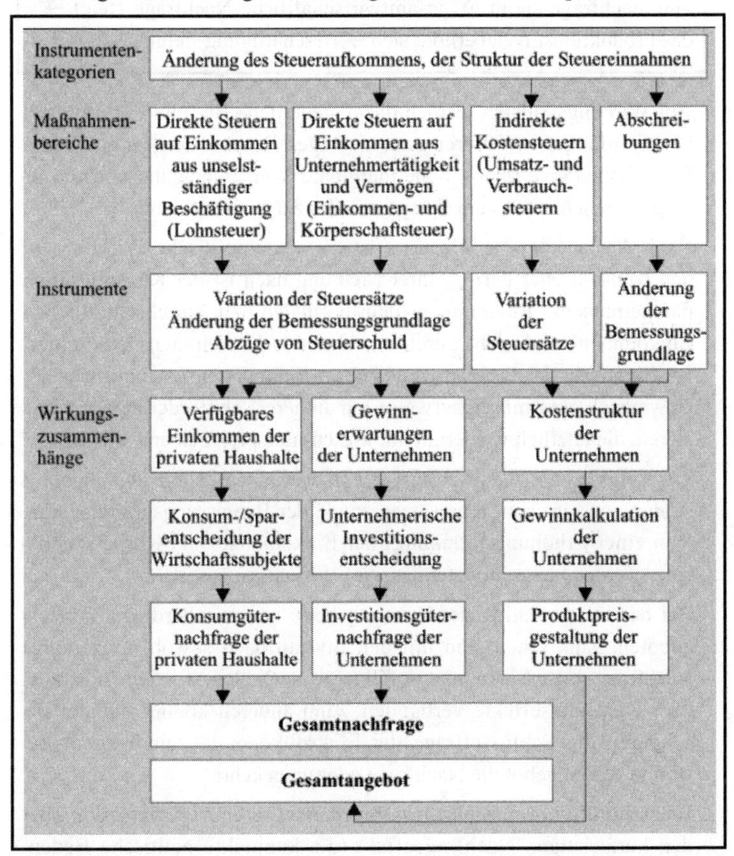

Abb. H.4. Nachfrageorientierte Steuerpolitik als Konjunkturpolitik.
Quelle: Friedrich, H., Stabilisierungspolitik, 2. Aufl. (1986), S. 123

Steuerliche Beeinflussung des Konsums

Zur Einwirkung auf den Konsum eignen sich in erster Linie Variationen der Einkommensteuer. Mit Steuersatzsenkungen, einer Erhöhung der Steuerfreibeträge oder Verschiebung der Steuerzahlung vergrößert der Staat die verfügbaren Einkommen der privaten Haushalte.

Wirkungen von Steuersenkungen auf Haushaltseinkommen
Senkung direkter Steuern für private Haushalte → Erhöhung des verfügbaren Einkommens → Erhöhung des Konsums → Investitionsgüternachfrage steigt → gesamtwirtschaftliche Nachfrage steigt → das Produktionsniveau erhöht sich → Beschäftigung steigt.

Am Wirkungsvollsten werden dabei steuerliche Be- und Entlastungen bei Empfängern mittlerer und niedriger Einkommen eingeschätzt. Diese haben eine relativ hohe marginale Konsumneigung und nur geringe Möglichkeiten zum Entsparen oder zur Verschuldung.

Nach Ansicht der Neoklassiker ist die steuerpolitische Wirkung auf den Konsum eher gering. Ihrer Meinung nach ist der Konsum durch das permanente Einkommen (dem normalen bzw. durchschnittlichen Einkommen) und nicht durch das laufende Einkommen determiniert ist. Hinzu tritt das Problem, dass höhere Einkommensteuern seitens der Gewerkschaften möglicherweise nur höhere Lohnforderungen provozieren, die letztlich wiederum nur kosten- und preistreibend wirken.

Steuerliche Beeinflussung der Investitionen

Zur steuerlichen Beeinflussung der Investitionen bieten sich ebenfalls Änderungen in den Steuersätzen sowie der Bemessungsgrundlage an. Von einer Erhöhung (Senkung) der Einkommen- und Körperschaftsteuer werden kontraktive (expansive) Wirkungen erhofft.

Einkommens- und Kapazitätseffekt der Investitionen

Bei der Interpretation der Wirkungskette ist nun allerdings Vorsicht geboten. Zum einen sind mit den Investitionen sowohl kurzfristige Nachfrage- oder Einkommenseffekte als auch längerfristige Angebots- oder Kapazitätseffekte verbunden. Zum anderen kommt hier im Besonderen die Schlüsselfrage der Makroökonomie zum Tragen: Bestimmt das Angebot die Nachfrage oder umgekehrt?

Während die keynesianischen Vertreter in ihrer Argumentation eher den kurzfristigen Nachfrageeffekt (die konjunkturpolitische Bedeutung) hervorheben, denken die Politiker mit neoklassischen Hintergrund eher an den Angebots- oder Kapazitätseffekt (die wachstumspolitische Bedeutung) wenn sie eine Senkung der Unternehmenssteuern einfordern.

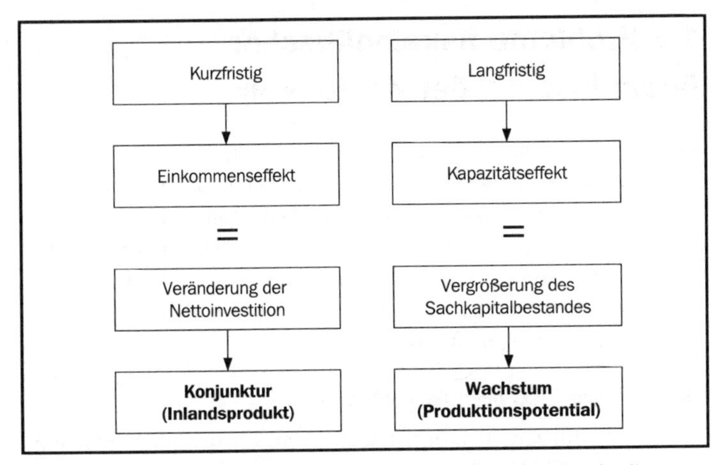

Abb. H.5. Kurz- und langfristige Betrachtung von Investitionen. Quelle: Clement, R., Terlau, W. Grundlagen der angewandten Makroökonomie (1998), S. 159

Ob die erwarteten Wirkungen auf Beschäftigung und Output eintreten, wird bei den Keynesianern eher zurückhaltend beurteilt. Letztlich werden die Unternehmensentscheidungen von vielfältigen Faktoren und dem Investitionsklima im Allgemeinen bestimmt. Sind die Erwartungen von Pessimismus geprägt, werden die zusätzlichen zur Verfügung stehenden Mittel aufgrund einer Steuersenkung möglicherweise für eine Kapitalanlage im Ausland oder zur vorzeitigen Rückzahlung von Krediten, anstatt für zusätzliche Investitionen, verwendet.

Im Gegensatz dazu hängt nach Ansicht der Vertreter der Neoklassik die Investitionstätigkeit der Unternehmen vor allem von ihrer Kostensituation ab und weniger von der erwarteten effektiven Nachfrage. Die Senkung von Unternehmenssteuern kommt einer Kostenreduktion gleich und schafft günstigere Rahmenbedingungen für private Investitionen.

Wirkungen von Steuersenkungen auf Unternehmensebene

Nachfrageorientierter Ansatz: Senkung der Unternehmenssteuern → Rentabilität der privaten Investitionen verbessert sich → Investitionsgüternachfrage steigt → gesamtwirtschaftliche Nachfrage steigt → Produktionsniveau steigt → Beschäftigung steigt.

Angebotsorientierter Ansatz: Senkung der Unternehmenssteuern → Kosten sinken und Rentabilität der privaten Investitionen verbessert sich → Produktion der Investitionsgüter steigt → Beschäftigung nimmt zu → Einkommen steigen → gesamtwirtschaftliche Nachfrage steigt.

1.3 Probleme fiskalpolitischer Beeinflussung der Konjunktur

In den vorangegangenen Ausführungen wurde bereits auf einige Probleme in den Ziel-Mittel-Beziehungen eingegangen, welche die Wirksamkeit der Fiskalpolitik einschränken können. Im Folgenden werden weitere grundsätzlichere Problembereiche diskutiert, die ebenfalls die Effizienz fiskalpolitischer Maßnahmen erheblich beeinträchtigen können und auf die sich im Wesentlichen die Kritik an einer diskretionären Fiskalpolitik stützt.

Diese Problemfelder betreffen unter anderem:

- die zeitlichen Verzögerungen beim Einsatz diskretionärer Fiskalpolitik
- die Verdrängung privater Nachfrage (crowding-out-Effekt)
- den (kurzfristigen) Zielkonflikt zwischen Inflation und Beschäftigung
- die zunehmende strukturelle Staatsverschuldung
- die unzureichende Koordination zwischen Staaten und Gebietskörperschaften

1.3.1 Zeitliche Verzögerungen

Infolge verschiedener zeitlicher Verzögerungen, mit der das fiskalpolitische Instrumentarium zum Einsatz und zur Wirkung kommt, kann eine antizyklische Fiskalpolitik zu einer Verschärfung zyklischer Schwankungen, statt zu ihrer Milderung führen. Die Politik wirkt prozyklisch anstatt antizyklisch.

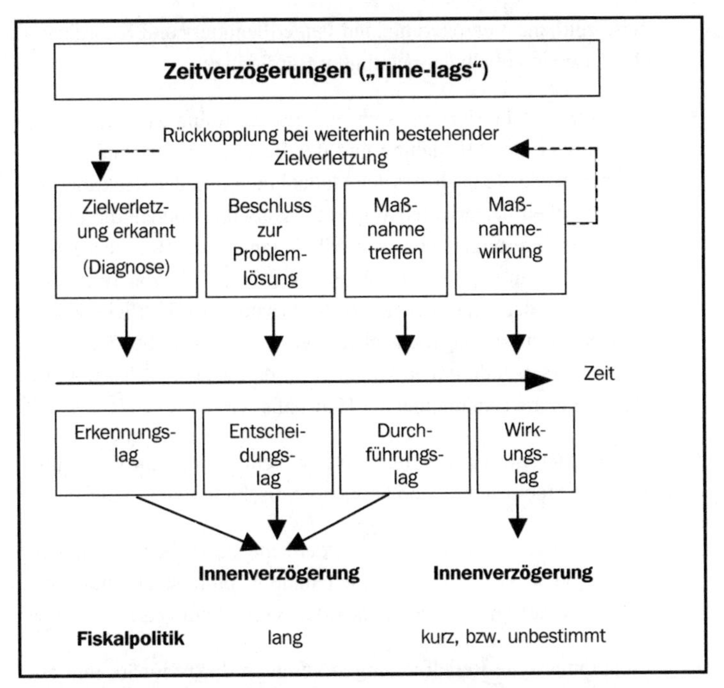

Abb. H.6. Arten der Verzögerungen. Quelle: Clement, R., Terlau, W., Grundlagen der angewandten Makroökonomie (1998), S. 274

Grundsätzlich wird zwischen folgenden Verzögerungen (time-lags) unterschieden:

- Der Erkennungslag bezeichnet die Zeitspanne, die zwischen dem Eintritt einer konjunkturellen Störung und deren Erkennen durch die verantwortlichen Instanzen liegt. Das Ausmaß der zeitlichen Verzögerung wird im Wesentlichen von der Qualität der Datenerfassung, der Kenntnis der ökonomischen Zusammenhänge sowie der Zuverlässigkeit der Diagnose- und Prognoseverfahren bestimmt.

Erkennungslag

- Der Entscheidungslag kennzeichnet die Zeitspanne zwischen der Einsicht in die Handlungsnotwendigkeit und der Entscheidung über die Stabilisierungsmaßnahmen und ihre Legitimation. Das Ausmaß dieser Verzögerung hängt vor allem von der Ausgestaltung des politischen Willensbildungs- und Entscheidungsprozesses ab.

Entscheidungslag

- Der Durchführungslag betrifft den Zeitraum zwischen parlamentarischer Legitimation, gesetzlicher Ausgestaltung und administrativen Umsetzung der getroffenen Entscheidungen. Ursächlich für

Durchführungslag

diese zeitliche Verzögerung sind lange Planungs- und Koordinationsphasen innerhalb der beteiligten Bürokratien.

Wirkungslag

- Der Wirkungslag bezieht sich auf den Zeitraum zwischen dem Inkrafttreten der Maßnahme und der Beseitigung der konjunkturellen Störung. Je nach Art der Maßnahmen und der Reaktionsgeschwindigkeit der privaten Wirtschaftssubjekte können die jeweiligen Verzögerungen unterschiedlich lang sein. Bei staatlichen Käufen von Gütern und Dienstleistungen ist die Verzögerung relativ kurz, da der Staat hier direkt die gesamtwirtschaftliche Nachfrage beeinflusst. Dagegen dürfte der Wirkungslag bei Transfers und Steuersatzänderungen länger sein, da diese zunächst nur auf das verfügbare Einkommen der Haushalte wirken.

Instrumente zur Verkürzung von time-lags

Generell existieren zwei Instrumente zur Verkürzung von time-lags: Automatische Stabilisatoren und halbautomatische Regelbindungen.

- Als automatische Stabilisatoren werden jene staatlichen Einnahmen und Ausgaben bezeichnet, die selbständig, ohne staatliche Interventionen einen antizyklisch wirkenden Verlauf aufweisen.
- Halbautomatische Regelbindungen vereinen diskretionäre und automatische Elemente. Die Grundidee liegt darin, bei vorher definierten Abweichungen von einem erstrebten Soll-Zustand einen abgestimmten Maßnahmenkatalog in Gang zu setzen, der Ist- und Soll-Wert wieder in Einklang bringt.

Automatische Stabilisatoren

Arbeitslosenversicherungsbeiträge

Ein Beispiel für einen automatischen Stabilisator ist die Arbeitslosenversicherung. Im Konjunkturaufschwung steigen die Beitragszahlungen in die Arbeitslosenversicherung durch die zunehmende Beschäftigung an, während die Unterstützungszahlungen auf Grund der sinkenden Arbeitslosenzahlen zurückgehen. In der Abschwungphase hingegen reduzieren sich die Beiträge wegen der steigenden Arbeitslosigkeit automatisch und die Unterstützungszahlungen nehmen entsprechend zu. Im ersten Fall entsteht ein kontraktiver, im zweiten Fall ein expansiver Effekt auf die Gesamtnachfrage. Voraussetzung ist allerdings, dass die Überschüsse in der Aufschwungphase stillgelegt werden und in der Abschwungphase noch zur Verfügung stehen.

Progressive Einkommensteuer

Ein weiteres Beispiel für einen automatischen Stabilisator ist die progressiv ausgestaltete Einkommensteuer. Hier beruht der Effekt darauf, dass sich bei konjunkturellen Schwankungen des Volkseinkommens das Aufkommen der Steuer ändert, ohne dass es dazu einer Variation der Bemessungsgrundlage oder der Steuersätze bedarf. Unabdingbare

Voraussetzung für die konjunkturstabilisierende Wirkung ist jedoch die konjunkturgerechte Handhabung der Steuermehr- bzw. -mindereinnahmen auf der Ausgabenseite. Werden die Mehreinnahmen in einem Boom nicht stillgelegt, sondern für Ausgaben verwendet, schlägt der konjunkturpolitische Vorteil sogar in einen Nachteil um.

Theoretische Überlegungen und empirische Untersuchungen zeigen, dass automatische Stabilisatoren in die richtige Richtung wirken. Nach einer Untersuchung der OECD haben in den 90er Jahren die automatischen Stabilisatoren der Fiskalpolitik die konjunkturellen Schwankungen der untersuchten Länder durchschnittlich um ein Viertel gedämpft. Insofern stellen sie eine sinnvolle Ergänzung zur diskretionären Fiskalpolitik dar. Allerdings ist zu bedenken, dass sie nur reaktiv bei schon entstandenen Fehlentwicklungen greifen, wodurch die konjunkturelle Abweichung nicht im Voraus verhindert wird.

Halbautomatische Regelbindungen

Bezüglich der Ausgestaltung der Vorschriften lassen sich verschiedene Konzepte bei den halbautomatischen Regelbindungen unterscheiden.

Formen halbautomatischer Regelbindungen

Die strengste Form der Regelbindung gibt nicht nur vor, wann, sondern auch mit welchen Instrumenten wirtschaftspolitische Instanzen zu intervenieren haben. Beispielsweise kann aufgrund von Gesetzesvorschriften bestimmt werden, dass die Steuersätze um einen bestimmten Prozentsatz zu senken sind, wenn die Arbeitslosenquote einen bestimmten Prozentsatz übersteigt.

In einer abgeschwächten Form der Regelbindung wird die Regierung gesetzlich dazu verpflichtet, dass stabilitätspolitische Maßnahmen in definierten Situationen ergriffen werden müssen. Die Wahl der Instrumente und ihre Dosierung werden jedoch in den Ermessensspielraum der Exekutive gestellt. Die schwächste Bindung ist dann gegeben, wenn für die Reaktion auf Indikatorveränderungen keine verpflichtenden Gesetzesvorschriften mehr vorliegen, sondern nur noch Empfehlungen ausgesprochen werden. In der Praxis hat die halbautomatische Regelbindung im Stabilitäts- und Wachstumspakt der EU Eingang gefunden.

Das zentrale Problem halbautomatischer Regelbindungen liegt in der Konstruktion geeigneter Indikatoren. Da die Konjunkturzyklen individuell verschieden sind, müsste die Regelbindung so konzipiert sein, dass sie auch Anpassungen an die konjunkturellen Besonderheiten zulässt. Je flexibler die Ausgestaltung ist, desto weniger kann dieses Konzept aber seiner eigentlichen Zielsetzung gerecht werden.

Ein weiterer Kritikpunkt ist, dass die Verwendung derartiger Regeln die Entscheidungskompetenzen der wirtschaftspolitischen Entscheidungsträger beschneidet, was diese nicht immer akzeptieren werden.

Vorteile neben der Verkürzung der time-lag

Befürworter stellen folgende Vorteile neben der Verkürzung der time-lags heraus:

- Ermessensentscheidungen werden unterbunden und damit auch Fehlerquellen, die in der Diagnose konjunktureller Situationen und in der Abschätzung der Entscheidungswirkungen liegen.
- Die Austragung sozialer und politischer Konflikte findet nur noch zu dem Zeitpunkt statt, in dem über die anzuwendenden Regeln entschieden wird.
- Für die Wirtschaftssubjekte wird das staatliche Handeln berechenbarer, was die Unsicherheit bei den privaten Haushalten und Unternehmen reduziert. Dies führt zu einer Verstetigung ihrer Verhaltensweisen und damit des Konjunkturverlaufs.

1.3.2 Verdrängung privater Nachfrage (Crowding-out-Effekt)

Der Crowding-out-Effekt betrifft die mögliche Verdrängung von privater Nachfrage durch Staatsnachfrage. Der Verdrängungseffekt mindert den Multiplikatoreffekt. In Abb. H.7 sind drei mögliche Effekte dargestellt.

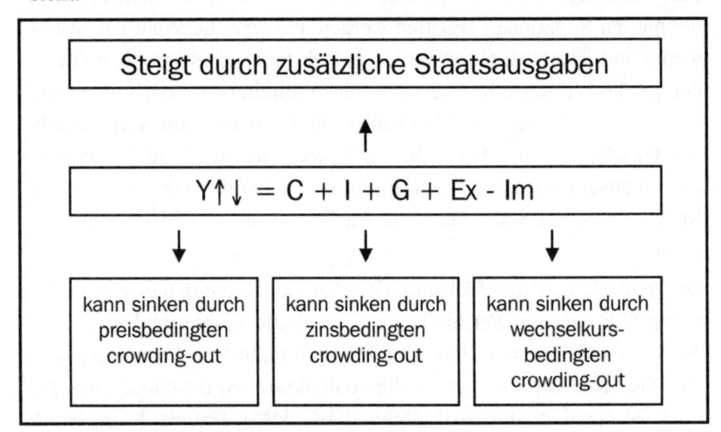

Abb. H.7. Expansive Fiskalpolitik und Crowding-out-Effekte. Quelle: Clement, R., Terlau, W. Grundlagen der angewandten Makroökonomie (1998), S. 277

- Ein zinsbedingter Crowding-out-Effekt liegt vor, wenn zusätzliche Staatsausgaben kreditfinanziert werden und die erhöhte staatliche Kapitalnachfrage eine Zinserhöhung auf dem Kapitalmarkt auslöst, die wiederum die Nachfrage nach Kapital zur Finanzierung privater Investitionen verdrängt.

Zinssbedingter Crowding-out-Effekt

- Ein preisbedingter Crowding-out-Effekt wirkt auf den privaten Konsum. Wenn im Zuge der zusätzlichen Staatsausgaben nachfragebedingt das Preisniveau steigt, sinken für die privaten Haushalte die Kaufkraft des Einkommens und der Realwert des Geldvermögens. Es ist vorstellbar, dass die Haushalte in der Folge diesen Rückgang ihres realen Nettovermögens durch vermehrte Spartätigkeit bzw. geringeren Konsum ausgleichen wollen.

Preisbedingter Crowding-out-Effekt

- Der wechselkursbedingte Crowding-out-Effekt betrifft die Exporte. Nachteilige Auswirkungen auf die Exportnachfrage treten dann ein, wenn bei festen Wechselkursen aufgrund eines Anstiegs des inländischen Preisniveaus die Wettbewerbsfähigkeit gegenüber dem Ausland leidet. Bei flexiblen Wechselkursen kann es über Kapitalimporte, ausgelöst durch eine inländische Zinserhöhungen zu Aufwertungstendenzen kommen. Hierdurch verteuern sich die inländischen Produkte für die Ausländer, was sich negativ auf die Exporte auswirken kann.

Wechselkursbedingter Crowding-out-Effekt

Bedeutung und Ausmaß der Crowding-out-Effekte

Unter Ökonomen ist strittig, wie wahrscheinlich Crowding-out-Effekte sind. Sicherlich spielt der Grad der Unterauslastung der gesamtwirtschaftlichen Kapazitäten eine bedeutende Rolle. Je größer die Unterauslastung ist, desto geringer dürfte die Wahrscheinlichkeit von derartigen Effekten sein. Ein entscheidender Einfluss kommt auch der Zinselastizität der Investitionen und der Geldnachfrage zu. Je schwächer die Investitionen auf Zinsänderungen reagieren und je zinselastischer die Geldnachfrage ist, desto geringer dürfte der zinsbedingte Crowding-out-Effekt sein.

Das Ausmaß der Crowding-out-Effekte wird schließlich auch von der Geldpolitik mitbestimmt. Je stärker die Zentralbank eine expansive Fiskalpolitik durch eine expansive Geldpolitik unterstützt, desto geringer wird wieder die Wahrscheinlichkeit von zinsbedingten Crowding-out- Effekten sein. Der wechselkursbedingte Crowding-out-Effekt wird abgeschwächt, wenn die Zentralbank durch Ausweitung des Geldangebots (Ankauf von Devisen) einer Wechselkursaufwertung entgegenwirkt.

Nach Einschätzung der Keynesianer stellen die Crowding-out-Effekte folgerichtig kein gewichtiges Argument gegen eine aktive Fiskalpolitik dar. Für sie stellt Unterbeschäftigung eher die Regel dar und das Investitionsverhalten der Unternehmen wird ihrer Ansicht noch mehr von »animal spirits« als von Zinssatzänderungen bestimmt. Außerdem gehen sie von einer eher zinselastischen Geldnachfrage aus (siehe Kap. »Makroökonomie – Theoretische Grundlagen«, Abschn. 2).

Dagegen sehen neoklassisch orientierte Politiker in den Verdrängungseffekten einen entscheidenden Grund, weshalb sich der Staat mit einer aktiven kreditfinanzierten Stabilisierungspolitik zurückhalten sollte. Ihrer Ansicht nach tendiert die Volkswirtschaft zur Vollbeschäftigung. Da die Investitionen sehr zinselastisch sind und die Geldnachfrage vollkommen zinsunelastisch, führt eine geldpolitisch alimentierte expansive Fiskalpolitik allein zu Inflation und Struktureffekten (u.a. Erhöhung der Staatsquote), nicht aber zu einer Erhöhung des Volkseinkommens.

Ein in der politischen Diskussion häufig vorgetragenes Argument ist, dass kreditfinanzierte Staatsausgaben über den zinsbedingten Crowding-out-Effekt eher wachstumsschädlich sind. Dieses berücksichtigt zum einen nicht, dass mit den Staatsausgaben auch sog. Crowding-in-Effekte – zusätzliche private Investitionen angeregt durch eine verbesserte Infrastruktur – entstehen können. Zum anderen unterstellen die Vertreter dieses Arguments, dass staatliche Investitionen grundsätzlich weniger produktiv sind als private.

Nach dem Ricardo-Äquivalenztheorem sind überhaupt keine Crowding-out-Effekte zu erwarten.

Das Ricardo-Äquivalenztheorem

Eine Erhöhung der Staatsausgaben wird üblicherweise als expansiver angesehen, wenn sie kredit- statt steuerfinanziert wird. Gemäß dem Ricardo-Äquivalenztheorem sind Steuer- und Kreditfinanzierung jedoch äquivalent in ihren ökonomischen Wirkungen.

Ein rationales Individuum wird bei einer defizitfinanzierten Erhöhung des Budgets erwarten, dass die Steuern in Zukunft erhöht werden müssen, um die Zinszahlungen für die zusätzliche Verschuldung aufzubringen. Um den zukünftigen Zinsendienst leisten zu können, werden sie daher bereits in der Gegenwart ihre Ersparnisbildung erhöhen. Auf dem Kreditmarkt steht im Falle der Defizitfinanzierung der zusätzlichen staatlichen Kreditnachfrage somit ein zusätzliches Kreditangebot der Privaten gegenüber und es kommt zu keinen Zinsänderungen.

Die Geltung des Äquivalenztheorems, dessen Vertreter sich auf den Klassiker Ricardo berufen, wird von der Mehrheit der Ökonomen abgelehnt, da es auf höchst unrealistischen Annahmen beruht. Zum einen kann kaum erwartet werden, dass die Wirtschaftssubjekte die zukünftigen Konsequenzen gegenwärtiger Defizitfinanzierung derart rational antizipieren. Für ältere und kinderlose Menschen ist es unter diesen Umständen ohnedies nicht rational zu sparen. Zum anderen werden Gläubiger und Steuerzahler nicht dieselben Personen sein, zukünftige Steuergesetze und ihre Lastverteilung sind ungewiss, und der Zinsendienst kann erneut defizitfinanziert werden. Schließlich kann der Schuldendienst durch Inflation entwertet werden.

Empirische Studien zeigen zeit- und länderbezogen sehr unterschiedliche Ergebnisse. Nach der Mehrzahl der Studien ist die wirtschaftliche Relevanz von Crowding-out-Effekten tendenziell eher gering einzuschätzen.

1.3.3 Zielkonflikt zwischen Inflation und Beschäftigung

Phillipskurve

Eine weitere wichtige Dimension des Stabilitätsproblems besteht darin, dass sich Inflations- und Arbeitslosenraten im Konjunkturverlauf (also kurz- und mittelfristig) häufig gegenläufig entwickeln (Phillips-Kurven-Problem). Für die Stabilisierungspolitik ergibt sich daraus ein Dilemma, weil beschäftigungssteigernd wirkende Maßnahmen Inflationserwartungen wecken können. Gleichgültig, ob solche Befürchtungen sachlich gerechtfertigt sind oder nicht, können sie fiskalische Stabilisierungsbemühungen politisch wie ökonomisch durchkreuzen.

Kurzfristige Phillipskurve

Die kurzfristige Phillipskurve in Abb. H.8 illustriert den negativen Zusammenhang von Inflationsrate und Arbeitslosenquote. Im Punkt A ist die Inflationsrate niedrig und die Arbeitslosenquote hoch, im Punkt B gilt die umgekehrte Situation. Begründet wird diese Korrelation damit, dass niedrige Arbeitslosigkeit mit einer hohen gesamtwirtschaftlichen Nachfrage einhergeht und ein hohes Nachfrageniveau eine Sogwirkung auf Löhne und Preise entfaltet.

Durch Expansion der gesamtwirtschaftlichen Nachfrage (höhere Staatsausgaben oder Steuersenkungen) können nun, nach Ansicht der Befürworter der Existenz einer derartigen Phillipskurve, die Politiker einen Punkt auf der Phillipskurve mit höherer Inflationsrate und niedrigerer Arbeitslosenquote auswählen. Umgekehrt können sie durch Kontraktion der gesamtwirtschaftlichen Nachfrage einen Punkt mit niedrigerer Inflationsrate und höherer Arbeitslosenquote erreichen. In diesem Sinne bietet die Phillipskurve den Wirtschaftspolitikern eine Vielzahl unterschiedlicher Kombinationen von Inflation und Arbeitslosigkeit zur Auswahl an.

Langfristige Phillipskurve

Allerdings gilt diese Auswahl tatsächlich nur in kurzfristiger Perspektive. In dem Maße wie sich die Wahrnehmungen bezüglich der relativen Preise und Löhne im Laufe der Zeit den veränderten ökonomischen Bedingungen anpassen, werden die beiden makroökonomischen Größen voneinander unabhängiger, und die langfristige Phillipskurve verläuft als eine Senkrechte über dem Normalniveau der Arbeitslosenquote (der sog. natürlichen Arbeitslosigkeit).

Natürliche Arbeitslosigkeit

Die natürliche Arbeitslosigkeit ist die Arbeitslosigkeit, zu der die Wirtschaft langfristig neigt. Da ihr Ausmaß hauptsächlich von den Bedingungen des Arbeitsmarktes abhängt und sie sich im Wesentlichen aus friktioneller und struktureller Arbeitslosigkeit zusammensetzt, ist sie außerhalb des Einflusses konjunkturpolitisch motivierter Geld- und Fiskalpolitik.

Die senkrechte langfristige Phillipskurve und die senkrechte langfristige Angebotskurve sind tatsächlich zwei Seiten derselben Medaille. So wie die Angebotskurve nur auf kurze Sicht eine positive Steigung aufweist, gilt auch die in der Phillipskurve angelegte Alternative zwischen Arbeitslosigkeit und Inflation nur kurzfristig, d.h. nur so lange, wie die erwartete Inflationsrate von der tatsächlichen abweicht bzw. Geldillusion besteht (siehe Kap. »Makroökonomie – Theoretische Grundlagen«, Abschn. 2).

Angenommen die Volkswirtschaft befindet sich in Punkt A in Abb. H.8 und die Regierung versucht, durch eine expansive Fiskalpolitik die Arbeitslosigkeit zu reduzieren. Zunächst findet eine Bewegung entlang der Phillipskurve von Punkt A nach Punkt B statt. Die Arbeitslosigkeit sinkt auf AL', und gleichzeitig steigt die Inflationsrate von π auf π' an. Infolge der gestiegenen Inflationsrate werden nun die Gewerkschaften höhere Löhne fordern, worauf die Unternehmen mit Entlassungen reagieren werden, bis der Punkt C erreicht wird. Dieser Punkt liegt auf einer neuen, nach rechts verlagerten Phillipskurve. Das Bestreben, mit Hilfe einer expansiven Fiskalpolitik die Arbeitslosigkeit unterhalb ihres »natürlichen« Niveaus zu drücken, führte lediglich kurzfristig zu einer Beschäftigungserhöhung (»Strohfeuereffekt«), langfristig aber zu einem höheren Preisniveau bei gleichbleibender Beschäftigung.

»Strohfeuereffekt«

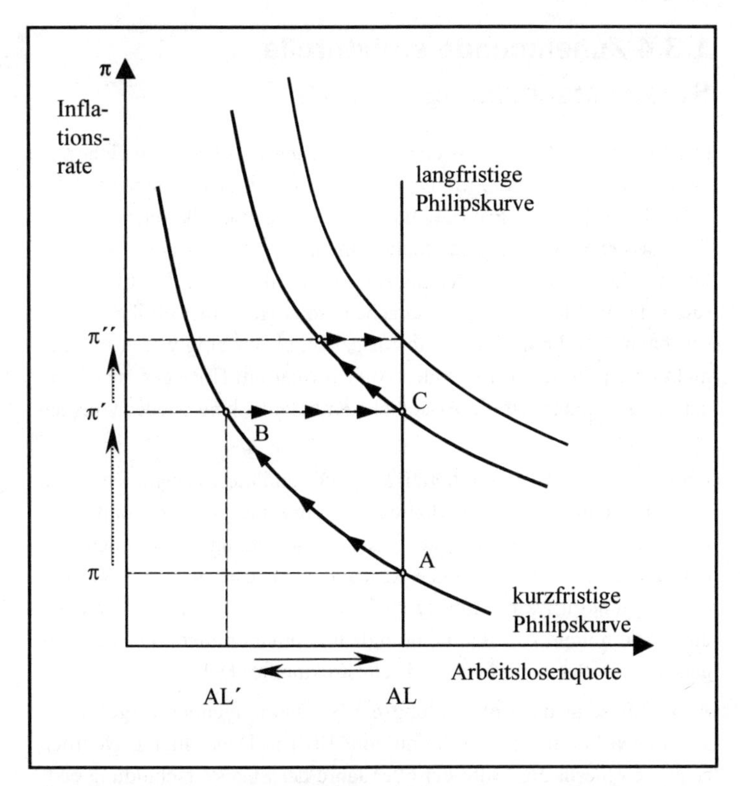

Abb. H.8. Phillipskurve und »Strohfeuereffekt«

Sofern sich die Politiker zur Inflationsbekämpfung mittels einer Reduktion der gesamtwirtschaftlichen Nachfrage, beispielsweise über eine Erhöhung der Einkommensteuer, entschließen, wird die Arbeitslosigkeit noch weiter steigen. Sofern sie zur Bekämpfung der Arbeitslosigkeit die gesamtwirtschaftliche Nachfrage ausdehnen, werden sie die Inflationsgefahr erhöhen.

1.3.4 Zunehmende strukturelle Staatsverschuldung

Der Einsatz des fiskalpolitischen Instrumentariums bedarf in einer parlamentarischen Demokratie der Billigung durch das Parlament. Jahrzehntelange Erfahrungen mit einer aktiven Fiskalpolitik machten deutlich, dass expansiv wirkende Maßnahmenpakete bis vor einigen Jahren leichter durchzusetzen waren als kontraktive, da sie den Politikern (zusätzliche) Wählerstimmen versprachen. So tätigten die Politiker in Krisenzeiten zwar kreditfinanzierte Ausgaben, gleichzeitig waren sie aber nicht bereit, im darauffolgenden Aufschwung mit Hilfe der ansteigenden Steuereinnahmen die zusätzliche Kreditaufnahme wieder vollständig zu tilgen.

Ursachen struktureller Staatsverschuldung

Über die Jahrzehnte kumulierten sich aufgrund dieses asymmetrischen Ausgabe- und Einnahmeverhaltens die Haushaltsdefizite. Statt einer antizyklischen Entwicklung der Staatsaverschuldung ist es in den letzten Jahrzehnten – von wenigen Ausnahmen abgesehen – zu einer über alle Konjunkturzyklen hinweg stufenweisen Erhöhung der Verschuldung gekommen. Aus den ursprünglich konjunkturellen, d.h. vorübergehenden Budgetdefiziten, wurde ein strukturelles Defizit.

Abb. H.9 zeigt die Entwicklung der Staatsschuldenquote (gesamten staatlichen Schulden in Relation zum BIP) in Deutschland. Deutlich zeigt sich hierin die Mitte der 60er Jahre der Staatsverschuldung erstmals zuerkannte Stabilisierungsfunktion. Ein weiterer Einschnitt erfolgte Mitte der 70er Jahre durch eine erneute Rezession, ausgelöst durch die Ölkrise. Die damit verbundene Kreditaufnahme führte dazu, dass sich der Schuldenstand zwischen 1973 und 1977 nahezu verdoppelte. In den 80er Jahren wurde versucht, die Staatsverschuldung zu reduzieren. Die damit verbundene Verlangsamung des Anstiegs der Staatsverschuldung seit 1983 wurde allerdings Anfang der 90er Jahre durch die Wiedervereinigung Deutschlands gestoppt.

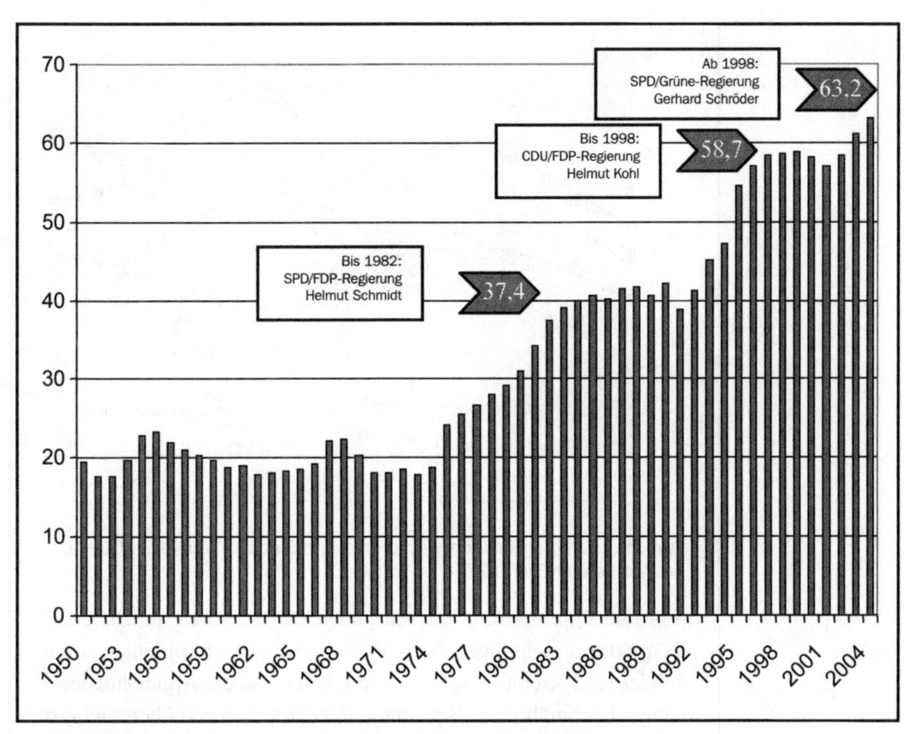

Abb. H.9. Entwicklung der Staatsschuldenquote in Deutschland.
Quelle: BMF

Staatsverschuldung

Abb. H.10 zeigt die Entwicklung der Staatsschuldenquote (die Relation von Staatsschuldung zum BIP) im internationalen Vergleich. In den letzten Jahrzehnten ist diese Quote in den meisten Ländern erheblich angestiegen. Die Gründe hierfür sind vielfältiger Natur. Das Motiv zusätzlicher Einnahmenerzielung (die Fiskalfunktion) dürfte eine zentrale Rolle spielen. Hinzu kommen Gerechtigkeitsaspekte im Rahmen der intergenerativen Lastenverteilung (Verteilungsfunktion) und das eigennutzorientierte Verhalten der Politiker und Bürokraten (polit-ökonomische Funktion).

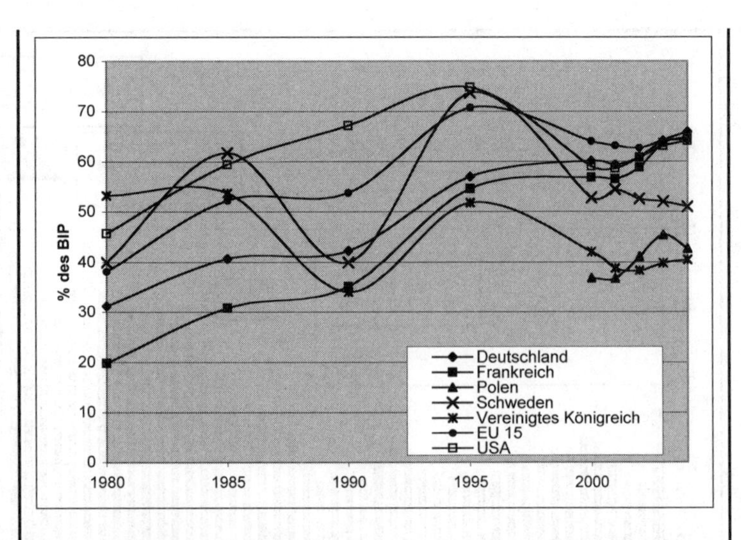

Abb. H.10. Staatsschuldenquote im internationalen Vergleich. Quelle: Monatsbericht BMF 12/04

Erst die Finanzierung von Ausgaben für langfristig nutzbare Infrastruktureinrichtungen (u.a. Verkehrswege und Bildungseinrichtungen) mit Krediten statt Steuern erlaubt – so die Argumentation – eine gleichmäßigere Belastung der Steuerzahler über mehrere Perioden hinweg, bzw. eine gerechtere Lastenverteilung zwischen den Generationen. In diesem Fall könnte nämlich der Schuldendienst (Zins- und Tilgungszahlungen) dann analog der zeitlichen Nutzenverteilung, von den Nutznießern durch Steuern oder Gebühren aufgebracht werden.

Pay-as-you-use-Prinzip

Eine derartige intertemporale Äquivalenz (zeitliche Übereinstimmung) zwischen Nutzen- und Kostenverteilung – bekannt als das sog. pay-as-you-use-Prinzip – ist jedoch kritisch zu beurteilen. Zum einen ist zu bedenken, dass die zukünftigen Nutzer an der Entscheidung selbst nicht beteiligt sind und möglicherweise ungewollt die einmal erstellte Infrastruktur nutzen und finanzieren müssen. Zum anderen ist ein Abwägen zwischen den Finanzierungsalternativen implizit auch ein Urteil darüber, wie die Wohlfahrt kommender Generationen im Verhältnis zu jetzigen Generationen bewertet wird. Dabei ist in Betracht zu ziehen, dass die fiskalische Belastung zukünftiger Generationen vor allem durch die demographische Entwicklung ohnedies stark steigen wird.

Unter polit-ökonomischen Gesichtspunkten ist die Kreditfinanzierung von öffentlichen Ausgaben aus Sicht der staatlichen Entscheidungsträger, Politiker und Bürokraten, rational und nutzenmaximierend. Im Gegensatz zu den Alternativen der Steuerfinanzierung und Ausgabenkürzung ruft sie aufgrund ihrer geringeren Merklichkeit und Spürbarkeit in der Regel weniger Widerstände bei betroffenen Gruppen hervor.

Schuldenillusion

Da die Steuerzahler zudem die sich aus der Verzinsung ergebenden zukünftigen Belastungen durch die Verschuldung meist nicht erkennen und somit einer Schuldenillusion unterliegen, ergeben sich zusätzliche Ausgabenspielräume für die Politiker und Bürokraten, vergleichbar mit denen bei Steuerfinanzierung.

Des Weiteren lässt sich die Verschuldung von den Entscheidungsträgern zur Konfliktminderung in Koalitionsregierungen einsetzen. Dabei zeigen empirische Untersuchungen, dass die Verschuldungsneigung umso höher ist, je häufiger es zu Koalitionsregierungen kommt, je größer die Parteien-Polarisierung innerhalb einer Koalition ist, je größer die Anzahl der Koalitionspartner ist und je wahrscheinlicher die Abwahl der amtierenden Regierung ist.

Probleme struktureller Verschuldung

Eine zunehmende strukturelle Verschuldung ist jedoch in vielerlei Hinsicht problematisch. Mit jeder Nettokreditaufnahme kann sich der Staat kurzfristig zwar einen zusätzlichen Ausgabenspielraum verschaffen. Längerfristig vermindert sich jedoch aufgrund der beständigen Erhöhung der Zinsausgaben der haushalts- und konjunkturpolitische Handlungsspielraum. Je länger die Verantwortlichen mit dem Abbau der Verschuldung warten, um so höher müssen die zur Finanzierung des Zinsendienstes letztlich doch notwendigen Steuererhöhungen oder Einsparungen öffentlicher Ausgaben an anderer Stelle ausfallen. Steuererhöhungen wirken aber tendenziell ebenso wachstumshemmend wie Einsparungen bei produktiven öffentlichen Investitionen. Zudem dürfte sich eine zu hohe Staatsverschuldung negativ auf den Außenwert der heimischen Währung auswirken und Inflationsgefahren auslösen.

Zins-Ausgaben-Quote

Abb. H.11 zeigt die Entwicklung wichtiger Maßzahlen zur Staatsverschuldung. Die Zins-Ausgaben-Quote bestimmt sich aus dem Verhältnis von Zinsausgaben und staatlichen Gesamtausgaben. Sie zeigt an, welcher Anteil der Staatsausgaben für den Schuldendienst gebunden ist. Die Zins-Steuer-Quote, das Verhältnis von Zinsausgaben und Steuereinnahmen, bringt zum Ausdruck, wie hoch der Anteil an den Steuereinnahmen ist, der zur Begleichung des Zinsendienstes verwendet werden muss. Beide Maßzahlen geben somit den jeweiligen Spielraum an, der für die Finanzierung anderer Aufgaben verbleibt.

Zins-Steuer-Quote

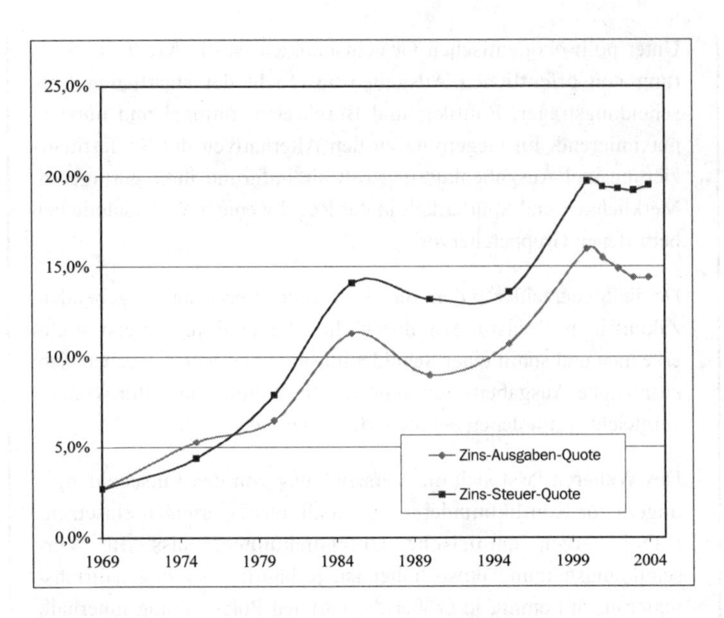

Abb. H.11. Indikatoren der Staatsverschuldung (1970-2004).
Quelle: BMF, Monatsbericht April 2005

Zur Vermeidung weiterer Wachstumseinbußen bzw. zur Stärkung der Wachstumskräfte fordern deswegen vor allem die Vertreter angebotsorientierter Wirtschaftspolitik ein Abbau der Haushaltsdefizite bzw. der Schuldenquote.

Zwar sehen sie durchaus die Möglichkeit, dass eine restriktive Haushaltspolitik über die verminderte gesamtwirtschaftliche Nachfrage kurzfristig die Wachstumsaussichten reduzieren kann. Langfristig stellen sich jedoch ihrer Ansicht nach eher zusätzliche expansive Effekte ein. Zudem werden die Finanzmärkte eine glaubhafte Politik der Haushaltskonsolidierung mit geringeren Risikoprämien belohnen. Das niedrigere Zinsniveau wird dann zusätzliche Investitionen auslösen oder die Steuerzahler werden im Vertrauen auf geringere zukünftige Steuern mehr konsumieren.

1.3.5 Unzureichende Koordination

Dilemmasituation bei unzureichender Koordination

Beim Ergebnis erfolgreicher Stabilisierungspolitik handelt es sich um ein öffentliches Gut. Vom Nutzen einer derartigen Politik kann niemand ausgeschlossen werden und es besteht keine Rivalität bei der Nutzung (siehe Kap. »Der Staat in der Wirtschaft«). In föderativen Staaten oder in regionalen Wirtschaftsräumen, wie der Europäischen Union, besteht daher die Gefahr, dass die einzelnen Träger der Fiskalpolitik (Zentralregierung, Länder und Gemeinden) in Erwartung aktiver Stabilisierungspolitik anderer, selbst keine Maßnahmen ergreifen und eine sog. Free-rider-Haltung einnehmen. Die Konsequenz einer derartigen Dilemmasituation könnte sein, dass notwendige stabilitätskonforme Maßnahmen überhaupt nicht durchgeführt werden.

Insbesondere für die unteren Ebenen ist die Einnahme einer derartigen Position anzunehmen, da sich eigene Anstrengungen im Rahmen einer antizyklischen Budgetpolitik wegen der räumlichen Spillover-Effekte kaum auf das eigene Gebiet eingrenzen lassen und sie umgekehrt an den bundesweiten stabilitätskonformen Aktivitäten übergeordneter Körperschaften partizipieren.

Aber nicht allein das »Free-rider-Problem« macht eine Abstimmung des Haushaltsverhaltens zwischen den einzelnen Entscheidungsebenen erforderlich. Auch aufgrund des großen Volumens der Haushalte untergeordneter Gebietskörperschaftsebenen ist eine Koordination und Kooperation zwischen den verschiedenen fiskalpolitischen Akteuren zwingend erforderlich. In Deutschland werden z.B. über 65 % der Ausgaben für Sachinvestitionen auf kommunaler Ebene getätigt, während auf den Bund kaum mehr als 15 % und die Länder gerade rund 20 % entfallen. Damit haben die Gemeinden Entscheidungskompetenz über eines der wichtigsten, weil unmittelbar nachfragewirksamen konjunkturpolitischen Instrumente, das zudem noch die Entwicklung des Produktionspotentials – also auch die Angebotsseite – determiniert. Eine wirksame Konjunktursteuerung ist daher nicht möglich, solange es nicht gelingt, die Investitionstätigkeit von Bund, Länder und Gemeinden aufeinander abzustimmen.

Des Weiteren leidet die Wirksamkeit fiskalpolitischer Maßnahmen in offenen Volkswirtschaften, falls es nicht zu einer Abstimmung zwischen den wichtigsten Handelspartnern kommt. Zum einen machen es Sickerungsverluste im Multiplikatorprozess für ein Land schwieriger, Stabilisierungspolitik zu betreiben. Zum anderen kann die heimische Politik von internationalen Konjunkturübertragungen überlagert sein.

Sicherungsverluste im Multiplikatorenprozess

Von Sickerungsverlusten ist die Rede, wenn eine gleich große Erhöhung der Staatsausgaben das BIP und die Beschäftigung in einer offenen Volkswirtschaft aufgrund der höheren Importquote weniger stark ansteigen lassen als in einer relativ geschlossenen Volkswirtschaft. Umgekehrt gilt, dass das Ausland um so mehr von der expansiven Fiskalpolitik eines Landes profitiert oder durch eine kontraktive Fiskalpolitik belastet wird, je höher die Importquote des expandierenden bzw. kontraktierenden Landes ist. Wie hoch diese Sickerungsverluste sind bzw. wie wirksam letztlich fiskalpolitische Maßnahmen sind, hängt unter anderem von der Größe der Volkswirtschaft, dem Grad der Kapitalmobilität und vom jeweiligen Wechselkurssystem ab.

Internationale Konjunkturübertragung

Ein Konträreffekt bei einer internationalen Konjunkturübertragung liegt z.B. vor, wenn konjunkturbelebende fiskalpolitische Maßnahmen (Rückführung des Haushaltsdefizits) in den USA zu einer konjunkturellen Abschwächung beim Handelspartner Euroland führen.

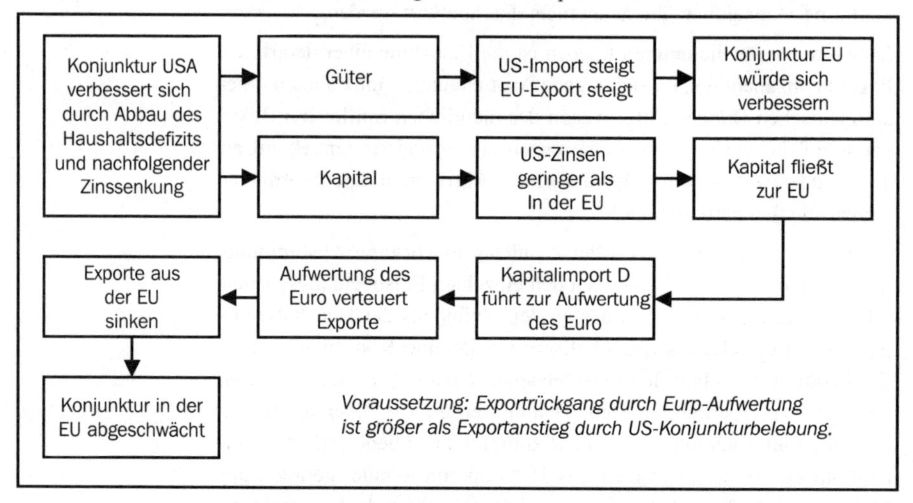

Abb. H.12. Konträreffekte der Konjunkturübertragung.
Quelle: Hohenemser, P. (1995), S. 208

Abb. H.13 macht deutlich, wie sich in einer offenen Volkswirtschaft die Entwicklung der Weltkonjunktur auf die wirtschaftliche Entwicklung eines Landes auswirken kann. Erkennbar ist hier eine ziemlich parallele Entwicklung des realen BIP in Deutschland zur Entwicklung in den wichtigsten Industrieländern (OECD-Ländern). Die unterschiedliche Entwicklung in den Jahren 1990 bis 1993 liegt im Wesentlichen im Wiedervereinigungsprozess begründet.

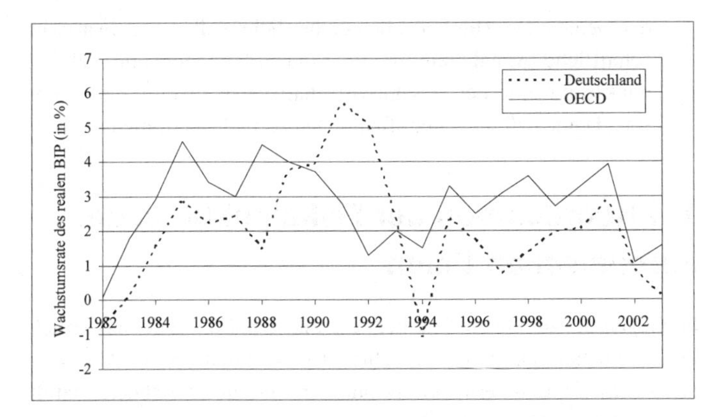

Abb. H.13. Der Einfluss der Weltkonjunktur auf die deutsche Konjunktur. Quelle: OECD, Economic Outlook, 12/2002

Kooperativer Förderalismus

In Deutschland wurde zwecks Koordination der Fiskalpolitik das Konzept des kooperativen Föderalismus geschaffen. Zwar gewährt der durch das Grundgesetz garantierte föderative Aufbau Deutschlands den Ländern bei ihrer Haushaltswirtschaft Selbständigkeit und Unabhängigkeit vom Bund (Art. 109 Abs. 1 und 2 GG). In Abs. 3 desselben GG-Artikels werden diese jedoch eingeschränkt, indem von Bund und Ländern gefordert wird, gemeinsam bei ihrer Haushaltswirtschaft den Erfordernissen des gesamtwirtschaftlichen Gleichgewichts Rechnung zu tragen. Auch das StabWG sieht vor, dass im Falle einer Gefährdung des gesamtwirtschaftlichen Gleichgewichts die Bundesregierung Orientierungsdaten für ein gleichzeitig aufeinander abgestimmtes Verhalten (Konzertierte Aktion) der Gebietskörperschaften, Gewerkschaften und Unternehmensverbände zur Verfügung stellt.

Zu den weiteren Informations- und Koordinationsinstrumenten gehören der Konjunkturrat und der Finanzplanungsrat.

Konjunkturrat

- Der Konjunkturrat besteht aus den Ministern für Wirtschaft und für Finanzen, je einem Vertreter eines jeden Landes und vier Vertretern der Gemeinden. Er berät über alle für die Erreichung der Ziele des Stabilitätsgesetzes erforderlichen konjunkturpolitischen Maßnahmen sowie die Möglichkeiten, den Kreditbedarf der öffentlichen Haushalte zu decken.

Finanzplanungsrat

- Dem Finanzplanungsrat gehören ebenfalls die Bundesminister der Finanzen und der Wirtschaft an, sowie die Landesfinanzminister, Vertreter der Gemeinden und Vertreter der Deutschen Bundesbank. Als seine wichtigste Aufgabe gibt der Finanzplanungsrat Empfehlungen für eine Koordinierung der gesetzlich vorgeschriebenen fünfjährigen Finanzplanungen des Bundes, der Länder und der Gemeinden. Hierbei sollen einheitliche volks- und finanzwirtschaftliche Annahmen für die Finanzplanungen und Schwerpunkte für eine den gesamtwirtschaftlichen Erfordernissen entsprechende Erfüllung der öffentlichen Aufgaben ermittelt werden.

1.4 Koordination der Fiskalpolitik in der Europäischen Union

Stabilitäts- und Wachstumspakt

Im Gegensatz zur Geldpolitik liegt die Finanzpolitik in der ausschließlichen Zuständigkeit der einzelnen EU-Mitgliedstaaten. Allerdings beinhalten das EG-Vertragswerk und der 1997 unterzeichnete Stabilitäts- und Wachstumspakt einen gemeinsamen finanzpolitischen Verhaltenskodex und einer Reihe von Koordinationsmaßnahmen, die in allen Ländern die Haushaltsdisziplin dauerhaft gewährleisten sollen. Bereits der Vertrag von Maastricht hat vor der Einführung des Euro in Teilbereichen den Aufbau einer gemeinsamen Stabilitätskultur gefördert, indem die potenziellen Mitgliedstaaten der geplanten Wirtschafts- und Währungsunion (WWU) aufgefordert waren, auch bestimmte fiskalische Konvergenzkriterien zu erreichen.

Gleichgerichtete Haushaltsdisziplin

Eine gleichgerichtete Haushaltsdisziplin sollte sicherstellen, dass erhöhte Schuldenquoten die Wirtschaftsperspektiven nicht dauerhaft überschatten und in Verbindung mit großen Haushaltsdefiziten den Handlungsspielraum der Finanzpolitik als Stabilisierungsinstrument nicht begrenzen. Zum anderen sollte damit verhindert werden, dass fehlgerichtete finanzpolitische Entscheidungen einzelner Mitgliedstaaten der WWU sich nicht auf benachbarte Volkswirtschaften auswirken (negative Externalitäten).

Zwar könnten auch die Marktkräfte eine effektive Abschreckung gegen eine fehlgeleitete Fiskalpolitik bewirken, indem auf den Finanzmärkten mittels landesspezifischer Risikoprämien eine übermäßige Verschuldung bestraft würde. Jedoch zeigen die Erfahrungen, dass diese von den Finanzmärkten ausgehende Disziplinierungsfunktion nicht ausreicht, um Regierungen zu veranlassen, die langfristigen haushaltspolitischen Restriktionen zu berücksichtigen.

Vermeidung übermäßiger öffentlicher Defizite

Als Ausgangspunkte aller fiskalpolitischen Vorgaben der EU für die Mitgliedstaaten ist zum einen die im EG-Vertrag festgeschriebene Grundregel der Haushaltspolitik, die Vermeidung übermäßiger öffentlicher Defizite durch die Mitgliedstaaten (Art. 104), zu sehen. Zum anderen ist es die Erschließung des Europäischen Rates über den Stabilitäts- und Wachstumspakt, wonach die Mitgliedstaaten verpflichtet sind, das mittelfristige Ziel eines annähernd ausgeglichenen (»close to balance«) oder gar eines positiven Haushaltssaldos anzustreben.

Drei-Prozent-Defizitlinie

Als Referenzwert für die EU-Ratsentscheidung darüber, ob ein übermäßiges öffentliches Defizit vorliegt oder nicht, wurde – neben der Begrenzung der Schuldenquote auf 60 % – das sog. Drei-Prozent-Defizitkriterium festgelegt. Demnach liegt ein übermäßiges Defizit vor, wenn die jährliche Nettokreditaufnahme mehr als 3 % des BIP entspricht. Allerdings ist bei der Entscheidung über das Vorliegen eines übermäßigen Defizits noch eine Reihe von Ausnahmeregelungen und andere Besonderheiten zu berücksichtigen.

Ausnahmeregelungen

Als bedeutsame Ausnahmeregelungen gelten beispielsweise »außergewöhnliche Ereignisse«, die sich der Kontrolle des betreffenden Mitgliedstaats entziehen und einen erheblichen Einfluss auf die Finanzlage der öffentlichen Haushalte haben (z.B. Naturkatastrophen) sowie schwere Rezessionen.

Als Besonderheit ist beispielsweise im Einzelfall zu klären, ob die Überschreitung der Drei-Prozent-Defizitgrenze durch eine unsolide Politik (z. B. der mangelnde Ausgabendisziplin) oder notwenige wachstumsfördernde Reformmaßnahmen (z. B. Steuerreformen oder Strukturreformen in den Sozialsystemen) verursacht wurde. Auf jeden Fall sind bei der Einschätzung der Zielverfehlung jene »Finanzbeiträge« besonders zu beachten, die »zur Förderung der internationalen Solidarität (z.B. Entwicklungshilfe) oder »zur Erreichung europäischer Politikziele« eingesetzt wurden. Letzteres kann beispielsweise auch die Sonderlasten der deutschen Wiedervereinigung einschließen oder die hohen Nettotransfers Deutschlands an den EU-Haushalt.

Für den Fall des Vorliegens eines übermäßigen Defizits sind genau definierte Verfahren zur Vermeidung übermäßiger Haushaltsdefizite installiert, die von (veröffentlichten) Empfehlungen und der Überprüfung der eingeleiteten Maßnahmen in den betroffenen Mitgliedstaaten durch den Ministerrat bis hin zu finanziellen Sanktionen reichen (Art. 104c EG-Vertrag).

Frühwarnsystem

Um Abweichungen vom 3 %-Defizitkriterum möglichst frühzeitig zu erkennen, wurde ein »Frühwarnsystem« geschaffen. Hierzu erarbeitet jedes Land standardisierte jährliche Stabilitäts- bzw. Konvergenzprogramme über seine mittelfristige Haushaltsplanung. Die Haushaltsentwicklung wird laufend beobachtet; bei Abweichungen von den mittelfristigen Zielen kann der EU-Ministerrat Empfehlungen für Korrekturmaßnahmen aussprechen, die allerdings nicht bindend sind.

Verbot der Kreditaufnahme bei der EZB

Die konkreten Beschränkungen der Kreditfinanzierung bestehen in einem Verbot der Kreditaufnahme bei der EZB oder den nationalen Zentralbanken für Einrichtungen der öffentlichen Hand. Ebenso ist es der EZB und den nationalen Zentralbanken untersagt, Schuldtitel von diesen Einrichtungen unmittelbar zu erwerben. Darüber hinaus legt der EG-Vertrag fest, dass die Gemeinschaft oder ein Mitgliedstaat nicht für die Verbindlichkeiten der öffentlichen Haushalte eines anderen Mitgliedstaats eintreten dürfen (sog. »no-bail-out-Klausel«).

»no-bail-out-Klausel«

Seit der Stabilitäts- und Wachstumspakt eingeführt wurde, steht dieser in der Kritik. Von Beginn an strittig war seine Glaubwürdigkeit, d.h. ob die Sanktionen politisch wirklich durchsetzbar sind oder ob hier allein auf die Wirksamkeit der Abschreckung gesetzt wird. Die Zweifel basierten unter anderen darauf, dass die Entscheidung, ob ein übermäßiges Defizit vorliegt, jeweils vom Ministerrat auf Empfehlung der Kommission nach »Prüfung der Gesamtlage« mit qualifizierter Mehrheit (Dreiviertelmehrheit) zu treffen ist. Nach den Erfahrungen der letzten Jahre ist wahr geworden, was Kritiker zum Verfahren selbst sagten. Ihnen zufolge ist das Verfahren einem Club potentieller Sünder überlassen worden, die sich selbst die Absolution erteilen können.

1.5 Wiederholungsfragen

- ❍ 1. Worin unterscheiden sich eine angebots- und nachfrageorientierte Fiskalpolitik? Lösung S. 259 f.
- ❍ 2. Was versteht man unter dem Staatsausgabenmultiplikator und dem Haavelmo-Theorem? Lösung S. 263 f.
- ❍ 3. Welche Wirkungen gehen möglicherweise von einer Senkung direkter Steuern auf den Konsum und die Investitionen aus? Lösung S. 268/269
- ❍ 4. Mit welchen zeitlichen Verzögerungen ist bei der Umsetzung einer antizyklischen Fiskalpolitik zu rechnen und welche Maßnahmen zu deren Verkürzung sind denkbar? Lösung S. 270 f.
- ❍ 5. Was sind automatische Stabilisatoren und wie funktionieren sie? Lösung S. 272 f.
- ❍ 6. Was versteht man unter einem zinsbedingten Crowding-Out-Effekt und welche Bedeutung kommt ihm im Rahmen des Ricardo-Äquivalenztheorems zu? Lösung S. 275/277
- ❍ 7. Warum verläuft die langfristige Phillipskurve senkrecht? Lösung S. 278
- ❍ 8. Was sind die Gründe für die strukturelle Staatsverschuldung und welche Gefahren gehen von einem strukturellen Defizit aus? Lösung S. 280
- ❍ 9. Was ist unter dem »pay-as-you-use-Prinzip« zu verstehen? Lösung S. 282
- ❍ 10. Was besagt die Zins-Steuer-Quote? Lösung S. 284
- ❍ 11. An welchen Problemen leidet die Wirksamkeit fiskalpolitischer Maßnahmen in einer offenen Volkswirtschaft? Lösung S. 286
- ❍ 12. Was spricht für die Notwendigkeit des europäischen Stabilitäts- und Wachstumspakts? Lösung S. 288
- ❍ 13. Unter welchen Voraussetzungen findet das sog. Drei-Prozent-Kriterium keine Anwendung? Lösung S. 289

2. Geldpolitik

Lernziele dieses Abschnitts

Die Studierenden sollen nach der Lektüre dieses Kapitels

- Träger, Ziele und Strategien der europäischen Geldpolitik kennen und erklären können.
- verstehen, was Geldschöpfung ist und mit welchen Größen dieser Prozess gesteuert werden kann.
- geldpolitische Strategien zur Erreichung der Preisniveaustabilität und deren Einflussgrößen beschreiben können.
- Instrumente der Geldpolitik, deren Wirkungsweisen und deren Möglichkeiten zur Beeinflussung der Konjunktur beschreiben und beurteilen können.
- die geldpolitischen Strategien aus keynesianischer und neoklassisch-monetaristischer Sicht unterscheiden können.

Geldpolitik umfasst die Gesamtheit jener Maßnahmen, die auf eine optimale Geldversorgung der Volkswirtschaft, die Sicherung der Geldwertstabilität nach innen und außen sowie auf eine Beeinflussung der wirtschaftlichen Entwicklung einer Volkswirtschaft zielen. Während die Fiskalpolitik weitgehend in den Händen der jeweiligen Nationalstaaten liegt, wird die Geldpolitik der Mitgliedstaaten der Europäischen Wirtschafts- und Währungsunion (EWWU) ausschließlich auf europäischer Ebene betrieben.

2.1 Die Europäische Zentralbank

Europäisches System der Zentralbanken

Träger der Geldpolitik für die Mitgliedstaaten der EWWU ist die Europäische Zentralbank (EZB) mit Sitz in Frankfurt/Main. Sie ist in das sog. Eurosystem eingebunden, welches auch als Europäisches System der Zentralbanken (ESZB) bekannt ist. Neben der EZB sind in diesem System die nationalen Notenbanken der an der EWWU beteiligten EU-Länder vertreten. Das Entscheidungsgremium der EZB ist der EZB-Rat. Er besteht aus den sechs Mitgliedern des Direktoriums der EZB und den derzeit zwölf Notenbank-Präsidenten der an der Währungsunion teilnehmenden EU-Notenbanken.

Unabhängigkeit

Nach Art. 108 EGV genießt die EZB eine einzigartige Unabhängigkeit gegenüber den Regierungen der an der EWWU beteiligten Länder. Zusammen mit der gesetzlichen Verpflichtung zur Preisstabilität soll dies die Glaubwürdigkeit der Geldpolitik sicherstellen. Erst bei entsprechender Glaubwürdigkeit kann die EZB gegebenenfalls auch konjunkturpolitische Maßnahmen durchführen ohne Inflationserwartungen auszulösen. Art. 108 EGV lautet:

Glaubwürdigkeit

»Bei der Wahrnehmung der ihnen durch diesen Vertrag und die Satzung der ESZB übertragenen Befugnisse, Aufgaben und Pflichten darf weder die EZB noch eine nationale Zentralbank noch ein Mitglied ihrer Beschlussorgane Weisungen von Organen oder Einrichtungen der Gemeinschaft, Regierungen der Mitgliedstaaten oder anderen Stellen einholen oder entgegennehmen. Die Organe und Einrichtungen der Gemeinschaft sowie die Regierungen der Mitgliedstaaten verpflichten sich, diesen Grundsatz zu beachten und nicht zu versuchen, die Mitglieder der Beschlussorgane der EZB oder der nationalen Zentralbanken bei der Wahrnehmung ihrer Aufgaben zu beeinflussen«.

institutionelle …

Die Unabhängigkeit der Zentralbank von Weisungen einer Regierung bezeichnet man auch als institutionelle Unabhängigkeit. Damit die Entscheidungsorgane nicht mit politischen Gefolgsleuten besetzt werden, bedarf es zudem besonderer Vorschriften hinsichtlich Ernennung, Entlassung und Amtszeiten der Mitglieder dieses Organs. Die für die EZB-Direktionsmitglieder vorgegebene achtjährige Amtszeit ohne die Möglichkeit einer Wiederernennung wird als ein Zeichen der personellen Unabhängigkeit der EZB gewertet.

personelle …

funktionelle und

Die funktionelle Unabhängigkeit der EZB kommt darin zum Ausdruck, dass sie zum einen selbst festlegen kann, wie sie die ihr vorgegebenen Ziele erreichen will. Zum anderen, dass sie nicht dazu verpflichtet wird, Maßnahmen durchführen zu müssen, welche die Zielerreichung gefährden könnten. So ist z.B. in der EWWU die Kreditvergabe der EZB an öffentliche Institutionen sowie der unmittelbare Erwerb von öffentlichen Schuldtiteln durch die EZB völlig verboten. Die finanzielle Unabhängigkeit der EZB ist ebenfalls gegeben, da sie über eigene Einnahmen und einen eigenen Haushalt verfügt.

finanzielle Unabhängigkeit

2.2 Ziele der europäischen Geldpolitik

Das zentrale Ziel der europäischen Geldpolitik ist in Art. 105 (1) EGV formuliert. Darin heißt es:

Vorrangiges Ziel: »Preisstabilität«

»Das vorrangige Ziel der ESZB ist es, die Preisstabilität zu gewährleisten. Soweit dies ohne Beeinträchtigung des Zieles der Preisstabilität möglich ist, unterstützt die ESZB die allgemeine Wirtschaftspolitik in der Gemeinschaft, ...«.

Mit dieser Zielformulierung – vorrangig Preisstabilität zu gewährleisten – sind alle anderen wirtschaftspolitischen Ziele in Europa für die Geldpolitik klar untergeordnete Ziele, die nur bei Sicherung des Primärziels Preisstabilität verfolgt werden dürfen.

Diese Zielformulierung entspricht dem gegenwärtig vorherrschenden Theorie- und Politikverständnis. Demnach hat eine Zentralbank in erster Linie für Preisniveaustabilität auf mittlere und lange Sicht zu sorgen. Ein Einsatz der Geldpolitik im Rahmen einer aktiven Konjunkturpolitik wird dagegen grundsätzlich sehr skeptisch gesehen. Dass diese Sichtweise nicht zwingend ist, zeigt das Beispiel USA. Hier stehen im Zielkatalog der amerikanischen Notenbank die Ziele Preisniveaustabilität, Vollbeschäftigung und moderate langfristige Zinsen gleichberechtigt neben einander.

Indikator für Preisstabilität

Als Indikator für Preisstabilität bedient sich die EZB eines harmonisierten Verbraucherpreisindex (HVPI), der vom Statistischen Amt der EU, Eurostat, ermittelt wird. Nach einer Bestimmung des EZB-Rats liegt Preisstabilität in Euroland vor, wenn der Anstieg des Index gegenüber dem Vorjahr unter 2 % liegt.

Weitere Aufgaben der EZB sind Devisengeschäfte durchzuführen, die offiziellen Währungsreserven der Mitgliedstaaten zu halten und das reibungslose Funktionieren des Zahlungsverkehrs innerhalb der Gemeinschaft zu fördern. Darüber hinaus hat die EZB in Geldfragen in anderen EU-Institutionen eine beratende Funktion.

2.3 Strategie der europäischen Geldpolitik

Alternative Strategieansätze

Die konkrete Ausgestaltung der Geldpolitik erfordert eine geldpolitische Strategie. Sie bestimmt, wie die geldpolitischen Instrumente eingesetzt werden sollen, um das vorgegebene Ziel zu erreichen. Grundsätzlich gibt es zwei- und einstufige Strategieansätze.

Zweistufige Strategieansätze stützen sich auf geldpolitische Zwischenziele zur Erreichung des Oberziels der Preisniveaustabilität. Voraussetzung ist hierbei, dass ein voraussehbarer und hinreichend stabiler Zusammenhang zwischen Zwischenzielvariable (z.B. Geldmenge) und Oberziel besteht und dass die Zwischenzielvariable durch den Einsatz geldpolitischer Instrumente hinreichend kontrollierbar ist.

Einstufige Strategien verzichten auf die Einbeziehung von geldpolitischen Zwischenzielen und richten den Instrumenteneinsatz ausschließlich an der erwarteten Inflationsrate oder einem numerischen Zielwert (dem Inflationsziel) aus. Dieser Zielwert wird auf der Grundlage einer Vielzahl makroökonomischer Indikatoren prognostiziert.

Die EZB legte sich nach ihrer Gründung bezüglich ihres Vorgehens zur Erreichung des Stabilitätsziels auf zwei Kernpunkte fest:

- Eine quantitative Definition der Preisstabilität sowie
- Eine sog. Zwei-Säulen-Strategie

Die Veröffentlichung einer quantitativen Definition der Preisstabilität begründete die EZB mit einer klaren »Orientierungshilfe für die Erwartungen bezüglich der künftigen Preisentwicklung« und einer klaren »Vorgabe für die Beurteilung des Erfolges der einheitlichen Geldpolitik.«

Zwei-Säulen-Strategie

Abb. H.14 verdeutlicht die sog. Zwei-Säulen-Strategie der EZB, auf die sich die Beurteilung der Risiken für die zukünftige Preisstabilität stützt. Die erste Säule weist der Geldmenge als Zwischenzielgröße eine herausragende Rolle zu. Sie kommt u.a. darin zum Ausdruck, dass die EZB regelmäßig eine Richtgröße für das jährliche Geldmengenwachstum veröffentlicht, von der sie annimmt, dass sie im Einklang mit der Definition von Preisniveaustabilität steht. Jedoch wird der Referenzwert nicht als ein striktes Zwischenziel behandelt, so dass Verfehlungen auch nicht automatisch zu geldpolitischen Aktionen führen.

Geldmenge als Zwischenzielgröße

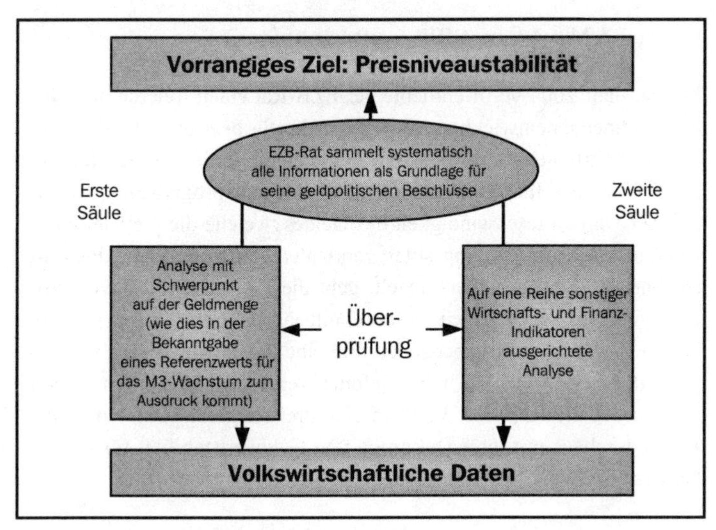

Abb. H.14. Darstellung der geldpolitischen Strategie der EZB. Quelle: EZB – Monatsbericht 11/2000

Die zweite Säule umfasst ein breites Spektrum wirtschaftlicher und finanzieller Variablen. Dabei versucht die EZB mit Hilfe einer Fülle von Einzelindikatoren sich ein umfassendes Bild vom Stand der aktuellen und zukünftigen Preisentwicklung zu verschaffen. Dazu zählen beispielsweise Konjunkturindikatoren, die Lohnentwicklung, Finanz- und Devisenmarktindikatoren (Wechselkurse, Zinsstrukturen), fiskalpolitische Indikatoren (indirekte Steuern, Gebühren) sowie Branchen- und Verbraucherumfragen.

Potenzialorientierte Geldmengenpolitik

Hinter dem geldmengenorientierten Ansatz (oder der potenzial-orientierten Geldmengenpolitik) der ersten Säule steht die »quantitätstheoretische« Auffassung, wonach es einen engen Zusammenhang zwischen Geldmengenentwicklung und Preisniveaustabilität gibt. Ein (zu) hohes Geldmengenwachstum führt dieser Ansicht zufolge letztlich nur zu steigenden Inflationsraten.

Quantitätsabgleichung

Zur Bestimmung des Referenzwertes für das inflationsfreie Wachstum der Geldmenge bedient sich die EZB daher der Quantitätsgleichung. Sie besagt, dass die Geldmenge (M) multipliziert mit der Umlaufgeschwindigkeit des Geldes (V) notwendigerweise gleich dem realen BIP multipliziert mit seinem Preisindex (P) ist:

$$M \cdot V = BIP \cdot P$$

In prozentualen Veränderungs- bzw. Wachstumsraten (Δ) ausgedrückt erhält die Quantitätsgleichung die Form:

$$\Delta M + \Delta V = \Delta BIP + \Delta P$$

Für das Jahr 2004 veröffentlichte der EZB-Rat einen Referenzwert für die Geldmengenentwicklung von 4,5 %. Hierfür bezifferte die EZB das durchschnittliche Trendwachstum des realen BIP in den Staaten der EWWU für das Jahr 2004 auf 2,0 % (Wachstumsprognose). Hinsichtlich der Umlaufgeschwindigkeit des Geldes, welche die Geldhaltungsgewohnheiten und Zahlungssitten von Unternehmen, privaten Haushalten und des Staates widerspiegelt, geht die EZB generell davon aus, dass diese im langfristigen Durchschnitt jährlich um 0,5 bis 1 % abnimmt. Um dies zu kompensieren und eine Geldknappheit zu vermeiden, muss ein Zuschlag beim Geldmengenwachstum vorgenommen werden. Da die EZB des Weiteren eine Preissteigerungsrate von 1 bis 1,5 % durchaus mit ihrer Definition von Geldwertstabilität für vereinbar ansieht, ergibt sich daraus der obige Referenzwert.

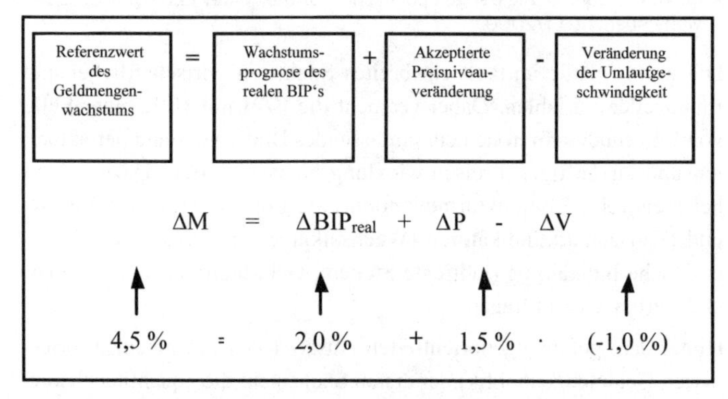

Abb. H.15. Referenzwert des Geldmengenwachstums (2004).
Quelle: Europäische Zentralbank, Jahresbericht

2.4 Geldentstehung und Geldvernichtung

Die EZB kann in der Praxis die Geldmenge, die in den volkswirtschaftlichen Kreislauf gelangt und diesen wieder verlässt, auf verschiedene Weise steuern. Für die Geldmenge existieren verschiedene Abgrenzungen. Die Geldmenge M1 setzt sich aus dem Bargeldumlauf und den Sichteinlagen der Nichtbanken bei den Geschäftsbanken zusammen.

Um nun zu verstehen, ist es zweckmäßig, zunächst einmal zwischen den Akteuren auf den monetären Märkten und den monetären Transaktionen sowie zwischen dem Geld, das die Zentralbank schafft und jenem, das die Geschäftsbanken schaffen, zu unterscheiden.

Zu den Akteuren auf den monetären Märkten zählen die Notenbank, die Geschäftsbanken und die Nichtbanken (private und öffentliche Haushalte sowie Unternehmen). Auf dem Geldmarkt finden die Transaktionen zwischen der Notenbank und den Geschäftsbanken statt. Nur Transaktionen auf diesem Markt können zu einer Veränderung des Bestandes an Zentralbankgeld führen. Da die Zentralbank die Geldmenge in den Händen der Nichtbanken nicht direkt steuern kann, versucht sie indirekt über die Geschäftsbanken Einfluss zu nehmen. Die Transaktionen zwischen den Geschäftsbanken und den Nichtbanken finden auf dem Kapitalmarkt statt. Nur in seltenen Fällen handelt die Notenbank direkt am Kapitalmarkt. Die Geschäftsbanken untereinander operieren auf dem sog. Interbanken-Geldmarkt.

Geldmarkt

Kapitalmarkt

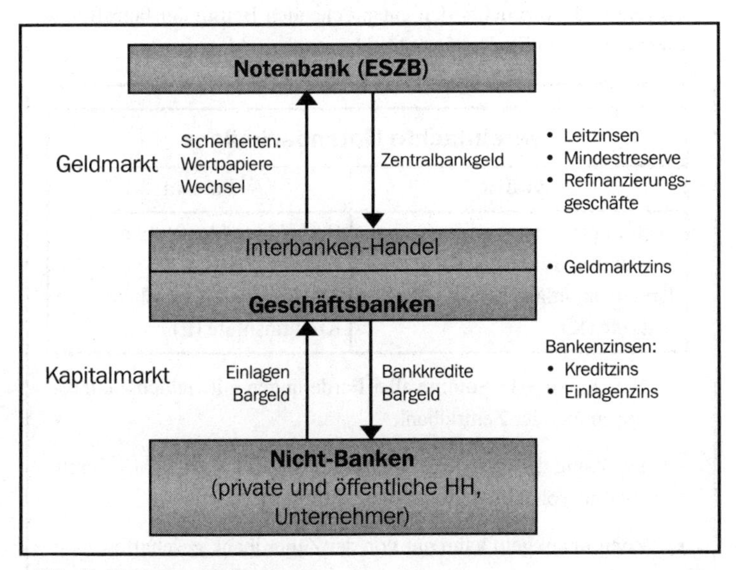

Abb. H.16. Der monetäre Sektor

Nur wenn die Geschäftsbanken mit der Zentralbank Geschäfte tätigen, entsteht Zentralbankgeld, jene Größe, die letztlich für die Höhe der gesamten umlaufenden Geldmenge in einer Volkswirtschaft entscheidend ist. Das Zentralbankgeld setzt sich aus Banknoten und den Einlagen (Sichtguthaben) der Kreditinstitute bei der Zentralbank zusammen.

Zentralbankgeld

Was die Banknoten betrifft, hat die EZB die alleinige Kompetenz, deren Ausgabe zu genehmigen (Banknotenmonopol). Die Ausgabe von Münzen ist den Regierungen der EWWU-Mitgliedstaaten vorbehalten. Sie muss jedoch von der EZB genehmigt werden. Die Sichtguthaben der Kreditinstitute bei der Zentralbank bestehen aus freiwilligen Überschussreserven und aus Pflichteinlagen der Kreditinstitute. Die Höhe dieser Pflichteinlagen bestimmt sich aus der eigenen Einlagenstruktur

Banknotenmonopol

Sichtguthaben

der Geschäftsbanken und dem von der EZB vorgegebenen Mindestreservesatz.

Zentralbankgeldschöpfung

Die Geldmengensteuerung der EZB erfolgt nunmehr so, dass die EZB den Geschäftsbanken Zentralbankgeld, das für sie die Basis weiterer Geldschöpfung im Geschäftsbankensektor (sog. Giralgeldschöpfung) ist, in einer bestimmten Menge und zu bestimmten Konditionen zur Verfügung stellt oder entzieht. Grundsätzlich geschieht dies (die Zentralbankgeldschöpfung) durch Kreditgewährung (z.B. im Rahmen von Hauptrefinanzierungsgeschäften der Banken mit der Notenbank) oder durch den An- und Verkauf von Aktiva (ausländische Währung, Wechsel oder Wertpapiere) durch die Notenbank von den Geschäftsbanken. Die Notenbank zahlt in diesem Fall mit selbst geschaffenem Zentralbankgeld und »verbucht« den entsprechenden Betrag der betreffenden Geschäftsbank auf ihrem Notenbankkonto.

Vereinfachte Notenbankbilanz

Aktiva	Passiva
Währungsreserven und sonstige Auslandsaktivitäten (W) Kredite an inländische Kreditinstitute (K)	Bargelddurchlauf (ohne Münzen) (B) Einlage der inländischen Kreditinstitute (E)

- W + K = B + E: Summe aller Forderungen mit Geldcharakter gegenüber der Zentralbank
- Erhöhung der monetären Basis (Zentralbankgeld) erfolgt durch Ankauf von Aktiva durch die Zentralbank
- Zentralbankgeld kann nur von der Zentralbank geschaffen werden
- Aktivgeschäft der Zentralbank ist Anknüpfungspunkt der Refinanzierungsoperationen der Geschäftsbanken

Abb. H.17. Vereinfachte Notenbankbilanz

Zentralbankgeld kann also nur durch Vorgänge neu geschaffen bzw. vernichtet werden, an denen die Zentralbank selbst beteiligt ist. Sofern die Zentralbank zu entsprechenden Käufen oder Verkäufen bzw. Kreditgewährung nicht verpflichtet ist, kann sie auch die absolute Kontrolle über die Zentralbankgeldmenge ausüben.

Das Potenzial zur Geldschöpfung einer Zentralbank ist grundsätzlich unbegrenzt, da diese mit einem Geld bezahlt, das sie selbst schafft.

Allerdings unterliegt die Zentralbankgeldschöpfung indirekten Grenzen, sofern der Umfang der Geldschöpfung nicht mehr mit Preisniveaustabilität vereinbar ist. In diesem Fall verlieren die geldpolitischen Instanzen an Glaubwürdigkeit und es kommt zu Kapitalflucht sowie zu einem Kursverfall der eigenen Währung.

DIE WUNDERSAME GELDVERMEHRUNG

Aktive Giralgeldschöpfung der Geschäftsbanken

Allgemein erfolgt die oben bereits erwähnte aktive Giralgeldschöpfung der Geschäftsbanken, wenn sie Kredite an Nichtbanken gewähren und diese mit Forderungen (z.B. Sichteinlagen) gegen sich selbst bezahlen. Allerdings sind einer einzelnen Geschäftsbank und dem Geschäftsbankensystem insgesamt Grenzen bei der Geldschöpfung gesetzt, da diese im Prozess der Giralgeldschöpfung Zentralbankgeld benötigen, das sie selbst nicht herstellen können.

Grenzen der Giralgeldschöpfung

- Erstens wird jede Geschäftsbank von der Zentralbank verpflichtet, in Abhängigkeit von der Höhe und Struktur ihrer Einlagen eine bestimmte Mindestreserve in Form von Zentralbankgeld bei der Zentralbank zu hinterlegen. Gewährt also eine Geschäftsbank einem Kunden einen Kredit, kann sie dies nur, wenn sie auch ausreichend Zentralbankgeld hat, um die erforderliche Mindestreserve leisten zu können.
- Zweitens muss jede Geschäftsbank damit rechnen, dass Kunden ihre Sichteinlagen ganz oder teilweise bar ausbezahlt haben möch-

ten. Für diesen Fall wird sie wahrscheinlich auch eine freiwillige Barreserve anlegen bzw. zurückhalten. Auch hierfür braucht die Geschäftsbank Geld, das sie selbst nicht schaffen kann.

- Drittens werden die Bankkunden in der Regel einen Teil des ihnen gewährten Kredits in bar abziehen.

Überschussreserven

Der Bestand an freiem Zentralbankgeld (Überschussreserve) auf dem Zentralbankkonto und die Möglichkeit, sich kurzfristig Zentralbankgeld beschaffen zu können (evtl. auch von anderen Geschäftsbanken), begrenzen somit die aktive Giralgeldschöpfung einer *einzelnen* Geschäftsbank. Den Geschäftsbanken sind Grenzen durch die Verpflichtung zur Mindestreservehaltung, dem Verhalten der Nichtbanken hinsichtlich der Bargeldhaltung sowie der Verfügbarkeit von freiem Zentralbankgeld gesetzt.

Die Möglichkeiten zur Giralgeldschöpfung des Geschäftsbankensystems sind somit abhängig vom Umfang der frei verfügbaren Überschussreserven (Zentralbankgeld), der Höhe des Mindestreservesatzes und der Bargeldabflussquote.

Ein Wachstum der Geldmenge kann dann zum Beispiel resultieren aus:

- einer Verringerung der Bargeldhaltung der Nichtbanken,
- einer Verringerung des Mindestreservesatzes durch die Zentralbank und
- einer Erhöhung der Überschussreserven durch die Zentralbank.

Der Giralgeldschöpfungsmultiplikator

Der Giralgeldschöpfungsmultiplikator gibt an, um das wievielfache die Geschäftsbanken aus Zentralbankgeld (Giral-)Geld schöpfen können. Dass dies nicht unbegrenzt möglich ist, liegt zum einen daran, dass die Nichtbanken es gewohnt sind, einen Teil ihrer Zahlungen bar abzuwickeln. Den Anteil der Geldmenge, den die Nichtbanken in Form von Bargeld im Durchschnitt halten, bezeichnet man als Bargeldquote. Zum anderen müssen die Geschäftsbanken einen bestimmten Prozentsatz (Mindestreservesatz) der Einlagen ihrer Kunden als zinslose Reserve auf Girokonten bei der Zentralbank (Mindestreserve) halten.

Für beide Gegebenheiten benötigen die Geschäftsbanken im Zuge der Giralgeldschöpfung also Geld (Zentralbankgeld = Bargeld plus Sichtguthaben der Geschäftsbanken bei der Notenbank), das sie selbst nicht schaffen können. Das Bargeldverhalten der Nichtbanken und die Verpflichtung zur Mindestreserve der Geschäftsbanken sorgen also dafür, dass die Geschäftsbanken nur solange Kredite vergeben können, wie sie noch über freies Zentralbankgeld (Überschussreserve) verfügen oder sich neues Zentralbankgeld beschaffen können.

Beispiel: Ein Kunde zahlt bei einer Geschäftsbank A € 1.000,00 ein. Von dieser Einlage muss die Bank aufgrund der bestehenden Mindestreservepflicht (Mindestreservesatz = 2 %) € 20,00 an die Zentralbank abführen. Mit den verbleibenden € 980,00 gewährt sie ihrem Kunden B einen Kredit, den sie diesem auf sein Konto gutschreibt. Der Kunde B verfügt also nunmehr über zusätzliche Zahlungsmittel (Giralgeld) in Höhe von € 980,00. Von diesem Betrag hebt er € 245,00 bar ab (Bargeldquote = 25 %) und tätigt mit dem Rest von € 735,00 eine Überweisung an die Bank C, um seine Schulden bei einem Handwerker zu begleichen. Die Empfängerbank C geht nun ihrerseits, nachdem sie 2 % des eingegangen Betrags (€ 14,70) an die Zentralbank als Pflichteinlage überwiesen hat, ein neues Kreditgeschäft mit dem Kunden D ein, der über die zusätzlichen Zahlungsmittel (Giralgeld = € 720,30) wiederum mittels Barabhebung (25 % = € 180,07) und eine Überweisung an einen Kunden E in Höhe von € 540,23 auf das Konto bei der Bank E verfügt.

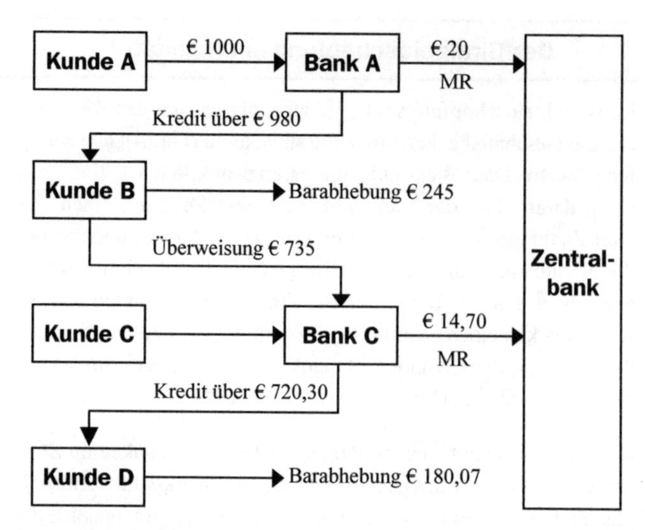

Abb. H.18. Giralgeldschöpfung

Wie ersichtlich ist, werden die Einlagen (Überschussreserven), die zur Kreditvergabe verwendet werden können, jedoch immer kleiner. Der Prozess endet, wenn diese null sind. Am Ende hat sich dann aber die Geldmenge um ein Vielfaches der ursprünglich frei verfügbaren Einlangen bzw. Überschussreserven erhöht.

Eine einfache Rechnung zeigt den Zusammenhang zwischen der Zentralbankgeldmenge und der Geldmenge bzw. die Größenordnung des Giralgeldschöpfungsmultiplikators. Wie für das hier vorliegende Beispiel wird davon ausgegangen, dass die Geschäftsbanken nicht weniger und nicht mehr Reserven halten, als ihnen durch die Mindestreservepflicht vorgeschrieben ist. Der Geldschöpfungsprozess kann also so lange fortgesetzt werden, bis die ursprüngliche Überschussreserve (ÜR: hier € 1.000,00) auf den Bargeldabfluss (BG) und die Mindestreserve (MR) aufgeteilt ist.

(1) $\text{ÜR} = BG + MR$

Der zusätzliche Bargeldabfluss ergibt sich aus der zusätzlichen Kreditvergabe (Δ Kr), multipliziert mit dem Bargeldabflussquotienten (b):

(2) $BG = b \cdot \Delta Kr$

Die zusätzlichen mindestreservepflichtigen Einlagen (Δ ME) ergeben sich als

(3) $\Delta ME = \Delta Kr - b \cdot Kr$ oder (3a) $\Delta ME = (1\text{-}b) \cdot \Delta Kr$

Die zusätzlichen Mindestreserven (Δ MR) folgen aus der Multiplikation der zusätzlichen Einlagen (Δ ME) mit dem Mindestreservesatz (r):

(4) $\Delta MR = r \cdot \Delta ME$

Aus diesen Gleichungen kann die Zusammensetzung der Überschussreserve neu formuliert werden als:

(5) $ÜR = b \cdot \Delta Kr + r \cdot \Delta ME$

Unter Verwendung von (3a) gilt:

(6) $ÜR = b \cdot \Delta Kr + r\,(1-b) \cdot \Delta Kr$

Daraus folgt für den Giralgeldschöpfungsmultiplikator:

Giralgeldschöpfungsmultiplikator

(7) $$\Delta ME = \frac{1-b}{b + r\,(1-b)} \cdot ÜR$$

Der Giralgeldschöpfungsmultiplikator beträgt demnach in unserem Beispiel rund 2,8.

2.5 Instrumente der Geldpolitik

Wie aus den vorangegangenen Ausführungen deutlich geworden ist, kann über die Steuerung der Zentralbankgeldmenge die Geldmenge kontrolliert werden. Eine Geschäftsbank bzw. die Geschäftsbanken können nur dann Kredite an Nichtbanken vergeben und damit die Geldschöpfung in Gang setzen, wenn sie über ein entsprechendes Notenbankguthaben (Zentralbankgeld) verfügen. Die Banken erhalten ein Notenbankguthaben (zusätzliches Zentralbankgeld) aber nur dann, wenn die Notenbank diesen einen Kredit (Refinanzierungskredit) einräumt.

Mischung aus Liquiditäts- und Zinspolitik

Die Steuerung des Zu- und Abflusses an Zentralbankgeld kann entweder über die Menge oder den »Preis« (den Zins) erfolgen. Häufig besteht die Geldpolitik in einer Mischung aus Liquiditätspolitik und Zinspolitik. Dabei ist naheliegend, dass die Zinsen, welche die Notenbank für solche Kredite fordert, eine wichtige Bestimmungsgröße für die Zinsen darstellen, die die Banken wiederum von ihren Kunden verlangen.

Die Kontrolle der Notenbank beruht also auf folgenden Zusammenhängen:

- wenn die Geschäftsbanken zusätzliche Kredite vergeben möchten, benötigen sie zusätzliches Zentralbankgeld
- die Notenbank ist der einzige Anbieter von Zentralbankgeld
- sie stellt das Zentralbankgeld durch Refinanzierungskredite an die Geschäftsbanken bereit
- durch die Konditionen (z.B. Zinssätze), zu denen sie Refinanzierungskredite vergibt, kann sie indirekt die Kreditvergabe der Banken an die Nichtbanken steuern.

Refinanzierungspolitik

Die EZB setzt drei wesentliche Instrumente zur Kontrolle der Geldmenge ein: Offenmarktgeschäfte, Ständige Fazilitäten und Mindestreserven. Die ersten beiden werden im Rahmen der Refinanzierungspolitik eingesetzt. Hierunter versteht man alle Maßnahmen, mit denen die Zentralbank die Beschaffung von Zentralbankgeld durch die Kreditinstitute steuert.

2.5.1 Offenmarktgeschäfte

Die Offenmarktgeschäfte sind die wichtigsten Instrumente der EZB. Sie dienen dem Zweck, die Geschäftsbanken gegen Zinszahlungen direkt mit Zentralbankgeld (Liquidität) zur Giralgeldschöpfung zu versorgen. Dadurch soll die umlaufende Geldmenge und letztlich das Zinsniveau beeinflusst werden.

Hauptfinanzierungsgeschäft

Die bedeutendste Kategorie innerhalb der Offenmarktgeschäfte sind die sog. Hauptfinanzierungsgeschäfte. Hierbei handelt es sich um den An- und Verkauf von Wertpapieren gegen Zentralbankgeld durch die EZB, wobei bereits beim Ankauf eine Rückkaufvereinbarung mit den beteiligten Geschäftsbanken geschlossen wird. Diese Verbindung wird auch Wertpapierpensionsgeschäft genannt, da die EZB die Wertpapiere für eine befristete Zeitspanne quasi »in Pension« nimmt. Die Abwicklung der Geschäfte erfolgt in der Regel über ein Ausschreibungsverfahren, das so genannte Tenderverfahren. Durch die kurze Laufzeit (in der Regel zwei Wochen) der Geschäfte kann die Zentralbank rasch auf Änderungen der monetären Indikatoren sowie der güterwirtschaftlichen Entwicklung reagieren.

Leitzins

Beim Geschäftsabschluss stellt die EZB den Geschäftsbanken einen Zinssatz in Rechnung, den sie aufgrund der großen Bedeutung der Hauptrefinanzierungsgeschäfte selber als Leitzins bezeichnet. Da die EZB die Geschäftsbanken zu der von ihr geplanten Offenmarktpolitik nicht zwingen kann, muss sie entsprechend attraktive Konditionen bieten. Bei einer expansiven Offenmarktpolitik müssen die verlangten Zinssätze für die Gewährung von Zentralbankgeld niedriger als sonst übliche Zinsen am (Interbanken-)Geldmarkt sein und umgekehrt.

Restriktive Geldpoltik

Erhöht die EZB den Zinssatz, signalisiert sie damit, dass sie eine »restriktive« Geldpolitik verfolgt. Für die Geschäftsbanken wird es teurer, sich mit Zentralbankgeld zu versorgen. In der Regel werden sie den höheren Zinssatz in Form steigender Kreditzinsen und/oder reduzierter Kreditvergabe an ihre Kunden weitergeben und umgekehrt. Zu einem kontraktiven Impuls kommt es auch dann, wenn die EZB nach Ablauf eines Offenmarktgeschäftes den Banken nur ein Anschlussgeschäft mit geringerem Liquiditätsvolumen anbietet.

Maßnahme	Mögliche Wirkungskette
Erhöhung des Zinssatzes durch die EZB im Vorgriff auf erwartete Preissteigerungen	• Zinsniveau am Geldmarkt steigt. • Refinanzierungskosten der Geschäftsbanken für kurzfristige Gelder steigen. • Geschäftsbanken heben die Kundenzinssätze für kurzfristige Kredite/Einlagen an. • Zinsanstieg springt auf Kredit- und Kapitalmärkte über (Voraussetzung: Erwartung langfristig steigender Zinssätze). • Kreditaufnahme der Bankkunden sinkt, Sparneigung steigt. • Geldmenge geht durch sinkende Kreditschöpfung und steigende Geldkapitalbildung zurück. • Tendenziell sinkende monetäre Nachfrage
Liquiditätsabschöpfung (z.B. durch Ausgabe von Schuldverschreibungen)	• Geldmenge sinkt. • Liquiditätsentzug im Bankensektor. • Einengung des Kreditvergabespielraumes. • Verknappung der Liquidität bewirkt tendenziell Anstieg der Zinssätze für Refinanzierung.

Abb. H.19. Wirkungen der Offenmarktinstrumente Quelle: Boller, E., Schuster, D., Volkswirtschaftslehre, 2. Aufl. 2002, S. 440

2.5.2 Ständige Fazilitäten

Ständige Fazilitäten ermöglichen es den Geschäftsbanken, ihre täglichen Liquiditätsspitzen auszugleichen, und der EZB, ziemlich genau die Entwicklung der Zinsen am Geldmarkt (Interbankenhandel) zu kontrollieren. Zusammen mit den Zinsen, die sie für Refinanzierungskredite fordert, kann sie damit indirekt auch die Kreditzinsen der Banken steuern. Im Gegensatz zu den Offenmarktgeschäften geht die Initiative aber von den Geschäftsbanken selbst aus.

Spitzenfinanzierungsfazilität

Die Spitzenrefinanzierungsfazilität ist zur Deckung von sehr kurzfristigen Liquiditätsengpässen bei den Geschäftsbanken gedacht. Sie wird ohne Limit gegen refinanzierungsfähige Sicherheiten bereitgestellt. Der durch die EZB festgelegte Spitzenrefinanzierungssatz legt in der Regel die Obergrenze des Tagesgeldsatzes im Interbankenhandel fest, also jenen Zinssatz, zu dem die Banken untereinander Zentralbankgeld ausleihen.

Einlagefazilität

Die Einlagefazilität eröffnet den Geschäftsbanken die Möglichkeit, überschüssige Liquidität kurzfristig über Nacht zu einem bestimmten Zinssatz bei der nationalen Notenbank anzulegen. Der von der EZB festgelegte Zinssatz stellt dabei in der Regel die Untergrenze für den Tagesgeldsatz dar.

Geldpolitische Wirkungen der ständigen Fazilitäten
Spitzenrefinanzierungs-fazilität
Durch die kurzfristige Liquiditätsbereitstellung erhöht sich die Geldmenge.
Einlagefazilität
Durch die kurzfristige Liquiditätsüberlastung verringert sich die Geldmenge.

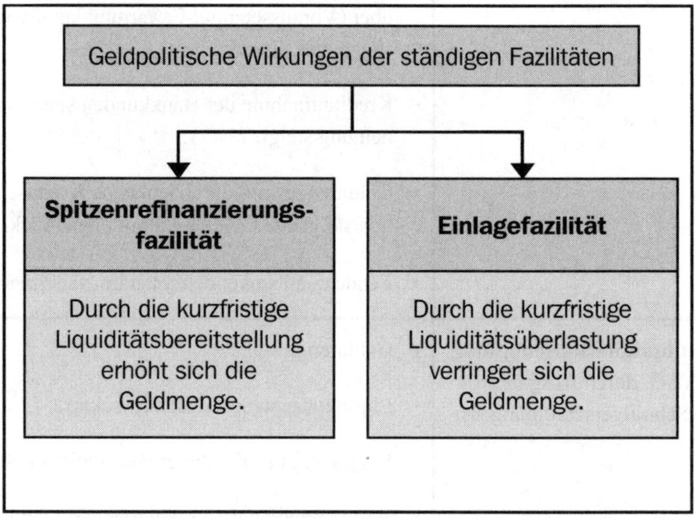

Abb. H.20. Geldpolitische Wirkungen der ständigen Fazilitäten. Quelle: Boller, E., Schuster, D., Volkswirtschaftslehre, 2. Aufl. 2002, S. 442

2.5.3 Mindestreserve

Mindestreservesatz

Von wenigen Ausnahmen abgesehen, ist jede Geschäftsbank verpflichtet, für bestimmte Verbindlichkeiten (Einlagen von Bankkunden) in Höhe eines bestimmten Prozentsatzes (Mindestreservesatz) verzinsliche Guthaben (eine Mindestreserve) zu hinterlegen.

Durch eine Erhöhung der Mindestreservesätze wird die Überschussreserve der Banken reduziert, weil diese – bei gleichen Beständen ihres Zentralbankgeldes – mehr Pflichtreserven halten müssen. Damit verringert sich der Geldschöpfungsspielraum unmittelbar, d.h. die Geschäftsbanken können weniger Kredite vergeben. Umgekehrt führt eine Senkung der Mindestreservesätze zu ansteigender Überschussreserve bei den Banken, sodass sie mehr und billigere Kredite anbieten können.

Maßnahme	Wirkungen
Erhöhung des Mindestreservesatzes	• Geldmenge sinkt • Liquiditätsverknappung • Kreditspielraum der Geschäftspartner verringert sich • Zinserhöhungen durch Verknappung von Liquidität
Senkung des Mindestreservesatzes	• Geldmenge steigt • Liquiditätsverbesserung • Kreditspielraum der Geschäftsbanken erhöht sich • Zinssenkungen durch Ausweitung der Liquidität

Abb. H.21. Angestrebte Wirkungen der Mindestreservepolitik. Quelle: Boller, E., Schuster, D., Volkswirtschaftslehre, 2. Aufl. 2002, S. 445

2.6 Wirksamkeit und Wirkungen der Geldpolitik

Wirksamkeit und Wirkungen der Geldpolitik werden unter den Ökonomen unterschiedlich eingeschätzt, je nachdem ob die zugrunde liegende Theorie eher keynesianisch oder neoklassisch geprägt ist bzw. ob eher kurzfristige oder langfristige Aspekte im Vordergrund der Überlegungen stehen.

2.6.1 Geldpolitik in langfristiger Perspektive

Vertreter der Neoklassik sehen keinerlei Notwendigkeit, die Geldpolitik zum Zwecke der Konjunktursteuerung einzusetzen, weil das marktwirtschaftliche System an sich stabil sei und zur Vollbeschäftigung tendiert. Zudem übt die Geldmenge, selbst in kurz- und mittelfristiger Sicht, unter der Voraussetzung rationaler Erwartungen nur einen Einfluss auf das Preisniveau aus. Dass langfristig die Geldpolitik nur die Inflationsrate bestimmt, nicht aber positive Wachstumseffekte erzielen kann, darüber sind sich die meisten Ökonomen einig.

Transmissionsmechanismus

Den Transmissionsmechanismus kann man sich wie folgt vorstellen: Erhöht die Zentralbank bei Vollbeschäftigung – und diese ist zumindest auf lange Sicht aufgrund der dann auch bestehenden Lohnflexibilität gegeben – die Geldmenge, führt dies zunächst bei konstantem Preisniveau zu einer Steigerung der realen Geldmenge. Die aktuelle Kassenhaltung der Wirtschaftssubjekte übersteigt die gewünschte, weshalb diese die Nachfrage nach Wertpapieren ausdehnen. Daraufhin steigen die Kurse festverzinslicher Wertpapiere und deren effektive Verzinsung sinkt. In der Folge erhöhen sich mit der Zinssenkung die Investitionen und die gesamtwirtschaftliche Nachfrage (Keynes-Effekt).

Keynes-Effekt

Nach einer alternativen, der neoklassischen Sichtweise angelehnten Argumentation, versuchen die Individuen die gestiegene Realkasse dadurch abzubauen, dass sie verstärkt Güter nachfragen. Bei ausgelasteten Kapazitäten steigen aber nur die Preise und nicht die Produktion.

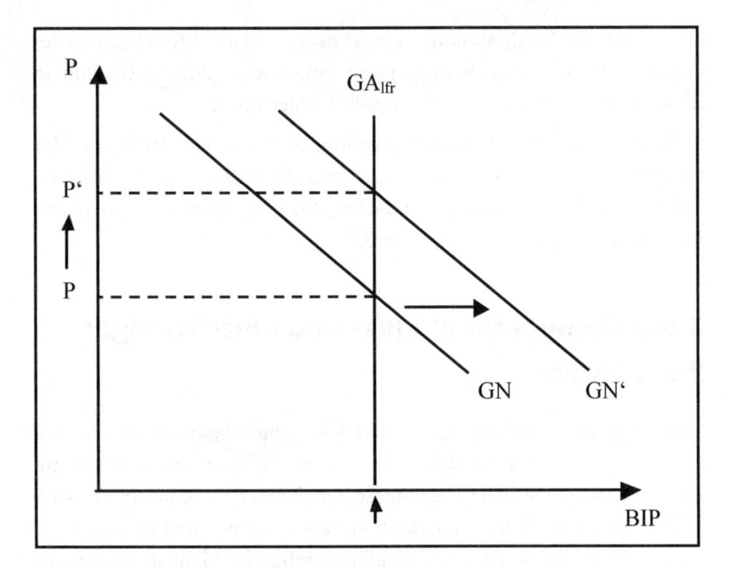

Abb. H.22. Geldpolitik bei Vollbeschäftigung

In beiden Fällen führt dies im Einkommens-Preisniveau-Diagramm zu einer Rechtsverschiebung der gesamtwirtschaftlichen Nachfragekurve, weil angesichts sinkender Zinsen bei jedem Preisniveau mehr investiert wird. Da die gesamtwirtschaftliche Angebotskurve wegen der Vollauslastung der Kapazitäten starr ist, bewirkt dies nur eine starke Preisniveausteigerung von P auf P`. Diese hält so lange an, bis die reale Geldmenge wieder ihr ursprüngliches Niveau erreicht hat.

»Neutralität des Geldes«

Vollbeschäftigung und konstante Umlaufgeschwindigkeit unterstellt, ergibt sich – der Quantitätstheorie des Geldes folgend – im Ergebnis eine proportionale Entwicklung von Geldmenge und Preisniveau. Die Geldmenge ist neutral in Bezug auf die Entwicklung der gesamtwirtschaftlichen Produktion (»Neutralität des Geldes«). Das Geld liegt wie ein »Schleier« über den realen Transaktionen, beeinflusst aber nicht die relativen Preise und den realen Sektor der Wirtschaft (»klassische Dichotomie«).

Konsequenterweise kommen die Neoklassiker zu dem Schluss, dass sich die Zentralbank ganz auf das Ziel der Preisniveaustabilität konzentrieren sollte. Andere Ziele anzustreben sei nicht notwendig. Um das Ziel zu erreichen, soll die Zentralbank eine relativ konstante Erhöhung der Geldmenge um den Prozentsatz des zu erwarteten realen Wachstums des realen Produktionspotenzials (sog. potenzialorientierte Geldmengenpolitik) plus der unvermeidlich gehaltenen Preissteigerungsrate sicherstellen.

Die Vertreter der keynesianischen Lehre setzen sich demgegenüber für eine Geldpolitik ergänzend auch zum Zwecke der Konjunkturpolitik ein. So soll die Geldpolitik die antizyklische Fiskalpolitik in Zeiten des wirtschaftlichen Abschwungs durch eine Niedrigzinspolitik und in Boomphasen durch eine Hochzinspolitik unterstützen.

Sieht man von beiden Extrempositionen ab, besteht die Kunst der Geldpolitik offensichtlich darin, das langfristige Ziel der Preisniveaustabilität mit kurzfristigen Politikzielen, wie dem der Stabilisierung des Konjunkturverlaufs, optimal zu vereinen.

2.6.2 Geldpolitik in kurz- und mittelfristiger Perspektive

Nachfrageorientierte keynesianische Ökonomen betonen vorwiegend die kurze Frist und empfehlen, die Geldpolitik kurz- und mittelfristig zur Konjunkturstabilisierung einzusetzen. Nach dem Konzept der antizyklischen Geldpolitik sollen dabei vor allem die privaten Investitionen durch entsprechende zins- und liquiditätspolitische Maßnahmen seitens der Notenbank stabilisiert werden. Indem z.B. im Konjunkturabschwung und in der Krise das Zinsniveau gesenkt wird und sich dadurch Kredite verbilligen, sollen Investitionen und soweit möglich auch der Konsum stimuliert werden. Ähnliche Wirkungen können auch durch die Erhöhung der Zentralbankgeldmenge erzielt werden.

Antizyklische Geldpolitik

Die nachfolgende Abb. H.23 macht den (idealtypischen) Transmissionsmechanismus monetärer Impulse und insbesondere die zentrale Bedeutung des Zinssatzes als Bindeglied zwischen dem monetären und realen Bereich transparent. Demnach kann kurz- und mittelfristig die Geldpolitik durchaus Einfluss auf die Entwicklung von Beschäftigung und Wachstum nehmen.

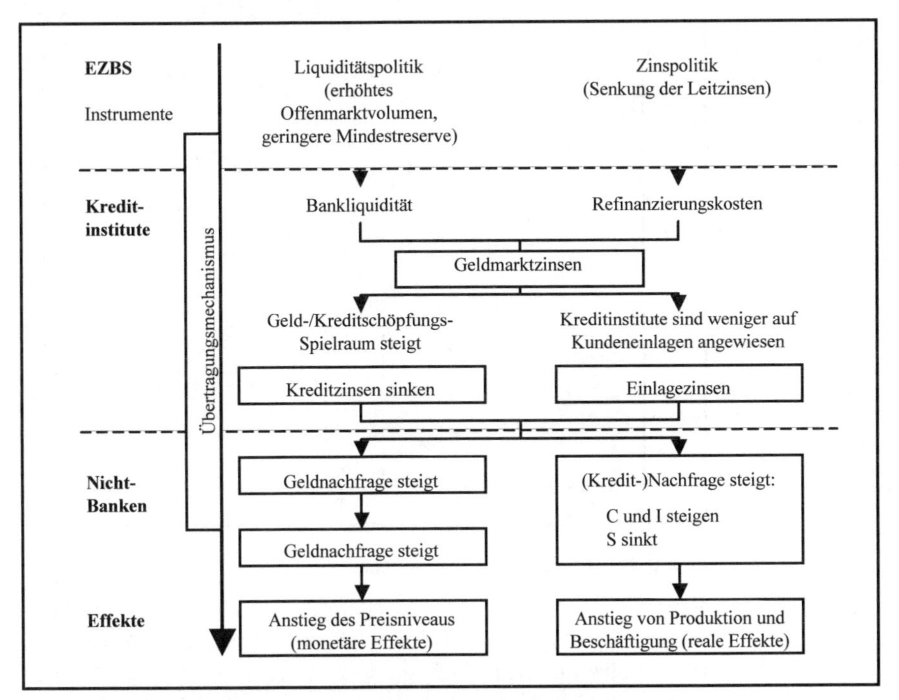

Abb. H.23. Wirkungskette einer expansiven Geldpolitik. Quelle: Clement, R., Terlau, W., Grundlagen der angewandten Makroökonomie (1998), S. 277

Im Preisniveau-Einkommens-Diagramm führt eine expansive Geldpolitik zu einer Verschiebung der GN-Kurve nach rechts (siehe Abb. H.24). Ursächlich hierfür ist die erhöhte Nachfrage nach Investitionsgütern aufgrund sinkender Zinsen. Der Rückgang des Zinsniveaus wiederum resultiert aus den zusätzlichen Wertpapierkäufen, mit denen die Wirtschaftssubjekte versuchten, ihre zu hohe reale Kassenhaltung aufgrund der Geldmengenausweitung durch die Zentralbank abzubauen (siehe Kap. »Makroökonomie – Theoretische Grundlagen«, Abschn. 2).

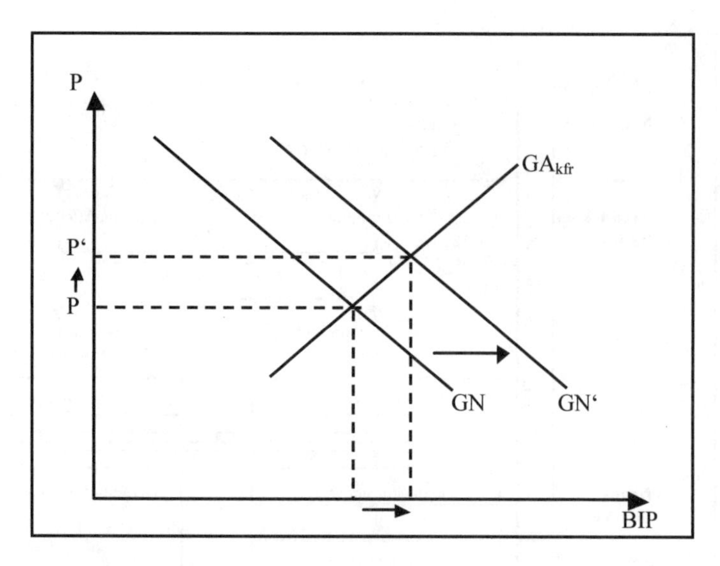

Abb. H.24. Geldpolitik bei Unterauslastung

Vorausgesetzt die GA-Kurve ist preiselastisch, was bei (nach unten) starren Nominallöhnen immer der Fall ist (siehe Kap. »Makroökonomie – Volkswirtschaftliches Rechnungswesen«, Abschn. 2), führt die Rechtsverschiebung der GN-Kurve nicht nur zu einer Preisniveausteigerung. Die Erhöhung des Preisniveaus bewirkt bei starren Löhnen annahmegemäß eine Verminderung der Reallöhne, die zu einer Ausdehnung der Beschäftigung und der Produktion führt. Es kommt also zu Inflation, mehr Beschäftigung und einem höheren BIP.

Wie die Fiskalpolitik kann demnach auch die Geldpolitik eine durch starre Nominallöhne bedingte Arbeitslosigkeit, auf Kosten einer Erhöhung des Preisniveaus, beseitigen, sofern die Reallöhne im Zuge der Preissteigerung sinken. Und wie bei der Fiskalpolitik wird auch hier der Zielkonflikt zwischen Inflation und Beschäftigung, wie er in der kurzfristigen Phillips-Kurve zum Ausdruck kommt, deutlich.

2.6.3 Probleme geldpolitischer Beeinflussung der Konjunktur

Zweifel an der Wirksamkeit einer antizyklischen Geldpolitik beziehen sich vor allem auf:

- die unzureichenden Steuerungsmöglichkeiten der Geldmenge und Zinssätze
- die zeitlichen Wirkungsverzögerungen einer diskretionären Geldpolitik

- die unzureichende Zinsreagibilität der Investitionen (Investitionsfalle)
- rationale Erwartungen

2.6.3.1 Unzureichende Steuerungsmöglichkeiten der Geldmenge und Zinssätze

Freiwillige Überschussreserven

Eine vollständige Kontrolle der Zentralbankgeldmenge und der Zinssätze durch die Notenbanken setzt sehr restriktive Annahmen voraus, die in der Realität nicht immer gegeben sind. Z.B. besitzt der Geschäftsbankensektor immer mehr oder weniger freiwillige Überschussreserven. Damit ist zumindest kurzfristig nicht immer sichergestellt, ob die Banken auf eine von der Notenbank angestrebte Reduzierung der Geldmenge in der gewünschten Weise reagieren und ihre Kreditgewährung zurücknehmen. Zudem ist nicht auszuschließen, dass den Geschäftsbanken aus anderen Quellen (z.B. durch die Sparer oder die übrige Welt) Zentralbankgeld zur Verfügung gestellt wird.

Ein ähnliches Problem könnte bei einer angestrebten Ausweitung des Geldvolumens auftreten, wenn dem Geschäftsbankensektor auf anderen Wegen (z.B. durch Kapitalanlagen in der übrigen Welt) Zentralbankgeld entzogen wird.

Wechselkursänderungen

Auch das internationale Umfeld kann über Preis- und Zinsunterschiede sowie Wechselkursveränderungen auf unerwünschte Weise Einfluss auf die inländische Geldmenge nehmen. Eine kontraktive Geldpolitik mit der Folge hoher Zinsen lockt in der Regel ausländische Anleger ins Land, wodurch es zu einer erhöhten Nachfrage nach heimischer Währung kommt. In einem System fester Wechselkurse müsste die Notenbank in diesem Fall gegen die tendenzielle Aufwertung der heimischen Währung intervenieren, d.h. ausländische Währung ankaufen. Die damit verbundene Erhöhung des Zentralbankgeldes läuft dann aber der ursprünglichen Intention der Notenbank zuwider, das Geldmengenwachstum zu begrenzen.

Des Weiteren ist zu bedenken, dass eine geplante Verringerung der Wachstumsrate der Geldmenge durch eine Erhöhung der Umlaufgeschwindigkeit des Geldes kompensiert werden kann.

Liquiditätsfalle

Falls sich die Volkswirtschaft in der Liquiditätsfalle befindet, werden die Wirtschaftssubjekte trotz steigender Geldmenge ihre Nachfrage nach Wertpapieren nicht ausdehnen und die Zinsen werden nicht – wie von der Zentralbank gewünscht – weiter fallen. Die Zinsen sind in diesem Fall nach Ansicht der Wirtschaftssubjekte bereits so niedrig, dass sie nur noch mit Zinssteigerungen bzw. Kursverlusten bei festverzinslichen Wertpapieren rechnen. Das gesamte zusätzliche Geld wird als Bargeld in der Spekulationskasse gehalten (siehe Kap. »Makroökonomie – Theoretische Grundlagen «, Abschn. 2). Da es zu keiner weiteren Verminderung der Zinsen kommt, bleiben dann auch mögliche zusätzliche Investitionen aus. Der Transmissionsmechanismus zwischen monetärem und realem Bereich ist bereits in der Anfangsphase unterbrochen.

Eine weitere Schwachstelle, bezüglich der Beeinflussung des allgemeinen Zinsniveaus durch geldpolitische Maßnahmen der Notenbank, liegt in der Unabhängigkeit der Geschäftsbanken begründet. Die Geschäftsbanken sind bei ihren Zinsvereinbarungen gegenüber dem Nichtbankensektor grundsätzlich frei. Sie orientieren sich lediglich mehr oder weniger stark an den Vorgaben der Notenbank, die in erster Linie nur den kurzfristigen Geldmarkt direkt beeinflussen. Zumindest kann dies zu einem verzögerten Einfluss der Notenbankpolitik auf das allgemeine Zinsniveau führen.

2.6.3.2 Zeitliche Wirkungsverzögerungen

Verzögerungen im Transmissionsmechanismus

Wie bei der Fiskalpolitik treten auch bei der Geldpolitik Wirkungsverzögerungen auf, die beim Einsatz des monetären Instrumentariums zu berücksichtigen sind. Schlimmstenfalls kommt es durch diese Verzögerungen sogar zu einer prozyklischen Politik, die konjunkturelle Schwankungen nicht dämpft, sondern verstärkt. Ursächlich hierfür sind vor allem die Verzögerungen im Transmissionsmechanismus.

Während die Fiskalpolitik über die Veränderung der Staatsausgaben direkte Nachfrageeffekte hat, wirken geldpolitische Maßnahmen immer nur indirekt. Dies liegt u.a. darin begründet, dass eine Zinssenkung zunächst über die Investitionen wirken muss. Bei einer allgemein unsicheren Wirtschaftslage kann es dabei durchaus dauern, bis die Unternehmen dies zum Anlass für zusätzliche Investitionen nehmen. Die Rolle der Geschäftsbanken im Transmissionsprozess wurde bereits angesprochen. Generell rechnet man mit einem Zeitraum von ein bis zwei Jahren, bis eine geldpolitische Maßnahme ihren Effekt auf realwirtschaftliche Größen voll entfaltet.

Was den Zeitbedarf der Entscheidungsfindung betrifft, ist die Geldpolitik der Fiskalpolitik eindeutig überlegen. Während fiskalpolitische Maßnahmen in der Regel einen zeitraubenden Abstimmungsprozess in Regierung, Parlament, Bundesrat und Vermittlungsausschüssen erfordern, gibt es in der Geldpolitik meist nur ein Entscheidungsgremium (z.B. EZB-Rat).

2.6.3.3 Unzureichende Zinsreagibilität der Investitionen

Liquiditätsfalle und Investitionsfalle

Während es der Geldpolitik bei der Liquiditätsfalle nicht gelingt, mit expansiven Maßnahmen den Zins weiter zu senken, besteht die Wirkungslosigkeit der Geldpolitik in der Investitionsfalle darin, dass die Zinsen sich zwar verändern, die Investitionen aber nicht darauf reagieren. So ist es durchaus plausibel, dass Unternehmer in Krisenzeiten mit unausgelasteten Kapazitäten sowie einer pessimistischen Grundeinstellung in der Wirtschaft nicht allein aufgrund niedrigerer Zinsen ihre Investitionen ausweiten. Erst wenn die gesamtwirtschaftliche Nachfrage über fiskalpolitische Maßnahmen angekurbelt worden ist und sich die unternehmerischen Absatzerwartungen verbessert haben, können niedrigere Zinsen diese Entwicklung begleitend unterstützen.

Umgekehrt werden sich Unternehmen im Aufschwung und einer sehr optimistischen Grundeinstellung nicht durch höhere Zinsbelastungen von Investitionen abhalten lassen. Dies gilt umso mehr, da es den Unternehmen in einer Boomphase in der Regel leichter möglich sein dürfte, erhöhte Zinskosten über die Verbraucherpreise auf die Konsumenten abzuwälzen.

2.6.3.4 Geldpolitik und rationale Erwartungen

Die Geldpolitik kann auch dann kurz- und mittelfristig wirkungslos sein, wenn die Wirtschaftssubjekte infolge einer expansiven Geldpolitik eine höhere Inflation erwarten. In diesem Fall werden sie beispielsweise eine höhere nominale Verzinsung und/oder höhere Nominallöhne einfordern, um den erwarteten Verlust an Kaufkraft aufgrund des steigenden Preisniveaus auszugleichen. Die von den geldpolitischen Instanzen intendierte Senkung der Zinskosten wird dadurch konterkariert oder durch entsprechende Erhöhung der Lohnkosten kompensiert. Die erhoffte Stimulierung der privaten Investitionen bleibt aus; es kommt nur zu Preisniveaueffekten und die Beschäftigung bleibt konstant. Nur unerwartete monetäre Expansion führt zwischenzeitlich zu Beschäftigungseffekten.

2.7 Wiederholungsfragen

- ❍ 1. Weshalb ist die EZB unabhängig und worin manifestiert sich diese Unabhängigkeit? Lösung S. 294
- ❍ 2. Wie unterscheiden sich die Ziele der amerikanischen von der europäischen Geldpolitik? Lösung S. 295
- ❍ 3. Mit welcher Strategie versucht die EZB ihre Ziele zu verfolgen und worauf basiert diese Strategie? Lösung S. 295
- ❍ 4. Wovon ist die Höhe der Giralgeldschöpfung des Geschäftsbankensystems abhängig? Lösung S. 301 f.
- ❍ 5. Warum ist eine unbegrenzte Geldschöpfung durch eine Zentralbank zwar möglich, aber nicht sinnvoll? Lösung S. 301
- ❍ 6. Wie funktioniert das Instrument der Offenmarktgeschäfte und warum kann die EZB damit sehr rasch auf Änderungen der monetären Indikatoren reagieren? Lösung S. 306
- ❍ 7. Warum ist aus Sicht der Neoklassiker Geldpolitik als Instrument der Konjunktursteuerung weder wirksam noch notwendig? Lösung S. 311 f.
- ❍ 8. Inwiefern können die Geschäftsbanken eine beabsichtigte Zinssatzsenkung der EZB konterkarieren? Lösung S. 315
- ❍ 9. Welche Unterschiede gibt es bezüglich der zeitlichen Verzögerungen zwischen Geld- und Fiskalpolitik? Lösung S. 316
- ❍ 10. Inwiefern beeinflussen die Liquiditäts- und Investitionsfalle die Geldpolitik? Lösung S. 317

3. Politik für Wachstum und Beschäftigung

Lernziele dieses Abschnitts

Die Studierenden sollen nach der Lektüre dieses Kapitels

- die wesentlichen Bestimmungsfaktoren für Wachstum und wirtschaftliche Entwicklung durch Analyse der neoklassischen, neuen und empirischen Wachstumstheorie erkennen.
- allgemeine, wachstumsfördernde Politikmaßnahmen erläutern können.
- Möglichkeiten der fiskalpolitischen Beeinflussung einzelner Wachstumsdeterminanten in ihrer Wirkungsweise abschätzen können.
- sowohl die Bedeutung der Industrie- als auch der Lohnpolitik als Wachstumspolitik erklären und im aktuellen Kontext beurteilen können.

Wachstumstheorie und -politik beschäftigen sich mit der langfristigen Entwicklung der Wirtschaft, unabhängig von kurz- oder mittelfristigen Störungen der wirtschaftlichen Aktivitäten.

Gründe für Wachstum

Im Kap. »Makroökonomie – Ziele der Wirtschaftspolitik«, Abschn. 1 wurde bereits ausführlich auf die Gründe für Wachstum als Ziel staatlicher Wirtschaftspolitik eingegangen. Wachstum wird begrüßt, weil sich dadurch der materielle Wohlstand der Bürger einer Volkswirtschaft erhöht. Es trägt zur Entschärfung von Verteilungskonflikten bei, erleichtert den Strukturwandel, erlaubt die Finanzierung des technischen Fortschritts und Maßnahmen des Umweltschutzes. Außerdem dient Wachstum der Erhaltung der sozialen Sicherungssysteme.

Schließlich sichert Wachstum bestehende Arbeitsplätze und kann über die Steigerung der Arbeitsnachfrage zu mehr Beschäftigung beitragen. Da Wachstum in der Regel mit einer Zunahme der Arbeitsproduktivität, also einer Zunahme der Wertschöpfung pro Arbeitsstunde oder pro Erwerbstätigem, verbunden ist, muss die Wachstumsrate des BIP allerdings diejenige der Arbeitsproduktivität übersteigen, damit es zu neuen Arbeitsplätzen kommt. Auch eine Ausweitung der Freizeit ohne Einbuße beim Einkommen ist nur bei wachsender Arbeitsproduktivität möglich.

Wachstum, Produktivität und Beschäftigung

Ein Anstieg der Produktion ist meist mit einem Anstieg der Beschäftigung verbunden. Umgekehrt gilt, dass Arbeitslosigkeit häufig die Folge eines zu geringen Wachstums ist. Diese gegenläufige Beziehung zwischen Produktionswachstum und Arbeitslosigkeit kommt im Okun-Gesetz zum Ausdruck. Diesem Gesetz zufolge sind Schwankungen des realen BIP um seinen Trend mit entgegengerichteten Schwankungen der Arbeitslosenquote verbunden. Folglich steigt die Arbeitslosigkeit an, wenn sich das Wachstum verlangsamt; umgekehrt nimmt die Arbeitslosenquote ab, wenn der Output schneller wächst. Die nachfolgende Abbildung zeigt den Zusammenhang zwischen der Entwicklung des BIP und der Erwerbstätigen.

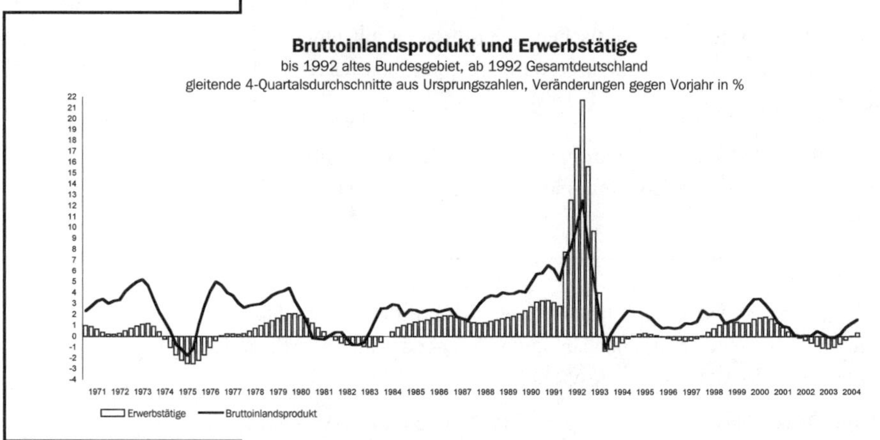

Abb. H.25. Bruttoinlandsprodukt und Erwerbstätige. Quelle: Statistisches Bundesamt

Die meisten Ökonomen stimmen daher darin überein, dass Wachstum eine notwendige, wenn auch keine hinreichende Bedingung für mehr Beschäftigung ist. Vor allem die Vertreter der angebotsorientierten Wirtschaftspolitik instrumentalisieren Wachstum für beschäftigungspolitische Ziele.

Arbeitsproduktivität

Ob Wachstum zum Abbau von Arbeitslosigkeit bzw. zur Schaffung neuer Arbeitsplätze ausreicht, hängt u.a. von der Zunahme der mit dem technischen Fortschritt verbundenen Arbeitsproduktivität ab. Bei einer Zunahme der Arbeitsproduktivität kommt es – bei konstanter Arbeitszeit und gegebenem Arbeitskräftepotenzial – nur dann zu einem Anstieg des Arbeitskräftebedarfs, wenn das Produktionswachstum höher ausfällt als der Anstieg der Arbeitsproduktivität.

Übersteigt über einen längeren Zeitraum hinweg die Wachstumsrate der Arbeitsproduktivität jene des Produktionspotenzials, entwickeln sich folglich diese Wachstumsraten auseinander (Öffnung der Wachstums-Produktivitätsschere), sinkt die Arbeitsnachfrage und es entsteht die sog. technologische oder wachstumsdefizitäre Arbeitslosigkeit.

Wachstumsdefizietäre Arbeitslosigkeit

Beträgt z.B. der jährliche Produktivitätsanstieg 3 %, die Wachstumsrate des BIP hingegen nur 2 %, so werden einerseits 3 % der Arbeitsplätze »wegrationalisiert«, andererseits benötigt man für die Produktionssteigerung 2 % mehr Arbeitsplätze. Per Saldo gehen 1 % der Arbeitsplätze verloren (Freisetzungseffekt).

Freisetzungseffekt

Allerdings kann, selbst bei relativ hohen Produktivitätsfortschritten, die Beschäftigung zunehmen, wenn der Freisetzungseffekt durch Impulse zur Mehrproduktion, die vom technischen Fortschritt mittelbar ausgelöst werden, überkompensiert wird (Kompensationseffekt). Dies kann z.B. der Fall sein, wenn die Verringerung des Faktoreinsatzes zu sinkenden Stückkosten führt und die Preise entsprechend dem Produktivitätsgewinn fallen und dadurch eine Absatzausweitung ausgelöst wird oder die mit der verbundenen Produktivitätssteigerung einhergehenden Lohn- bzw. Gewinnsteigerungen zu mehr Konsum oder Investitionen führen.

Kompensationseffekt

Jene Wachstumsrate, bei der der Beschäftigungsstand gerade gehalten wird, nennt man Beschäftigungsschwelle. Die gesamtwirtschaftliche Beschäftigungsschwelle wird für Deutschland derzeit auf rund 2 % geschätzt.

Beschäftigungsschwelle

Die Wachstumskritik betont, dass Wachstum nicht mit wachsender Wohlfahrt gleichgesetzt werden kann, da Wachstum immer mit hohen externen Kosten, z.B. Umweltschäden und Kriminalität verbunden ist. Außerdem kann unkontrolliertes Wachstum auf Kosten der zukünftigen Generation gehen. Im Ergebnis führte diese Kritik zu einer qualitativ veränderten Einschätzung von Wachstum. Dies kommt sowohl in der Forderung nach umweltverträglicher bzw. nachhaltiger wirtschaftlicher Entwicklung zum Ausdruck, als auch in der Entwicklung neuer Indikatoren zur Messung der Lebensqualität und des -standards der Bevölkerung.

Wachstumskritik

Im Folgenden wird kurz auf die wachstumstheoretischen Grundlagen eingegangen. Dadurch wird deutlich, welche Faktoren die langfristige Wachstumsrate einer Volkswirtschaft bestimmen. Anschließend wird untersucht, welche Rolle dabei die Wirtschaftspolitik spielen kann.

Nachhaltige wirtschaftliche Entwicklung

3.1 Bestimmungsfaktoren des Wachstums

3.1.1 Neoklassische und neue Wachstumstheorie

Produktionspotential

Ausgangspunkt wachstumstheoretischer Überlegungen ist das Produktionspotenzial einer Volkswirtschaft. Es umfasst den Wert aller Güter und Dienstleistungen, die eine Volkswirtschaft im Laufe eines Jahres auf der Basis der vorhandenen Produktionsmittel und der Technologie produzieren könnte. Die Zunahme des Produktionspotenzials gibt den Wachstumsspielraum wieder.

Gesamtwirtschaftliche Produktionsfunktion

Formal lässt sich das Produktionspotenzial in einer Produktionsfunktion, die den Zusammenhang zwischen den Mengen des in der Produktion eingesetzten Inputs und des Outputs, darstellen. Bezeichnet BIP die produzierte Menge, A die Menge des Produktionsfaktors Arbeit, K die Menge des Produktionsfaktors Realkapital und NR die Menge des Produktionsfaktors natürliche Ressourcen, kann man schreiben:

$$BIP = TF\, f(A, K, NR)$$

f( ) stellt eine Funktion dar, die angibt, wie die Inputs zur Produktion des Outputs kombiniert werden. TF ist eine Variable, die den Technologischen Fortschritt repräsentiert. Mit zunehmender Verbesserung der Technologie steigt TF, sodass die Volkswirtschaft mehr Output mit einem gegebenen Einsatz an Input erzeugen kann.

Arbeitspotential

Kapitalstock

Natürliche Ressourcen

Das Arbeitspotenzial bzw. das potenzielle Arbeitsvolumen bestimmt sich aus der Anzahl der Erwerbspersonen multipliziert mit der durchschnittlichen Arbeitszeit. Der Kapitalstock umfasst den Bestand an hergestellten Produktionsmitteln (Werkzeuge, Maschinen, Straßen usw.), die für die Produktion von Gütern verwendet werden (Realkapital). Natürliche Ressourcen sind Inputs, die von der Natur bereitgestellt werden (z.B. Land, die Fischgründe der Meere, Bodenschätze, das Klima). Es gibt regenerierbare und nichtregenerierbare natürliche Ressourcen.

Technischer Fortschritt

Der technische Fortschritt kommt sowohl in der Qualitätsverbesserung der Produktionsfaktoren als auch in der Verbesserung der Faktororganisation zum Ausdruck. Im weiteren Sinne spiegelt sich in ihm also nicht nur das Wissen der Gesellschaft um die besten Wege zur Herstellung von Waren und Dienstleistungen, sondern beispielsweise auch der

Ausbildungs- und Qualifikationsgrad sowie die praktischen Fertigkeiten der Beschäftigten (also Veränderungen im Humankapital).

Humankapital

Wirtschaftliches Wachstum kann somit sowohl durch eine mengenmäßige Vermehrung der Produktionsfaktoren (extensives Wachstum) als auch durch eine qualitative Verbesserung und damit durch eine erhöhte Produktivität (intensives Wachstum) erreicht werden.

Extensives und intensives Wachstum

Dabei führt allein eine mengenmäßige Erhöhung eines Produktionsfaktors, beispielsweise des Kapitalstocks, aufgrund des Gesetzes der abnehmenden Ertragszuwächse nur zu einem zeitweiligen Wachstumsschub, nicht jedoch zu dauerhaftem Wachstum. Damit dies möglich ist, bedarf es des kontinuierlichen technischen Fortschritts. Unter Berücksichtigung dieses Sachverhalts lässt sich technischer Fortschritt auch als Summe aller Neuerungen verstehen, die im Produktionsprozess zum Einsatz kommen und das Gesetz abnehmender Ertragszuwächse außer Kraft setzen.

Obgleich langfristiges Wachstum in hohem Maße von der Wachstumsrate des technischen Fortschritts bestimmt wird – Schätzungen auf der Basis des sog. »growth accounting« gehen davon aus, dass in den Industrieländern das Wachstum der Inputfaktoren nur zu rund 40 % (Wachstum des Kapitalstocks 35 % und Wachstum der Beschäftigung 5 %) für das Outputwachstum verantwortlich ist und der technische Fortschritt zu rund 60 % - wurden dessen Bestimmungsgründe lange Zeit nicht weiter hinterfragt. Vielmehr wurde er in der neoklassischen Wachstumstheorie exogen vorgegeben. Er wurde als von nicht-ökonomischen Faktoren bestimmt angesehen sowie von wirtschaftspolitischen Maßnahmen nicht beeinflussbar.

»growth accounting«

Land	Wachstum des Kapitalstocks	Wachstum der Beschäftigung	Technischer Fortschritt
Deutschland	45	0	55
Frankreich	33	4	63
Italien	32	2	65
Japan	44	11	45
USA	37	42	20
Ver. Königreich	38	0	61

Abb. H.26. Die Quellen des Wachstums (1960-1989) in Prozent. Quelle: OECD (1994), Economic Studies, 22, S. 125

Endogene Wachstumstheorie

Erst die neue (endogene) Wachstumstheorie hat diesem Sachverhalt Rechnung getragen und die neoklassische Annahme der Exogenität des technologischen Fortschritts aufgegeben. Zudem hinterfragt sie die Annahme abnehmender Ertragszuwächse bei jenen Faktoren, die im Zeitablauf akkumuliert werden.

Externe Effekte

Zur Begründung wird dabei auf die Existenz externer Effekte (spillover-Effekte) verwiesen, die im Zusammenhang mit Investitionen in Sach- und Humankapital konstante oder zunehmende soziale Skalenerträge auslösen können. So können z.B. Investitionen in einem Sektor positive Auswirkungen auf die Produktivität des Human- und Sachkapitals in anderen Sektoren haben. Unterstellt wird dies vor allem für staatliche Investitionen in die Infrastruktur.

Spillover-Effekte durch Investitionen in Humankapital (Wissensstock) entstehen z.B., weil die von privaten Haushalten in die Ausbildung investierte Zeit nicht nur ihren individuellen Wissensstand, sondern auch das gesamtwirtschaftliche Bildungsniveau steigert. Zudem erhöht eine Zunahme des Wissens (z.B. durch »learning by doing«) wiederum die Produktivität des eingesetzten Sachkapitals, was Unternehmen ihrerseits dazu anreizt, fortlaufend in zusätzliches Sachkapital zu investieren.

Auch wenn ein Unternehmen seinen eigenen Bestand an Wissen durch Investitionen in Entwicklungs- und Forschungstätigkeiten erhöht, nimmt das Wissen der gesamten Volkswirtschaft und damit die Verbesserung der Produktionsmöglichkeiten Dritter zu, weil davon ausgegangen werden muss, dass ein in einem bestimmten Unternehmen gebildetes Wissen nicht gänzlich geheim gehalten werden kann. Wie das Wissen eines Einzelnen, weist der Wissensstock eines Unternehmens Merkmale eines öffentlichen Gutes (siehe Kap. »Der Staat in der Wirtschaft«) auf. Von seiner Nutzung lassen sich andere Akteure, selbst über Patente, nur zum Teil ausschließen und er enthält nicht-rivalisierende Elemente. Allgemein werden Inputs als nicht-rivalisierend bezeichnet, wenn ihr Einsatz in einem Produktionsprozess ihren Einsatz in einem anderen Produktionsablauf nicht ausschließt (z.B. Computersoftware). Zunehmende Skalenerträge ergeben sich, weil für eine Verdoppelung des Outputs der nichtrivalisierende Input nicht verdoppelt werden muss.

Obwohl die Rate des Bevölkerungswachstums üblicherweise nur innerhalb von Grenzen variiert, kann der produktive Beitrag der Arbeit mithin praktisch unbegrenzt durch Investitionen in Bildung, Ausbildung und Gesundheit erhöht werden. Überdies kann die Art der technologischen Kenntnisse, die in der neoklassischen Wachstumstheorie als nicht für ökonomische Anreize zugänglich angesehen werden, als

Kapital verstanden werden, das durch Investitionen in Forschung und Entwicklung vergrößert werden kann.

Im Gegensatz zum neoklassischen Wachstumsmodell setzte sich auf der Grundlage der endogenen Wachstumstheorie folgerichtig die Ansicht durch, dass langfristiges Wachstum durch staatliche Politik beeinflusst werden kann.

Da der Bestand an natürlichen Ressourcen weitestgehend gegeben ist und allein eine Bevölkerungsvermehrung zur Förderung des Wachstums ausgeschlossen werden kann – da letztlich ja das BIP pro Kopf erhöht werden soll – bleiben der Kapitalstock und der technologische Fortschritt als zentrale Ansatzpunkte der Wachstumspolitik ausgehend von der gesamtwirtschaftlichen Produktionsfunktion. Beides, die Erhöhung des Kapitalstocks und technologischer Fortschritt, bewirken eine Erhöhung der Arbeitsproduktivität, steigern also die durchschnittliche Produktion pro Arbeitsstunde.

3.1.2 Empirische Wachstumstheorie

Die empirische Wachstumstheorie versucht auf der Basis vergleichbarer Länderstudien und mit Hilfe langer Zeitreihenanalysen, die verschiedenartigsten Einflussfaktoren und ihre Intensität auf das Wachstum herauszukristallisieren.

Diesen Studien zufolge konnten Länder, die in der Vergangenheit auf Handelsliberalisierung setzten, ihr Wachstum beträchtlich erhöhen. Außerdem spielten die Humankapitalbildung, insbesondere die Aus- und Fortbildung der Frauen, ebenso wie Investitionen in die Gesundheit für Wachstum und Entwicklung eine bedeutende Rolle. Darüber hinaus ist der Zustand der materiellen Infrastruktur (z.B. Wasserstraßen, Flughäfen) sehr bedeutsam.

Hohe Inflationsraten wirkten sich negativ auf das Wachstum aus. Im Allgemeinen ist es die gesamtwirtschaftliche Instabilität, die den Ertrag von Investitionen und das Produktionswachstum vermindert. Was in einer Volkswirtschaft mit Hilfe des vorhandenen Kapitalstocks, der Technologie und der in der Produktion verwendeten Arbeitskräfte erzeugt werden kann, hängt letztlich auch entscheidend vom »gesellschaftlichen Umfeld« ab. Dazu gehören z.B. die Wirtschaftsordnung, die Sicherung der Eigentumsrechte, institutionelle Arrangements (Interessengruppen, Monopole, Gewerkschaften) und soziale Fortschritte (alles Elemente der sog. immateriellen Infrastruktur) sowie die Qualität der staatlichen Institutionen (»good governance«).

»good governance«

Korruption

Die meisten empirischen Studien bestätigen tatsächlich eine enge Korrelation zwischen politischer und sozialer Stabilität sowie bürokratischer Effizienz und Wachstum. Umgekehrt wird Korruption als ein bedeutsamer wachstumshemmender Grund genannt. Nicht auszuschließen ist, dass durch eine zu weitgehende soziale Absicherung auch leistungshemmende Wirkungen ausgelöst werden können.

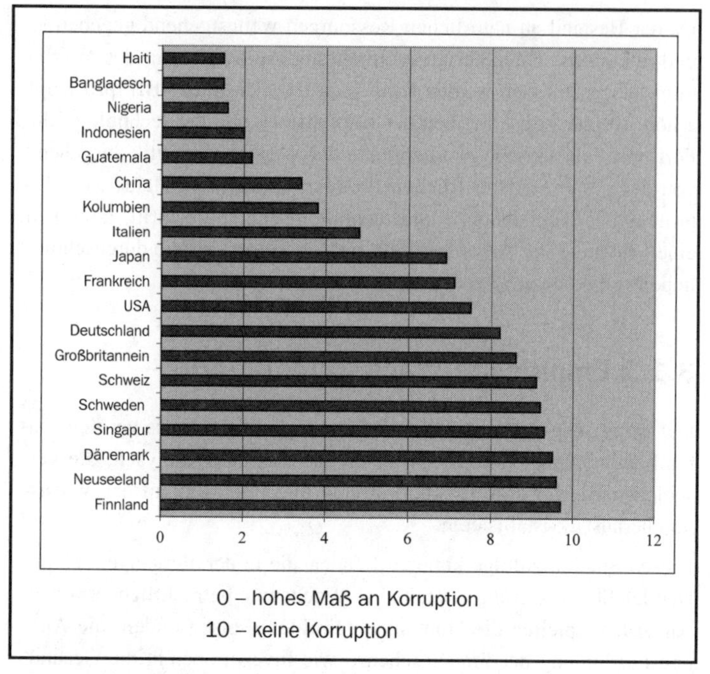

Abb. H.27. Korruptionsindex 2004. Quelle: Transparency International

Weniger eindeutig ist der Zusammenhang zwischen der Größe des staatlichen Sektors und Wachstum. So lassen sich sowohl Länder bzw. Ländergruppen finden, bei denen niedrige Staatsquoten mit hohen Wachstumsraten korreliert sind und umgekehrt. Im Übrigen gilt zu bedenken, dass die Staatsquote nur ein unvollständiges Bild über den Einfluss des Staates auf die Wirtschaft wiedergibt (siehe Kap. »Der Staat in der Wirtschaft«).

3.2 Ansatzpunkte der Wachstumspolitik

Insbesondere mit dem Aufkommen der »neuen Wachstumstheorie« erfuhr staatliche Wachstumspolitik eine Neubewertung. Da die Wachstumsrate seitdem als Ergebnis endogener Faktoren und Vorgänge – und nicht nur wie in den neoklassischen Modellen von exogenen Größen wie Bevölkerungswachstum und technologischen Fortschritt bestimmt – verstanden wird, kann und soll staatliche Politik nunmehr auf diese einwirken.

Wachstumspolitik ist von der Konzeption her Angebotspolitik, da im Mittelpunkt der Angebotspolitik bekanntlich das Produktionspotenzial einer Volkswirtschaft steht, anhand dessen Veränderungsrate Wachstum üblicherweise gemessen wird. Graphisch entspricht diese Politik einer Rechtsverschiebung der gesamtwirtschaftlichen Angebotsfunktion(GA).

Wachstumspolitik ist Angebotspolitik.

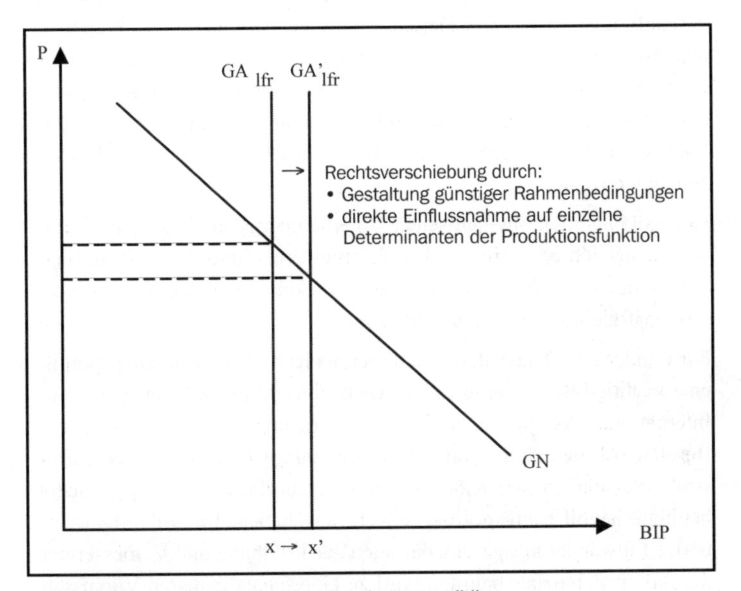

Abb. H.28. Angebotsorientierte Wachstumspolitik

Die Ansatzpunkte hierzu sind vielfältiger Natur, wobei derzeit in der politischen Praxis konzeptionell der Gestaltung günstiger Rahmenbedingungen für die Leistungsentfaltung des privaten Sektors eindeutig eine größere Bedeutung beigemessen wird als der direkten Einflussnahme auf einzelne Determinanten der Produktionsfunktion.

Gestaltung geeigneter Rahmenbedingungen

3.2.1 Generelle wachstumsfördernde Politikmaßnahmen

Öffung der nationalen Märkte

In Einklang mit den Ergebnissen der empirischen Wachstumstheorie betont die angebotsorientierte Konzeption als globale wachstumsfördernde Maßnahme die Öffnung der nationalen Märkte, um die heimischen Unternehmen einem dauerhaften Konkurrenzdruck zu unterwerfen, der Produkt- und Prozessinnovationen erzwingt, den Strukturwandel der Wirtschaft beschleunigt, und um ausländische Direktinvestitionen anzuziehen. Vor allem letztere bieten den importierenden Ländern Zugang zu technologischen Neuerungen.

Deregulierung und Entbürokratisierung

Verstetigte und voraussehbare Wirtschaftspolitik

Ferner soll durch Deregulierung und Entbürokratisierung, z.B. durch den Abbau von bürokratischen und rechtlichen Investitionshemmnissen sowie eine verstetigte und voraussehbare Wirtschaftspolitik, der Spielraum für eine verstärkte private Investitionsbereitschaft und -tätigkeit geschaffen werden. Unter Deregulierung versteht man den weitgehenden Rückzug des Staates aus bisher von ihm wesentlich bestimmten Bereichen und eine parallel einsetzende Freisetzung privater unternehmerischer Aktivitäten. Deregulierung soll die Unternehmen in die Lage versetzen, beweglicher auf die Herausforderungen des Marktes zu reagieren.

Wettbewerbs- und Patentrecht

Um risikobereiten »dynamischen Unternehmern« innovative Aktivitäten zu erleichtern, gilt es das Wettbewerbs- und Patentrecht (den Schutz der Eigentumsrechte) fortzuentwickeln sowie weitgehend korruptionsfreie Institutionen aufzubauen.

Bevölkerungspolitik

Für Länder wie Deutschland spielt bereits jetzt die Bevölkerungspolitik eine wichtige Rolle, wenn es um wachstumspolitische Strategien geht. Internationale Vergleiche zeigen, dass Regelungen im sozialpolitischen Bereich (Mutterschutz und Kindererziehung) und öffentliche Infrastrukturleistungen, wie Kindergärten und Ganztagsschulen, nicht unerhebliche bevölkerungspolitische Relevanz haben. Ein zukunftsorientiertes Einwanderungsgesetz, das auch zur Erhöhung und Verbesserung des Arbeitspotenzials beiträgt, wird zu einer unabdingbaren Voraussetzung.

Stabilitätsorientierte Geldpolitik

Viel Aufmerksamkeit verdient des Weiteren eine stabilitätsorientierte Geldpolitik, die Krisen im Allgemeinen und hohe Inflation im Besonderen verhindert. In der Krise werden Produktionsmöglichkeiten nicht genutzt und häufig die für das Wachstum notwendigen Erweiterungsinvestitionen eingeschränkt. Bei Inflation besteht die Gefahr der Fehlsteuerung der Wirtschaftsprozesse, die Ertragsaussichten für Neuinvestitionen werden schlechter und schwerer kalkulierbar.

Angebotsorientierte Ökonomen fordern zudem im Rahmen der Fiskalpolitik die Rückführung der Staatsquote einschließlich weiterer Maßnahmen im Rahmen der Privatisierung, den Abbau der Staatsverschuldung sowie einen generellen Subventionsabbau.

Rückführung der Staatsquote

Ein leistungsorientiertes, investitions- und innovationsfreundliches Steuersystem und eine steuerliche Entlastung auf breiter Basis gehören grundsätzlich zu den zentralen Forderungen angebotsorientierter Ökonomen. Ihrer Ansicht nach kann hierdurch die Leistungsbereitschaft der Wirtschaftssubjekte angeregt und die wirtschaftliche Dynamik beschleunigt werden. Wenn das induzierte Produktionswachstum stark genug ist, können trotz einer Verringerung der Steuersätze die Steuereinnahmen des Staates sogar absolut steigen (Laffer-Theorem) und ein vorhandenes Haushaltsdefizit abgebaut werden.

Reformen des Steuersystems

Laffer-Theorem

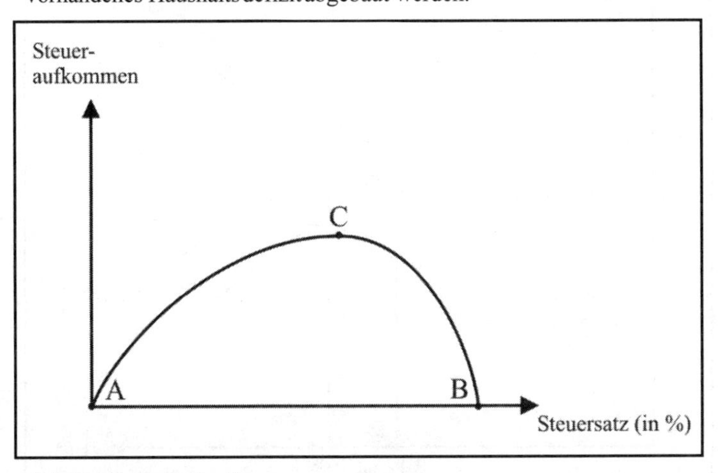

Abb. H.29. Die Laffer-Kurve

Die in Abb. H.29 dargestellte Laffer-Kurve beschreibt den grundsätzlichen Zusammenhang zwischen unterschiedlich hohen Steuersätzen und dem Steueraufkommen. Beginnend mit einem Steuersatz von 0 % (Punkt A), bei dem das Steueraufkommen Null ist, erhöht sich das Steueraufkommen zunächst mit steigendem Steuersatz bis Punkt C, von dem ab es aufgrund der Beeinträchtigung der Leistungsmotivation abfällt, bis es bei einem Steuersatz von 100 % wieder Null erreicht (Punkt B). Rechts von Punkt C führen offensichtlich Senkungen der Steuersätze zu höheren Steueraufkommen. Die Laffer-Kurve ist jedoch keine verlässliche Grundlage für die praktische Wirtschaftspolitik, da die Lage des Punktes C von vielen Variablen abhängt und keine konstante Größe ist.

Betrachtet man die Wirkungen angebotsorientierter Steuerpolitik im Preisniveau-Einkommens-Diagramm, lassen sich zwei Effekte feststellen. Zum einen, verschieben Steuerkürzungen die GA-Linie aufgrund der damit verbundenen Erhöhung des Konsums und der Investitionen nach rechts. Zum anderen, können niedrigere Steuern auch die potentielle Produktionsleistung beeinflussen, wenn sie zu einer Vermehrung der Produktionsfaktoren Arbeit oder Kapital führen, wodurch sich die GA-Linie ebenfalls nach rechts verschieben kann.

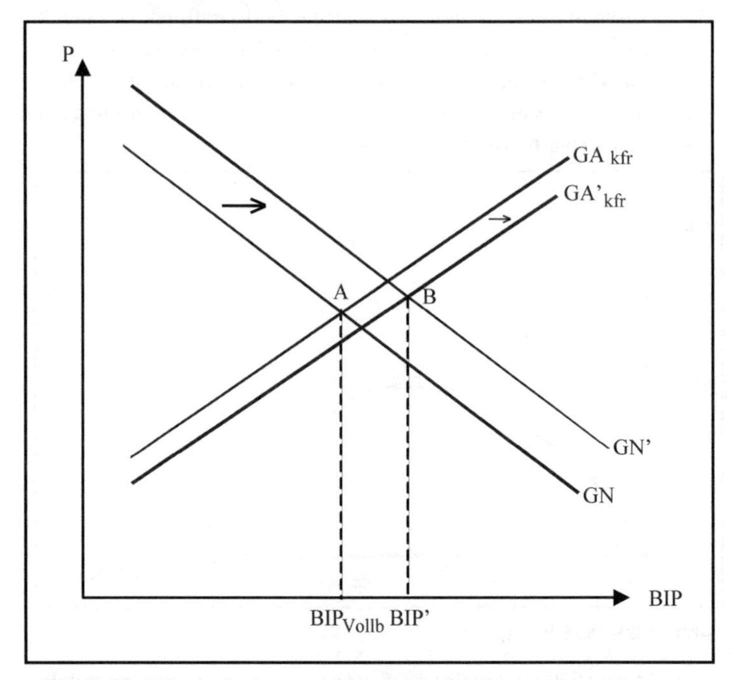

Abb. H.30: Wirkungen einer angebotsorientierten Steuersenkung

Empirische Studien zeigen, dass die Stärke des potentiellen Outputzuwachses kurzfristig eher gering ausfällt, weshalb in Abb. nur eine geringfügige Verschiebung der GA-Linie unterstellt ist. Im Ergebnis führen massive angebotsorientierte Steuerkürzungen tatsächlich zu einer bedeutenden Outputerhöhung (von BIP auf BIP'), aber diese stammt hauptsächlich von der Steuerwirkung auf die gesamtwirtschaftliche Nachfrage und weniger von steuerbedingten Veränderungen des potentiellen Outputs und des gesamtwirtschaftlichen Angebots.

2.2.2 Beeinflussung einzelner Wachstumsdeterminanten

Wie die vorausgegangen Ausführungen deutlich machen, sind mehrere Politikbereiche betroffen, wenn es um die Gestaltung günstiger Rahmenbedingungen für wirtschaftliches Wachstum geht. Im Folgenden wird näher auf die Möglichkeiten der fiskalpolitischen Einflussnahme auf den Kapitalstock und den technologischen Fortschritt eingegangen. Der Kapitalstock lässt sich durch private und öffentliche Investitionen vergrößern. Da für die Finanzierung von Investitionen Sparen (= gegenwärtiger Konsumverzicht) notwendig ist, ist dies ebenfalls in den nachfolgenden Ausführungen zu berücksichtigen.

3.2.2.1 Beeinflussung der privaten Ersparnisbildung

Empirische Studien bestätigen, dass selbst für sehr offene Volkswirtschaften mit einem leichten Zugang zu internationalen Kapitalmärkten ein starken Zusammenhang zwischen Ersparnisbildung, Investitionen und Wachstum besteht. Dabei zeigt sich, dass Länder mit hohen Ersparnissen mehr investieren als Länder mit niedrigen Sparquoten (Anteil der Ersparnis am BIP).

Obgleich sich keine eindeutige Ursache-Wirkungs-Richtung nachweisen lässt wird dennoch die anhaltend ungleiche Entwicklung der Wirtschaft in den einzelnen Ländern in der Welt teilweise auf die gravierenden Unterschiede in den Investitions- und Sparquoten zurückgeführt. Eine Förderung der Sparanreize stellt somit eine Möglichkeit für den Staat dar, Wachstum zu fördern, und auf lange Sicht, den Lebensstandard der Volkswirtschaft zu erhöhen.

Übliche Maßnahmen zur Förderung der Ersparnisse von Haushalten und Unternehmen sind Steuererleichterungen und -befreiungen bestimmter Spararten (z.B. Kapitallebensversicherungen) oder Steuerminderungen bei einbehaltenen Unternehmensgewinnen.

Steuererleichtungen

Mögliche Wirkungen von Steuererleichterungen auf die Ersparnisbildung
Steuererleichterung → verfügbares Einkommen steigt → Ersparnis steigt → auf dem Kreditmarkt steigt das Kreditangebot → c.p. Zins sinkt → Investitionen steigen → Erhöhung des Güterangebots (Wachstum) und Nachfrage nach Arbeitskräften steigt

Konsumorientierte Besteuerung

Weitergehende Überlegungen zielen darauf ab, die Einkommensbesteuerung oder zumindest Teile davon durch eine stärkere konsumorientierte Besteuerung zu ersetzen. Auf diese Weise wären alle Sparbeiträge und die Erträge aus Ersparnissen von der Besteuerung befreit, so lange sie nicht konsumiert werden.

Umschichtung von direkten auf indirekte Steuern

Mitunter wird auch eine bewusste Umschichtung von direkten auf indirekte Steuern vorgeschlagen, da indirekte Steuern den Konsum belasten und die »Opportunitätskosten« des Sparens senken. Indirekte Steuern führen außerdem, infolge ihrer tendenziell regressiven Wirkung, zu einer geringeren Belastung der hohen Einkommen mit höherer marginaler Sparquote. Allerdings ist zu bedenken, dass bei einer rein wachstumspolitisch motivierten Strukturverlagerung von direkten auf indirekte Steuern sowohl mit verteilungspolitischen als auch stabilisierungspolitischen Zielkonflikten (Abschwächung der automatischen Stabilisierungswirkungen (siehe Kap. »Makroökonomie – Ausgewählte Politikbereiche«, Abschn. 1) zu rechnen ist.

3.2.2.2 Öffentliche Ersparnis und Wachstum

Die gesamtwirtschaftliche Ersparnis als Quelle des Kreditangebots besteht aus den privaten und öffentlichen Ersparnissen. Die öffentliche Ersparnisbildung, d.h. die Schaffung von Budgetüberschüssen trägt mithin zur gesamten Ersparnisbildung bei. Umgekehrt bedeutet ein Budgetdefizit (= negative öffentliche Ersparnisse), dass der Staat einen Teil der privaten Ersparnisse absorbiert, der dann den privaten Unternehmern nicht mehr zur Verfügung steht.

Ein erster negativer Einfluss eines Haushaltsdefizits auf das Wirtschaftswachstum geht also von den mit einer Staatsverschuldung möglicherweise verbundenen crowding-out-Effekten auf die privaten Investitionen aus. Reduziert sich wegen des Defizits die Gesamtersparnis (= das Angebot an Kreditmitteln auf dem Kreditmarkt), steigt c.p. der Zinssatz und viele Unternehmen werden durch den höheren Zinssatz in ihren Investitionsentscheidungen entmutigt. Für die zinsbedingte Verdrängung privater Investitionen kann zudem der Aufschlag einer Risikoprämie auf das allgemeine Zinsniveau verantwortlich sein, wie dies regelmäßig bei hochverschuldeten Ländern zu beobachten ist.

Crowding-out-Effekte

Eine weitere Belastung für das Wirtschaftswachstum tritt ein, wenn zum Zwecke der Zinszahlungen an die Inhaber staatlicher Anleihen zusätzlich Steuern erhoben werden müssen, was in der Regel zu allokativen Verzerrungen führt. Erfolgt die Verschuldung des Staates im Ausland, gehen durch die Bedienung der ausländischen Schulden heimische Ressourcen verloren, womit sich auch eine externe Verschuldung auf das langfristige Wachstum eines Landes negativ auswirkt.

Umgekehrt ist davon auszugehen, dass eine Politik der Haushaltskonsolidierung, d.h. eine verringerte Inanspruchnahme der verfügbaren Kreditmittel und der inländischen Ersparnis durch den öffentlichen Sektor, die Investitionen des privaten Bereichs langfristig auch stärker anregen kann. Hinzu kommt, dass die mit einer kräftigen Haushaltskonsolidierung verknüpften Erwartungen, zukünftig geringeren Steuerverpflichtungen nachkommen zu müssen, die Investitionen weiter anregen können.

Mögliche Wirkungen eines Abbaus von Budgetdefiziten auf das Wachstum
Abbau von Budgetdefizit → gesamte nationale Ersparnis steigt → Kapitalangebot am Kapitalmarkt steigt → c.p. Zins sinkt → Investitionen steigen → Erhöhung des Güterangebots (Wachstum) und Nachfrage nach Arbeitskräften steigt

Reduzierung unproduktiver öffentlicher Ausgaben

Allerdings schlagen sich diese wachstumsinduzierenden Effekte nur dann voll in tatsächlichem Wachstum nieder, wenn die Haushaltskonsolidierung nicht über eine Steuererhöhung, sondern über die Reduzierung unproduktiver (nicht-wachstumsinduzierender) öffentlicher Ausgaben erfolgt. Wenn private Investitionen lediglich öffentliche Investitionen substituieren, wird stärkeres Wachstum nur dann gefördert, wenn die Produktivität privater Investitionen die der öffentlichen übertrifft.

3.2.2.3 Beeinflussung privater Investitionstätigkeit

Investitionen weisen einen Einkommens- und Kapazitätseffekt auf bzw. sind nachfrage- und angebotswirksam (siehe Kap. »Makroökonomie – Theoretische Grundlagen«, Abschn. 1). Der Einkommenseffekt bezieht sich auf den mit der Erhöhung der Investitionen verbundenen Nachfrageanstieg und steht vor allem im Zusammenhang mit konjunkturpolitischen Fragestellungen im Vordergrund des Interesses. Für das Wachstum ist der Kapazitätseffekt von Bedeutung. Er bringt zum Ausdruck, dass Investitionen die Produktionskapazität erhöhen. Je größer der Kapitalstock, desto größer ist auch das Produktionspotenzial. Dass die Investitionsquote (Investitionen in Prozent des BIP) für die Entwicklung des Wachstums von zentraler Bedeutung ist, bestätigen empirische Analysen.

Land	Investitionsquote (1980 - 1999)	Zuwachsrate des realen BIP pro Jahr (1980 – 1999)
China	37,1 %	9,6 %
Malaysia	33,7 %	5,9 %
Norwegen	25,3 %	3,0 %
Deutschland	21,1 %	2,0 %
EU	20,8 %	2,5 %
USA + Kanada	19,1 %	2,6 %
Südafrika	16,8 %	1,8 %

Abb. H.31. Investitionsquoten und Wachstum. Quelle: Weltbank

Investitionsmöglichkeit und -bereitschaft

Um eine Änderung des Investitionsverhaltens privater Unternehmen herbeizuführen, kann sowohl auf den Finanzierungsspielraum (die Investitionsmöglichkeit) als auch auf die Investitionsbereitschaft Einfluss genommen werden. Der Finanzierungsspielraum eines Unternehmens wird wiederum durch seine Selbst-, Eigen- und Fremdfinanzierungsmöglichkeiten bestimmt.

Selbstfinanzierung

Die Selbstfinanzierung über Gewinne kann z.B. durch Senkung der Spitzengrenzsteuersätze der Einkommen- und Körperschaftsteuer (verringerte Gewinnbesteuerung) oder durch günstigere Abschreibungsmöglichkeiten gestärkt werden.

Wirkungen von Steuererleichterungen auf Investitionen
Senkung der Gewinnsteuern → Verbesserung der Ertragsaussichten der Unternehmen → Investitionen steigen → Erhöhung des Güterangebots (Wachstum) und Nachfrage nach Arbeitskräften steigt

Eigenfinanzierung

Die Eigenfinanzierung (Erhöhung des Eigenkapitals) kann z.B. durch eine steuerliche Begünstigung des Aktienerwerbs gefördert werden. Die Fremdfinanzierung von Investitionen kann über Finanzierungshilfen in Form von Zinssubventionen, Bürgschaften oder öffentlichen Kreditprogrammen sowie Investitionsprämien und -zulagen ermutigt werden.

Die Investitionsbereitschaft hängt bei gegebenen Finanzierungsmöglichkeiten von den Erwartungen und der Risikofreudigkeit ab. Soweit sie von den Erwartungen bezüglich der Gewinnentwicklung abhängt, ergeben sich Einflussmöglichkeiten über die Gewinnbesteuerung. Die Einschätzung der zukünftigen Entwicklung und die Risikoeinschätzung hängen u.a. vom Steuersystem bzw. von dessen möglicher Weiterentwicklung hin zu einem innovations- und investitionsfreundlicheren System ab.

Ausländische Direktinvestitionen

Steuerliche Maßnahmen können auch dafür eingesetzt werden, ausländische Direktinvestitionen zu attrahieren. Allerdings funktioniert dies nur, wenn die heimische Wirtschaft als attraktiver Standort für Investitionen angesehen wird.

Investitionsklima

Das allgemeine Investitionsklima hängt jedoch nur in geringem Maße von der Ausgestaltung einzelner Steuern bzw. dem Steuersystem eines Landes ab. Empirische Studien belegen, dass das Hauptmotiv der Unternehmen bei der Entscheidung für ausländische Direktinvestitionen die Absatzorientierung, d.h. die Markterweiterung ist. Danach erst sind die Kostenfaktoren bestimmend, wobei die Bedeutung der Steuerbelastung wesentlich geringer eingeschätzt wird, als die der Arbeitskosten. Von Relevanz sind ebenfalls das Bürokratieverhalten, die Verfügbarkeit von qualifizierten Arbeitskräften, die Arbeitsbeziehungen, die Infrastruktur, das rechtliche System sowie die politische Stabilität eines Landes.

Ein letzter bedeutender Ansatzpunkt zur Beeinflussung von Volumen und Struktur privater Investitionen ist die Bereitstellung öffentlicher Infrastruktur als Vorleistung für private Investitionstätigkeit.

3.2.2.4 Öffentliche Investitionen und Wachstum

Öffentliche Infrastruktur

Der Staat selbst kann Investitionen tätigen, um eine öffentliche Infrastruktur bereitzustellen, deren Qualität und Quantität wiederum eine wesentliche Voraussetzung für private Investitionen darstellt. Staatliche Investitionen senken nämlich als Vorleistung den privaten Kapitaleinsatz.

Weltbankstudien belegen eindeutig, dass die Ausstattung eines Landes mit guten und effizienten Infrastruktureinrichtungen die gesamtwirtschaftliche oder sektorale Produktivität nur dann erhöhen, wenn die Entwicklung der Quantität und Qualität der Infrastruktur mit dem allgemeinen Wirtschaftswachstum Schritt hält. Wird die Infrastruktur vernachlässigt, führt dies zu gravierenden Beeinträchtigungen der längerfristigen Wachstumsaussichten.

Im weiteren Sinne beinhaltet der Begriff Infrastruktur:

institutionelle …

- die institutionelle Infrastruktur als Summe der gesellschaftlichen Normen, Einrichtungen und Verfahrensweisen wie: Rechtsordnung, Verwaltung, Eigentumsordnung, Berufsordnung usw. Zum einen zählen dazu die »formellen Institutionen«, die als Verfassungen, Gesetze und Verordnungen schriftlich fixiert werden, zum anderen die »informellen Institutionen«, die sich in den ungeschriebenen Verhaltensnormen und Konventionen einer Gesellschaft niederschlagen.

… materielle und

- die materielle Infrastruktur als Teil des Kapitalstocks einer Volkswirtschaft, der von der öffentlichen Hand bereitgestellt wird wie: Verkehrswesen, Kommunikationsnetze, Energieversorgung, Wasserversorgung, Bildungseinrichtungen.

personelle Infrastruktur

- die personelle Infrastruktur, die im Wesentlichen die Qualifikation der Menschen beinhaltet wie: Gesundheit, Ausbildungstand, Leistungsmotivation.

Der Einfluss öffentlicher Investitionen auf das Wachstum ergibt sich mithin nicht nur über die Erhöhung des Kapitalstocks – zu beachten sind hier noch so genannte crowding-in Effekte öffentlicher Investitionen – sondern auch über die damit induzierte Produktivitätserhöhung vor allem im Bereich der institutionellen und personellen Infrastruktur.

Abb. H.32 zeigt die Entwicklung der Investitionsquote in Deutschland. Unabhängig von der verwendeten Abgrenzung des Investitionsbegriffs zeigen die Zahlen eine deutlich rückläufige Entwicklung der Investitionsquote.

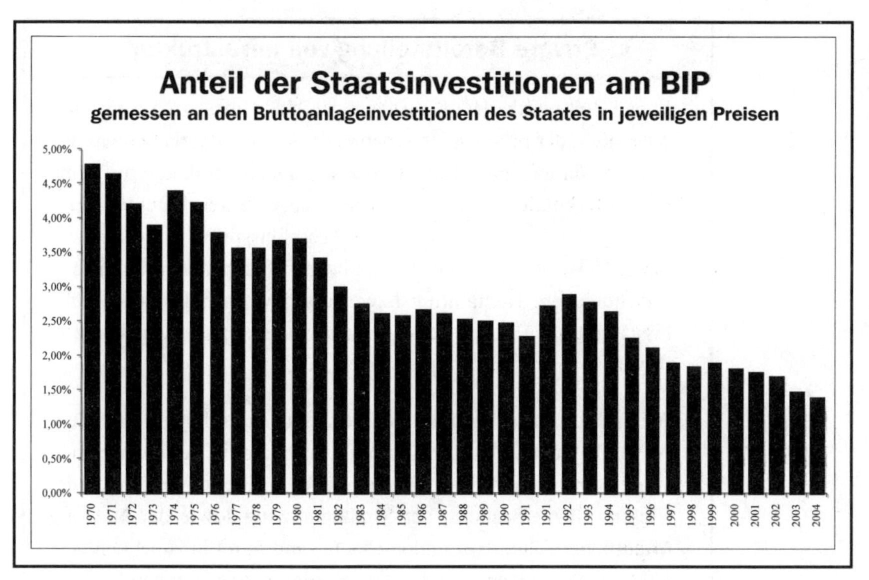

Abb. H.32. Entwicklung der Investitionsquote in Deutschland.
Quelle: Statistisches Bundesamt (2005)

Ursächlich für diesen Rückgang sind in erster Linie die Anstrengungen im Rahmen der Haushaltskonsolidierung. Des Weiteren erfolgte die private Investitionsförderung in zunehmendem Maße über die Verbesserung steuerlicher Rahmenbedingungen.

Wahrscheinlich ist, dass mit dieser Entwicklung negative Effekte auf das gesamtwirtschaftliche Wachstum verbunden sind. Allerdings ist zu berücksichtigen, dass es nicht nur auf die Höhe der Investitionen ankommt, sondern auch auf deren Struktur. Außerdem gehen von einem Teil der dem Staatskonsum zugerechneten Ausgaben ebenfalls produktivitätssteigernde Effekte aus. Dies gilt insbesondere für die Ausgaben für Bildung und Wissenschaft, die teilweise als Investitionen in Humankapital zu betrachten sind. Ähnlichen Mischcharakter haben die Ausgaben des Gesundheitswesens, die teilweise die Leistungsfähigkeit des Faktors Arbeit erhalten und fördern.

Private Bereitstellung von Infrastruktur

Lange Zeit wurde davon ausgegangen, dass Infrastrukturinvestitionen nicht der privaten Unternehmensinitiative überlassen werden können, da es sich oft um Bereiche handelt, in denen aufgrund ihrer Merkmale wie hohes Ausmaß an externen Effekten (Forschung), Nichtanwendbarkeit des Ausschlussprinzips (Rechtsordnung, Verwaltung), hoher Kapitalbedarf (Eisenbahnverkehrsnetz) und unsichere Rentabilität bzw. großes wirtschaftliches Risiko (Wasserstraßen) keine bzw. nicht in wünschenswertem Umfang private Investitionen vorgenommen werden.

Inzwischen hat sich diese Einschätzung grundlegend geändert. Ausschlaggebend hierfür waren u.a. technologische Innovationen wie elektronische Einrichtungen, die kontrollierte Messungen des Elektrizitätsverbrauchs, der Straßennutzung sowie der Nutzung öffentlicher Räume (»London-Maut«) und somit in zunehmendem Umfang die Anwendung des Ausschlussprinzips erlauben.

Ziel der privaten Beteiligung von Infrastrukturprojekten ist es nicht nur die Finanzierungsengpässe der öffentlichen Hand durch private Finanzierung zu ersetzen, sondern die Effektivität und Effizienz von Infrastrukturinvestitionen zu steigern.

Dazu bedarf es aber nicht nur der Änderung der Finanzierungsform, sondern auch der Übertragung von Verfügungsrechten auf Private und der Entfaltung des potentiellen und aktuellen Wettbewerbs. Bei einer Ausdehnung privatwirtschaftlicher Engagements in der Bereitstellung von Infrastruktur wird der Staat jedoch nicht vollständig aus der Verantwortung entlassen. Er wird weiterhin vielfältige Genehmigungs- und Ordnungsaufgaben wahrzunehmen haben.

Wie schnell und in welchem Umfang die Einschaltung Privater in die Planung, Implementierung, Errichtung, Finanzierung und den Betrieb von Infrastruktureinrichtungen erfolgt (Public-Private-Partnership), hängt generell von der Stärke des privaten Sektors, der staatlichen Verwaltungskapazität bei der Anbieterregulierung, der Leistungsstärke öffentlicher Anbieter sowie vom gesellschaftlichen Konsens hinsichtlich der privaten Bereitstellung ab. Voraussetzung ist des Weiteren eine zumindest teilweise Eigenwirtschaftlichkeit der vorgesehenen Investitionsprojekte, beispielsweise durch Mauteinnahmen oder Benutzungsgebühren.

Die bisherigen Erfahrungen lassen folgende grundsätzliche Vorteile der Public-Private-Partnership vermuten: Erstens, können Projekte finanziert und durchgeführt werden, die andernfalls unterblieben wären. Zweitens, zeigt die Finanzierungsbereitschaft von Investoren und Kreditgebern die technische, vor allem aber ökonomische Vorteilhaftigkeit und Machbarkeit eines Projekts auf und erhöht auf diese Weise die Akzeptanz privater Modelle. Drittens, sichert die permanente Überwachung durch eine private Betreibergesellschaft ein Höchstmaß an Kosteneffizienz für den Auftraggeber. Weiterhin kann ein Konzessionsmodell (Betreibermodell oder Leasingmodell) als ein Gradmesser für die Effizienz eines ähnlichen, aber öffentlich finanzierten Projekts dienen. Letztlich stellen die privatwirtschaftliche Implementation und deren betriebswirtschaftliche Kontrolle einen Zuwachs an Wissen dar, der an den Auftraggeber weitergegeben werden kann.

Als ein möglicher Nachteil könnte sich eine zu starke Unterstützung des Privatisierungsmodells durch den hoheitlichen Auftraggeber herausstellen, falls der Betreiber deswegen kein reales Risiko mehr trägt. Das Betreibermodell ist auch eine hochkomplizierte Struktur, die Zeit, Geld und Geduld erfordert. Außerdem dürften die Transaktionskosten der Vertragsgestaltung in der Regel bei diesem Modell höher sein, als bei den traditionell in öffentlicher Alleinzuständigkeit durchgeführten Projekten.

3.2.2.5 Beeinflussung des technischen Fortschritts

Die Bedeutung des technischen Fortschritts (einschließlich des Wissens) für Wachstum ist unbestritten. Die Veränderungen im Humankapital stellten im Wachstumsprozess der letzten Jahrzehnte für alle OECD-Länder eine Schlüsselgröße dar. Auch besteht weitgehend Einigkeit darüber, dass der technologische Fortschritt u.a. von den Aufwendungen für F&E und dem Ausbau des Bildungswesens abhängt. Deutlich werden derartige Veränderungen in der Entwicklung der gesamtwirtschaftlichen Arbeitsproduktivität.

Abb. H.33 zeigt die Entwicklung der gesamtwirtschaftlichen Arbeitsproduktivität, die als reales BIP je Erwerbstätiger oder als Produktionsergebnis je Arbeitsstunde definiert ist.

	Euro-raum	Deutschland	UK	USA	Japan
1994	2,4	2,5	3,6	1,7	0,9
1995	1,5	1,5	1,9	1,2	1,5
1996	0,9	1,1	1,4	2,1	3,0
1997	1,5	1,6	1,5	2,1	0,7
1998	0,9	0,9	1,8	2,8	-0,4
1999	1,0	0,8	0,9	2,5	1,6
2000	1,3	1,1	1,8	2,8	1,8
2001	0,2	0,4	1,1	2,2	0,9
2002	0,3	0,7	4,2	2,7	1,4
2003	0,3	0,9	-	-	-

Abb. H.33. Entwicklung der Arbeitsproduktivität. Quellen: Eurostat, SVR (2003), Jahresgutachten 2003

Staatliche Aktivitäten zur Beeinflussung des technischen Fortschritts können, wie schon bei der Infrastruktur, mittels der Besonderheiten dieser Leistungserstellung (vor allem der Existenz hoher Externalitäten) gerechtfertigt werden. Allerdings ist auch hier wie dort bei der Beurteilung eines staatlichen Engagements zu klären, ob es Ursachen für ein Marktversagen gibt und dieses schwerer wiegt als ein mögliches Politikversagen im Gefolge der Staatsinterventionen zur Korrektur des Marktversagens (siehe Kap. »Der Staat in der Wirtschaft«).

Marktversagen im Ausbildungssektor

So wie die Unternehmen Sachkapital anhäufen, akkumulieren die Individuen Humankapital. Indem sie in ihre Ausbildung und ihre Arbeitserfahrung investieren, erwerben sie Fähigkeiten, die sie dann an die Arbeitgeber »vermieten«. Obwohl zwischen technologischem Wissen und Humankapital ein enger Zusammenhang besteht, gibt es einen wichtigen Unterschied. Das technologische Wissen betrifft das Verständnis der Gesellschaft, wie die Welt funktioniert. Das Humankapital betrifft die Ressourcen, die dazu aufgewendet werden, den Arbeitskräften dieses Verständnis zu vermitteln. Außerdem ist Humankapital an das Individuum gebunden, das sich auch die Erträge daraus aneignen kann, während im Gegensatz dazu Wissen zwar von Individuen produziert wird, aber dann für alle verfügbar ist.

Sowohl das Humankapital als auch das technologische Wissen sind entscheidend für das Wirtschaftswachstum und die Verbesserung der Lebensbedingungen. Deshalb ist die Akkumulation von großer gesellschaftlicher Bedeutung. Beide sind jedoch auf vielfältige Weise von Marktversagen betroffen. Zwei Eigenschaften des Humankapitals führen dazu, dass aus gesellschaftlicher Sicht nicht genügend Humankapital akkumuliert wird: Es ist ein immaterielles Gut, und es verursacht positive externe Effekte.

Im Prinzip sind die Menschen bereit, Kredite aufzunehmen, um ihre eigene Ausbildung zu finanzieren, genauso wie Unternehmen Kredite aufnehmen, um Investitionen zu finanzieren. Im Gegensatz zu den Unternehmen können die Einzelnen aber oft keinen Sicherungsgegenstand für ihre Kredite bieten, denn das Humankapital selbst ist ein immaterielles Gut. Die Arbeitgeber könnten in ihre Belegschaft investieren in der Hoffnung, dass sich diese Ausgaben in der Zukunft bezahlt machen werden. Es bleibt aber immer das Risiko, dass die Arbeitskräfte nach ihrer Ausbildung kündigen und für die Konkurrenz arbeiten könnten. Da viele Menschen die notwendigen Finanzmittel nicht selbst aufbringen können, wird praktisch zu wenig in das Humankapital investiert.

Zum anderen verursacht Humankapital positive externe Effekte. Besser ausgebildete Menschen teilen ihr Wissen mit ihren Kollegen und Kindern. Da sie nur selten für diese externen Effekte vollkommen entschädigt werden, haben sie nicht genügend Anreiz, soviel Humankapital zu akkumulieren, wie gesellschaftlich wünschenswert wäre.

Quelle: Burda, M., Wyplosz, Ch. (1994), S. 561

Wissen

Humankapital

Wissen umfasst im Wesentlichen den Ausbildungs- und Qualifikationsgrad sowie die praktischen Fertigkeiten der Führungskräfte und der Beschäftigten (das Humankapital). Das vermehrte Wissen der Bevölkerung (eine Erhöhung des Humankapitalbestands) kann in zweifacher Hinsicht positive Wachstumseffekte induzieren. Zum einen wird der bestehende oder zunehmende Kapitalstock von immer qualifizierteren Arbeitskräften genutzt. Zum anderen dürfte es auf diese Weise in einem Land zu vermehrten Produkt- und Prozessinnovationen kommen, so dass damit auch mehr technischer Fortschritt im engeren Sinne möglich ist. Abb. F.35 gibt den Zusammenhang zwischen Arbeitsproduktivität und wirtschaftlichem Wachstum wieder.

Land	Zuwachsrate der jährlichen Arbeitsproduktivität (1980 - 1990)	Zuwachsrate des realen BIP pro Jahr (1980 – 1990)
China	2,94 %	9,6 %
Malaysia	3,15 %	7,0 %
Norwegen	1,56 %	3,0 %
Deutschland	0,92 %	5,3 %
EU	1,70 %	2,5 %
USA	1,08 %	2,6 %
Südafrika	-0,32 %	2,4 %

Abb. H.34. Arbeitsproduktivität und wirtschaftliches Wachstum.
Quelle: Weltbank

Bildungspolitik

Staatliche Einwirkungsmöglichkeiten auf die Bildung von Wissen (Bildungspolitik) bieten Steuererleichterungen für private Investitionen in Humankapital, Subventionen für Aus- und Fortbildungsprogramme, die Vergabe von Stipendien sowie Kredite und Kreditbürgschaften für Studierende.

Abb. H.35 macht deutlich, dass in Deutschland die gesamten Bildungsausgaben im Jahr 2001 rund 5,7 % des BIP ausmachten. Damit lag Deutschland unterhalb des OECD-Durchschnitts von 6,2 %.

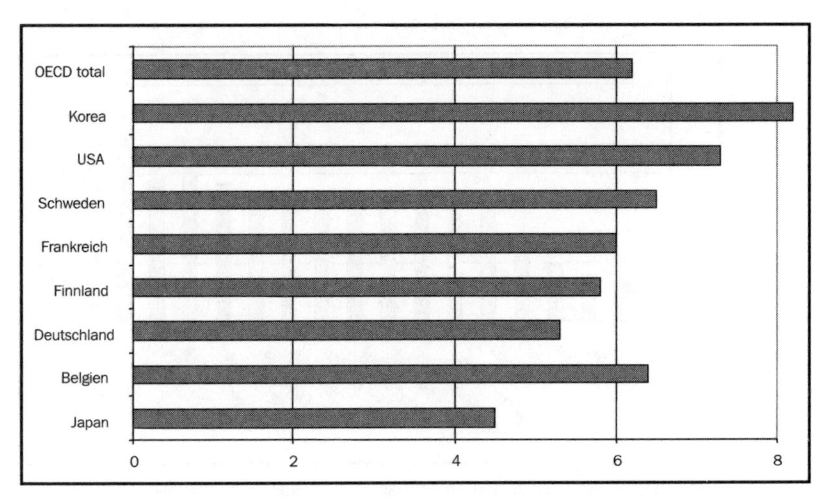

Abb. H.35. Bildungsausgaben in Prozent des BIP. Quelle: OECD, Factbook (2005)

Investition in Forschung und Entwicklung

Investitionen in Forschung und Entwicklung bestimmen das Wachstum über die Erstellung neuer Güter (Produktinnovationen) und die Anwendung neuer Produktionsverfahren. Da die Möglichkeit, zeitlich begrenzte Monopolgewinne zu realisieren, die Investitionsentscheidungen im F&E-Bereich wesentlich prägt, spielen Patente, die das innovative Unternehmen vor potentiellen Nachahmern schützt, eine zentrale Rolle im Rahmen der staatlichen Innovationsförderung.

Daneben kommen bei der Forschungsförderung als fiskalpolitische Instrumente Sonderabschreibungen für Anlagevermögen, das der Forschung und Entwicklung dient, gezielte Subventionen und Steuervergünstigungen für Innovationen in kleinen und mittleren Unternehmen sowie Steuerbefreiungen für Unternehmen, die Forschung und Entwicklung betreiben, in Frage. Kleineren Unternehmen, denen häufig der Zugang zu den Kapitalmärkten erschwert ist, kann die Fiskalpolitik zudem durch Kreditgewährung oder Zinssubventionen helfen, ihre Innovationen umzusetzen. Als besonders innovationsförderlich zeigten sich die Maßnahmen zur Deregulierung, die in den letzten beiden Jahrzehnten, z.B. im Bereich der Telekommunikation, des Finanzwesens, der Energiewirtschaft und im Luftverkehr eingeleitet wurden.

Nach Art. 157 EGV sorgen in der Europäischen Union die Gemeinschaft und die Mitgliedstaaten dafür, dass die notwendigen Voraussetzungen für die Wettbewerbsfähigkeit der Industrie der Gemeinschaft gewährleistet sind. Zu diesem Zweck zielt ihre Tätigkeit u.a. darauf ab, eine bessere Nutzung des industriellen Potenzials in den Bereichen Innovation und F&E. Diese Bereiche erfahren deshalb in der EU eine besondere Behandlung im Rahmen der Beihilfe- bzw. Subventionspolitik.

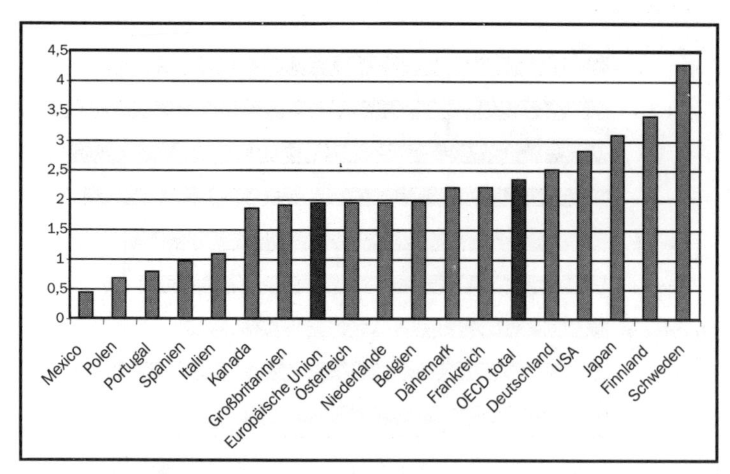

Abb. H.36. F&E-Ausgaben im Verhältnis zum BIP (in %). Quelle: OECD, Factbook (2005)

Speziell bei der Forschung und Entwicklung spielt ferner die Infrastruktur, in welche sie eingebettet ist, eine bedeutende Rolle. Der rascheren Verbreitung externer Effekte der Forschung dient beispielsweise die Etablierung von Transfer- und Beratungseinrichtungen, die Gelegenheit zu einem breit angelegten Informationsaustausch bieten (z.B. gemeinsam finanzierte Forschungseinrichtungen, Messen, Konferenzen und Fachpublikationen).

3.2.3 Industriepolitik und Wachstum

Strukturwandel und Wachstum

Strukturwandel und Wachstum sind unlösbar miteinander verbunden. Strukturwandel – der sich ständig verändernde relative Beitrag der Sektoren, Regionen oder Faktoren zum BIP – ist eine notwendige Voraussetzung und zugleich eine Folge und eine Begleiterscheinung von Wachstum. Dabei ist davon auszugehen, dass die langfristige Wachstumsrate einer Volkswirtschaft umso höher ist, je reibungsloser der Strukturwandel gelingt.

Welche Rolle dabei dem Staat zukommen soll, ist vor allem bei der Strukturgestaltungspolitik strittig und hängt neben der grundsätzlichen Auffassung über die Stabilität einer Marktwirtschaft vom Vertrauen in die Marktkräfte ab. Generell lassen sich drei Formen der Strukturpolitik unterscheiden:

Strukturerhaltungspolitik

Strukturerhaltungspolitik: Hierbei geht es um die Aufrechterhaltung eines Mindestmaßes an inländischer Produktion (z.B. Landwirtschaft, Energie)

Strukturanpassungspolitik: Im Rahmen dieser Politik geht es um die zeitliche Streckung struktureller Anpassungsprozesse zwecks Abfederung unerwünschter sozialer Auswirkungen

Strukturanpassungspolitik

Strukturgestaltungspolitik: Sie zielt darauf ab, den Strukturwandel so zu beeinflussen, dass Produktivität und Wachstum und die Wettbewerbsfähigkeit der Wirtschaft gestärkt werden. Falls dabei Unternehmen Erfolg versprechender Sektoren mit hohen Wachstums- bzw. Produktivitätssteigerungspotentialen befähigt werden sollen, in neue Märkte einzutreten, um insgesamt die gesamtwirtschaftliche Wachstumsdynamik über die erwarteten positiven externen Effekte (Abstrahleffekte oder sog. »spin-offs«) zu fördern und ein Mehr an Beschäftigung zu ermöglichen, spricht man von aktiver Industriepolitik.

Strukturgestaltungspolitik

Nach Meinung der Kritiker setzt eine erfolgreiche Industriepolitik im Sinne eines »picking the winners« voraus, dass der Staat besser als die privaten Unternehmer weiß, welche Branchen eine größere Zukunft haben werden als andere und deshalb gefördert werden sollen. Da dies aber nicht generell angenommen werden kann, führt ihrer Meinung nach nicht die Subventionierung vermeintlicher Wachstumsindustrien, sondern nur ständiger Konkurrenzdruck zu effizienterer Produktion, zu sinnvoller internationaler Arbeitsteilung und Wachstum. Nur der europäische Wettbewerb rüste die Unternehmen für das weltweite Kräftemessen und deshalb ist Wettbewerbspolitik die beste Industriepolitik. Der Staat solle sich lediglich bemühen, die sich ergebenden Strukturveränderungen nicht zu behindern und innovativen Ansätzen durch verbesserte Rahmenbedingungen Raum zu schaffen (Strukturordnungspolitik).

Aktive Industriepolitik »picking the winners«

Industriepolitische Elemente haben vor allem im letzten Jahrzehnt zunehmend Eingang in die EU-Politik gefunden. So wurde z.B. in Art. 3 Abs. 1 EGV »die Stärkung der Wettbewerbsfähigkeit der Industrie der Gemeinschaft« ausdrücklich zum Vertragsziel erklärt. Außerdem haben die Gemeinschaftsorgane und die Mitgliedstaaten durch den Einsatz aller ihnen zur Verfügung stehenden interventionspolitischen Instrumente dafür zu sorgen, dass die notwendigen Voraussetzungen für die Wettbewerbsfähigkeit der Industrie der Gemeinschaft auch gewährleistet sind.

Industriepolitische Elemente in der EU-Politik

Nach Art. 157 EGV gehören hierzu Tätigkeiten, die die Anpassungsfähigkeit der Industrie an strukturelle Veränderungen erleichtern und die Entwicklung insbesondere kleinerer und mittlerer Unternehmen, die Zusammenarbeit zwischen den Unternehmen sowie die bessere industrielle Nutzung von Innovationen, Forschung und technologische Entwicklung fördern.

Subventionen

Wenn strukturpolitische Fördermaßnahmen ergriffen werden, gehören neben der Erleichterung unternehmerischer Zusammenschlüsse Subventionen bzw. Beihilfen zu den hauptsächlichen Instrumenten. Unter Subventionen werden überwiegend Finanzhilfen und Steuervergünstigungen an Unternehmen ohne unmittelbare Gegenleistung verstanden.

Im Rahmen der Industriepolitik kann in der EU, als Ausnahme vom generellen Beihilfeverbot, die Gewährung von Beihilfen aus Gemeinschaftsmitteln oder die Genehmigung von staatlichen Beihilfen u.a. dann erfolgen, wenn die Beihilfepolitik in die umfassende gemeinschaftliche Strategie zur Verbesserung der Wettbewerbsfähigkeit der gemeinschaftlichen Industrie auf dem Weltmarkt und zur Verstärkung des innovativen Wettbewerbs im Vergleich mit den USA und Japan eingebunden ist.

Nach Art. 87 Abs. 3 EGV ist bestimmt, dass die EU-Kommission vom Beihilfeverbot eine Ausnahme genehmigen kann, wenn es sich entweder um Beihilfen zur Förderung wichtiger Vorhaben von gemeinsamen europäischen Interessen oder um Beihilfen zur Förderung gewisser Wirtschaftszweige (sektorale Beihilfen) handelt.

Subventitionskritik

Die Kritik an den Subventionen richtet sich vor allem gegen deren mangelnde Zielgenauigkeit und deren negative Auswirkungen auf die allokative Effizienz. Unabhängig davon, welchem Ziel eine Subventionsmaßnahme dient, hat sie immer die Tendenz, unter dem politischen Druck der Empfängergruppen – Subventionen zielen immer darauf ab, bestimmte Gruppen zu unterstützen – länger als nötig zu bestehen und sich sogar auszuweiten. Daher gehören die Begrenzung und der Abbau von Subventionen zu den zentralen Aufgaben aller Regierungen.

Abb. H.37 gibt die Entwicklung der Subventionsquoten für den Bund in Deutschland seit 1991 wieder.

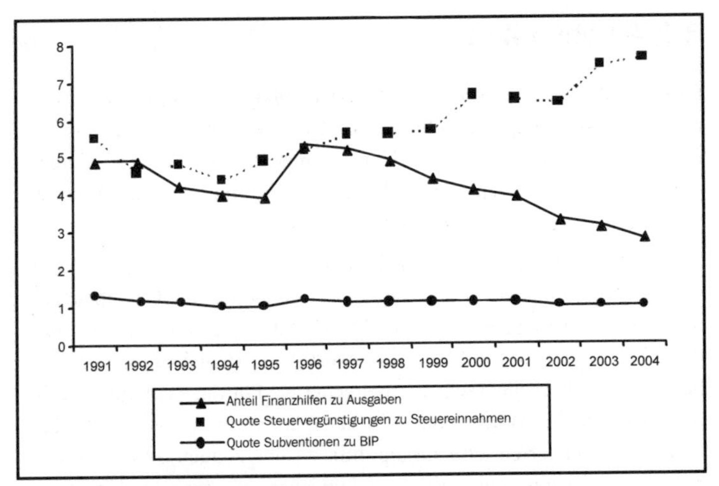

Abb. H.37. Entwicklung der Subventionsquoten in Deutschland.
Quelle: 19. Subventionsbericht (2004), S. 19

Subventitionsbericht

Nach dem StabWG ist der Bund zu einer Subventionsberichterstattung verpflichtet. In dem Subventionsbericht, der alle zwei Jahre mit dem Entwurf des Bundeshaushaltsplans von der Bundesregierung vorzulegen ist, hat diese auch anzugeben, wann »mit einer Beendigung der Finanzhilfen und Steuervergünstigungen zu rechnen ist.«

Finanzhilfen

Der Subventionsbericht konzentriert sich bei der Darstellung der Finanzhilfen auf diejenigen, die an private Unternehmen und Wirtschaftszweige gerichtet sind. »Unter Finanzhilfen werden dabei Geldleistungen des Bundes an Stellen außerhalb der Bundesverwaltung verstanden«. Neben den Finanzhilfen werden hier auch die Steuervergünstigungen aufgelistet, die für die öffentliche Hand zu Mindereinnahmen führen.

Steuervergünstigungen

Die Aufgliederung der Subventionen erfolgt u.a. danach, ob die Hilfen der Erhaltung, der Anpassung an neue Bedingungen oder der Förderung des Produktivitätsfortschritts und des Wachstums von Betrieben oder Wirtschaftszweigen dienen.

Beihilfen

Eine institutionelle Beschränkung der Subventionspolitik ergibt sich für die Mitgliedstaaten der EU aus Art. 87-89 EGV. Demnach werden in Art. 87 »staatliche oder aus staatlichen Mitteln gewährte Beihilfen gleich welcher Art, die durch die Begünstigung bestimmter Unternehmen oder Produktionszweige den Wettbewerb verfälschen oder zu verfälschen drohen«, als mit dem Gemeinsamen Markt unvereinbar bezeichnet, »soweit sie den Handel zwischen Mitgliedstaaten beeinträchtigen«.

3.2.4 Lohnpolitik

Große Bedeutung kommt schließlich der Lohnpolitik zu. Höhe, Struktur und Entwicklung der Lohnstückkosten, Löhne und Lohnnebenkosten bestimmen mit, ob und wo Unternehmer ihre Investitionen durchführen. Sie entscheiden also auch mit über die internationale Wettbewerbsfähigkeit einer Volkswirtschaft.

Tarifautonomie

Wegen der grundgesetzlich verankerten Tarifautonomie (Art. 9 Abs. 3 GG) sind in Deutschland die Träger der Lohnpolitik die Gewerkschaften und die Arbeitgeberverbände. Dem Staat ist es verboten, sich unmittelbar an der Lohnbildung und sonstigen Arbeitsbedingungen zu beteiligen, falls er nicht selbst Arbeitgeber ist. Für die Regierung bleibt hier also nur die Möglichkeit, die Tarifparteien mit Argumenten für eine wachstumsorientierte Lohnpolitik zu überzeugen oder Orientierungsdaten für ein gleichzeitiges aufeinander abgestimmtes Verhalten z.B. im Rahmen eines Bündnisses für Arbeit zur Verfügung zu stellen.

Einen nicht zu unterschätzenden Einfluss auf die Kosten des Faktors Arbeit hat die Regierung über die Bestimmung der Lohnnebenkosten und über den Abstand zwischen Arbeitslosengeld II und den tariflichen Mindestlöhnen. Die Lohnstückkosten kann der Staat indirekt, beispielsweise über eine Förderung des technischen Fortschritts einschließlich der Verbesserung des Humankapitals beeinflussen.

Lohnnebenkosten

Die Lohnnebenkosten machen rund 45 % der gesamten Arbeitskosten (Bruttolohn einschl. Arbeitnehmeranteile zur Sozialversicherung plus Lohnnebenkosten) aus. Sie teilen sich in gesetzliche (rund 45 %) sowie tarifliche und betriebliche Personalzusatzkosten (rund 55 %). Damit tragen für den größten Teil der Lohnnebenkosten die Tarifparteien die Verantwortung (siehe Kap. » Makroökonomie – Ziele der Wirtschaftspolitik«, Abschn. 2).

Den überwiegenden Teil der gesetzlich bestimmten Lohnnebenkosten machen die Beiträge zu den Sozialversicherungen aus, die von den Arbeitgebern mitfinanziert werden müssen. Hier setzten auch die meisten Reformansätze an, mit dem Ziel, die Kosten der sozialen Sicherung vom Arbeitsverhältnis abzukoppeln. Genannt seien hier nur die Forderung nach Einführung einer Bürgersteuer oder jene nach einer generell stärkeren Finanzierung des gesamten Sozialversicherungssystems auf der Basis von Steuern statt Beiträgen.

Lohnpolitische Konzepte

Eine »wachstumsfördernde« Lohnpolitik zielt in erster Linie auf die Löhne als Kostenfaktor ab. Um mehr Beschäftigung, Investitionen und Wachstum zu erzielen, stehen dabei die nachfolgenden drei lohnpolitischen Konzepte – Preisniveaustabilität vorausgesetzt – im Blickpunkt.

- Die produktivitätsorientierte Lohnpolitik: Sie fordert, dass sich die Entwicklung der Nominallöhne an der Steigerungsrate der gesamtwirtschaftlichen Arbeitsproduktivität orientiert. Da in diesem Fall die Lohnstückkosten konstant bleiben, besteht kein Anlass für die Unternehmer Investitionen in das Ausland zu verlagern. Mehrjährige Tarifabschlüsse auf der Basis dieses Konzepts geben den Unternehmen zudem Planungssicherheit.

Produktionsorientierte Lohnpolitik

- Die kostenniveauneutrale Lohnpolitik: Nach diesem Konzept sind nicht nur die Lohnkosten, sondern die gesamten Stückkosten (z.B. auch Kapitalkosten, Steuern und die Kosten für importierte Rohstoffe) zu berücksichtigen. Sinken die anderen Stückkosten, so können die Löhne um diese Marge über die Steigerungsrate der Arbeitsproduktivität hinaus anwachsen, ohne dass die Stückkosten insgesamt zunehmen. Steigen die anderen Stückkosten, so dürfen die Löhne nur noch um jene Rate zunehmen, die nach Abzug der Steigerungsrate der sonstigen Stückkosten vom Produktivitätsfortschritt verbleibt.

Kostenniveauneutrale Lohnpolitik

- Die Lohnabschlagspolitik: Vertreter dieses Konzepts gehen davon aus, dass die Arbeitnehmer einen Lohnzuwachs zu akzeptieren haben, der hinter dem Anstieg der Arbeitsproduktivität zurückbleibt, damit den Unternehmern größere Spielräume für Investitionen und Neueinstellungen verbleiben.

Lohnabschlagspolitik

Abb. H.38 zeigt die Entwicklung der Nominallöhne je Beschäftigtem im Zeitraum von 1999 bis 2004.

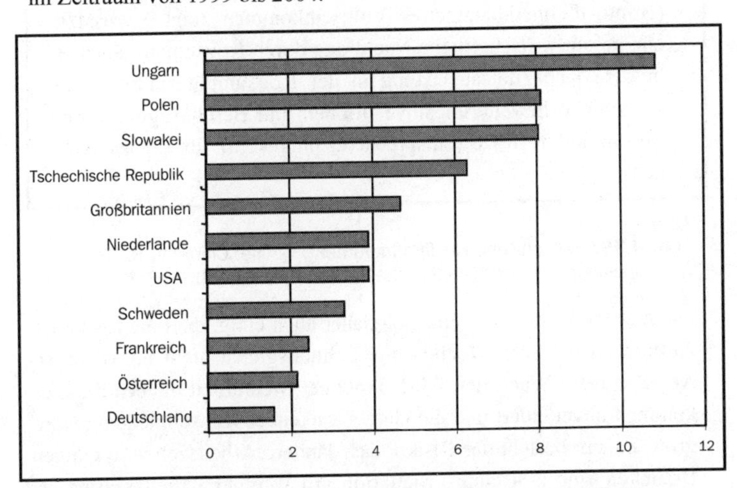

Abb. H.38. Anstieg der Nominallöhne der Beschäftigten von 1999 bis 2004 (in %). Quelle: OECD, Economic Outlook

Probleme ergeben sich in der praktischen Umsetzung dieser Konzepte, vor allem hinsichtlich der Fähigkeit die Entwicklung der Arbeitsproduktivität richtig zu prognostizieren. Schließlich hängt diese ihrerseits entscheidend vom Ausmaß der Lohnerhöhungen ab. So hängt beispielsweise nicht nur die Leistungsbereitschaft der Beschäftigten von der Lohnhöhe ab, sondern auch die Bereitschaft Arbeit durch Kapital zu substituieren.

Kaufkraftargument

Zudem vernachlässigen diese lohnpolitischen Konzepte zur Förderung des Wachstums und der Stabilität das Kaufkraftargument. Löhne sind nämlich nur für die Unternehmer ein Kostenfaktor. Für die privaten Haushalte stellen sie verfügbares Einkommen dar, das über den Konsum die gesamtwirtschaftliche Nachfrage beeinflusst. Abb. H.39 stellt das Kosten- und Kaufkraftargument in ihrer Wirkungsweise gegenüber.

Kostenargument (Wirkungskette)
(Brutto-)Lohnerhöhungen oberhalb des Produktivitätsfortschritts = zusätzliche Kosten → geringere Rentabilität der Produktion → ggfs. Einschränkung der Produktion → geringere Investitionen und Beschäftigung, Verlagerung der Produktion in das Ausland, Erhöhung der Angebotspreise (entsprechend umgekehrt für Lohnsenkungen)
Kaufkraftargument (Wirkungskette)
(Brutto-)Lohnerhöhungen → Volkseinkommen steigt → zusätzliche gesamtwirtschaftliche Nachfrage durch Konsumausgaben → bessere Kapazitätsauslastung in der Konsumgüterindustrie → zusätzliche Erweiterungsinvestitionen und Beschäftigung durch Multiplikatoreffekte (entsprechend umgekehrt für Lohnsenkungen)

Abb. H.39. Kosten- und Kaufkraftargument. Quelle: Clement, R., Terlau, W. Grundlagen der angewandten Makroökonomie (1998), S. 360

Die meisten Ökonomen sind sich daher auch einig, dass die Rückkehr zu einer 40-Stunden-Woche ohne Lohnausgleich nicht notwendigerweise zu mehr Wachstum führt. Trotz der Mehrarbeit blieben die Einkommen unverändert und die Gefahr sinkender Konsumneigung wäre groß. Zudem besteht das Risiko, dass längere Arbeitszeiten in einigen Branchen eine konstante Produktion mit weniger Arbeitskräften ermöglichen. Entscheidend ist vielmehr eine größere Flexibilität bei den Arbeitszeiten, so dass Unternehmen diese nach Bedarf verlängern oder kürzen können, ohne dass Überstundenzuschläge anfallen oder tarifvertragliche Grenzen verletzt werden.

Flexibilisierung des Arbeitsmarktes

Abb. H.40 fasst mögliche Ansatzpunkte zur Flexibilisierung des Arbeitsmarktes zusammen. Um den unterschiedlichen Qualifikationen der Arbeitnehmer und den verschiedenartigen Gegebenheiten in einzelnen Unternehmen, Branchen und Regionen bei der Lohnfindung stärker Rechnung tragen zu können, wird vor allem eine stärkere Lohndifferenzierung und die Einführung von Öffnungsklauseln gefordert. Letzteres ermöglichte in noch größerem Maße vom Tarifvertrag abweichende Regelungen der Arbeitsentgelte.

Lohndifferenzierung

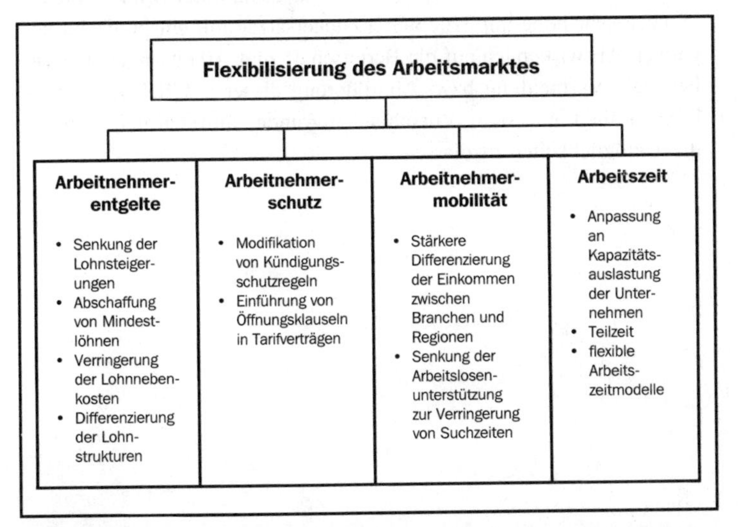

Abb. H.40. Flexibilisierung des Arbeitsmarktes. Quelle: Clement, R., Terlau, W. Grundlagen der angewandten Makroökonomie (1998), S. 361

Vor allem die Vertreter der angebotsorientierten Wirtschaftspolitik sehen in einer Senkung der marginalen Einkommensteuersätze ein adäquates Mittel zur Erhöhung des Arbeitsangebots. Welchen Einfluss steuerliche Maßnahmen auf Ausmaß und Form des Arbeitsangebots bei gegebener Erwerbsquote haben, ist allerdings strittig, da nicht klar ist, ob der Einkommens- oder Substitutionseffekt einer Einkommensteueränderung dominiert.

Beim Substitutionseffekt führt eine Senkung des marginalen Einkommensteuersatzes zu einer Substitution von Freizeit durch Arbeit, weil die Opportunitätskosten von Freizeit (entgangenes Nettoeinkommen) gestiegen sind. Im Gegensatz dazu kommt es beim Einkommenseffekt zu einem Rückgang des Arbeitsangebots, weil die Wirtschaftssubjekte nunmehr für den gleichen Lebensstandard weniger arbeiten müssen.

Empirische Studien belegen, dass die Auswirkungen des Nettoeffekts für die aktiven Erwerbspersonen sehr gering sind. Nennenswerte Anreize gehen nur auf jene Wirtschaftssubjekte aus, die vor der Entscheidung stehen, eine Arbeit aufzunehmen oder nicht (z.B. verheiratete Frauen in Familien mit Kindern).

Wirkungen auf den Arbeitseinsatz gehen selbstverständlich nicht nur von der Steuerseite, sondern auch von der Ausgabenseite aus. Von besonderem Interesse hinsichtlich ihrer Wirkung sind einkommensabhängige Transferzahlungen (z.B. Wohngeld). Unter Umständen können sich – vor allem bei unteren Einkommensgruppen – durch den Wegfall dieser Transfers bei Überschreitung von bestimmten Einkommensgrenzen sehr hohe implizite »Grenzsteuersätze« mit entsprechend negativen Auswirkungen auf die Bereitschaft zum Arbeitsangebot, ergeben. Die Vermeidung bzw. Abmilderung dieser möglichen Auswirkungen liegt u.a. dem Vorschlag zugrunde, umfangreiche Zuverdientsmöglichkeiten zuzulassen.

3.3 Wiederholungsfragen

❍ 1. Was besagt das Okun-Gesetz? Welchen Einfluss hat Wachstum auf die Beschäftigung? Lösung S. 320

❍ 2. Was besagt die Scherentheorie? Lösung S. 321

❍ 3. Welche Faktoren bestimmen das Produktionspotenzial? Lösung S. 322

❍ 4. Worin bestehen die zentralen Unterschiede zwischen der neoklassischen, neuen und empirischen Wachstumstheorie? Lösung S. 324 f.

❍ 5. Welche möglichen Wirkungen haben Steuererleichterungen auf die Ersparnisbildung? Lösung S. 331

❍ 6. Was versteht man unter Infrastruktur und welche Argumente sprechen für eine staatliche Bereitstellung dieser? Lösung S. 335 f.

❍ 7. Welche Vor- und Nachteile verbinden sich mit Public-Private-Partnership? Lösung S. 338

❍ 8. Inwieweit sind die Investitionen in Humankapital von Marktversagen betroffen? Lösung S. 341

❍ 9. Welche drei Formen der Strukturpolitik sind zu unterscheiden und wie ist deren Bedeutung jeweils zu beurteilen? Lösung S. 344 f.

❍ 10. Wer sind die Träger der Lohnpolitik in Deutschland und welche Rolle spielt der Staat hierbei? Lösung S. 348

❍ 11. Worin unterscheidet sich die kostenniveauneutrale Lohnpolitik von einer produktivitätsorientierten Lohnpolitik? Lösung S. 348/349

❍ 12. Was spricht gegen und was spricht für eine Erhöhung der Löhne zur Ankurbelung der Wirtschaft? Lösung S. 349 f.

Literatur zur Vertiefung

Weiterführende Literatur

Zum Kapitel »Einführung in die Volkswirtschaftslehre«

Altmann, J. (2003), Volkswirtschaftslehre, 6.Aufl., Stuttgart.

Bartling, H., Luzius, F. (2004), Grundzüge der Volkswirtschaftslehre, 15. Aufl., München.

Baßeler, U., Heinrich, J., Utecht, B. (2002), Grundlagen und Probleme der Volkswirtschaft, 17. Aufl., Stuttgart.

Begg, D, Fischer, S., Dornbusch, R.. (Economics) 5th Ed., McGraw-Hill, London.

Bofinger, P. (2003), Grundzüge der Volkswirtschaftslehre, München.

Boller, E., Schuster, D. (2002), Volkswirtschaftslehre, Rinteln.

Cezanne, W. (2002), Allgemeine Volkswirtschaftslehre, 5. Aufl., München.

Mankiw, G. (2004), Grundzüge der Volkswirtschaftslehre, 3. Aufl., Stuttgart.

Noll, B. (2002), Wirtschafts- und Unternehmensethik in der Marktwirtschaft, Stuttgart.

Samuelson, P., Nordhaus, W. (2005), Volkswirtschaftslehre, 17. Aufl., Wien/Frankfurt.

Zum Kapitel »Der Staat in der Wirtschaft«

Blankart, Ch. (2003), Öffentliche Finanzen in der Demokratie, 5. Aufl., München.

Brümmerhoff, D. (2001), Finanzwissenschaft, 8.Aufl., München.

Edling, H. (2001), Der Staat in der Wirtschaft, München.

Hillmann, A. (2003), Public Finance and Public Policy, Cambridge University Press.

Wigger, B. (2004), Grundzüge der Finanzwissenschaft, Heidelberg.

Zimmermann, H., Henke, K.-D. (2005), Finanzwissenschaft, 9. Aufl. München.

Zum Kapitel »Mikroökonomie – Theoretische Grundlagen«

Fehl, U., Oberender, P. (2002), Grundlagen der Mikroökonomie, 8. Aufl., München.

Frantzke, A. (2004), Grundlagen der Volkswirtschaftslehre. Mikroökonomische Theorie und Aufgaben des Staates in der Marktwirtschaft, 2. Aufl., Stuttgart.

Pindyck, R., Rubinfeld, D. (2003), Mikroökonomie, 5. Aufl., München.

Salvatore, D. (2003), Microeconomics 4th ed., Theory and Applications, Oxford University Press.

Weise, P., u.a. (2005), Neue Mikroökonomie, 5. Aufl., Heidelberg.

Wied-Nebbeling, S., Schott, H. (2005), Grundlagen der Mikroökonomie, Heidelberg.

Zum Kapitel »Makroökonomie – Volkswirtschaftliches Rechnungswesen«

Brümmerhoff, D. (2002), Volkswirtschaftliche Gesamtrechnung, 7. Auflage, München.

Caspers, R. (2002), Zahlungsbilanz und Wechselkurs, München.

Haslinger, F. (1997), Die Zahlungsbilanz, in: Das Wirtschaftsstudium (WiSt), Heft 7.

Koch, E. (1998), Internationale Wirtschaftsbeziehungen, Band 2: Internationale Wirtschafts- und Finanzbeziehungen, 2. Auflage, München.

Nissen, H.-P. (2004), Das europäische System volkswirtschaftlicher Gesamtrechnungen, Heidelberg.

Statistisches Bundesamt (2002), Volkswirtschaftliche Gesamtrechnung, Wichtige Zusammenhänge im Überblick, Wiesbaden.

Zum Kapitel »Makroökonomie – Theoretische Grundlagen«

Blanchard, O., Illing, G. (2004), Makroökonomie, 3. Aufl., München.

Burda, C.M., Wyplosz, Ch. (2003), Makroökonomie, Eine Europäische Perspektive, 2. Auf., München

Felderer, B., Homburg, S. (2005), Makroökonomik und neue Makroökonomik, 9.Aufl., Berlin.

Kromphardt, J. (2001), Grundzüge der Makroökonomie, 2. Aufl., München.

Mankiw, G. (2004), Grundzüge der Volkswirtschaftslehre, 3. Aufl., Stuttgart, Kap. 33-34.

Mussel, G. (2000), Einführung in die Makroökonomik, 6. Aufl., München.

Rittenbruch, K. (2000), Makroökonomie, 11. Aufl., München.

Zum Kapitel »Makroökonomie – der Wirtschaftspolitik«

Altmann, J. (2000), Wirtschaftspolitik: eine praxisorientierte Einführung, 7. Aufl., Stuttgart.

Börsch-Supan, A., Schnabel, R. (2002), Volkswirtschaft in fünfzehn Fällen: Studien in angewandter Mikro- und Makroökonomie 2. Aufl., Wiesbaden.

Clement, R., Terlau, W. (2004), Grundlagen der Angewandten Makroökonomie, 3. Aufl., München.

Koch, W.A., Czogalla, Ch. (2004), Grundlagen der Wirtschaftspolitik, 2. Aufl., Stuttgart

Mussel, G., Pätzold, J. (2003), Grundfragen der Wirtschaftspolitik, 5. Aufl., München.

Zum Kapitel »Makroökonomie – Ausgewählte Politikbereiche«

Baßeler, U., Heinrich, J., Utecht, B. (2002), Grundlagen und Probleme der Volkswirtschaft, 17. Aufl., Stuttgart, Kap. 15.

Edling, H. (2001), Der Staat in der Wirtschaft, München, Teil C.

Koch, W. A., Czoalla, Ch. (2004), Grundlagen der Wirtschaftspolitik, 2. Aufl., Stuttgart, Kap.4.

Borchert, M. (2003), Geld und Kredit, Einführung in die Geldtheorie und Geldpolitik, 8.Aufl., München.

Duwendag, D. (1999), Geldtheorie und Geldpolitik in Europa: eine problemorientierte Einführung, 5. Aufl., Berlin.

Görgens, E. (2004), Europäische Geldpolitik: Theorie, Empirie, Praxis, 4. Aufl., Stuttgart.

Jarchow, H.-J. (2003), Theorie und Politik des Geldes, 11. Aufl., Göttingen.

Baßeler, U., Heinrich, J., Utecht, B. (2002), Grundlagen und Probleme der Volkswirtschaft, 17. Aufl., Stuttgart, Kap. 27.

Edling, H. (2001), Der Staat in der Wirtschaft, München, Teil C.

Franz, W. (2003), Arbeitsmarktökonomik, 5. Aufl., Berlin.

Gutram, R., Hepperle, M. (2004), Zukunftsorientierte Industriepolitik: Möglichkeiten und Grenzen, Frankfurt.

Register

E

F

H

I

L

T

U

V

W

Z

Druck und Bindung: Strauss GmbH, Mörlenbach